制度民俗

白庚胜 刘晔原 万建中 主编
黄涛 胡正裕 著

中国石化出版社
·北京·

图书在版编目（CIP）数据

制度民俗 / 白庚胜，刘晔原，万建中主编；黄涛，胡正裕著. -- 北京：中国石化出版社，2024. 9.
（中华民俗文化新读丛书）. -- ISBN 978-7-5114-7378-3

Ⅰ. G122

中国国家版本馆 CIP 数据核字第 2024W1M600 号

中国石化出版社出版发行

地址：北京市东城区安定门外大街58号
邮编：100011　电话：(010)57512500
发行部电话：(010)57512575
http：// www. sinopec-press. com
E-mail：press@sinopec. com
宝蕾元仁浩（天津）印刷有限公司印刷
全国各地新华书店经销
*
710毫米×1000毫米 16开本 21.5印张 300千字
2024年9月第1版　2024年9月第1次印刷
定价：66.00元

浙江省文成县南田镇刘基庙正殿

河北省景县黄庄村，新郎新娘鞠躬拜爹娘。这是新娘第一次认公婆，公婆给红包

浙江省温州市王氏宗祠

浙江省永康市芝英镇“澹泉公祠”。该镇为第六批中国历史文化名镇，有应氏祠堂近百座，现存较为完整的有53座

浙江省文成县南田镇武阳村是刘伯温故里，该村重建的刘伯温故居院中展示着刘氏宗族的祖训族规

山西省沁县青龙古镇商业街

2017 年 4 月 4 日清明节，宁夏回族自治区灵武市城隍出巡仪式。2016 年，该地“城隍出府”项目被列入自治区级非遗名录

河南省浚县春节庙会上，去大伾山朝顶进香的某社区秧歌会

总序

老树新花香犹浓

——“中华民俗文化新读丛书”

白庚胜

由我与刘晔原、万建中两位先生主编的十卷本“中华民俗文化新读丛书”将于近日正式出版。这得益于各卷作者的长期学术积累、探讨及优秀民俗文化传承贡献，也得益于中国石化出版社及其领导的高瞻远瞩、文化责任、社会担当。

民俗是民众约定俗成的文化惯习，与官俗一道构成一族或一国的文化传统，具有基因性、基本性、基础性、基层性等特点，对继承与坚守民族根脉、唤醒文化自觉与坚定文化自信、增强文化借鉴与消化外来文化能力、建设与创新当代先进文化、强化文化认同与文化自尊自豪、弘扬民族精神，具有极重要的意义。

对于这份丰富的遗产，中华民族素有自觉或不自觉的传承历史……或创造不止，或承继无衰，或享受绵绵，或设官采风问俗，或立府资治润政以知民生、观厚薄、移风易俗，同时遗留下卷帙浩繁的宝典。对于它们，历代文人墨客中，亦多有集腋成裘者，刻意点评者，把玩赏玩者，奉为圭臬者，鄙视轻蔑者，改革移易者，弃如敝屣者，鼓吹踏上千脚者……形成了中国民俗及其认识史的洋洋大观，并影响到周边汉字文化圈内各国各地各民族。

毛泽东同志曾经说过："我们这个民族有数千年的历史，有它的特点，有它的许多珍贵品。"中国民俗文化正是这样的珍贵遗产。它的体量过于庞大，它的结构过于复杂，它的关系过于纷繁，它的功用过于多样，它所历经的时间过于漫长，它所覆盖的空间过于辽阔，它的渗透无所不在。面对它的宏富、博大，我们引以为豪、享受无比，也空前痛感自己的渺小、肤浅，一如汪洋大海里的滴水，泰山脚下的微尘。

作为中国民俗"小学生"的我们，应该采取的态度，当然是怀着谦卑之心识读它、理解它，并将学习的心得与读者共享，以普及民俗知识、引发民俗意识、激发民俗感情、品味民俗精髓、体会民俗经验，感受人民文化的温度与力度，从而知其不可为而为之，挽救泰山于将倾，然后产生保护、传承、转型、利用它的冲动与责任、创意与技术，提炼出认识它的理论与方法，把有关行为上升到静态和动态结合、思想与行动并举的文化自觉。由于中国民俗文化因风吹雨打良久而日渐式微，又由于处在巨大的社会转型时期而面临生死关头，我们唯有从识读迈开文化自识的步履，才能达成文化自救、自存、守正、创新的目的。

这套丛书正是在这一社会文化背景下出于这样的目的启动编纂的。我们知道，在口头与非物质文化遗产保护工作狂飙突进之后，许多新成果、新发现给我们提供了对旧俗作新读的可能；在新时代使优秀传统文化倍受尊崇之后，人们的思想观念需要有新的引领；在旅游加文化之风席卷祖国大地之际，人们需要处理好文化与产业发展的辩证关系；在国家已确立包括民俗学、民间文学、非遗学在内的文化遗产学学科地位的条件下，教育界与学术界都在期盼着分享当代民俗学的最新认识成果；在中国社会进一步扩大改革开放、推进人类命运共同体建设之当下，人们必须更加清醒地认识主体与客体、传统与现代、中国与世界的认知维度。

作为一种开始，我们仅从浩如烟海的中国民俗中找出十大类作为新读的尝试。主编这套丛书的初衷是：组织京内外高校、研究机构民俗学新生力量，以新的视角、新的思维、新的方法，对古老民俗文化的形态、内涵作审视，并观察其在新时代的适应性、功用性、流变性，深刻解读它们对于重建当代人文精神的价值所在，以及它们在市场经济、高科技环境下追求人与自然和谐、人与人和谐、社会协调、心灵安定与精神家园常青方面所能发生的效力。

从目前的情况看，我们的收获满满。由于所有作者的共同努力，这套丛书充溢新的气象、新的风格、新的文思、新的可能，为我们继续与时俱进地组织推进这一事业增强了信心。当然，由于是“新读”而非“精读”，各卷本质量尚有参差，各位作者的立意与实力不同，丛书整体也不尽完美。可贵的是，我们走出第一步，让人们确信古俗是可以也应该“新读”的。唯新读才得新义，作新解，为新用，是为“古为今用”“推陈出新”，传承我中华文化薪火。

前言

本书所说的制度民俗，指紧密依托于民间社会组织而形成的习俗惯制。[1]按照常见的民间社会组织的基本类型，本书将制度民俗分为三大类：亲族制度民俗、社区制度民俗、社团制度民俗。在每一大类制度民俗之下，又可划分出若干次级类型：第一大类亲族制度民俗可分为家庭制度民俗、宗族制度民俗、外亲制度民俗；第二大类社区制度民俗可分为村落制度民俗、城镇制度民俗；第三大类社团制度民俗可分为香会制度民俗、行会制度民俗、帮会制度民俗、其他社团制度民俗。

如果不依照本书所在丛书的适宜范围而作以上特定角度和尺度的限定，而是按照惯常的词义，“制度民俗”一词很容易被理解得很宽泛。其最宽泛的理解可以指一切民俗，因为民俗本来就是民众在日常生活中形成并传承下来的模式化行为。这种比较固定的可以流传的行为模式，就是民间的老规矩、习惯性制度。但是这样宽泛的理解显然不适于指称某一种民俗类型。如果将“制度民俗”用以指称某一类民俗，就肯定是从某一个

1　在界定“制度民俗”概念时，笔者曾打电话向北京大学段宝林教授请教，得到他的重要指点，特此致谢。

角度或尺度进行特指的说法，即各种民俗中与“制度”更为密切相关的民俗文化。

在几种常见的民俗学教科书中，与本书所说制度民俗较为接近的民俗类型是“社会民俗”或“社会的民俗”。钟敬文主编的《民俗学概论》将民俗分为“物质民俗”“社会民俗”“精神民俗”“语言民俗”四大类，其对“社会民俗”的界定为：“社会民俗，亦称社会组织及制度民俗。指人们在特定条件下所结成的社会关系的惯制，它所关涉的是从个人到家庭、家族、乡里、民族、国家乃至国际社会在结合、交往过程中使用并传承的集体行为方式。它主要包括社会组织民俗（如血缘组织、地缘组织、业缘组织等）、社会制度民俗（如习惯法、人生礼仪等）、岁时节日民俗以及民间娱乐民俗，等等。”[1] 这里明确提到了“制度民俗”，但它是与“社会组织”连在一起的术语，是“社会组织及制度民俗”的一部分，同时也表明，这里的“制度民俗”是紧密附属于社会组织的。而接下来在对社会民俗所包括范围的进一步解释里，“社会制度民俗”指习惯法、人生礼仪等，与本书的制度民俗概念并不一致。倒是其中的“社会组织民俗”与本书的制度民俗概念更为接近。陶立璠所著的《民俗学》将民俗分为三大类：“物质民俗”“社会民俗”“精神民俗”。该书界定“社会民俗”为：“和家族、村落结构、社会集团有关的民俗，是维护人与人之间关系的纽带。”[2] 该书“社会民俗”的范围列举为“如家庭、村落、民间职业集团（行会）、岁时节日、诞生礼、成年礼、婚礼、丧葬诸民俗”。[3] 而在第七章“社会民俗”中只讲了“家族和亲族民俗”“村落民俗”“民间组织和民间职业集团民俗”，另设两章分别介绍“岁时节日”“人生礼仪”。该书“社会民俗”的概念和范围与本书“制度民俗”也很接近。乌丙安所著的《中国民

1 钟敬文主编：《民俗学概论》，第 5 页，上海文艺出版社，1998。
2 陶立璠：《民俗学》，第 198 页，学苑出版社，2003。
3 陶立璠：《民俗学》，第 17 页，学苑出版社，2003。

俗学》将民俗分为“经济的民俗”“社会的民俗”“信仰的民俗”“游艺的民俗”四大类，其对“社会的民俗”界定为：“社会的民俗是指世世代代传承下来的各社会集团结合、交往过程中各种关系间形成的习俗惯制。”[1]该书“社会的民俗”包括“家族、亲族的民俗”“乡里社会的民俗”“个人生活仪礼的民俗”。

由以上对几种教科书中“社会民俗”概念的梳理及与本书“制度民俗”概念的比较，可知本书的“制度民俗”大致就是民俗学同行常说的“社会民俗”，而比后者范围小一些。由以上教科书对社会民俗的界定，可以进一步理解本书所说“制度民俗”概念的内涵有两个要点：一是侧重于社会关系的习俗惯制，二是强调社会关系是紧密附着于民间社会团体、民间社会组织的。因此其内容范围就会从家庭、家族、村落、民间社团等社会集团角度考虑。而在本丛书中，由于岁时节日、人生礼仪等内容是另设专书讲述的，故本书把这些内容排除在“制度民俗”范围之外。本书的制度民俗涉及范围与高丙中《中国民俗概论》中的“社会组织民俗”接近。该书首先界定了“社会组织”的概念：“本章的‘社会组织’是指中国传统社会中官僚体系之外具有稳定的互动关系的人们共同体，如家族、行会、帮会、宗教信仰组织和庙会组织等，以及一些小社团如钱会、老会、结拜兄弟、十姊妹等。”然后界定了“社会组织民俗”的概念：“传统社会的组织整合主要是靠群体内形成的一系列约定俗成的东西发挥作用。从这种理解出发，我们可以把社会组织民俗界定为人们在建立并沿袭群体内的互动关系开展群体活动的时候所形成的习俗惯制。”[2]

按照着重社会关系习俗惯制的要点来理解本书“制度民俗”的思想内涵，按照民间社会组织类型的线索来建构本书“制度民俗”的内

1 乌丙安：《中国民俗学》，第 130 页，辽宁大学出版社，1985。
2 高丙中：《中国民俗概论》，第 139 页，北京大学出版社，2009。

容范围，本书“制度民俗”的概念和写作思路就容易把握了。不过，如果对所涉及民俗现象的类型不作较严格的限定，本书的关涉范围仍然容易流于宽泛，比如社区制度民俗，如果仅将关涉对象限定为在村落或城镇社区发生的民俗，那就太宽泛了，因为一般民俗大多是在这两种类型社区里发生的，村落里或城市里差不多可以发生各种民俗现象。本书将表述内容严格限定为特定制度民俗的本体构成及与其紧密相关的民俗现象，也就是紧密附着于特定民间社会组织的维持特定社会关系的习俗惯制。比如社区制度民俗的关涉对象限定为关于特定社区的核心文化的基本制度民俗，比如村落社区，其核心文化是基于地缘关系的村民团体互助文化，本书的村落制度民俗部分就讲述了这种核心文化的种种表现以及与村民地缘互助文化紧密相关的民俗现象，而不是讲述发生在村落的一般民俗现象。尽管作了这样的限定，本书所记述的民俗与本丛书其他分卷所记述的民俗也不能完全分开，也会有所关联或重合，比如本书所记述的民间信仰制度民俗与信仰民俗分卷所记述的民俗必然有所重合，但本书所记述的内容有按照本书主题及思路所形成的自己的叙事重心和角度，应可凭此与后者区别开。

目录

家庭制度民俗

这里的“家庭”指一个宗族成员在宗亲范围内关系最亲近的亲属圈，是宗亲的核心组成部分。

在传统社会，按照宗族制度，一个人的“亲族”包括宗亲和外亲两大部分。宗亲是平时生活在一个村落或街区、按父系血缘关系凝聚起来的亲属，外亲是宗亲集团内的女性出嫁到其他村落或地域和宗亲外的女子嫁入宗亲集团内而形成的姻亲。宗亲和外亲两大部分亲属的形成基于人们按照宗族制度对男婚女嫁的规定，宗亲之间、宗亲与外亲之间的组织结构、相互关系、交往礼仪等也按照宗族制度而形成了相应的习俗惯制。因此，“亲族制度民俗”包括宗亲制度民俗与外亲制度民俗两大部分，而宗亲制度民俗又包括家庭制度民俗和宗族（家庭外宗亲）制度民俗。

中国现代社会的亲族制度民俗是由传统社会的亲族制度演变而来的。中国传统社会的亲族制度基于宗族文化。宗族文化强调父统子、夫统妻，形成以男性血缘传承为脉络的亲族结构体系。在这个亲族结构体系中，女性附属于男性，妻子主要是为丈夫家族传宗接代、操持家务的。适应于宗族文化制度，在居住方式上实行聚族而居，在婚姻制度上实行族外婚。所谓聚族而居，就是同一祖先的男性后代及其配偶居住在同一个地方，形成一个相对封闭的社会集团，造就亲族的一大部分——宗亲，在居住形态上体现为村落。为了保持这个源于血缘关系的社会集团的秩序和稳定，也为了优生优育，习俗规定“族外婚制”，即本族的男女不得通婚，于是本族的男子要娶外族的女子为妻，本族的女子要嫁到外族去，这样就造成了亲族的另一大部分——外亲。到了现代社会，男婚女嫁的外婚制已经不再严格执行，虽然乡村还大致遵行这种通婚惯制，但同村通婚的情况已经大为增多；在城市里，市民基本上已经不再遵行传统的外婚制，虽然还保持着男婚女嫁的观念、相关说法以及一些传统婚嫁习俗，但人们的居住区域已经不再区分宗亲居住区和外亲居住区，基本上是按照男方家庭和女方家庭的住房资源情况来确定婚后住在哪里。市民通常还按照男婚女嫁传统观念及其习俗，讲究由男方提供新婚住房，但由于男方经济实力不足而由女方提供新婚住房或者男子到妻子家庭居住的情况也很多。现代社会的亲族制度民俗也相应发生了许多变化。

家庭的亲属结构、称谓制度与关系规约

在本书中，宗亲包括家庭和宗族两部分。家庭指血缘关系最为亲近的宗亲团体，通常是指由宗族的一个男性成员及其配偶、其男性直系后代及其配偶、未婚直系后代组成的亲族团体，包括“爷爷”“奶奶”组成的第一代，父母、伯父伯母、叔父叔母组成的第二代，“我”与兄弟姐妹组成的第三代。很长寿的“爷爷”“奶奶”，可以看到第四代即重孙子、重孙女，形成“四世同堂”。为了指称方便，我们从家庭成员中第三代男子“我”的角度来表述家庭的亲属结构与称谓体系。

家庭的亲属结构古今有别。

按传统的“九族说”，家庭的直系亲属为九代，以“我”为中点，上推四代到高祖，下推四代到玄孙；旁系则到同一高祖的族兄族弟。在现实生活中，对于

“我”来说，上下第四代亲属即高祖辈和玄孙辈是注定见不到的，相应地，称谓语也就没有使用的机会，所以民间也就没有与之相对应的固定的口语称谓语，如要指称的话就只能用临时性的描述说法，如称高祖为“老爷爷的上一辈”“老老爷爷”“爷爷的爷爷”，说玄孙为“重孙子的下一辈”“重重孙子”“孙子的孙子”等。即使四世同堂的家庭也是很少见的，对一般人来说亲属结构只有三代，往上数为我辈、父辈、爷爷辈，往下数为我辈、儿子辈、孙子辈。所以实际使用的亲属称谓语是在这三代亲属称谓语的基础上构成的。第四代亲属称谓语“老爷爷”“重孙子”就是以“爷爷”“孙子”为词根的。

图 1
山西平遥一位老奶奶过 90 岁大寿时与儿孙三代家庭的合影。

温军　摄于 2022 年 1 月 25 日

图 2
山西平遥一位老奶奶过 90 岁大寿时与重孙子、重孙女的合影。

温军　摄于 2022 年 1 月 25 日

在中国传统社会，“家庭”通常指由祖孙三代组成的大家庭。传统时期当然也有很多第二代分家单过的家庭，但以祖孙三代合过的大家庭为典型形态。到现代社会，第二代结婚后分家单过的家庭形态更为常见，这种家庭称为“核心家庭”。核心家庭又称夫妇家庭，就是只有父母与未婚子女共同居住和生活的家庭。本书中的“家庭”概念以祖孙三代合过的大家庭为主，兼及核心家庭。无论实际的家庭结构如何，祖孙三代亲属在血缘关系或姻亲关系上的亲近程度都是一样的。由祖孙三代组成的大家庭与核心家庭都是本书所谈的家庭组织。

家庭成员的亲缘关系分为两种：血缘关系与姻亲关系，与之相应的亲属称谓语也包括血亲称谓语与姻亲称谓语两部分。在一个父系宗族之中，血亲称谓语可以借一个男性宗亲成员对其宗亲的称呼来描述，而姻亲称谓语包括嫁到这个宗族来的媳妇对其夫族成员的称呼、夫妻称谓、男子对血亲配偶的称谓。

在中国传统文化语境中，血缘关系与姻亲关系在亲属之间的关系实质、感情态度、礼仪规范等方面有着显著差异。以下即从血缘关系与姻亲关系两个角度介绍。

一、家庭成员的血缘关系与血亲称谓

我们从宗族成员中一个男子的角度来构建宗亲称谓语中的血亲称谓体系。为了表述方便，我们设定这一男性宗族成员为“我”。

（一）对宗族祖先的敬奉与称谓习俗

由于四世同堂的家庭极少，“爷爷”之上的直系长辈一般与“我”是无缘同存人世的。这些祖先只能作为神灵在祭祀时享受“我”的香火供奉，他们与“我”之间没有真正的对话活动，只有“我”在祭祀时向着灵位或祖坟的祈祷，比如烧纸上香之后向着祖坟磕头，会默念或出声道：“老爷爷，给您磕头了。”这是一种虚拟性的对话。“老爷爷”便是对祖先的称谓。“老爷爷”这一词语有两种含义，一种是确指爷爷的父亲（曾祖），另一种是概指爷爷的父亲及其以上的祖先群体，有时也包括他们的配偶即“我”的“老奶奶”们，因为传统观念认为女性是从属于男性的，她们跟随着“老爷爷”们一同受着孝子贤孙的供奉。

“老爷爷”（曾祖）可看作祖先群体的代表。因为“我”与“爷爷”是有实际接触并有感情联系的，“老爷爷”是爷爷的父亲，所以“我”尚有祭祀他的感情动力。爷爷的爷爷（高祖）及其之上的祖先，对于“我”来说就太遥远了，只是一个模糊的祖宗概念，所以“老爷爷”可以代表他们。我们可以从坟地的设置来看这种情况。如果是存在时间较长的“老坟”，在老爷爷的坟头之外，还会有一座祖坟，里面葬的是爷爷的爷爷（高祖），这种情况下一同上坟的宗族群体就很大，包括了祖坟里的祖宗的所有子孙，至少是“五服”以内的宗亲。但是如果要迁坟的话，在世的第一代一般只将老爷爷的坟迁走，而祖坟会遭遗弃。原来较大规模的坟场就分化为几个较小的坟场，而原先一同上坟的较大的宗族群体也相应分化为几个小群体了。当然这是民间祭祀的情况，皇室与贵族阶层拥有更好的祭祀设施，礼仪上也更加完备。

如果要对宗族的祖先进行确切指称的话，就要使用临时性的说法来描述，如说高祖为“老老爷爷”“爷爷的爷爷”。“祖宗”也是对宗族祖先群体的一个概称，可以指称“老爷爷”以上的祖先。“老祖宗”或“老祖”则是指更古远的祖先了，至于具体指哪一位，人们就说不上来了，可以确定的是创建村落的第一位祖先，他是村落传说中的人物。虽然“祖宗”“老祖”的说法很含糊，但是，他们在人们的心目中占有一个象征性的极尊荣的地位。民间骂人，骂到人家的“祖宗”“老祖”，是最恶毒的骂法。

（二）对祖父辈宗亲的称谓礼仪

对祖父母，最常见的称呼是“爷爷”“奶奶”。但各地也有不同的叫法。对祖父，有些地方除了称呼“爷爷”之外，还有其他惯称：江苏的南通、扬州、连云港，安徽的合肥、芜湖、安庆，湖北的红安、武汉、天门等地，称呼“爹爹”“爹”或“老爹”，而四川的南充、达县、自贡，以及重庆、广西的柳州、江苏的南京等地，称呼“公公”或“公”。对祖母，山西的忻州、离石、临汾，内蒙古的临河，四川的自贡等地，有“娘娘”的叫法，山东的青岛、诸城有“嬷嬷”的叫法，烟台、宝鸡、天水、南充、成都、达县、自贡、重庆、蒙自、吉首、宜昌、天门、武汉、南京等地则有“婆婆”或“婆”的叫法。[1]广州、阳江称呼奶奶为“阿嫲”，福州称为“依嫲”，厦门称为“妈仔”“阿妈”，长沙称为“娭毑”（āi jiě）。[2]

对“我”来说，“爷爷”“奶奶”在使用频率上是仅次于“爸爸”“妈妈”的亲属称谓。民间向来有“隔代亲”的说法。在传统观念里，传宗接代、延续香火是家族事务中的头等大事。人在进入中老年之后，见到儿孙满堂，就觉得自己的血脉和家业后继有人，从而感到欣慰。因此在儿子成年、结婚之后，一般都会急切地盼望早日抱孙子、体味当爷爷奶奶的尊荣。在有了孙辈之后，祖辈会热心地辅助第二代养育孙辈。一般做爷爷奶奶的对孙辈的疼爱和庇护多于严厉的训导。如果“我”的父母与“我”的祖父母没有分家，那么祖父母就是朝夕相处的亲人，“爷爷”“奶奶”的称呼是经常挂在嘴边的；即使已经分家，祖父母的住处也是“我”除了自己的小家庭之外最常去的地方。虽然两家各自经济独立，但祖父母为其儿女照看、款待孩子是心甘情愿、不计得失的。不管怎样，“爷爷”“奶奶”称谓所指称的是在家族亲人中享有最受尊崇地位，并与“我”有着密切接触和亲近感情的一对老人。“我”向别人说起他们时，称他们为“我爷爷”“我奶奶”，在书面上的文雅称谓是“祖父”“祖母”，不过这种文雅称谓对20世纪的大多数农民来讲是没有使用机会的。祖父母的姓名是为“我”所讳称的，甚至有很多人从来不知道或记不住奶奶的名字。“我”的父母在背后提起“我”的祖父母时，习惯说“他爷爷”“他奶奶”。邻居向“我”的父母提起“我”的爷爷奶奶时，习惯说“孩子他爷爷”“孩子他奶奶”，这样从“我”的角度来称呼而不直呼祖父母的名字，是出于对“我”的祖父母的尊重，也是对“我”的父母的礼貌。

在山东滕县方言里，称祖父为“老爷”，这是由于称父亲为“爷”，“父之父”自然就是“老爷”了，“母之母”就叫“老娘”。而此地称外祖父也叫“老爷”，与

1 陈章太、李行健主编：《普通话基础方言基本词汇集·词汇卷上》，第2339～2340页，语文出版社，1996。

2 周振鹤、游汝杰：《方言与中国文化》，第199页，上海人民出版社，1986。

称祖父相同。[1]

祖父辈的宗亲除了祖父母之外，还有祖父的兄弟、叔伯兄弟、堂叔伯兄弟等“五服”之内的“哥们儿”及其配偶，“我”对他们可一概称为“大爷爷”“大奶奶”。不管他们的年龄是大于还是小于自己的爷爷，“我”对他们的称谓都可带一个“大”字，以将他们与“亲”爷爷奶奶区分开来。还有一种称谓法是结合他们在亲兄弟中的排行来称呼的，如称为“二爷爷”“三爷爷”。对“我”来说，他们是族中的长老，按照血缘关系的远近给“我”不同程度的照料与教诲，“我”也按习俗待他们以礼仪的敬重。

（三）与父辈宗亲的关系与交往礼俗

父辈宗亲包括“我”的父母、父亲的同胞兄弟姐妹、父亲的同宗兄弟姐妹等。

1. 对父母的感情态度与称谓礼俗

父母是“我”的所有亲属中最重要、最亲近的，对父母的称呼也是人们自幼年至成年使用频率最高、最为熟稔的亲属称谓。由于父亲与母亲在社会上、在家庭生活和宗族秩序中所处的地位和所扮演的角色不同，也由于男女生理条件的差异，父亲与母亲在抚育子女方面一般有不同的分工。我国传统上最普遍的分工方式是严父慈母式，即父亲侧重于对子女的社会性抚育，母亲则侧重于生理性抚育。[2] 这使父亲与母亲对子女的交往方式、感情态度有很大差别，也使子女对父母的称谓蕴含着不同的态度和感情。

（1）父亲。

中国传统上主要是一个父权制社会，在正统的社会文化规范中，父子关系比母子关系更受重视和强调。特别是在宗族谱系中，父子关系是主干关系。传统观念认为父系宗族的血脉是由男性成员传承的，一对对父子关系的排列构成了宗族谱系的

1 俞敏：《亲属称谓的扩大和转移》，载《俞敏语言学论文集》，第 399 页，商务印书馆，1999。

2 费孝通：《生育制度》，载《乡土中国 生育制度》，第 193 页，北京大学出版社，1998。

框架。这使父亲在家族秩序中比母亲占有更为权威的地位，也使父亲更多地担负起对儿女特别是对儿子进行社会性教育的重任。由于“男主外，女主内”的传统家庭分工模式，也由于女子在生理上对子女的孕育承担着更多的责任，子女与母亲更为亲近，相对而言与父亲就有一些隔膜。而这种距离感正好有助于父亲在子女面前树立他的威严形象。通常父亲比母亲更多地对子女进行为人处世的教育、训斥甚至体罚。所以子女对父亲的感情、态度在亲情之上还有明显的敬畏感。这会自然地体现在儿女称呼父亲时的情态之中。这种情况在《红楼梦》中有生动的描写，那贾宝玉见了贾政总像老鼠见了猫儿一般紧张畏缩，称呼父亲时也是怯生生的。

对父亲的称谓词语有很多种。当面最常见的称呼是“爸爸”，这个称呼有时也被叫作“爸”或“老爸”。近年来，在城市时兴叫父母为“老爸”“老妈”，这是一种比较随便和活泼的称呼，少了称呼“爸”“妈”时所带有的一丝刻板，也少了些对父母的恭敬之态，但是增加了一种夹杂着撒娇卖乖情态的调侃意味，也加进了一些朋友间的平等和友情。[1]各地还有一些其他的用于当面的叫法，主要的有“爹”“大大”“爷”“伯伯”等。

“爹”是魏晋时出现的对父亲的称呼，现在它也是一个被广泛运用的称谓。在许多地方当面称“爹”，或“爹爹”“阿爹”，如河北的邯郸、平山，山东的烟台、利津，河南的郑州、林州，贵州的贵阳、黎平，湖南的常德，江苏的南京等地。有些地方虽然当面不称“爹”，但它也是一种不当面时指称父亲的常用词，如北京、河北的衡水等地。

“大大”或“大”，在北京是幼儿对“大伯”的一种代称，但在有些地方用于称呼父亲，山西的太原、忻州，内蒙古的呼和浩特、二连浩特，山东的诸城，甘肃的天水、敦煌，青海的西宁，新疆的乌鲁木齐、哈密，安徽的安庆、阜阳、芜湖，江苏的徐州、连云港，都有此称呼。

有些地方称呼父亲为“伯伯”或“伯”。河南郑州，对父亲的称呼除了“爹”之外，还有“伯”。陕西的宝鸡对父亲的称呼有三种：“爸”“爹”“伯”。贵州的毕

1　宁海:《也说称谓的变迁》,《北京晚报》，1999 年 10 月 25 日。

节称父亲为“爸爸”和“老伯”。湖北的红安，安徽的安庆、合肥，也都有称父亲为“伯伯”的叫法。

“阿玛”是旧时满族旗人对父亲的称呼，现在仍有此称。

“爷爷”或“爷”在一些地方也用来称呼父亲。四川的自贡对父亲有四种称谓：“大大”“爷”“爸爸”“爹”。云南的昭通称父亲为“爸爸”“爷爷”“大爹”。湖北的天门，安徽的合肥、歙县，江苏的连云港，都有称父为“爷”的叫法。[1]这种称呼是古汉语称谓在一些地方的遗留。魏晋时开始称父为“耶”，后改作“爷”。北朝民歌《木兰诗》有“阿爷无大儿，木兰无长兄”，白居易《新丰折臂翁》有“儿别爷娘夫别妻”，其中的“爷”都是指父亲。宋代又作为对祖父的称谓，后来主要用来称呼祖父，但在一些方言中仍有称父为爷的。[2]

从以上所列举，可见对父亲的称谓差异很大。还有在更小的区域内叫法迥异的情况。《嘉禾县图志》（三十四卷·民国二十四年刻本）记录了一乡、一村之内称谓不同的例子：位于湖南省嘉禾县的富乐乡，托山村称父为“大大”，而石门、瑶冲、山垛诸村称父为“哥哥”[3]；该县仙人桥村、星罗村，长房称父为“利利”（爹之去音），次房称“低低”（爹之平转）；贵贤乡定里村通称父为“阿爸”，但有一房称“爸爸”。

上面说的是对父亲的面称。在向别人提起自己的父亲时，又会采用其他的称谓。北方话里最常用的背称是“我（俺）爸爸”“我父亲”，较随便的说法是“老爷子”“我老爹”，较文雅或书面的称呼是“家父”“家严”。别人跟“我”说话，提起“我”的父亲，一般可说“你爸爸”或“你父亲”，客套而文雅的称呼是“令尊”。在河北农村，为了表示对谈话对象的尊重，说话人一般按对方父亲与自己的亲属或

1　以上对父亲的称谓资料主要取自陈章太、李行健主编：《普通话基础方言基本词汇集·词汇卷上》，第2331页，语文出版社，1996。

2　袁庭栋：《古人称谓》，第127页，四川教育出版社，1994。

3　古代凡男性均可称“哥”，可作为一般的尊称，而且可用于不同辈分之间，可以弟称兄、兄称弟，也可以父称子、母称子、子称父。如《旧唐书·王琚传》：“玄宗泣曰：‘四哥仁孝’”，即称其父唐睿宗为“四哥”；在《淳化阁帖》中，有唐太宗给高宗的信，称呼为“哥哥敕”，是做父亲的以“哥哥”自称。袁庭栋：《古人称谓》，第129页，四川教育出版社，1994。

辈分关系来称呼，如果对方的父亲是自己的姨父，就要说“俺姨父”如何。在双方有亲属关系的情况下，直接说“你爸爸”是不合礼数的。在一村的村民之间，如果双方是“一家子”（即有或远或近的宗亲关系），也不能径直说“你爸爸”；即使双方没有宗亲关系，出于礼貌，也常按辈分关系来称呼对方父亲，比如说“俺大爷”，也可说“你家俺大爷”。

如果与尚存一隅的母系社会制度相比较，能够更清楚和更全面地了解我国的父亲称谓。在20世纪的云南永宁县美丽的泸沽湖畔，居住着拥有母系社会遗迹的纳西族人。这里的家族谱系按母系来计算，男子处于附属地位。由于实行“男不娶，女不嫁”的走访婚，父亲与子女是两个亲族的人，子女只知其母不知其父，或虽知其父而不认其父，他们根本就没有父亲这一亲属概念。所以在当地纳西族的词汇里，过去没有父亲一词，对长一辈的男子只称“阿乌”，即舅舅。后来在向父系社会过渡的过程中，产生了表示“父亲”意义的“阿达”一词。但语言的变化有其滞后性，在已经实行父系制的家庭内子女仍习惯称呼父亲为“阿乌”，而很少称“阿达”。当地人解释：“阿乌比阿达亲，孩子们叫起来顺口。”[1]

（2）母亲。

一般而言，对母亲的称谓是一个人在幼年时期使用得最多的一个亲属称谓。自然这是由于母亲承担着在生活中哺育、照料幼儿的主要责任，幼儿通常与母亲接触最多、关系最亲密。同时由于在母亲怀孕、哺乳期间，胎儿与婴儿同母亲比同父亲有更多的生理上的关联，因而幼儿同母亲有更多更深厚的天然的亲近感。这种亲近感是扎根于人的潜意识之中的，成为伴随人的一生的内心情结。这种情况在如下称谓行为中看得分明：在许多地方，人们表示感叹的口头禅是“俺娘哎”“妈耶”，而不是将“爸”挂在口头；当人们遭遇突如其来的惊慌、恐惧时，那出于本能的叫喊是“俺娘哎”“我的妈呀”，这一刹那完全自然的表现是很说明问题的。母亲与子女之间自然养成的亲密感情一般是父亲比不上的。而在子女稍大一些后，同父亲的接触会增多，并更多地从父亲那里接受社会知识方面的教育；同时在父权文化语境

1　严汝娴、宋兆麟：《永宁纳西族的母系制》，第68页、第211页，云南人民出版社，1983。

下，子女被灌输一种信念：他（她）是父亲家族的后代，他（她）继承的是父亲的血脉和姓氏。这些都会加重父亲在他（她）的感情天平上的分量，但是这种感情有很大部分是偏于理性的，与对母亲的感情偏于感性不同。可以说，对母亲的称呼通常是含有最自然、最深厚的亲情的一种称谓。即使在妇女普遍参加社会工作的现代，由于生理原因母亲仍然比父亲承担着更多的养育幼儿的责任。充分的母爱对于婴幼儿的健康成长至关重要。因此，人在小时得不到母爱是人生一大不幸，“小孩没娘，说来话长”一类俗语说的就是这种苦处。

对母亲的称谓用语较多，其中最常用的口语面称是“娘”与“妈（妈妈）”。“孃”在古汉语中是“娘”的俗字，据清代梁章钜《称谓录》所引《南史》与《北史》中的资料，在南北朝时已经用“孃（娘）”来称呼母亲了。现在，在河北、河南、山东等省的农村地区，仍然称呼母亲为“娘”。“妈”是比“娘”后起的一个称呼。在三国时的《广雅》、南朝时的《玉篇》中已载“妈”字，并释为“母也”，但是在这一时期的文献中却鲜见它被运用的实例，说明在魏晋时它还未得到广泛运用。宋代庄绰的《鸡肋编》（卷上）说“谓母为妈”已是“举世皆然”[1]，说明在宋代，“妈”称谓已在很大范围内得到运用，但说宋时“举世皆然”当属夸张之言，因为直到元代的文学作品里（比如元曲）还极少见到称呼“妈”的例子，在《红楼梦》里称呼“娘”的例子也远多于称呼“妈”。到现代，“妈”在汉语里已成为对母亲最广泛的称谓了。

对母亲的口语面称除了“妈”“娘”以外，有些地方还有其他叫法。青海的西宁、广西的柳州、云南的大理有“阿妈”之称，湖南的常德，湖北的天门、武汉，安徽的芜湖、歙县，江苏的南京、南通等地有“姆妈”之称。还有一些听起来更特别的称呼：云南的昭通称“婶婶”，湖北的宜昌称“大老”，安徽的合肥称“妈爷”、歙县称“阿姨”，江苏的南通称“娘奶”[2]。

1　袁庭栋：《古人称谓》，第 132 页，四川教育出版社，1994。

2　陈章太、李行健主编：《普通话基础方言基本词汇集·词汇卷上》，第 2332 页，语文出版社，1996。

湖南有些地方对母亲的称呼与对姐姐的称呼有混淆之处：据《嘉禾县图志》（三十四卷·民国二十四年刻本），该县称母亲为“姊姊”（平音），或“姆”（读如“美”之平音），或“娭姊”（皆平音），或“嬷”“嬷姐”[1]；《永州府志》（十八卷·清道光八年刻本）“民间语言”部分记载：“其称母多曰阿姐，或曰姐姐，又或称吾妈，或称阿妈，或称妈妈”，又说“其称女兄多曰姐姐，乡中或称嫁嫁”，可明显地看到，该县对母亲与对姐姐的称呼有相同的情况；《武冈州志》（五十四卷·清同治十二年刻本）记载，该地“父曰爹，母曰姐”；《永兴县志》（五十五卷·清光绪九年刻本）记载“父曰爷，又曰爹爹；母曰妈妈，又曰阿姐”。

目前对母亲的称谓还有着城乡差异：城市里称“妈”，农村的许多地方称“娘”或其他方言称谓，但是随着普通话的大力推广，“妈”作为普通话用语使用范围逐渐扩大，已呈全面取代其他称谓法的趋势，在不少农村地区，“妈”作为一种新派称谓越来越多地为人们采用。山东省枣庄地区的红山峪村的母亲称谓就有这样的变化迹象：传统上子女对母亲一律称“娘”，近几年有些年轻母亲开始教幼儿称“妈妈”。[2] 在昆明方言里，对母亲的称谓有两种：“嬷”与“妈”。现在，“基本上只有农村里使用‘嬷’称谓，而且使用者还在不断减少，城市里基本已经没有使用‘嬷’称谓的了”。[3]

上面所说是对母亲的面称。背称有多种叫法。口头上对别人说起自己的母亲时，一般说“我妈”“俺娘”等，城市里还有一种较随便的说法是“老太太”或“我家老太太”。长辈对亲族中的晚辈说起自己的母亲时，一般不直接说“俺娘”，而是从晚辈与自己母亲的关系的角度来指称，比如父亲对儿子提起自己的母亲，会说“你奶奶……”对别人说起自己母亲时的文雅说法是“家母”“家慈”。社交中说起别人的母亲，如果对方是关系较随便的平辈，可以用一般性的说法“你母亲”“你妈”“你娘”，或“老太太”，文雅的说法是“令堂”“尊堂”“堂老”。用“堂”来称

1 该县称岳父岳母为“爸爸”“姐姐”。

2 苗传江：《红山峪村民俗志》，第 343 页，辽宁文化艺术音像出版社，1999。

3 张映庚：《昆明方言的文化内涵》，第 114 页，云南教育出版社，1997。

呼母亲是由于传统上北堂是母亲居住的地方。[1]在农村，如果交际对象是平辈，在当面提起他的母亲时，直接说“你妈”“你娘”是随便性的、不讲究的说法，礼貌的说法是按辈分或亲属关系称呼对方的母亲，如说“俺大娘”或“你家俺大娘”（村民之间），“俺大姨”“俺舅母”（亲戚之间）；如果对方是长辈，直接说“你娘”就是较严重的失礼行为了，会引起对方不悦、生气，不过一般这样是说不出口的。

以上是汉族地区母亲称谓的情况。其他民族由于语言类属或家族结构的差别，对母亲的称呼不仅语音差别大，而且有的民族母亲称谓的所指（即含义）也有所不同。凉山彝族对父母的面呼称谓，一般称父为“阿打”，称母为“阿嬷”，也有为避讳而改从叔父、姨母关系来称呼的。[2]傣族一些地方实行男子“上门”即从妻居的婚俗，云南西双版纳傣族即主要遵守这种婚俗。在从妻居制度中，傣族妇女具有财产继承权和较高的家族地位，男子处于附属地位。这种家族结构即体现到了称谓语上。在西双版纳傣族的亲属称谓语系统中，对长辈的称谓因性别而不同：男子对男性长辈的称谓语中要有“布”音，对女性长辈的称谓语中要有“雅”音；女子对男性长辈与女性长辈的称谓语都有“涛”音。对父亲，儿子称为“波布”，女儿称为“波涛”；对母亲，儿子称为“羊雅”，女儿称为“羊涛”。男子嫁到女方家里，就按妻子的称谓法来称呼妻方的长辈，以“涛”来代替男性称谓中的“布”和“雅”。[3]云南纳西族称母亲为“阿咪”，但在永宁母系家族中，“阿咪”并不仅指生身母亲，还用以称母亲的姐妹。其实母亲都知道谁是自己的孩子，儿女也知道哪个是自己的生身母亲，但他们仍然将生身母亲的姐妹称为“阿咪”，女性家长也将后代一视同

1 古代文人还将母亲称为“萱堂”或“堂萱”，这种称呼源于《诗经》。《诗经·卫风·伯兮》：“焉得谖草，言树之背。”《毛传》：“谖草令人忘忧；背，北堂也。”意思是在北堂种谖草，能使人忘掉忧愁（古人认为谖草是能令人忘忧的一种草）。谖草又写作萱草，就是今天将其花蕾当成蔬菜的金针菜。又由于北堂是母亲居住之处，后人就以“萱堂”“堂萱”“萱闱”作为母亲居室的代称，又作为母亲的代称。“北堂”也用于称母。又可以简称母为“堂”。由此扩展出“令堂”“尊堂”“堂老”的尊称。袁庭栋：《古人称谓》，第 134 页，四川教育出版社，1994。

2 王昌富：《凉山彝族礼俗》，第 61 页，四川民族出版社，1994。

3 在社交称谓中，傣族无论男女一律从女性的角度构筑称谓语：称祖父辈为“波涛满”，称祖母辈为“羊涛满”；称父辈为“波涛”，称母辈为“羊涛”。王渝光、单春樱等：《汉傣语言文化论》，第 148 页，云南教育出版社，1997。

仁地看作自己的儿女。这是由于这里的家族结构是以母系血缘关系来维系的，姊妹之间关系亲密，有了子女之后并不分家单过，她们将后代子女看作出于一个根系的血亲，一般对后代并不根据是否自己的亲生儿女来分亲疏，孩子对女性长辈也差不多同样亲近。当然在哺乳期，母亲要哺育自己的孩子，但等孩子稍大一些就交给老奶奶去养育了。这种情况体现在称谓上就导致将姨妈也称为“阿咪”。有学者在调查中问一位未生育子女的女家长：“为什么你姊妹的子女把你叫作妈妈，你对他们也像自己孩子一样亲？”被调查者觉得这个问题很奇怪，说：“我和姊妹们是一个妈妈生的，我们有同样的骨，同样的血，我们生下来的娃娃，也有同样的骨肉，是属于我们大家的。不像你们汉族谁生的归谁。我是当家人，孩子主要是我带大的，他们对我比对他们的妈妈还亲呢！”这位女家长的话是对这种独特称谓习俗生动而明白的解释。[1]

（3）对父母的合称、偏称及其他称谓习俗。

以上谈了对父母不同的称谓叫法，还有一种情况是将父母放在一起称呼，即合称。合称一般是背称或书面称。在向别人提到自己的父母时，口头上可以说“我爸妈”“俺爹俺娘”“我父母”等，城市里比较随意的称呼是“老头儿老太太”。给父母写信时的书面称呼，一般在抬头位置郑重地称“父母大人”，也可称“爸爸、妈妈”，其他位置可称“二老”。

有的地方存在对父母独特称谓的习俗，比如偏称习俗。所谓偏称，就是出于祈福辟邪的目的，对父母不按本来的关系称呼，而改以别的称呼。闽南方言区的常见偏称是称父母为叔、婶，莆仙语里则称父母为哥、姐。偏称习俗产生的原因是，民间相信“八字相克”，如果儿子命大，就会“克父”，于是降低父亲的辈分，让儿子称他为哥，相应地，称母亲为姐。本来“八字相克”的才采用偏称，后来演变为一种被一般人广泛采纳的辟邪习俗，为了儿子便于养活，瞒过恶鬼，就在称谓上隐去亲子关系，让儿子称父母为叔、婶，或哥、姐。也有的对父母直呼其名，这显然不同于西方人直呼父母名字表示两代之间平等亲密关系的称谓习俗。据李如龙先生的

1 严汝娴、宋兆麟：《永宁纳西族的母系制》，第 238 页，云南人民出版社，1983。

调查，在莆田话地区，对父母采用偏称和直呼其名的习俗至今还盛行着。在莆仙地区，对父母采用偏称和直呼其名的习俗在分布上很有规律：其一，在年龄分布上，年龄大的人使用偏称的多，特别是35岁以上的人对父母直呼其名的占了50%以上；年龄小的人使用偏称和直呼其名的人少，特别是15岁以下的人，已没有使用偏称的，直呼父母姓名的也极少了。其二，在地区分布上，对父母采用偏称和直呼其名的比例以海岛、山区为最高，其次为一般农村，而在城镇，采用偏称的几乎为零，直呼其名的也极少。其三，在职业分布上，农民采用偏称和直呼其名的人所占比例最高，居民与职工所占比例较低，其中职工所占比例又略低于居民。另外，在使用偏称上，用于父亲的比例与用于母亲的比例相仿。在直呼其名方面：35岁以上的人对父亲直呼其名的比例显然高于对母亲直呼其名的比例；而35岁以下的人以及在地区、职业方面的分布上，对母亲直呼其名的比例则明显高于对父亲的。

对父母还有一种从儿称的叫法，即俗话说的“指着小的儿叫”，对父母的称呼也随着自己儿女的叫法。语言学家俞敏先生说：

> 我有个姐姐，没出嫁的时候叫我先父“爸爸”，叫先母“妈”，叫我“四弟”。出嫁以后，抱了外甥再回娘家，一整套称呼全变了，这回管先父叫“姥爷”，管先母叫“姥姥”，管我叫“四舅”。这全是用我那小外甥的口气来称呼别人。这极好懂。他们家的宇宙中心是我那小外甥。
>
> 我现在管我的老伴儿叫“外婆”（原籍湖南），管我的小儿子叫“小舅”；我老伴儿叫我“公公”。这套称呼怎么来的？我的小外孙子住在我们家里是主因。用北方老太太的话说，这叫“指着小的儿叫”。
>
> 英美人有小孩儿以后，两口子互相叫“daddy”“mommy”的也常见。[1]

还有几种称谓习俗需要提及：对养父养母、继父继母、义父义母的称谓，这几种“父母”与“自己”都没有血缘关系，但在当面的称谓礼仪上都按照或仿拟有血

1　俞敏：《亲属称谓的扩大和转移》，载《俞敏语言学论文集》，第394页，商务印书馆，1999。

缘关系的父母子女关系来称呼。养父养母，是收养幼小的自己并将自己抚育成年的人。这种关系的产生出于几种情况：本家的伯父、叔父没有儿子，于是父母将自己自幼“过继”给其为子；新中国成立以前父母因贫穷、孩子多养不起而将自己送给别家收养；20 世纪 80 年代以后因施行计划生育政策，不能超生，但又想要儿子，便偷偷将女儿送给别人家收养。由于养子养女往往是在婴儿时被收养的，养父养母的抚育之恩同亲生父母差别不大，相互之间的感情一般同于或近于真正的父母与子女之间的关系，平时对父母的称谓也同对亲生父母的称谓没有差别。继父继母，俗称后爹、后娘，是自己的父母离异或一方去世后，母亲另嫁之夫、父亲续娶之妻。自己与继父继母的关系一般都不很融洽，虽然按礼仪规范，要称他们为爸妈，实际上因感觉不自然而一般很少称呼。义父义母，是在自己的父母之外再拜别人为父母，但并不与他们组成家庭，因而礼仪要求较疏远，当面一般称“干爹”（“干爸”“干老儿”）、“干娘”（“干妈”）。

湖南岳阳临湘一带的亲属称谓很奇特，只有男性称谓，缺少女性称谓。父亲称“爸”，母亲也称“爸”；祖父称“爹”，祖母也称“爹”。分别男女的办法是加“细”“小”，如爸爸称“大爸”，妈妈称“细爸”。哥哥称“哥哥”，但姐姐也称“哥哥”，弟弟称“老弟”，妹妹也称“老弟”。叔叔称“细爷”，阿姨也称“细爷”。周振鹤、游汝杰《方言与中国文化》认为：“这种称谓其实是古代称谓的原版写照，直到汉代，妹妹的称呼还未出现，而叫作女弟。更早一些时候，妹妹叫女兄。祖父母均称祖，父母亲都是亲，分性别称谓晚到汉代以后才成系统。”[1]

在湖北江汉平原中部的沔阳地区（含仙桃市、洪湖市和汉川、天门、潜江、监利四县市的部分地区），亲属称谓习俗更是奇特。这里称爷爷为“爹爹”、称爸爸为“爷爷”，更奇特的是，对所有的女性亲属都使用男性化的称谓，具体叫法如下：

> 曾祖辈。称曾祖父为“老爹”，称曾祖母也叫“老爹”或“姥姥”，有的以“大老爹”和“小老爹”相区别。对社会上的曾祖辈男性女性老人，

1　周振鹤、游汝杰：《方言与中国文化》，第 199 页，上海人民出版社，1986。

都以“老爹”“姥姥”相称。对亲戚中的曾祖辈男女老人，按亲戚关系，称为“舅老爹”“姑老爹”“姨老爹”等，其中对曾祖父的姊妹尊称为“老恩爹”。

祖辈。喊祖父为“爹爹”，这是沔阳独有的称谓，异于各地。对祖父之兄弟，按排行称“大爹”“二爹”“三爹”“幺爹”等；称祖父之姐妹为“大恩爹”“小恩爹”等；称祖母为“小爹”，或直呼为“爹爹”。对祖母之妯娌，也喊成“大爹”“二爹”等。仙桃市毛嘴镇一带和毗邻的潜江市一样，称祖父为“胡爹”、祖母为“妈爹”。

父母辈。称呼爸爸为“爷爷”，也有别于南北。不过按字面分析，“爷”乃“父耶”，似乎更符合造字本意。父大母小的子女，喊父为“大伯”，喊母为“小伯”；母大父小的子女，称父为“小爷”，称母为“伯爷”。对父亲兄弟和母亲之妯娌分别称为“大伯”“二伯”“三伯”，或“伯爷”“爷爷”“三爷”“大大”“老子”等，如同对父亲的称呼。称舅妈为“舅伯”，称姨妈为“姨伯”，还有的喊姨妈按排行称为“几爷”的。

在对父母辈叫法中，还有一种“过继斢口”习俗。[1] 为了使孩子易养成人，过继给缺子嗣或已亡故的叔子伯爷名下，把“爷妈”的名分留给他们，而称亲生父母为“伯伯、伯娘”或“叔子、婶娘”。另外，还有类似“重新组合”家庭的叫法，称父为“小爷”，称母为“幺爷”等。[2]

萧国春先生的文章分析了将男性称谓用于女性亲属的习俗的成因：①可能是受一江之隔的湖南的相近习俗的影响；②可能是与历史上的迁徙有关，现在沔阳湖区的人大多是明朝时江西移民的后代，而江西人也有对女性亲属使用男性称谓的现象；③可能是受宗法文化影响，以男性称呼为尊称，而沔阳女子地位较高，女子名字也能上宗谱，称女子为“爷”“爹”，表现了对女子的尊重，同时女子也乐于接受

1　斢，方言词，音 tiǎo，上声，意为调换。

2　萧国春：《沔阳民间“女性称呼男性化”探究》，第 69 页，载《民间文化》，2001 年第 1 期。

这种与男子相近的称呼，加之男丁不旺的家庭，更愿意在称谓上男性化一些，以壮家族声威；等等。

2. 父亲的兄弟姐妹及其称谓

父辈的血缘宗亲，除了父母之外，还有父亲的同胞兄弟姐妹、同宗兄弟姐妹。

父亲的同母兄弟，古时统称为“诸父”，按照兄弟间伯仲叔季的排行说法，依年龄分别称为“伯父”“仲父”“叔父”“季父”等，但现在当面不再使用这种称呼，背后较文气的说法采用“伯父”指称父亲的哥哥，用“叔父”指称父亲的弟弟，而“仲父”“季父”则从现代汉语中消失[1]。但俗称仍丰富多样。

对伯父，常见的当面称呼是“大爷”“伯伯”；对叔父，常见的当面称呼是“叔”“叔叔”。如果父亲兄弟较多，就在前边加上排行，如“二大爷”“三伯”“二叔”“小叔”等，加排行的称呼一般用于背称。因方言差别，各地的叫法有一些差异。

各地对伯父的当面口头称谓。①称“大爷”或以“大爷”称呼为主的地方：北京，天津，河北的承德、唐山、沧州、衡水、邯郸，内蒙古的集宁、呼和浩特、赤峰、二连浩特、海拉尔，黑龙江的黑河、齐齐哈尔、哈尔滨、佳木斯，吉林的白城、长春、通化，辽宁的沈阳、丹东、大连，山东的利津、诸城、济南、济宁，河南的林州、郑州，陕西的绥德，安徽的合肥，江苏的徐州、连云港、涟水。②称“伯伯”“伯”“大伯”的地方有：河北的保定、石家庄、平山，山西的忻州、离石，陕西的白河、汉中、西安、宝鸡，四川的成都、南充、汉源，重庆，贵州的遵义、毕节、贵阳、黎平，广西的柳州、桂林，湖南的吉首、常德，湖北的宜昌、襄樊、天门、武汉、红安，安徽的安庆、阜阳、芜湖、歙县，江苏的南京、南通。③“大大”也是用于称呼伯父的一个较常见的称谓，有些地方除使用以上称谓来称呼伯父之外，也用“大大”，如沧州、哈尔滨、扬州等地，有些地方“大大”是对

1 其实在古代汉语中，大多数情况下也称叔父，并不因排行的不同而有仲父、叔父、季父的称呼之别。称季父例子偶有所见，称仲父的例子则极少见。参见袁庭栋：《古人称谓》，第 140 页，四川教育出版社，1994。

伯父的主要称呼，如兰州、西宁。④有些地方对伯父的称谓有“爹”或“爸”的字眼：在山西，大同在称“大爷”之外还称“老爹”，太原则称“老老”，长治则称“爹”“大”，临汾称“大爸”。内蒙古的临河称“大爹”。山东的烟台、青岛除称“大爷”之外，还称“大爹”。河南的灵宝除称“伯”之外，还称“爸”，信阳则称“爹”。宁夏的银川称“大爹”，甘肃的天水称“爹爹”。新疆的乌鲁木齐除称“伯”之外还称“大爹”。四川的达县、西昌称“大爹”“大爸”。云南的昭通、大理称“大爹”，昆明称“大爹”“大伯”。遵义称“伯爹”“伯伯”。[1]

当面对叔父的口头称呼，各地使用最多的是“叔”，或加上排行如“二叔”“三叔”“小叔”等。但地殊音异，各地的其他叫法也不少。①称叔父为“爹”。山西长治、内蒙古临河、河南信阳都称叔父为“爹”，甘肃兰州除称“叔叔”之外还称“尕爹”，四川达县称“幺爸”“幺爹”，湖北宜昌称“叔叔”“幺爹”。在当地，它们与对父亲的称呼一般还是区分开的：临汾、信阳称父亲为“爸”，长治称父亲为“爸爸”“爹”。②称叔父为“爸”。陕西的西安、宝鸡称为“爸”；甘肃天水、新疆哈密称“爸爸”；青海的西宁称“爸”“阿爸”；甘肃敦煌、新疆乌鲁木齐、江苏南通除称“叔叔”外，也有叫“爸爸”的；成都叫“爸儿”。在这些地方，对叔父的称谓一般与对父亲的称呼有的能区分开，如西宁、哈密称父亲为“达达”，有些地方与对父亲的称呼有混淆的情况，西安、宝鸡、成都、南通等地既称叔父为“爸”或“爸爸”，也有称呼父亲为“爸”或“爸爸”的。③称叔父为“大”或“大大”。山东诸城称叔父为“大大”，这与对父亲的称呼相混，诸城人对父亲有三种称法：“大大”“爷”“爸爸”。安徽芜湖称叔父为“叔叔”“大大”。河南灵宝称叔父为“大”，称父亲为“爸爸”“大”。④称叔父为“爷”。四川自贡称叔父为“叔叔”“叔爷”。云南昭通、大理分别称叔父为“爷爷”“阿爷”，同时他们也分别称祖父为“爷爷”“阿爷”。昆明称叔父为“叔叔”“爷爷”，而他们称祖父为“爷爷”“老爹”。湖北红安、安徽歙县、江苏连云港和扬州对叔父都有“叔”与“爷”两种称呼，而红安称祖父为“爹”，歙县称祖父为“爷爷”和“朝”，连云港称祖父为“爹爹”“老

1　陈章太、李行健主编：《普通话基础方言基本词汇集·词汇卷上》，第2334页，语文出版社，1996。

爹”，扬州称祖父为“爹爹”。⑤称叔父为“伯伯”。天津称叔父为“伯伯”，承德的回族人称叔父为“伯伯”，沧州称叔父为“叔叔”“伯伯”，此三地都称伯父为“大爷”。[1]还有其他称法，如安徽安庆称叔父为“老老”（也称“叔叔”）。

“叔”在古代是一个兄弟排行称谓，伯仲叔季，“叔”是老三。它又被兄长之妻用于称呼兄长的弟弟，即“叔”与“嫂”相对，例见《战国策·秦策一》：“妻不以我为夫，嫂不以我为叔，父母不以我为子。”儿子从小跟母亲学说话，随着母亲叫，就叫妈的“小叔子”为“叔父”。刘熙《释名·释亲属》：“仲父之弟曰叔父。”大约从六朝开始，“小叔子”与“叔父”这两种称呼在用语上就开始混乱，“叔父”之称省去了“父”只称“叔”或“叔叔”，沿用至今；嫂子称“小叔子”也有叫“叔叔”的，如《水浒传》里潘金莲称武松为“叔叔”。[2]

上述各地方言对父亲兄弟的称谓，有不少是与对父亲的称谓混在一起的，或者采用同一称谓。在古汉语中也有类似现象，比如称父亲的兄弟为“诸父”，将叔侄称为“父子”。这种现象应该是古老的兄弟共妻习俗在语言上的残留迹象。而这与在云南永宁地区实行走婚制的母系社会中一个家族所有同辈的女性都被下一辈称为妈妈的道理是一样的。

对父亲的姐妹，一般称为“姑”“姑姑”“姑妈”，或加上排行称“大姑”“小姑”“二姑”“三姑”等。其他用以称呼姑母的词语也有很多：①不少地方用“娘娘”来称呼姑母，这些地方有陕西白河，河南灵宝，甘肃兰州、敦煌，青海西宁，四川成都、西昌，重庆，云南昆明，江苏扬州、南京、南通等，其中有的地方除用“娘娘”外还有其他称谓用语。②称“妈妈”“娘”。河南商丘称姑母为“妈妈”，贵州遵义称为“娘”或“爹”。③安徽的芜湖、合肥称为“姥姥”。④有些地方用通常称呼男性长辈的词语来称姑母：四川达县称姑母为“么老子”，自贡、重庆称“老子”或“老”，湖南吉首称“大（大）”，湖北红安称“伯伯”“爷爷”，遵义称“爹”（另称“娘”），江苏南通称“爸爸”（另称“娘娘”）。其他地方还有一些特殊的称谓，

---

1 陈章太、李行健主编：《普通话基础方言基本词汇集·词汇卷上》，第2329、2335页，语文出版社，1996。

2 俞敏：《亲属称谓的扩大与转移》，载《俞敏语言学论文集》，第393页，商务印书馆，1999。

如扬州称未婚的姑母为“娘娘”，称已婚的为“姑妈”；湖北襄阳除称“姑妈”外，还称“念儿”。[1]

多数地方在称谓上不区分是父亲的姐姐还是父亲的妹妹，相对于对父亲兄弟的称谓而言，对父亲的姐妹的称谓在区分长幼方面是比较粗疏的，这主要是由于在父系家族中，父亲的兄弟自幼年起便是本家族的成员，一定要严格区分他们与父亲的长幼次序，以对之采用相应的礼节，而父亲的姐妹在成年后要出嫁到外族去，不再是本家族的成员，她们与父亲的长幼关系不够重要，以至于在下一代对她们的称谓中体现不出来。但是，在有些地方对姑母的称谓是将父亲的姐妹与父亲的长幼关系区分出来的：如山西临汾称父亲的姐姐为“姑妈”，而称父亲的妹妹为“姑姑”；湖北红安称父亲的姐姐为“伯伯”，称父亲的妹妹为“爷爷”[2]；四川的汉源称父亲的姐姐为“姑奶”，称父亲的妹妹为“姑娘”；贵州的黎平称父亲的姐姐为“姑妈”，称父亲的妹妹为“姑娘”；江苏南通称父亲的姐姐为“姑妈”，称父亲的妹妹为“娘娘”或“爸爸”。

对父亲的叔伯兄弟姐妹及其他同一宗族的兄弟姐妹，当面所用的口头称谓一般同上述称谓一样，在背称上会有所区别，通常在姓名后加上亲属称谓，如“某某大爷”“俺某某叔”“某某姑”等。

（四）与同辈血缘宗亲的关系与交往礼俗

同辈血缘宗亲，指自己的同胞兄弟姐妹以及同一宗族的同辈人。

同辈血缘宗亲中最重要的是兄弟关系。传统社会认为最基本的人伦有三种：父子、夫妇、兄弟，可见兄弟关系在传统家族伦理结构中的重要位置。所以兄弟之间虽然是同辈，但兄弟之间的礼仪秩序是不能轻视的。兄弟间的和睦友善、长幼有序是父系宗族秩序的基本组成部分。古人将“悌”与“孝”并称，将之看作最重要的道德规范之一。《礼记·礼运》所说“兄良、弟悌”，《论语·学而》所言“弟子入

---

1 陈章太、李行健主编：《普通话基础方言基本词汇集·词汇卷上》，第 2338 页，语文出版社，1996。

2 红安人称祖父为“爹”，称伯父为“伯伯”“大伯”。

则孝，出则悌”，都在强调兄友弟恭的礼仪，特别是弟对兄的敬爱之礼。兄长在年龄上长于弟弟，相应地，未成年阶段在生理、人生经验等方面也一直比弟弟更为成熟，所以他一方面照料、带领弟弟，一方面也管束、支使弟弟，在弟弟面前有一定的威严，同时家长将传统文化关于兄弟关系的观念、礼仪规范灌输给后代，这些都促使“兄友弟恭”的兄弟关系的传统理想模式得以形成，或向这个模式发展。一般弟弟对兄长持敬重态度，在称呼上不能直呼其名，称“哥”，或“大哥”“二哥”“三哥”等，各地方言中的其他不同称呼极少见。背称时，一般称“我哥”“俺哥哥”“俺二哥”等，古雅的说法为“家兄”。兄长对弟弟当面不用亲属称谓，而直呼其名，背称时可说“我弟弟”“俺兄弟”等，如对方知道自己弟弟是谁，则直接说弟弟的名字。

对于姐姐、妹妹的礼仪规范，传统文化中很少提及。所以对姐妹的礼仪就仿照对兄弟之礼，这种情形在称谓上有所体现：古代常称姊为“女兄”，妹为“女弟”，甚至直接称姊妹为“兄弟”。《说文解字》解释“姊妹”：“姊，女兄也”“妹，女弟也”。弟弟、妹妹对姐姐比较敬重，不能直呼其名，当面称“姐”“姐姐”，或“大姐”“二姐”等，背称说“我姐姐”“俺二姐”等。各地方言对姐妹的不同称呼用语很少。

对同族的其他家支的兄弟姐妹，当面一般遵照上述称谓，也可在“哥”“姐”前加名字，说“某某哥”“某某姐”，背称一般称“某某哥（哥）”“某某姐（姐）”。

对于后代宗亲儿子、孙子等，当面直接称其名字，背称时可直呼其名，也可使用表明双方亲属关系的说法，如“我的小子”（指儿子）、“我的大的”（指大儿）、“我的丫头”、“二丫头”、“俺闺女”（指女儿）、“俺的孙子”、“俺那小孙女”等。但当儿女长大成人以至也有了家室儿女时，就不好再用“大小子”“二丫头”这些称呼，北京话里有“他大哥”“她二姐”这类较委婉和尊重的说法。有些地方对后代的称呼很有特色，如位于湖北江汉平原的沔阳地区，包括仙桃市、洪湖市和汉川、天门、潜江、监利四县市的部分地区，称呼女儿为“坛子”，萧国春先生的论文记述并探讨了该地区这种有趣的称呼：

女儿称为“坛子”，更是沔阳独特的称呼，最能体现“尊姑重女”习俗。沔阳人生了小孩，乡亲们不直接打听生的是男孩还是女孩，而是道一声“恭喜您郎！”犹如投石问路。小孩的父母回答也很巧妙，若是说：“明日接您郎吃蛋！”这就表明是生了个男孩；假如说：“明日接您郎喝酒！”这就言明是生了个女孩。何等聪明的沔阳人，问者、答者皆彬彬有礼，言之不多，信息沟通。至于女儿为什么称“坛子”？大概是因为女儿出嫁后孝敬父母送酒喝。用小瓶装酒拿不出手，用大缸装酒又拿不动，乖巧的沔阳姑娘一般选择盛酒专用的陶坛子（装五斤至十斤）送酒最适宜。加上沔阳是著名的“鱼米之乡”，到处有酒坊、酒店，女儿用坛子送酒约定俗成，因而对女儿回娘家称为“酒坛子来了”，表达一种无法言状的亲热。久而久之，干脆称女儿为“酒坛子”或“坛子”。

沔阳人习惯称未出嫁的女孩为“坛子”，一家中女孩几个，按大小称“大坛子”“二坛子”“三坛子”“小坛子”“末坛子”“幺坛子”。对别家的女孩也这样称呼。沔阳人视女儿为掌上明珠，称为“爷妈的心肝宝贝”或“连心肉”，认为女儿比儿子更知爷妈养育甘苦，因而对爷妈更体贴入微，更讲孝心。有的父母为女儿取名“友兰（有男）”“玉兰（如男）”“胜男”“赛男”“虾贵（虾比鱼贵之意）”等，寄托父母对女儿的无限希望，倾注父母的全部亲情。

民间有一种对“坛子”姑娘的爱称：“好坛子”“乖坛子”“缭浆坛子”“贤惠坛子”等。也有一种表面似骂、骨子里是喜欢的称呼：“死坛子”“鬼坛子”等，“骂”者爱昵，听者乐意，其情融融，别具一番亲态。

沔阳人对“坛子”生得多引以为豪，一个女儿称“家有千金”，两个女儿谓“家有一吨”（两千斤之意），三个女儿曰“吨半”，四个女儿曰“两吨”……[1]

1 萧国春：《沔阳民间“女性称呼男性化”探究》，第69页，载《民间文化》，2001年第1期。

二、家庭成员的姻亲关系与姻亲称谓

上面比较系统地描述了家庭内部的血亲关系与血亲称谓，血亲称谓所表述的亲属关系是靠一脉相传的父系血缘而紧密联结的。家族内部基于姻亲关系的姻亲称谓，是媳妇与没有血缘关系的家族成员之间的称谓，其表述的亲属关系所借以维系的链条是姻缘或间接的血缘，它在构成、内涵和使用上有不同于血亲称谓的显著特点。它的构成比较复杂，包括夫妻称谓、嫁入本族的女子对夫族成员的称谓、父系血亲成员对本族血亲的配偶的称谓，后两种可归为一类：媳妇与夫族姻亲之间的称谓。

（一）夫妻关系与夫妻称谓

夫妻关系是中国传统的父系宗族集团内部的一种最基本的姻亲关系，夫妻称谓也是宗亲称谓体系中的一种最重要的姻亲称谓。夫妻关系不仅具有一般意义上的社会合作关系的性质，而且具有更为深刻和持久的性爱关系与亲情关系的内容。夫妻关系的文化内涵是由家庭共同体所处的民族文化传统和社会生活环境所决定的。夫妻称谓是夫妻交往时用以启动谈话的一方对另一方的称呼，但在某种程度上可以表现出夫妻关系的存在状态或夫妻各自在家庭、社会中的地位，并能反映出与之相关的社会文化背景。传统的夫妻称谓可以作为透析宗族文化实质的一个重要侧面，新型的夫妻称谓也可以作为观察现代家庭文化的一个窗口。

实质上，从人类文明史上出现专偶制的家庭形态起，婚姻的缔结、夫妻关系的确定就是一切亲属关系的起始点，因为在专偶制的社会中，只有先有了夫妻，才能有儿女，然后才能有父母子女、兄弟姊妹等亲属关系。但是，在中国传统的父系宗族社会中，为强调和确立父系单向传承的家族秩序，需要压抑妇女的社会地位，使妻子作为丈夫的附庸而存在，因此会抬高父子关系、贬低夫妻关系。这种状况在传统的夫妻称谓中就有所体现。而在我国当代社会中，无论是在城市还是在农村，家庭这个到处存在的小型社会共同体是以姻缘关系即夫妻关系为核心的，血缘关系即父母子女之间的关系、兄弟姊妹之间的关系居于从属地位，这种状况也体现在新型的夫妻称谓之中。

从总体上来说，夫妻称谓可分为老派夫妻称谓和新派夫妻称谓。前者主要是现在 50 岁以上的夫妻之间所用称谓，受传统社会夫妻关系影响较深；后者主要是现在 50 岁以下特别是青年的夫妻之间所用称谓，产生于现代社会宣扬男女平等、提倡以爱情为基础的夫妻关系之中。

我们先来看老派夫妻称谓。老派夫妻间基本没有面称，或者说老派夫妻之间当面交际使用的相互称谓处于缺环状态。一般在家里，夫妻对话时没有任何称呼，直接说事，或者以“哎”“哎我说”来提请对方注意，也可以说这些招呼语是夫妻称谓的一种替代形式。下面是描写北京人生活的老舍小说《离婚》中的一段描写，里面有张大哥对他妻子的称呼：

张大哥更显着安坦了，好像早就承认了媒人的责任并不“止”于看姑娘上了花轿或汽车。“一切都有我呢，二妹，不用着急。”他向窗外叫，“我说，你这儿来！”

张大嫂正洗家伙，一边擦着胡萝卜似的手指，一边往屋里来，刚一开开门，“哟，二妹妹？坐下呀！”

二妹妹一见大嫂子，眼睛又开了河。

“我说，给二妹弄点什么吃。”张大哥发了命令。

上述描写中的称呼“我说”是北京人老派夫妻称谓的反映。

确实，在较小空间范围的家院之内，不用称呼对方，对方就知道是在跟自己讲话。但是如在室外，比方说在地里劳动，离得远时呼喊对方，或者在村里呼喊不知到哪家去串门的对方，单靠嗓音的熟悉还不够，需要有个称呼来明示喊话的对象，这时只好采用从儿女角度来的称呼“××（孩子小名）他爸爸”“××他娘”，也有极少的人喊对方姓名。在黄昏时分处处升起袅袅炊烟的村落之中，妇女亮起嗓门喊“××他爸爸，回家吃饭喽”，是经常听到的一种声音，这也是可以构成一幅农村风俗画的淳朴生动的场景。夫妻之间习惯了没有面称，在需要有称呼的当面对话语境下语言交流就很不方便，不得已时采用某种称呼也是很不自然的。与夫妻面称的相对缺乏相反，夫妻的背称颇为丰富，这是由于夫妻背称主要是表明夫妻关系的亲属名词，不是发生于夫妻对话的语境之中。背称方面，男的称妻子为“俺家的”“俺家的人们”“俺那口子”“××他娘”“俺那做饭的”等；女的称丈夫为“当家的”“××他爸爸”“俺那老的”等。他人说起某对夫妻，一般说女方为“××（丈夫名）家的”，说男方为“××（妻子名）男的”。

在传统婚姻中，缺乏亲子链条联结的夫妻关系是比较尴尬的。传统文化不重视夫妇之爱，而强调夫妇之别，所谓“相敬如宾”。其实这“相敬”不是平等的互相尊敬，主要是妇敬夫，保持父系社会中男尊女卑的秩序，而要做到这一点，夫妇之间须保持一定距离，不可过于亲昵，因而“如宾”是“相敬”的方法。夫妻之间这种保持距离的关系可在古时妇女对丈夫的一些称呼上体现出来，如“官人”“老爷”作为妻对夫的面称，其字面意思并不表示双方的夫妻关系，而是带有尊卑含义。“官人”是以丈夫在社会上的职业身份权力作为称谓语，“老爷”则是借用家中下人对主人的尊称。在这样一种婚姻模式中，夫妻成了一对熟悉的陌生人。他们既天天见面，共同生活，有亲密的接触，又要注意夫妇之别。但是，夫妻靠什么凝结在一起呢？照我们现代人的理解，一般认为姻缘应该以爱情为基础，夫妻是靠志趣相投的感情力量凝结在一起的，并不必定需要亲子关系做支撑。但是，传统文化将夫妻情爱否定了，认为“昏礼者，将合二姓之好，上以事宗庙，而下以继后世也。故君子重之”（《礼记·昏义》）。也就是说婚姻的主要目的是传宗接代，这是将本来素不相识的男女捏合在一起的理由。夫妻之间的爱情是无关紧要的，甚至是受到排斥、抑制的，双方性爱的需求也是在传宗接代的名义下得到满足的。生育后代成为夫妻的事业和将二人凝结在一起的主要联系。所以，传统文化里的夫妻关系有两个基本特点：一个是不讲爱情，另一个是否定平等，双方的性爱是为了生育，交往要体现男尊女卑、夫唱妇随。实际上，就是要把夫妻关系纳入夫权社会的文化规范之中，强调妻子是附属于丈夫的。事实上，这种模式的夫妻关系是夫权文化的主要基石之一。

称呼是交际双方关系和各自身份的标志。传统婚姻中夫妻之间的姻缘关系不能成为联结双方的独立的关系，在剔除亲子关系对夫妻关系的稳固作用之后，夫妻双方成为身份不够独立和完整的人。这种状况在妻子生育之前表现得很明显。而如果妻子不能生育，就使夫妻关系达不到完整状态，夫家就有了堂而皇之的休妻理由。这种情形表现在夫妻之间缺乏适当的面称上。直到孩子出世，夫妻之间的身份明朗，成为“孩子他爹”“孩子他娘”。但这种称呼在当面也是极少使用的，一般在必须以称呼来引起对方注意的语境下才会使用。这两个称呼主要用作背称。当夫妻中的一人向本家族的人如孩子的爷爷奶奶提起配偶时，最顺口的称呼便是“××（孩子小名）他爹”“××他娘”。

单纯的夫妻关系中的无称呼（指面称）状态在成亲男女的首次正式交往中就已经注定了。在传统社会中，婚姻须遵“父母之命，媒妁之言”，结亲的男女本人一般没有自由选择权利，也无婚前恋爱过程。在典范地执行这种成婚规矩的情形下，结亲男女的第一次正式交往是在举行婚礼的这一天。新娘下轿时蒙着盖头，这使新郎新娘无法见到对方面目，也无法相认和交往，习俗规定他们在拜天地之前的几分钟内还不是正式夫妻。拜天地仪式对夫妻关系的确认在习俗规约意义上是至关重要的：拜了天地、高堂即二人的夫妻名分获得了神灵、家长的承认，再夫妻对拜，象征两人的正式结识和相互之间配偶关系的认可。值得注意的是，在这郑重的仪式上，结识和成为配偶是同时完成的，一结识就成了生活的亲密伴侣。而这种结识只是象征性的，因为新娘还遮着盖头，两人还未真正见到对方。这也直观地表现出传统婚姻的特点：获得配偶是不容本人选择的，是无须男女之间有熟悉的关系做基础的。直到男女的关系在习惯法意义上实质转变的时刻，他们还没有真正交往，也自然没有称呼的必要。这也说明传统婚姻中成为夫妻是无须有称呼行为的，他们之间无称呼的交往是从拜天地仪式上开始的。拜完天地，二人成为夫妻，便在众人依习俗而安排的礼仪程序中进入洞房，新郎揭去新娘盖头，两人才真正相认，但尚无语言交往，只是在众人安排下完成一些象征着二人结为一体的活动或表演一些亲热接触的节目，为此后二人独立进行亲密交往做必要的准备。夜晚就寝时分，闹洞房众人散去，二人独自面对，这时通常会发生第一次语言交流。此刻他们的实际交往史几乎还是空白，只有当天婚礼过程中习俗活动对两人关系进程的强硬促成性的被动接触。虽然实质上是陌生人，但在民俗制度意义上却是最亲近也应是最熟悉的人。习俗的规范力量决定了他们的交往要在这种难堪中继续下去，而且很快就有更难堪的然而是实质性的突破。这种情境决定了他们不能有自然形成的表示双方实质关系的称谓，但又不可能像真正的路人那样以礼貌的拟亲属称谓开始交往，注定要按照习俗约定发生和继续关系。传统婚姻制度决定了姻缘关系中的夫妻在尴尬的交往模式中进行。既陌生又熟悉，既疏远又亲近。这种情形也就决定了夫妻面对面的交往不会有合适的称谓。在生育之前，夫妻交往的情形是婚礼这天交往情形的延续，直到后代出世，夫妻相互之间才有了明朗和完整的身份，成了“孩子他爹”和“孩子他娘”，标志着文化意义上稳固的家庭三角的形式正式形成。三角的形式并不表示夫妻尴尬交往模式的结束，传统文化的相敬如宾、夫妇有别的规约仍然左右着他们的交往，也就继续保持着那种无称呼状态。“孩子他爹”“孩子他娘”主要是心理性称谓，很少使用，一般在远距离说话时以呼喊的形式出现。这是因为以孩子为出发点的称谓毕竟不是对夫妻婚姻关系的直接概括，是拐了弯的，对夫妻面对面的直接交往而言在实质上不是完全切合和必要的。

与夫妻面称的缺环相对照，夫妻背称却花样较多。这是由于背称是对其他人称呼自己的配偶，只要这个词语能够表示出夫妻关系内容中一个易于称呼的侧面就行了，这个背称词语可以从与后代关系的角度着眼，也可以从在家庭中所起作用的角度着眼。跟本家族的亲属讲话，对配偶的背称用“××（孩子小名）他爸”“××他娘”，这种从儿称一方面显示出家族内部成员的亲近关系，一方面表现出家族中子嗣的重要性。这种从儿称的造词方式可用于家族中的所有成年人，孩子的爷爷、奶奶可称“（××）他爷爷”“（××）他奶奶”，孩子的叔叔、姑姑可称“他叔”“他姑”等。跟本家族以外的人讲话则强调配偶在家庭中的作用和地位。丈夫称妻子为“俺家的”“俺家的人们”“俺那做饭的”，表现出女子在家庭中的附属地位以及她在家中包做家务、服侍丈夫的作用，她是以丈夫为首的家人的一员，而且通常是待在家中，不大抛头露面的。以局外人的眼光来看，我们容易认为这是对妇女的蔑称。但是对当地人而言，这类称呼并无贬低人的感情色彩，因为生活中的实际情形就是如此，男人在这样称呼他的女人时心里多半有一种亲切感，有时甚至带有喜爱的色彩。他妻子本人对这称呼也没有反感，甚至乐意其夫对别人这样叫她，因为这称呼毕竟表示出他们作为夫妻的特殊关系。如果说这称呼显示出妇女的低下地位，确实没错，但这是指称呼的基本意义方面，并不是指其附加的感情色彩。“俺家的人们”字面上是复数，实际上特指妻子，是比较含蓄的说法。

同理，妇女称其夫为“当家的”，则显示出男人在家庭中的户主地位，尽管这词带有一点尊敬的色彩，但也不是特别地对其夫表示尊敬的称呼，它也只是当地一个较普通的说法。用这称呼并不能说明她家一定是丈夫说了算，实际有相当一部分家庭中是妇女说了算，或者说许多男人是“怕婆子”的，但这不妨碍妇女称其夫为“当家的”。户口册子上登记的户主姓名是丈夫的，村里有涉及家庭的事情，总是丈夫出头露面，这是习俗约定，并不管某个家庭里实际上是谁拿主意，妻子做主只能在背后。对当地人来说，一家之中男人做主是正常的，而男人听女人的则要受人笑话，这现象在一则常挂在男人口头的谚语里得到生动的体现：“驴驾辕，马拉套，老婆子当家瞎胡闹。”所以妇女称男人为“当家的”是很自然的，并不为这词的含义而感到屈辱。但是，与“俺家的”相比，“当家的”并不是一个使用很普遍的词，只有一部分妇女爱这样称呼，与它使用频率相仿的是“俺家 ××（孩子小名）他爸爸”或“他爸爸”，这应该是表明妇女潜意识里并不情愿让男子居于一家之主的优势地位。“俺那老的”是中年妇女与老年妇女的说法。妇女可用这种说法指称丈夫，是由于上一辈老人已经故去，或与老人分家过日子，她的家庭里“小的”是孩子，“老的”自然就是丈夫了。丈夫对妻子并不这样称呼。传统上老人是居尊的，“俺那老的”也能表现出男人在家中居尊的地位。关于夫妻背称的另一种形式是，当夫妻都不在场时，他人以夫妻中的一方为参照指称另一方时所用称谓，比如 A 为夫，B 为妻，说 A 的妻子为“A 他家的”，B 的丈夫为“B 她男的”。河北景县黄庄没有“丈夫”与“妻子”这两个亲属名词，“男的”“家的”在本地词汇系统中的位置即相当于普通话中的“丈夫”与“妻子”。“男的”与“家的”相对，而不是与“女的”相对，说明在黄庄词汇系统中，“男”并不是一个纯粹表示生物学的性别概念的词，而是具有附加的社会文化意义的词。“男”不仅表示生物学意义上的一种性别，而且表示这类人是一个家族的传宗接代者、撑门立户者，他是一家之主，在夫妻关系中他居尊、主外。“男”“女”的这种社会文化语义可从黄庄人在生育问题上严重的重男轻女态度上清晰地看出。

新派夫妻之间的称谓与老派的有很大差异，新派夫妻指在新中国成立后出生和成长起来的人，如果将人口按年龄分为三代的话，新派夫妻主要指第二代人，年龄在50岁以下。新派夫妻称谓的主要特点是用姓名来称呼配偶，面对面说话时，如果需要以称呼引起对方注意，一般称姓名，特别是二三十岁的年轻人，称呼配偶名字毫不避讳。有的称全名，有的在姓氏前加"老""小"，称"老张""小李"等，一般年龄大的人爱称老伴"老某"，年轻人习惯称"小某"。也有很多人称呼配偶的名，省去姓以示亲近，如双方叫"王大力""李金妹"，就称为"大力""金妹"。也有些青年夫妻互相称只供他们自己使用的昵称，有的昵称还是外文名的音译。

新派夫妻在相互称谓上的变化是由于社会文化因素。这一代人虽然不可避免地从祖辈和父辈那里受到了传统文化的部分影响，但他们在一个新的社会制度下生活，接受新式的文化教育，其文化观念与上一代有很大不同，而社会文化环境也有了根本的变化。我们可从结亲男女的实际交往情形中看社会文化因素的变化对夫妻称谓的影响。

新中国成立以来，河北省衡水景县一带农民的结亲方式仍大体遵循"父母之命，媒妁之言"的模式，但有了很多变革，可以说是"半包办"的方式。绝大多数婚姻还是由媒人牵线而成的。媒人先向两家介绍对方的诸种情况，双方父母初步同意之后就安排青年男女本人"侧见"，即双方约定某一时间在一个公共场合（通常是集市）非正式会面，青年男女各由自家亲属陪同来到约定地点，但并不聚在一起，而是相隔一段距离，由媒人告知双方哪个是相看对象，然后两帮人相对着走过来，到近前时也许停下来互相打量一会儿，也许径直擦肩而过，并不打招呼。走过之后"侧见"就算结束了。"侧见"的目的是相看对方的长相、体态、仪表等，如果有一方没相中，这门婚事就"拉倒"了。如果双方都没意见，就安排正式见面，当地术语叫"见面"。见面时还是由各自亲属陪同，地点一般选在媒人家，男女双方在媒人介绍下正式结识，进行简单的交谈。如果见面后双方满意，亲事就基本定下来。定亲后男女双方各由亲属陪同去县城或衡水市给女方买礼品并共同吃一顿饭，这是两人有了定亲关系后的一次较长时间的接触。通过"买东西"活动，两人有了较熟悉的关系，此时很自然地以姓名互称。从定亲到结婚，一般有一两年的时间，这期间两人有多次见面的机会，逢年过节，男青年要到女方家里送礼；女方家里有繁重的农活或其他忙不过来的事就去请男青年来帮工。这样到举行婚礼时两人已经在多次交往中相当熟悉，并有了一定感情基础。

以上从男女“侧见”到结婚的过程已与传统婚俗有根本的不同。过去强调“男女有别”，结亲男女在婚前没有接触和培养感情的机会，也没有自己选择配偶的权利。现在虽然还沿用媒人搭桥的框子，但已“旧瓶装新酒”，在选择配偶上尊重结亲者本人的意愿，父母的意见只是辅助性的，更重要的是结亲男女有了熟悉的过程，这使婚礼上二人的正式结合不再是生硬的撮合。这样夫妻在建立家庭后的交往一开始就是自然的，没有传统婚俗中夫妻交流的尴尬。而且在新社会的家庭中，男尊女卑、夫妇有别的观念也在很大程度上被男女平等的思想取代了，夫妻之间并不存在明显的尊卑界限。而且由于妻子不但操持家务还下地干活，其劳累程度一般重于丈夫，对家庭的贡献也不逊于丈夫，因此在家政上与丈夫有同等的发言权，甚至丈夫常常在许多事情上向妻子让步。这些都是夫妻间使用姓名称谓的文化心理基础。同时由于现在妇女不再像旧时小脚妇女那样主要是在家里，“俺家的”“俺那做饭的”这类表明妇女狭小活动范围的称谓由于缺乏生活基础而降低了使用频率。[1]

除了上述从老派、新派角度所说的夫妻互称之外，还有许多其他称谓。在古汉语中，丈夫向别人提及自己的妻子时，称“内人”“内子”“贱内”“荆人”“拙荆”“山荆”等，称“内”是由于传统观念认为“男主外，女主内”，称“荆”是出于汉代梁鸿、孟光的故事，他们是一对清贫而相敬如宾、和睦恩爱的夫妻，据《太平御览》卷七一引《列女传》：“梁鸿妻孟光，荆钗布裙。”后人就以“荆”作为妻子的代称。[2]古时妻子对其丈夫当面称“丈夫”“官人”“郎君”“老公”，背称有“良人”“夫君”“汉子”等。现在这些称呼大多不用，但“老公”一词一直在中国南部一些地区沿用，如今作为一种流行称谓被广泛采用，北方城市地区的女性说起丈夫也爱说“我老公”如何，当面也有许多人称“老公”。“爱人”是新中国成立后大陆地区

1　黄涛：《语言民俗与中国文化》，第 34 ~ 43 页，人民出版社，2002。

2　袁庭栋：《古人称谓》，第 164 页，四川教育出版社，1994。

广泛使用的称谓。“爱人”最初是五四新文化运动中出现的词语，原指情人、恋人。20 世纪开始在中国共产党内部使用，以称呼革命者的配偶，意思是为共同的理想和事业而奋斗、相亲相爱的革命伴侣，后来在根据地和解放区成为一种流行称谓，用作称呼配偶的背称，没有性别和年龄的区分。新中国成立以后，“爱人”是全国城镇地区被广泛采用的称谓。但是，“爱人”这一称呼毕竟是特定时代的产物，在 20 世纪 80 年代改革开放以后使用率逐渐降低。[1] 同时，“先生”“夫人”这对曾在新中国成立前广泛使用的称谓语又开始复活，它们常用于交际场合中对别人配偶的称呼，说“你先生”“你夫人”，带有尊称的味道，女性有时也说“我先生”，但男性一般不说“我夫人”，这样显得不谦虚，因为“夫人”主要是对别人妻子的尊称。对别人说起自己的配偶，比较随便的说法是，男子说“我老婆”“我媳妇”“我那位”等，女子说“我老公”“我那口子”，也有年轻女子说“我老头儿”。比较郑重和书面化的说法是“我妻子”“我丈夫”。“爱人”一词虽然降低了使用频率，但年轻人说“我爱人”也还是比较常见的。老人则常说“我老伴儿”。

（二）媳妇与夫族姻亲之间的关系与交往礼俗

1. 媳妇对夫族姻亲的礼仪

对于媳妇来说，一个家族的所有成员，除了自己的子孙以外，其他宗亲都是姻亲。丈夫是最亲密的、有性关系的姻亲，其他姻亲是不允许有性关系、必须按一定礼仪规范来相处的家族成员。一般而言，由于按照宗族文化的规定，妻子是附属于丈夫的，她对丈夫的亲属的面称与丈夫相同，这是就应该使用的称谓词语而言的，至于这些称谓的使用状况及其蕴含的感情态度，肯定与丈夫有较大的差异，因为这些亲属称谓是父权文化体系中的姻缘关系强加于她的。媳妇对其他夫族姻亲的背称如下。对夫之父母：公公，婆婆；他爷爷，他奶奶；俺家他爷爷，俺家他奶奶。对夫之兄嫂：大伯哥，妯娌；他大爷，他大娘。对夫之弟、弟媳：小叔子，妯娌；他叔，他婶子。对夫之姐妹：小姑子；他姑。

1　陈建民:《中国语言和中国社会》，第 129 页，广东教育出版社，1999。

女子嫁到夫家，成为这个家族的一员，她不仅是丈夫的媳妇，而且是全家的媳妇，人们常说某个妇女“××（公公名）家的媳妇”说的就是这个意思。她不仅要侍奉、服从丈夫，而且要孝敬、伺候公婆，还要依礼处好与大伯哥、小叔子、小姑子的关系。她与他们是“一家人”，但又与他们不同，他们之间是有血缘关系的，而她在这个家中是异姓、外来人，在朝夕相处的日常生活中必须处处谨言慎行，按照传统文化所规定的各种礼仪要求去做。这就是夫系称谓发生的大致处境。

妻子与丈夫家族成员的亲属联系实质上是以丈夫为中介的，但在传统家庭中单纯的夫妻关系不是一种独立完整的关系，它要加上亲子关系才能构成家族和社会所认可的三角结构的关系单元。“妻子”一词的文化含义不仅是“丈夫的配偶”，而且是“家族继承者的母亲”。她在夫家的身份是这两种角色的合一。她与丈夫家族关系的构成方式有两条线索，一是以丈夫为中介，二是以孩子为中介，因此夫系称谓也有与此相应的两种类型：一是从夫称，即现在的面称，“爸爸”“娘”等；二是从儿称，现在用于背称，“公公”“婆婆”“他爷爷”“他奶奶”等。由于传统文化不重视甚至有意忽视夫妇之爱，而强调两性结合的传宗接代功能，妻子在传统家庭中作为“家族继承者的母亲”的角色重于“丈夫的配偶”的角色。所以她与夫家成员的亲属关系也主要是以儿女为纽带来联结的，这在称谓上体现为她常被人称为“××他娘”，而她也惯用从儿称来称呼其他家族成员。

从儿称在古代夫系称谓体系中占有更重要的位置：它不仅用于背称，而且用于面称。如《清平山堂话本·快嘴李翠莲记》：“公吃茶，婆吃茶，伯伯姆姆（夫之嫂）来吃茶。姑娘小叔若要吃，灶上两碗自去拿。”其中“伯伯”“小叔”为从儿称。在《水浒传》第二十四回，潘金莲欲勾引武松时，殷勤得几乎每句话都称“叔叔”，等遭到拒绝而恼羞成怒时，便骂“武二那厮”“你这腌臜混沌”，或以“你”来代“叔叔”称呼。可见从儿称“叔叔”是带有敬重的礼仪意义的。[1]现在，“大伯哥”“小

1　女子对丈夫之弟的称呼最早就是“叔”，晚辈称父亲的弟弟为“叔父”源于前者，是随母称，为较晚些时候的事，后来又称父亲之弟为“叔叔”。所以说女子称丈夫的弟弟为“叔叔”是从儿称，应是针对该称呼演变到一定阶段而言的。详见俞敏：《亲属称谓的扩大与转移》，载《俞敏语言学论文集》，第393页，商务印书馆，1999。

叔子”这两个称谓语主要用于同夫家之外的人说话时指称夫之兄弟，它们是从儿称的变异形式，以与纯粹的儿女辈称谓相区别。“大伯哥”是从儿称与从夫称的混合。“小叔子”是在从儿称“小叔”上加了后缀“子”。“叔”作为从儿称早在先秦以前就存在了，《尔雅》记载：“夫之弟为叔。”“小姑子”是在从儿称“小姑”上加了后缀“子”，它也用于同夫家以外的人交谈时用。“他爷爷”“他奶奶”“他大爷”“他大娘”等称谓是另一类从儿称，也是背称，但一般在家族内部使用。

在夫系称谓中，最值得关注的是对公婆的称谓。在与夫家亲属的关系中，与公婆的关系是最重要的。在封建文化中，孝顺公婆是最重要的妇道之一。《礼记·内则》中说：“妇事舅姑，如事父母。”并规定了媳妇侍奉公婆的各种细微的礼节。同时公婆有管教、监督和处理媳妇的权力。他们甚至可以不理会儿子的意见将媳妇休掉。由于“男不言内，女不言外”的传统，媳妇接触最多的是婆婆，因而婆媳关系往往是人们关注的家庭问题的焦点。

最初对公婆的称呼是“舅姑”。《尔雅·释亲》说：“妇称夫之父曰舅，称夫之母曰姑。”这是由交表婚制造成的一种基于血缘关系的姻系称谓，是来归之妇的从己称。她在婚后称夫之父母为舅姑是婚前称同一对象为舅姑的自然延续，因而可以推断舅姑是对夫之父母的面称，这种称谓最初实际是血亲称谓与姻亲称谓的合一。在交表婚制衰退之后，舅姑作为夫之父母的称谓仍保留了一段时期，后来演变为“公婆”称谓。

“公婆”在古代曾是对祖父母的常用称谓，约在隋唐时期用于称呼夫之父母。这种语义的转换最合理的解释是从儿称。[1]“公婆”在现代只能作为背称，而在古时它可作为面称，如关汉卿《窦娥冤》第一折：“婆婆，你要招你自招，我并然不要女婿。”明代高明《琵琶记·糟糠自厌》：“公公婆婆，我不能够尽心相奉事，反教你为我扫黄土。”

对公婆使用“爸爸”“娘”这种从夫式的面称，尚无充足资料证明始于何时。这种称谓是切合孝顺公婆“如事父母”的道德及礼仪规范的。媳妇在婚前习惯了用

1　冯汉骥：《中国亲属称谓指南》，第 124 页，上海文艺出版社，1989。

“爸爸”和“娘”称呼自己的亲生父母，在她个人意识里，这对称呼是有特定含义的，它们所指称的是赋予自己生命并把自己养大的人。婚后要将这种称呼用于另一对于自己没有养育之恩的人，当非易事。她是在礼俗的规约下发生这种称谓行为的。

习俗设置了特定的仪式帮助媳妇开始对公婆的称谓之礼。在景县黄庄，认公婆仪式设在婚礼的第二天早晨。在前一天的婚礼上，她已和新郎拜过了父母，在习惯法意义上她已将夫之父母认作了自己的父母。但那是在习俗的安排下被动地进行的，且没有称谓发生。所以第二天早晨又有一个表面看来像是自然发生但实为事先约定的称谓仪式。这天她要早起，将新房收拾好，拿着笤帚来到公婆屋。公婆已坐在炕边等着。媳妇说：“爸爸，娘，起来了？”公婆答：“嗯”“啊”。媳妇便弯腰扫地。这时她看到炕下有钱——这是公婆设计的考验她品行的一个节目。她捡起钱交给公婆：“爸爸，娘，这是你们的钱。”等于现场复习了刚建立的称谓关系。公婆便很满意。于是这场以称谓为中心的认公婆仪式便结束了。这个仪式标志着媳妇与

图3 河北省景县黄庄村，新郎新娘鞠躬拜爹娘。这是新娘第一次认公婆，公婆给红包。

黄涛　摄于2012年1月25日

公婆交往的正式开始。从此她将在礼俗的规约下完成“孝”的义务——服从伺候他们，并生儿育女为这个家族传宗接代。而传统文化并没有规定公婆应如对待亲生女儿一样对待媳妇，只是要保持威严地接受她的孝敬，并管束她——以“丢钱”来考验她便是不信任她、监视她的表现。

在当代农村，这种局面有了根本的转变。媳妇再也不是附属于丈夫、受制于婆婆的角色。她的地位的改变表现在两个方面：一是在绝大多数家庭中，妻子和丈夫分享家庭权力，而不是听命于公婆；二是在对待公婆的礼仪上，媳妇不再以低夫一等的身份恭顺他们，以奴仆的姿态侍奉他们，她只是遵守与丈夫等同的礼仪要求。这样陈述媳妇地位的转变是比较保守的，事实上许多媳妇的权力往往高于丈夫，这“许多”一词在许多地方意味着“大多数”。

1998 年，笔者在河北省景县黄庄进行田野调查，重点考察了村落家族文化，对当地的媳妇角色的状况有较深的体察。在这一带，媳妇总体上已脱离了公婆的约束。从黄庄的家庭代际构成看，约三分之二的家庭是由夫妻一代或夫妻、子女两代成员构成，在这种家庭里，权力的重心当然在夫妻手里；另三分之一的家庭是三代成员之家，但其中大部分家庭的权力重心在第二代夫妻手上，失去劳动能力的公婆（一般只剩一人）已处于附属地位，不仅没有支配家政的权威，而且大多数往往享受不到晚辈的敬老礼仪；小部分家庭（数目占黄庄全部家庭的 10%）权力重心在尚是壮年劳动力的公婆手上，媳妇与丈夫在财政及其他事务上听命于长辈，但一来这种家庭极少，二来这些家庭中的媳妇基本都是刚进入夫家立足未稳才尚未分家的，她们不满于手中无权的状况，总是不断地向公婆争取权力，或闹分家，因而摩擦连连，矛盾激烈。所以总的说来，这里的媳妇不再是传统礼制压抑下的角色，而是扬眉吐气的一个群体。甚至可以说，她们是父系家族的异己力量，她们几乎无所顾忌地努力割断丈夫与其父母的经济联系，以致老人的赡养成为严重的社会问题。[1]

近年来，受政府舆论、社会制度、家族结构、经济状况、婚姻习俗等多方面因

1 华北农村的养老问题在郭于华《国际力量・民间社会・文化象征》一文中得到较充分的讨论。见马戎、周星主编：《田野工作与文化自觉》，第 793 页，群言出版社，1998。

素的综合影响，村落家族的长老权威业已降低，孝亲养老问题突出，而媳妇在家族中的地位空前提高，以至于形成“媳妇权威”。相应地，媳妇对公婆的传统称谓礼仪虽无词语形式的改变，但在使用上已难以维系。村落的从夫居婚制、父系单向传承的家族结构正在变迁之中，媳妇的身份以及与公婆的关系也随之变迁，这些必然影响相关称谓的使用状况和文化内涵的变化。[1]

2. 夫族姻亲对媳妇的称谓

在宗族文化体系中，媳妇是丈夫的附属品，因此她在家族秩序中的辈分等位置依附于其夫，在与其他家族成员的社交礼仪上也作为丈夫的配偶敬重长辈，并享受晚辈的敬重，在称谓方面也有相应的体现形式：她随着丈夫的身份以亲属称谓称呼长辈，也作为丈夫的配偶接受晚辈的亲属称谓，如“嫂子”“大娘”“婶子”“大奶奶”等；另外，她是孩子的母亲，凭这一点她与夫族的姻亲有了间接的血缘关系，即孩子使她与夫族姻亲有了较为牢固的联系，因而“某某他娘”这一称呼在家族内部成为姻亲广泛使用的词语。

公婆对媳妇的称谓最常用的是“某某他娘”，面称可以这样叫，背称也常这样说。另一种称呼是“媳妇儿”，用在背称时，向别人说起儿媳可以说“媳妇儿”“儿媳妇儿”“俺家那媳妇儿”。也可以直接称名字。太原、临汾、青岛、兰州、敦煌等地称媳妇为“媳妇子”。江苏的涟水除了“儿媳妇”说法，平时不用总称，儿媳妇排行第几就称“几娘”，如“大娘”“二娘”等。[2] 江苏南通等许多地方称媳妇为“新妇”。“新妇”一词是由古汉语延续下来的。《后汉书·周郁妻（赵阿）传》说：“郁骄淫轻躁，多行无礼。郁父伟谓阿曰：‘新妇贤者女，当以道匡夫。’”这里周郁的父亲即把儿媳妇称为“新妇”。后来北方改称“媳妇”，南方一些地方仍沿用“新妇”。“新妇”的意思就是“新来的妇人”，这是从夫居的婚俗在语言上的反映。[3]

---

1 黄涛：《语言民俗与中国文化》，第 44 ~ 60 页，人民出版社，2002。

2 陈章太、李行健主编：《普通话基础方言基本词汇集·词汇卷上》，第 2381 页，语文出版社，1996。

3 周振鹤、游汝杰：《方言与中国文化》，第 199 页，上海人民出版社，1986。

在山东方言里，公婆称呼儿媳妇叫“恁嫂”。“恁”是“你们”的意思，指的是公婆的小儿子、小女儿。这是从儿称的叫法，带些客气的味道。如果只有一个儿子，对儿媳妇也叫“恁嫂”，虽于理不合，但是习惯说法，人们都理解它的意思。在天津方言里，婆婆叫儿媳妇“三婶”，这是随着大孙子叫的。这里称叔母为“婶儿”时，音是儿化的，称儿媳妇为“婶”不儿化。称呼头一房儿媳妇，就叫“大婶”，这是随着小儿子的后代叫的，当然采用这称呼的时候不一定真有这些小家伙。[1]

对其他晚辈的媳妇，当面可称姓名或“某某他娘”，背称除可称姓名或“某某他娘”外，也可从媳妇的丈夫的角度着眼，称“侄媳妇”“孙子媳妇”“某某家的”等。

对弟兄的媳妇的称谓。哥哥的妻子，当面、背后都可以称嫂子，背称也常说“某某他娘”。弟弟的妻子，没有专门的称谓，当面一般称名字，如果她是三字名，可只称后两字以示亲近；背称，可称“弟妹”或“兄弟媳妇”。

同辈的媳妇之间称“妯娌”，背称时可说“俺那妯娌”。当面时弟媳对兄媳称嫂子，春节弟媳要向兄媳行拜年礼，而一般弟对兄并不行正式的拜年礼，说明妯娌之间是比较讲究礼节的。平时弟媳对兄媳也可称名字。兄媳对弟媳称名字或称“某某他娘”。由于兄弟家庭之间在分家析产、奉养老人问题上常有争执，妯娌又无血缘关系，妯娌之间很容易闹矛盾。一般先是妯娌不和，然后导致兄弟不和以至整个家族的纠纷。

对伯父的妻子称“大娘”，文雅或书面的称呼是“伯母”。叔父的妻子称“婶子”，文雅或书面的称呼是“叔母”。背称时不大尊重的称呼是“某某他娘”。对祖父辈的非直系女性称“大奶奶”。

---

1 俞敏：《亲属称谓的扩大和转移》，载《俞敏语言学论文集》，第 395 页，商务印书馆，1999。

家庭的经济、分家与养老

在中国传统社会特别是漫长的封建社会中，家庭的组织结构是以父系制和长老权威为基础的大家庭。爷爷辈的老人在世时，是以爷爷及其配偶、父亲叔伯及其配偶、兄弟姐妹（包括叔伯家的兄弟姐妹）等组成的家庭，一般为三世同堂或四世同堂。《红楼梦》中的贾府是封建大家庭的典型代表。按照封建社会制度，家庭长老即爷爷奶奶拥有家庭财产和土地的所有权和分配权，封建社会的法律和道德舆论也有效地维系着孝道和夫权，长老相对于晚辈，丈夫相对于妻子，前者对后者有着家庭权力和交往礼仪上的优越与尊贵地位。在典型的封建大家庭中，长老和丈夫拥有绝对或优先的经济处置权；老人在世时一般不分家，老人去世后通常就会出现兄弟分家的情况；老人因为拥有经济处置权和享受传统道德保障的晚辈孝敬，一般家庭不会出现老人失养的问题。当然，以上讲的是一般家庭组织的运行模式，并不排除少量例外情况的发生，此处不赘述。

20 世纪 50 年代以后，我国家庭的组织结构发生了根本的变化。首先，传统的长老权威和丈夫权威基本失效了。家庭长老不再拥有家庭财产的处置权，因为一般儿子结婚后很快会分家，分家后父母家庭和儿子家庭的经济是分立的，而土地是国家按人口分配的，老人也没有封建社会的家庭土地处置权了。传统孝道虽然还在宣扬，但已经不像在传统社会那样被人们严格遵守，甚至出现很多“不孝”的现象，社会舆论对此也在很大程度上失去传统的监控效力。同时，媳妇在家庭结构中的地位有了很大提高，这一方面是由于新社会对封建道德的批判和对男女平等观念的宣扬，另一方面是由于传统的传宗接代观念和男婚女嫁婚姻制度的保存，甚至农村比较普遍地出现了“媳妇权威”现象。媳妇拥有的优越地位和较大的家庭事务话语权显著地改变了传统社会的家庭组织结构和生活模式。其次，家庭结构由传统社会比较普遍的三世同堂或四世同堂的大家庭变为以核心家庭为主的局面。通常儿子一结婚就分家或者结婚后一两年就分家，因此本节阐述家庭的经济、分家与养老情况以 20 世纪 50 年代以后的核心家庭格局为基础。

我国当代社会的家庭组织结构和生活模式在城市和农村有相似之处，也有一些差异，而以农村的情况更具代表性，故以下主要阐述农村家庭在分家之后各家庭之间的相互关系、互助往来与养老问题。

分家之后，家庭内部的核心家庭一般包括“自己”与父母组成的家庭、爷爷奶奶组成的家庭、叔伯家庭。由于分家的普遍性，宗亲三代内的相互关系主要体现为分立状况的各家庭之间的关系：父辈家庭与子辈家庭之间的关系，子辈家庭之间的关系，并以前者为主。这种至亲家庭之间的分立和疏远状况突出体现了传统长老权威和孝道的失落以及导致了较为普遍的养老纠纷。

一、父辈家庭与子辈家庭之间的关系、往来与养老问题

按一般的说法，父母对儿子有养育之恩，当儿子成家、父母年老之后，父母可以心安理得地享受儿子的奉养，这两种家庭之间不应是互助的关系，而是依赖与尽孝的关系。但这样说未免粗略，与实际情形不尽相符。事实上，父母与儿子分家之后，两家关系分两个阶段：在父母尚不老迈、还能下地干活之时，两家经济各自独立、土地分种，基本上是互助关系。当然，这种互助是在亲密的血缘关系笼罩之下的，与一般村民的互助在内容上有很大不同。当父母年事已高，生活不能自理时，父母便跟儿子过，不再另起炉灶，或者不与儿子家在一起吃住，但地给儿子种，由儿子供给粮食和花费。我们在这里所讨论的是第一种情况。

儿子刚成家时，父母一般处于65岁以下的壮年或壮年的后期，完全能自食其力。这时儿媳坚决要求分家，儿子会听媳妇的话，父母一般也因很难同儿媳合得来而同意分家，因此父母中65岁以下的，绝大多数是单过的。少量家庭还勉力维持同儿子、儿媳合过，是由于儿子结婚时间还不长，或还没盖好另一处房子，而儿媳正无一例外地闹着分家。至于等父母多大岁数再一起过，则无定规，要视父母的健康状况、生活能力和两代之间的关系和睦程度而定。一般到65岁至70岁或70岁以上，父母的体力已不能种地，就会将地让给儿子种。如果老两口俱在，虽不能种地，也不会与儿子家合过，一定要等老的基本生活不能自理时才不另起炉灶。如果

老两口中有一个先逝，剩下的一个与儿子家合过的时间会早些，特别是“老头儿”先走，老太太会更早地将地交给儿子种。村民一般都认为父母年老体衰时，儿女帮他们或替他们种地是应该的，在已基本实现了机械化的今天，多种一两口人的地也的确不成问题，儿女也能做到供给老人基本的零花钱。但是否以及何时与老人同吃同住就不一定了。

在父辈家庭与子辈家庭保持经济分立的阶段，两代家庭的互助交往可分为两部分：平日的互相接济和重大节日的团聚活动。

在日常生活中，虽然父辈家庭与子辈家庭在生计上是互相独立的，但相互的接济也是自然的、经常的。这种接济主要表现在两个方面：一方面是在生产上。一般年轻人喜欢并擅长操作机器，老年人或接近老年的人摆弄机械的兴趣和能力较差，所以在耕地、播种、施肥、浇水、收割等使用机械的环节，两代家庭通常是合起来搞的，儿子开机器，父母、媳妇干其他配套的活儿。因为两代家庭的土地一般分在一起，使用机械耕作很方便。即使媳妇与公婆有矛盾，她也不反对或不强烈反对与父母家庭的这种合作，丈夫在体力活儿上多帮助父母一些，她也不怎么干涉。即使是典型的父母受虐待的两代家庭之间，儿子也帮父母种地。这是由于村落舆论认为种地是维持生存的基本方式，儿女无论如何也应帮助父母维持基本的生存条件。加之在基本实行了机械化的情况下，种地已不是很重的负担，农民有很多的空余时间，儿子帮助父母种地不会耽误自己的农活，而且付出一些体力并不会给子辈家庭带来经济损失，因此，媳妇也就允许丈夫在这方面尽一些孝道（但是在物品和金钱的往来上是受媳妇严格控制的）。在父母方面，他们在使用机械上得到儿子的帮助，他们也会在锄草、间苗等活计上替儿子家多做一些。特别是村中年轻人在农闲季节常去外地打工，这时媳妇一人在家既要种地又要照管孩子，忙不过来，父母家庭地少的情况下，就常帮助照管儿子家庭的庄稼。另一方面是在抚养第三代上。从户口本上看，第三代是从属于儿子家庭的，但实际上，第三代在幼年时期，常常待在祖父母家里。可以说第三代是由两代家庭共同抚养大的。有第三代缠绕膝头对老人来说是一种很大的情感慰藉，儿子与儿媳生养下第三代这件事本身就是对很看重家族声誉的老人的贡献；老人照看孙辈，给孙辈吃喝穿用的东西，从来不计得失，他们认为这是分内的事。在平日的接济上，两代家庭在这两方面的互补就达到了一种平衡。

两代家庭互助交往的另一项主要内容是重大节日的团聚。所谓重大节日主要是两个：中秋节和春节。中秋节的主要意义就在于家人的团聚。这天晚上，老人家庭要请神放鞭炮，儿子家庭的人也会带些东西过来一起过。如果儿子较多，几个家庭又不太和睦，可能老人只与一个儿子家庭团聚，其他儿子家庭孝敬一些食品。最隆重的节日是春节。从年三十到初一的上午，两代家庭一般是在一起过的。很和睦的家庭，几个儿子家庭都与老人团聚在一起，日子就算十分红火。不太和睦的，老人就与一个儿子家庭过，但请神、拜年等重大礼俗活动是所有儿子家庭的人聚在一起进行的。只有两代家庭之间，通常是媳妇与公婆之间真正撕破了脸面，互不说话了，过年时才会断了一切团聚活动，也就是“断了年礼”。这种家庭是个别的。节日的团圆、热闹是为老人分外看重的，这关系到他们在村中的荣誉、面子。如果这时孤单、冷清，他们在情感上会深受打击，跟别人说起过节的情况来有灰头土脸之感。而节日里经济上的得失是次要的，如儿子一家到老人家里过节，老人在物品上是要多付出一些的，但老人乐意拿出自己认为最丰盛的物品来做节日的消费，营造热闹祥和的氛围。

从上面所说的互助往来情况看，似乎父母与儿子、媳妇之间的关系不应有什么较普遍的不和谐问题。问题在于，这种相对和谐的两代关系是在娶媳妇与分家之后、老人失去独立生存能力之前的阶段，而家庭纠纷多出现在娶媳妇、分家与养老这几件事上。在儿子成人之后，娶媳妇成为家庭的头等大事。因为在适婚年龄说不上媳妇，不仅儿子苦恼，父母更觉得脸上无光，至于种族的延续就更谈不上了。在 20 世纪后半叶的一般农村，娶媳妇主要不是年轻人的事，而是父母的义务。年轻人娶不来媳妇，如果不是因为自己长相差，而是因为家里穷，就会怪罪父母没本事，没有挣得好名声或没有为他备下一所好房子。娶媳妇这件事的分量，除了它的重要之外，就在于它的艰难：要盖一处房子，还要准备一大笔彩礼钱，两项加起来，总要四五万元。这对农村的人家来说是一笔很大的负担。如果只有一个儿子还能应付；如果有两个儿子就很困难，一般要欠下不少外债；如果有三个儿子，父母就会陷入困境（好多人家迟迟盖不起第三处房子）。盖不好房子，一般就说不成媳妇，特别是如果在娶第二房媳妇时欠了债，这第三房媳妇就更难说成。最后父母尽全力、借了很多债务盖起了房子，并为儿子张罗来了媳妇，却为以后的家庭纠纷埋下了种子：他们再也盖不起分家以后自己要住的房子了，而且欠下的外债由谁来还也是个问题。娶了媳妇之后很快就遇到分家问题。一般嫁过来一年左右，媳妇就会提出分家。分家问题最多也最难办的就是房子问题。有的人家只有一个儿子，两代同住一处新房，父母认为没有必要再盖一处新房，而媳妇强烈要求分开过，这就必须盖房，由此媳妇同公婆常起摩擦。有的人家有几个儿子，父母同最后结婚的儿子住一处房，分家时再盖房就更无财力，这种情况下家庭矛盾就更激烈。分家之后如果房子问题解决或平息了，两代家庭之间的关系会有一段平和期。如果这个问题解决不好会一直矛盾不断。当老人生活不能自理时，家族矛盾又会激烈起来。一般儿子越多，矛盾越激烈，老人越不能得到好的赡养和礼遇，因为儿子在媳妇的影响下会相互攀比和推诿。

上述围绕着盖房—娶媳妇—分家—养老这一家庭事务链条发生的纠纷是 20 世纪后期农村家庭纠纷中的核心问题，也是当前农村社会问题中较为突出的问题。根据笔者的调查资料分析，可以将这种家庭纠纷发生的原因归结为两对矛盾：一是男方成家立业、传宗接代的习俗观念与媳妇独立自主要求之间的矛盾，二是孝亲养老与钱财匮乏的矛盾。先看第一对矛盾。俗话说“男大当婚，女大当嫁”。在这一时期的一般农村，“女大当嫁”是不成问题的，即使女子貌丑、有残疾，也是“女大不愁嫁”，总有急于传宗接代的人家把她娶走，只不过嫁的人家条件好坏有别罢了；而“男大当婚”就有做不到的危险，如果没能力准备好本乡舆论中约定的娶媳妇的基本条件，男子就要“打光棍”。而当男子成年之后，成家立业、传宗接代就是他父母和他本人面临的必须完成的一件大事。在这里“男大当婚”是天经地义的，它的重要性是毋庸置疑、想也不用想的。在村民看来，没有媳妇的成年人就是不完整的人，他的生活是没有光彩、没有幸福可言的。再看第二对矛盾。应该看到，少数家庭纠纷是在农民经济尚未达到小康或者说温饱问题尚未解决好的情况下发生的。假如有钱盖父母单住的房子，假如社会能给予老人足够养老的保障或老人有足够的积蓄养老，也不会产生围绕经济问题的那样严重的纠纷了。毕竟，儿子还有着报效父母的本能的情感需求，媳妇也有向善和爱面子的一面。当然，在经济富裕的情况下，纠纷会缓和、减少，但父母与儿子、儿媳之间的关系，特别是在礼仪上，也不会是传统的父权社会中的格局了。

二、兄弟家庭之间的分家、往来与养老纠纷

兄弟之间是一种至亲关系，应该是亲密无间的。但娶媳妇、分家之后，兄弟成为不同家庭的户主，有了各自独立的利益，在处理家族事务上也不再仅表达自己的意志，而要在自己的话语里或多或少地表达各自媳妇的意见，所以这时兄弟之间是很容易出现隔阂或形成冲突的。当代社会，由于长老权威的失落和媳妇权威的崛起，兄弟之间的关系有隔阂和疏远的倾向。一般分家不是一次完成的，而是按照兄弟完婚的时间先后分次进行。这样家产的分配很难均匀，这为兄弟家庭不和埋下了种子。特别是在最小的儿子结婚时与老人合住一处房的情况下，因分家时老人的住房问题兄弟之间容易产生不和、争执；在老人失去劳动力需要儿子供养时，获得家产少的儿媳便不愿与其他兄弟家庭分摊责任，而多得家产的家庭也不情愿多担赡养之责，这样便形成兄弟家庭互相推诿的局面。当然家产分配不均只是推脱赡养责任的一种借口，它只不过使家庭纠纷更加易于发生，即使不存在家产分配不均的因素，兄弟家庭之间仍然会因赡养老人问题产生矛盾。这种家庭纠纷一般首先是由媳妇的不满和发难引起，轻则引起妯娌不和、兄弟疏离，重则导致兄弟反目成仇，两个家庭互不往来甚至发生打架和械斗。由于冲突起因于娶媳妇、分家、养老，而这些几乎是每个家庭都会遇到的问题。所以在当代特定的文化情境中，兄弟家庭之间发生不和的现象是普遍性的。而兄弟家庭之间保持亲密关系的就是鲜见的例子。

汉语中有“亲如兄弟”“同胞骨肉”“兄弟如手足，妻子如衣服”这样的表示兄弟亲密关系的成语和俗语，表明在传统社会中，由于长老权威的凝聚作用，“兄友弟恭”的和睦关系是兄弟关系的基调。但同时，民间也广泛流传着两兄弟不和的故事。在这种民间故事中，总有一个品行不好的弟兄或其妻子算计另一个善良老实的

弟兄，故事的情节总是善良而贫穷或在分家中吃亏的一方得到神仙或宝物的帮助受到奖赏、获得财富，而较富有而作恶的一方受到惩罚。这类民间故事的广泛流行说明在传统社会中兄弟家庭不和乃至兄弟相残的事情也是不鲜见的。不过，当代农村的兄弟不和现象与传统社会相比是有不同之处的：第一，虽然缺乏统计数字上的论证，仍然可以肯定当代农村的兄弟不和现象更为多见；第二，两兄弟不和故事中的兄弟不和都是在父母已去世的情况下发生的，说明传统社会中老人尚在时，由于长老权威的凝聚作用，兄弟不和现象较少发生，而在当代社会，兄弟不和现象多在老人在世时发生，没有权威的老人不仅不具有凝聚作用，而且作为“累赘”成为兄弟不和的重要因素。

家庭结构的变革是在思想观念和社会生活的社会主义改造的影响下，在改革开放以来现代城市生活方式的冲击下逐步完成的。家庭结构的变革首先表现为通过分家使家庭格局由以复合家庭为主转变为几乎是单一形式的核心家庭的局面。其次是家庭内部的权威结构的变迁，传统社会中的权威结构为父统子、夫统妻的模式，夫统妻是父统子的基础和前提。而家庭权威结构发生根本变迁的突破口便是夫统妻模式的崩溃。新社会男女平等思想的宣传教育和女子在家庭、社会生活中不亚于男子的贡献，使妻子勇于挑战丈夫的权威，同时由于国家意识形态对宗族文化的批判和对孝道伦理的否定，更由于老人对土地和财产的控制权力的丧失，使媳妇能够公然漠视和拒绝承认老人的权威地位，并尽力阻隔以至切断丈夫对其父母的孝行，从而使老人处于不受尊重和孤立无助的地位。这种状况代代相替，传统家庭中的长老权威和父统子的父权结构事实上已经被破坏殆尽。而妇女成为相对紧缺的婚配资源的事实又迫使丈夫及其父母对媳妇持忍让原则，加上其他各种因素，造就了村落家庭结构中的媳妇权威。提出“媳妇权威”一词不能算夸张的说法，这在当代村落确为一种客观存在，只是它不如传统的长老权威那样显赫和严苛。媳妇权威并不意味着男女传统地位的全面转换，甚至在家务劳动和社交事务上仍然保留着男尊女卑和妻子服侍、顺从丈夫的局面，这个词的含义主要表现在男子在享受着传统施予他的尊荣地位的同时，又有着对妻子的惧怕心理；当夫妻在家庭事务上存在争执时，这种惧怕心理便促使丈夫对妻子做出让步。这种惧怕心理不仅丈夫有，而且是由公婆等其他夫家人分担的（上文已述惧怕的直接原因是女性作为婚配资源的相对紧缺）。所以，在家庭事务上便形成媳妇具有更多决策权的局面，特别是在赡养老人问题的处理上，一般都以媳妇的意见为准。即使丈夫持不同“政见”，他也拗不过媳妇的强硬立场。长辈家庭与晚辈家庭的分立状态意味着父权结构的瓦解，媳妇权威的形成意味着夫权结构的式微，这两方面构成村落家庭组织结构的根本变迁。这种变迁又促使父母家庭与女儿家庭之间属于姻亲关系的往来增加，使农村出现了引人注意的姻亲互助模式。为了姻亲互助的便利（当然还有其他因素），在限制村内通婚文化条件消解的情况下，村内通婚现象逐渐增多，使家庭结构发生了另一种重大变迁：家族世系的父系单向传承线索变得模糊不清了，同时有朝双向传承转化的倾向。

宗族制度民俗

家庭范围内的制度民俗已在上文详述，这里的“宗族”指家庭之外的宗族组织。在传统社会，宗族组织和宗族文化在社会运行和日常生活中占据着至关重要的位置，几千年来根深蒂固的传承造就了丰富、系统的宗族制度和相关习俗。下面依次阐述宗族制度的基本内容：宗亲结构与宗亲互助习俗，族长制，家庙、祠堂与祭祖活动，族谱与修谱活动，族产、族学与同族善行义举，家训族规。

宗亲结构与宗亲互助习俗

“五服”本是按照中国古代礼制，亲疏不等的服丧者为死去亲属穿戴的五种丧服，分别为：斩衰、齐衰、大功、小功、缌麻，这种丧服制在《仪礼·丧服》中有完整记载。现代北方农村人所说的“五服”即源于这种丧服制，但意思有了变化，用以指称自高祖以下到同辈的本族亲属关系依次递远的五等宗亲，祖先远一代为往外远一服。没出“五服”，就是很近的宗亲；出了“五服”，就不是亲近的宗亲了。

按传统的“九族”说，父系宗族的直系亲属为九代，以自己为中心，上推四代到高祖即口语中的“老老爷爷”，下推四代到玄孙即口语中的“重重孙子”；旁系则到同一高祖的族兄族弟，计有四支。连同“自己”的亲兄弟这一支，计有五支，这就是北方人口头常说的“五服”。原则上说，再远的宗亲就是出了“五服”，就可以不算作宗亲（也就是口语中的“一家子”）了。虽然北方村民有以“五服”论亲族的说法，但实际上的宗亲范围并不与“五服”说完全一致。实际生活中亲族范围的形成还受习俗交往因素的影响，人们不可能拿刻板的标尺来生硬地划分亲族的界限：这一辈在“五服”以内，是亲族关系；下一辈出了“五服”，就不能作为亲族关系交往了。从旁系的角度看，宗亲的范围为“自己”高祖的所有本氏族后代。按“五服”制，“自己”最远的宗亲为同一高祖的近门弟兄，双方的后代即出了“五服”，不应再算“一家子”（同一家族），但事实上按“家长”制，两家的关系以家长为准，“自己”作为一家之长，与同为一家之长的近门弟兄以宗亲关系相处，两

图 1 江西省德安县车桥镇“义门陈”展示馆大门。“江州义门陈”自唐开元十九年（731 年）先祖迁居庐山南麓，至宋嘉祐八年（1063 年）仁宗下诏陈家分折到全国多地，创造了历时三百三十二年共计十五代聚族而居不分家、三千九百余口同处一家的奇迹，被称为“天下第一家”。

黄涛　摄于 2015 年 8 月 10 日

家的子孙也以同样的关系相处，这样宗亲的范围就扩展了两代到三代。事实上，亲族关系是随着老人的故去而逐渐淡远、消失的。

一个村落中的宗亲包括“近门子”和“远门子”。[1]这两个词的字面意义是从居住空间的角度着眼的，说明过去血缘关系越近，居住的房屋也越靠近。就一般情况而言，“远门子”家庭之间的关系正处于从血缘关系向地缘关系的过渡区域，既可以因实际往来密切而关系亲近，也可以因实际往来较少而关系疏远。“近门子”“远门子”合称“一家子”。当地说谁和谁是“一家子”，就指他们是血缘较近的宗亲，在相互关系上也比同别的人家亲近些。由于这类家庭之间没有利益冲突，相互间保持着比一般村民更亲近的关系，表现在宗亲成员结成一伙进行“请神”“送神”等祭祖活动和拜年活动，在婚丧事务、物品交换等方面也有比一般邻居更密切的互助往来。但这种关系的互助仍是较为松散的，主要体现在一些传统的互助活动中，而在以利益关系为主导的经济活动诸如打井、合买共用农机具等项目中，宗亲关系基本不再发挥作用，比如村民确定合作伙伴不会把对方是不是“一家子”作为一个重点考虑的问题，而是主要考虑经济能力、劳动力条件，以及能否合得来。有些关系密切的宗族还有一个能力强的人充当召集人性质的角色，本族内的事情常由他出面“说道”，但他的地位和权威与传统社会中的族长是不能比拟的，他在本族内只是较有威望而已，对各家的事只能提出规劝性、开导性、建议性的意见，并不能以权势拥有者的身份要求或强制本族人家听从他的意见。

族长制

家庙和祠堂是古人祭祀祖先的主要场所。在唐朝之前，家庙一般设于城邑，而祠堂多建于墓旁，是祭于墓所的祠堂，常称墓祠。墓祠是为特定的个人建造的，多为先贤祠的性质，异于后来子孙后代为祖先而建的祠堂。宋明的新儒家赋予了“敬

1 “近门子”“远门子”是河北省景县方言，其他地方也有类似的宗亲远近划分及说法。

宗收族”以新的意义，并且设立了敬宗收族的两大支柱：“祠堂”（精神上）和“义田”（物质上）。通常所谓的族长制可以说是祠堂制的产物，设有义田的“祠堂制”下的宗族长称为族长。敬宗收族的需求呼唤着族长的产生，族长是以族规为核心的族权的人格化。

一、宗子、族长与族正

我国的宗族组织绵延久远，但其自身也在不断演变，大体上经历了五个阶段，即先秦的宗子贵族宗族制、中古的士族宗族制、宋元的官僚宗族制、明清的绅衿宗族制以及近代以来的平民宗族制和宗亲会制。[1] 探讨族长制不能与家族制度的历史割裂开来，须从其起源和发展的过程中了解。近代的家族制度，一方面同古代家庭制度有某些联系，保留了古代家庭制度的某些特点，另一方面它又不是古代家族制度的直接延续，而有其发生和发展的过程。大体上说，它是宋以后在特定的历史条件下形成和发展起来的。笔者所谓的“祠堂制”主要指经过宋元的酝酿而成熟于明清的祠堂建制。祠堂制之前最典型的是“家庙制”，从家庙制到祠堂制的转变经过了一段相当漫长的过渡期，这个过程也是家庙制的“制度性解禁”。家庙制度是依靠政治身份来设庙，而祠堂的定位不在于政治身份，恰恰在于为了适应平民的家祭礼仪。南宋后期的朱熹在《家礼》中提出了“祠堂”的概念和设想，对后世的宗族文化制度影响很大。然而直到明朝中叶嘉靖十五年（1536 年）的礼制改革之后，民间宗族才开始普遍建立祠堂。

明清宗族的祖先，一般追至始迁祖，始迁祖以下的即为宗族成员。明清家族形成了以祠堂、族谱、族田、族学以及族长家法等为特征的制度形态。宗族是一个小社会，有很多事情要处理，由此产生了宗族机构。祠堂和族长的普遍设置是族权发展的一个标志。我们首先要辨析的三个词是宗子、族长和族正。

“宗子宗法制”主要在周代实行过，是和与之并行的“分封制”结合在一起的，

1　冯尔康、阎爱民：《宗族史话》，第 3 页，社会科学文献出版社，2012。

大、小宗之分是在贵族宗族内部划分亲疏关系的一种准则。后世人们常将长房比作大宗，次房以下则比为小宗，但其实只是保留了一个形式而已，并不能实现大、小宗宗法制原则。相对而言，“宗子”一词的历史比“族长”一词要长很多，它出现得早，但在分封制衰亡之后，其重要性也随之而减，后世宗子的主要职能在于主持祭祀，大体上只是宗族的象征而已，即所谓“但存古之遗意耳”。

“族长”一词出现得晚，但族长是一种应时而生的新角色，虽名为宗子的助手，但实际上一族事务几乎全归族长管理，族长逐渐成为一种准全能型的领袖。宗子是家族成员依照血缘的亲疏关系确立的嫡长子，是家族的传承者，然而颇具理想性的宗子制度有其较大的缺陷性，比如“宗子未必贤”的问题，任何宗族都无法确保身为宗子的嫡系子孙能够在品德、才能等方面超过同辈。此外还有宗子的年龄问题，比如宗子的未成年问题等。而族长制则具有较大的公推选举之理性，不具世袭性。宗子和族长具有理论上的“双轨性”，但其实权则可谓“此消彼长”。祠堂是家法、族规、宗范、祠规等的宣扬场所和执行场所，族长则是家法、族规、宗范、祠规等的宣扬者和执行者。祠堂的独立和扩大，为“祠堂族长的族权”准备了必要的条件。祠堂族长之族权，与宋代之前的族权有所不同，它是在新的历史条件下发展和形成起来的。它是古代的宗子法和当时盛行的大家庭组织相结合的产物，而不是古代宗子法的简单恢复。其物质基础是族产。经过宋元的酝酿，到明代中期以后才完备起来。至清代中期以后才又渐次和政权直接结合在一起。族权是从父权中伸展出来的，是家父的延伸。

“族正”一词出现得更晚，但历史上在北魏初期孝文帝曾一度以宗族为单位实行“宗主督护制”。宗主督护制可以理解为将族长、都护职务集于一身，即族长在宗族内部是主管人，同时政府任命他为该族所在乡里的小吏，代表政府治理县以下的基层组织；族长还可以被任命为督护，协助州县长官治理地方，成为他们的助手。[1]明代中期以后开始逐渐完备起来的“祠堂族长的族权”本是宗族内部的权力，与国家政权不发生联系，但家族组织到清代已经非常普遍，而且族长的权力也已达

1　冯尔康：《中国古代的宗族与祠堂》，第 147 页，商务印书馆国际有限公司，1996。

到相当稳定的程度，这为清代统治者利用家族组织以加强其统治地位准备了必要条件，使得祠堂由祭祀祖先的场所进而成为具有基层政权性质的场所。“族正制”颇有宗主督护制之遗意，但人选和权力有所不同，它起源于清雍正王朝，是清政府加强对地方控制的产物，是伴随着保甲制度而出现的。族正一职是各宗族在原有的族长之外，由宗族内部成员选举产生。它与族长的最大不同之处在于，族正不仅需要由族人选举，还需要由地方官员查验后给予牌照，表示国家承认其地位。由于官方显而易见的倾向性，使得清代乾隆年间，族正一职在宗族中的地位往往略高于族长。[1]但其施行的时间也与宗主督护制相近，“其兴也骤，其废也忽”，族正制的试行在清乾隆王朝内即止。统治者虽然希望宗族能成为政府的基层组织，但往往采用既利用又限制甚至打击的灵活政策。族正制利弊明显，时断时续，多有反复，当统治者发现族正制不利的一面过于严重时便将其废止了。族正制大致可以理解为在族长制之上加了一定程度的基层政治性的附加功能。如果说“族长制”是一种常态，那么“族正制”则为一种“非常态”，它具有短暂的政权化倾向。

二、族长的选任

立族长的逻辑，不是赋权给某人，只简简单单地造就一个“一族之尊”，而是选一个对宗族最有利的族人予以重任，使得宗族能良性运行并趋于兴旺发达。如清康熙三十二年（1693年）河北宁晋县张氏族规《睦族十事》中所论：“族之立长者何，盖一国总于君长，一邑总于官长。一宗总于族长，理也，势也。不然族人众多，无长者管摄之，人持己见，事无统御，相争相压，吾未见其相睦也。是故，欲睦族者，当先于族中择齿德俱尊者立为族长。”[2]再如安徽歙县《济阳江氏统宗谱·江氏家训》：“族长为一族之尊，其责任视家长尤重，今家训十数条，惟赖族长家喻而户晓之。但身正则不令而行，不正则虽令不从，整躬率物又别有道，族长勉

1　尚田：《清代至民国时期江西族产及其管理研究》，第77页，江西财经大学博士学位论文，2014。

2　转引自冯尔康：《清代宗族族长述论》，第144页，载《江淮学刊》，2008年第5期。

乎哉。”[1] 又如湖南零陵《龙氏家规・慎族长》首句即为：“族无论大小莫不有长，族有长所为明理论义、排难解纷者也。”[2] 此外，仅一个“慎”字亦足见族人对于族长之位的重视和期待。

因而许多宗族对于族长人选常出于一种颇为理性的考量，如甘肃兰州《金城颜氏家谱・敬拟遴选家长规则四条》为：“德才兼优老成达练（若矜才使气者不与）、德长才短厚重自持（轻浮佻达者不与）、端严正直内外如一（口是心非者不与）、清廉宽慈小心谨慎（苛责疏忽者不与）。”[3] 又如江苏武进城南张氏《毗陵城南张氏宗谱・宗约》：“族长虽序行序齿，以有德为主，若分虽尊而德不足以信于人，即强为武断，众共摈之，弗听命，焉可也！倘信义足重，品行端方，即非尊长，当共推为族贤，凡事必资禀而听命焉。”[4]

选任族长的重要条件大多有辈分高、年龄长、品德优、威望高、地位高、能力强、财富足等，但在民间生活中，族长多按照各地的风俗习惯来选任，因各地风俗习惯有异，具体的选任方式亦有所不同。

清代安徽安庆地区的族长是安庆各宗族普遍的“首长”，并常以族规的形式将之确定为一项宗族制度。如怀宁县段氏宗族家规中的“立族长”：“族长所以统合族也，推年行并尊、才德兼备者为之”；潜山县徐氏宗族家训中的“议立户长”：“通族有通族之长，乃尊长也……通族公举，不论分之尊卑，不论年之长幼，其人而果公直慷慨，不畏利害，不偏喜怒，不分亲疏，不徇情面，告之家庙，举之公廷，家法刑具请之执掌”；太湖县金氏宗族家训：“族中年高有德者立为族长，统领纲纪”；桐城县戴氏宗族家规中的“立户长”：“户长必择才德兼优者举之公，具帖请与县尊，过硃用印付之收执，督率通户”；桐城县张氏宗族家训中的“立宗长”：“宜于族中择一人以匡佐之，名为宗长，即俗云户长也。宗长为宗子之家相，责亦匪轻，

1　江峰青：《济阳江氏统宗谱・卷一・江氏家训》。

2　转引自 http://blog.sina.com.cn/s/blog_610fba3f0102wl46.html。

3　转引自冯尔康：《清代宗族族长述论》，第 145 页，载《江淮学刊》，2008 年第 5 期。

4　转引自冯尔康：《清代宗族族长述论》，第 145 页，载《江淮学刊》，2008 年第 5 期。

必择素行无亏、合族所共服者公举之，以闻于官，告于祖而后立之”。[1] 上述“户长”“宗长”即族长，且均为宗族实际的最高领导者。安徽歙县《潭渡孝里黄氏宗谱·家训》：“仰各姓择年高有德，公明正直，素性足以孚信宗人者为长……以主一宗之事。”徽州清光绪《程氏宗族·卷首》：“须择年高有德者为之，总治一族之事，谨守家规，以至公无私为本，是非赏罚不以亲疏厚薄枉其实，务使人心齐一，风俗醇厚。”[2]

清代江苏宜兴荆溪地区的族长大多是由族众根据宗族规定的条件共同推举出来的，且其条件颇多相近之处，如定跨陈氏宗族：“一姓行序年齿之长者”；（宜兴）陈氏宗族：“择年高有德、正直公平、品行足以服众者为之”；吴家圩吴氏宗族：“择族中齿德俱尊、学问深醇者立为宗长”；亳里陈氏宗族：“宗子之外，以分、以年立之，须谨礼守法为族众所矜式者”；枌里朱氏宗族：“一姓行次年齿之尊”；五龙溪王氏宗族：“醇谨老成”；山溪周氏：“以行辈最长者任之”；蒋氏：“须齿德兼有而尤以德为主，不论辈分、不拘年齿，惟其贤者推之”；义塍圩潘氏：“不论贵贱，设以年德者主持匕鬯”。与宜兴荆溪地区地域相近，同在苏南西部的高淳韩氏宗族：“择人本宗贤而分尊者一人为宗长，一人副之，总理一家之政”；溧阳中梅刘氏宗族：“凡宗长须有齿、有德、有爵，数者兼擅为优，不可得兼年齿或不可拘，惟德为重”。[3] 这“不可得兼……惟德为重”最有代表性。

东北地区族长的选任，通常是实行公推、遴选的方式，但也有以族中最尊者为族长的。大赉县：（族长）继任问题，恒以择贤公举为要件，不能以分位之次序定之也。林甸县：家长之充任，无分乎尊卑长幼，凡贤能者皆得而任之。海伦县：凡家长之继承，以族人中之贤能者任之。间亦有由家长择贤委任者，不以辈分之尊卑为序。讷河县：向以最尊者一人为家长。以其对内对外，悉由家长负责。至家长缺

1 转引自赵红强：《清代安庆府宗族的发展、对内控制及其影响》，第 58 ~ 59 页，南京师范大学硕士学位论文，2017。

2 转引自谢冬霜：《明清时期徽州宗族管理者研究》，第 8 ~ 9 页，安徽大学硕士学位论文，2011。

3 转引自白冰洋：《清代宜兴荆溪地区的祠堂、宗族与地方社会》，第 36 ~ 37 页，南京师范大学硕士学位论文，2016。

位时，可由前家长择贤继任。不拘辈分之长幼也。[1]

湖北省恩施景阳河土家族社区向、黄、刘、冉四姓土著大家族，当地有民谣称“刘三千，冉八百，向黄二姓惹不得”，刘氏宗族是推举有名望的人做族长，黄氏宗族是选有权威的人做族长，而向氏家族出任族长的必备条件包括：德高望重、有文化、能忍耐、家庭富裕、四十岁以上。[2]

湖南省的族长资格并不限于族内年尊派长之人，凡族内之人，品行端正、家境殷实、办事干练，具备此三种条件，均有被举族长之资格。“其公举方法，则不用投票多数取决，常于冬至、清明等祭日，族人咸集宗祠，询谋佥同，书牌悬挂祠中，载明公举某某为族长，或某某为副族长，即生效力”。[3] 在湖南邵阳地区花瑶人的记忆中，族长是由全族人公开推举产生的。选举的依据是才能、威望以及辈分。同时，对于宗教仪式和宗教知识的掌握也是决定一个人在族内所拥有地位的极为关键的一个因素。在花瑶人看来，选举有才能的人当族长，能够给整个家族带来好处，使整个宗族更加兴旺。[4]

我国台湾地区：“律例虽无明文规定，惟依律例之注解及辑注，家长系以一家之始祖充任之，家祖死亡时则由家中之男性最尊长当任。……惟亦有尊长不愿当家长而任意即位（静养之）情形，此时则由次序之尊长，或由家族中有学识、名望之人继而充任家长。”此外，台湾还有极特殊的选任方式：“台湾之习惯，则家长不必以一家之尊长为限，实际上能通晓事理，足以负保甲上责任之人，亦可充任为家长。若家无男子时，始由女性最尊长充任之。又家无男性之家族，或虽有而幼弱时，招夫或招婿等准家族亦可为家长，此与律例上之情形不同。惟一般尚有以尊长充任家长为美德之观念，故事实上尊长虽已年老，无掌握家政之能力，仍名义上使

1 转引自李哲：《儒家“亲亲”思想与中国传统社会家族族长研究——以清代民事习惯为视角》，第25~26页，载《齐鲁学刊》，2017年第3期。

2 吴雪梅：《清代民族边缘地区宗族组织的形成与乡村社会转型——以鄂西南土家族为中心的考察》，第154~157页，载《贵州民族研究》，2007年第3期。

3 《民事习惯调查报告录》（下册），第982页，中国政法大学出版社，2000。

4 米莉：《村落视野中的国家权力与地方传统》，第21页，中国政法大学硕士学位论文，2005。

其充任家长，而由有能力之子弟执行实务。”[1]

福建漳平县：“所谓家长者，并不必其人年高分长。或属族中殷实，或属厕身庠序，或属明白事理。因平时乡望素孚者，由众公认为家长。”[2]

客家族长的选任，“客家族长并非世袭家传，更不是官府委任，而是族人在平日生活中，将那些德高望重、胆识过人、擅文善武又主持公道的人推为族长的”。[3]

畲族的族长不是世袭，而是畲族人民公推德高望重的人担任。[4]

可见族众对族长的选任大都着重于敬宗、收族、兴族的实际能力，因为“齐家治族”颇具艰难性。宗族机构的人选标准一般也是遵循经济、政治、血缘这样三重标准，富户、乡绅和尊长者一般享有优先权，但能力高下也是族、房长人选标准之一。因为宗族在复杂的社会环境之下与官府的周旋，与地方的交涉，以及宗族内部全体成员之间关系的平衡，要求一个老成、干练的领袖集团出面处理。宗族要求族长必须明白事理，通晓人情世故，即所谓“才足以断事，德足以服众”。[5]

三、族长的权责

族长的身份是双重的，既是族长，也是族人之一，不过是特殊的族人罢了，正因为特殊，族众对其就有了特殊的角色期待，即品行端正、为人正直、性情平和、处事公道、不徇私情、不畏强凌弱等。河北沧州交河镇马连坦睦族堂《李氏族谱·谱例》对于族长就有明确的约束：“族长必须恪遵家训，方可约束族人，训教子弟，如行止有愧，触犯规条，合族齐集公讨其罪，如稍有改悔，聊示薄惩以警其

1 转引自李哲：《儒家“亲亲”思想与中国传统社会家族族长研究——以清代民事习惯为视角》，第 25 页，载《齐鲁学刊》，2017 年第 3 期。

2 转引自李哲：《儒家“亲亲”思想与中国传统社会家族族长研究——以清代民事习惯为视角》，第 26 页，载《齐鲁学刊》，2017 年第 3 期。

3 丘桓兴：《中国民俗采英录》，第 317 页，湖南文艺出版社，1987。

4 叶大兵：《温州民俗大全》，第 470 页，新疆人民出版社，1998。

5 叶娟丽：《我国历史上宗族组织的政权化倾向》，第 106 页，载《学术论坛》，2000 年第 2 期。

后，不然则削去族长名字，永远不许再立；不许恃族长名色做事不端，处事不公，以至家法紊乱，凡族人有犯训者公议明白，按事定罪，秉公处断，不得妄出己见，致令人心不服。”[1] 安徽歙县《济阳江氏统宗谱·江氏家训》：“凡为族长者，年必高，行必尊，尤须公而不私，正而不偏，廉而不贪，明而不昧，宽而不隘，耐而不烦，刚而不屈，七者兼备，乃能胜任。若名实相远，怀私徇情，唯唯诺诺而不能服人者，众共退之，别立齿德俱尊者为族长。”[2] 不难发现，理想的族长一定是“族中之秀者”，相当难得，所以要想成为合格的族长也是颇为困难的。

在某种程度上，宗族治理的特色可以说是“礼法并施”。诚然，族长的权力很大，其几乎是一切宗族事务的最高负责人，仅在祭祀方面次于宗子（然而许多宗族并没有设宗子），若将族长的“权力”再细分一层，我们可以发现大体上其权力可分为“职责”和“威权”。职责方面主要体现在“礼”上，威权方面则主要体现于“法”上。礼的方面包括主持祭祀祖先之礼、主持编修族谱、主持各种人生礼仪、制定奖励进学规则、宗法伦理之训导、宗祠与祖坟的维护等。法的方面大体包括调解族人的纠纷、充当家族事务的见证者和裁判者、惩处不肖族人、应对族外事务等。

重庆彭水县收藏的清道光《高氏族谱》中记载的“高氏族长罚律”有九条：“一、子弟有犯天伦而本父母无拘持，许族长立杖四十，随令设席免罪；二、孙辈辱骂祖父母而本父母不行严饬者，许族长公议重责；三、侄等因故凌伯叔诸母，而本父母不行戒饬者，许族长重责；四、弟等殴兄及骂兄嫂，而兄无力管束者，许族长究治责罚；五、以尊压卑，而卑理胜者，许族长随令设席治酒罚银一两充公；六、以强欺弱，而弱之负屈难伸者，许族长依理公罚强者，罚银充公；七、孙妇女骂及夫族尊长者，而本父母及夫不行拘责者，许族长罚坐其夫；八、子弟不务正业，游惰自废，而无父母兄长管理者，许族长严饬；九、子弟凶横，与外人滋事，

1　转引自冯尔康：《清代宗族族长述论》，第 149 页，载《江淮学刊》，2008 年第 5 期。

2　转引自谢冬霜：《明清时期徽州宗族管理者研究》，第 9 页，安徽大学硕士学位论文，2011。

而无父母看管者，许族长惩戒重责。”[1]不难发现，这九条罚律有“礼治为主、法治兼行”的特点，可谓典型的“礼法并施”。

族长权不能简单地定义为一种独裁权，其权责至少有三个方面的限制，即族规制、任期制、集体领导制。

家训、族规多出于族众之集议（甚或历代的积累），往往不是某一人所定之规，也不是一次形成，而是合众人之议而成。宗族族政行使的依据是以家庭伦理为核心的家训、族规。这是宗族良性运转的有效机制之一。族长是以族规为核心的族权人格化。族长若不按族规行事，其自身首先就失去了“合法性”。从逻辑上说，族长乃由族众推举产生，因而也会受族众监督甚至罢免。“族长不以条治者，或从中徇情隐蔽，及至干犯以上诸条，许通族老幼人等按律究治，罚席免罪。”[2]各族谱中诸如此类限制族长行事的约法比比皆是。

族长的任期亦有一种制约方式。虽然有任族长长达十几年或接近终身制的，但许多族谱都写着“三年更换”或“五年一更”等，期满则由族众按既定标准和程序另行推举。原族长可连选连任，但不能私相授受。尽管有些说法提到所谓推选，但只是履行一个手续而已。但既然已经被写入族谱，就说明至少在理论上已经“成文法”化了，足以说明“任期制”早已萌芽，并且渐渐成为一种趋势。如清同治七年（1868年）桐城《伍氏宗谱·家政》：“家督五年一更”；清光绪三十一年（1905年）安徽桐城《甘氏宗谱·家训旧略》：“户尊三年更换”；[3]清光绪二十八年（1902年）湖南长沙《阅田张氏族谱》：“议定户首五年一轮，房长三年一轮。倘户首、房长妄自尊大，挟私坏公，革退另举”；[4]清道光二十八年（1848年）江南宁国府太平县馆田《李氏家法·立族长》：“我族向称三门老者，即族长也。……三年后公举接办之

1 转引自李良品：《明清时期西南民族地区宗族组织的结构、特点与作用》，第75～76页，载《广西民族研究》，2015年第1期。

2 转引自李良品：《明清时期西南民族地区宗族组织的结构、特点与作用》，第76页，载《广西民族研究》，2015年第1期。

3 转引自赵红强：《清代安庆府宗族的发展、对内控制及其影响》，第59页，南京师范大学硕士学位论文，2017。

4 湖南省地方志编纂委员会编：《湖南省志·民俗志》，第554页，湖南人民出版社，2005。

人，不得私相授受”[1]；等等。

族长有权对某些宗族事务作出自己的决断，但在更多场合实际上只是宗族集体领导的代表。无论是族务还是司法等，一般都在族长的主持下采取“众房公议”的形式，由族长、房长、绅士等密切配合，共同负责，尽可能收集更广泛的意见。可以说，这是一种集体领导的形式。[2]如明嘉靖年间，安徽歙县西沙溪汪氏族长、致仕官以及四大房长等七人为确保祖墓产业安全并加强管理，订立了《先茔便览义约》，落款人为七十岁族长广生（押）、八十五岁致仕官濂（押）、八十一岁门长华隆（押）、八十岁门长仲滂（押）、八十四岁门长景春（押）、七十四岁门长悌（押）、七十岁纂录仲滘（押）；清嘉庆年间，徽州凌氏宗族五大房的房长与族长一起完成了族人记珦承接宗祧文约的订立，其落款为：“嘉庆十五年三月初三日立议承服。五房长凌大倚、大伶、大安、记耀、记胜，族长大有，族侄记鸾，代笔侄记科。”[3]另外，房族的房长实际上相当于本房族的族长。并且，通常房长亦为“领导班子”成员之一，如福建省南靖县石桥村张氏家族在分房后，各房派推举出各房房头（房长），共同组成一个家族领导班子，称为长老会，管理石桥村的一切事务。长老会三年一选，不断有经济实力强的新房头加入，替换不起作用或不称职的老房头。房头要主持公道，不得徇私舞弊。一旦发现违规，村民随时可以提出更换长老会成员。[4]

福建安溪县档案馆有一份民国时期的档案，内含《若乾家族会章程》。现试择录部分条目以说明家族公共事务的处理方式：“第二条，本会以处理本房公共事项，促进家族进步为目的。第四条，凡本房人年满二十岁者，均为本会会员。第五条，本会设理事七人，并互选常务理事一人，组成理事会，办理本会日常事务。理事人数各房分配如下：长房二人，二房一人，三房二人，四房二人……第八条，

1 转引自朱勇：《清代宗族法研究》，第 223 页，法律出版社，2017。

2 郭志超、林瑶棋主编：《闽南宗族社会》，第 150 页，福建人民出版社，2008。

3 转引自陈瑞：《明清时期徽州宗族中的房长及其权力》，第 87 ~ 88 页，载《安徽大学学报（哲学社会科学版）》，2010 年第 6 期。

4 转引自李秋香：《石桥村》，第 26 页，河北教育出版社，2002。

理事会分设总务、财政、祭祀、福利、调解等股，各设股长一人，由理事互推兼任之。”[1]

此外，宗族会议也是一种普遍的宗族生活方式，许多历史文献中常出现“合族公议”“集众合议”“祠规合议”“族众公约”等词语。族人会议时，每房都有发言权，族长不能专断。凡涉及宗族的重大事务如建祠堂、修族谱、修建祖坟、订立宗约等，往往要经过族人会议同意才能由族长推行。[2]

之后族长制逐渐成熟也与其同传统政治及传统社会的互动有密切的关系。新中国成立后，族长制虽被取消了，但宗族文化在一定程度上于民众的观念和生活习俗上还有所存留。在近代“三千年未有之大变局”的背景下，宗族制与族长制必然发生剧变。20 世纪的宗族经历了从被剧烈批判到得到部分肯定的变化。进入 21 世纪后，它仍在转型中，其演变还难以论定。但可以肯定的是，它曾有的某些功能必然消失或部分消失，如“宗族法庭”将一去不复返，家法、族规等只能“文本化”，很难再起到曾有的规范作用。现如今工商业发达、经济繁荣，祠堂相对易建，但义田已难以恢复。在仅有祠堂而没有义田或其“等价物”的情境下，族长制已不可能再恢复。总体而言，敬宗的目标还相对容易达成，但在收族方面已显得非常困难，更何况人口流动已常态化，民间也鲜有收族的目标。这就导致族政萎缩，族权无从生长，而基层早已重构，民间不再需要传统的族长作为领袖，族长制也就必然“名亡实亦亡”。然而，现代社会又出现了一种叫作“宗亲会”的变体，它在我国港澳台地区以及海外华人社区出现较早，大陆亦渐渐增多。不过，移民性的宗亲会与本土性的宗亲会存有较大差别。移民性的宗亲会大多只讲同姓而忽略血缘关系，这样泛化的组织很难产生相应的族谱与祠堂。而本土性的宗亲会则完全可以再修族谱、再建宗族，甚至设立一个固定的基金会，提供一定程度的福利服务，如医疗、恤贫、升学奖励等，尤其是升学奖励，可以加强代际之间的联系。

---

1 转引自陈支平:《近 500 年来福建的家族社会与文化》，第 88 ~ 89 页，三联书店上海分店，1991。

2 冯尔康:《清代宗族族长述论》，第 149 页，载《江淮学刊》，2008 年第 5 期。

家庙、祠堂与祭祖活动

家庙的制度性较强，古时有特定官爵者才能建家庙，作为祭祀祖先的场所，如《礼记·王制》中的说法是“天子七庙，诸侯五庙，大夫三庙，士一庙，庶人祭于寝”。上古称宗庙，唐代开始形成完善的家庙制度，宋代家庙制度可谓欲兴未兴，元代则“大臣家庙不与焉”，明清两代常连称“品官家庙”，并在家庙制度改革的影响下祭祀权逐渐下移。墓祠兴盛于西汉，后世作为祭祖场所的祠堂之构想源于南宋朱熹的《家礼》，而此前的北宋尚有基于“家祠堂”“祭堂”“影堂”等名词的设想和实践。大体上家庙偏向贵族性、荣誉性、礼制性，祠堂则更具平民性、世俗性。家庙作为一种制度已成为过去，祠堂制度亦已失其原有的社会基础，然而在一定程度上宗族文化在民众的观念和生活习俗上还有所存留，现如今不少地方兴建祠堂的行为方兴未艾。祭祖的方式主要有祠祭、墓祭和家祭，这三种祭祖方式分别具有不同层次的整合性功能。

一、家庙与祠堂及其建制

早在《晋书·范宁传》中就出现过“家庙”一词：“宗庙之设，各有品秩，而宁自置家庙。”不过该词的大量使用始于唐代，家庙制度在唐代颇为完善。颁布于唐玄宗开元二十年（732 年）的“开元礼”为唐代立家庙的根据：“凡文武官二品以上，祠四庙；五品以上，祠三庙……六品以下达于庶人，祭祖祢于正寝。”[1] 唐代家庙制度的维持基于贵族官僚制之荫任制度。唐代可立庙者是五品以上的官员，而五品以上的官员又有荫子孙的特权，其子孙可以延续官员的身份，所以能维系家庙的存在。此外，唐代的官僚制还有许多资荫出身的途径，如勋与爵的出身阶层，其

1 （唐）中敕撰：《大唐开元礼·序例下》，第 34 页，民族出版社，2000。

中嫡系比其他众子更有优待。[1]但唐代的家庙制度经过五代乱世后，遭到了严重的破坏，宋代虽仍欲立家庙制，但终因宋代袭爵制度的不同而失败，仅极少数的高级大官僚幸得依制而建。《元史·祭祀一》载有“大臣家庙不与焉”之句，可见元代根本没有准许大臣建家庙的正式制度。因此，宋代和元代可以说大体上处于“庙制不立”的时代。

由于宋代家庙制度不兴，宋代士庶多行家祭。经过程颐、司马光、任中师、石介、朱熹等人的设想与实践，祭祀场所的名称或实践大体经历了影堂、家祠堂、祭堂、祠堂等序列。这整个过程既模仿唐代家庙制度，又因碍于礼制而加以区别并适度创新。程颐认为：“（礼从宜，事从俗）……每月朔必荐新，……四时祭用仲月。……时祭之外更有三祭：冬至祭始祖，立春祭先祖，季秋祭祢。……常祭止于高祖而下。”[2]程颐的祭祖主张为宗族由小宗向大宗发展以及建立大宗祠提供了先期

图2 文成县南田镇刘基庙正殿。

黄涛　摄于 2015 年 4 月 25 日

1　常建华：《宗族志》，第 81 ~ 82 页，上海人民出版社，1998。

2　（宋）程颢、程颐著，王孝鱼点校：《二程集》，第 240 页，中华书局，1981。

理论依据，因为他提出了一种大胆的主张，即不仅要求士大夫常祭高祖以下的近四代祖先（四时祭），而且可以祭祀始祖（冬至祭）和先祖（立春祭）。朱熹则继承程颐的主张并提出了祠堂与祭祖的具体设想，他用“君子”一词替代程颐所限的“士大夫”，打破了品官与平民之间的礼制樊篱，促进了礼与俗的交融。南宋状元姚勉《雪坡集·丰城王氏家庙记》：“凡二百余年，子孙繁衍盛大，别派分枝，星列棋处，绵亘十四五里，皆一姓。举进士者，代不乏人，因族彬彬皆儒，公之十四孙某，惧其族之衍而岁且久，将忘其所自出也，乃于其里白马山之阴，立一庙，而取族谱图刻于中，俾公之子孙至斯庙者，皆得因流而寻其源焉。”[1] 姚勉在其记中称之为“家庙”，但我们若结合后世的宗祠观之，会发现该家庙已然是宗祠，可谓家庙之名、宗祠之实。元代统治者没有准许大臣建家庙的制度，但在民间却发展了不少宗族祠堂。

图3 浙江省文成县南田镇刘基庙（“诚意伯庙”）正门。刘基七世孙刘禄于天顺元年（1457年）奏请皇帝敕建刘基祠堂（现刘基庙前身），明英宗准奏，天顺三年（1459年）祠成。后刘基九世孙刘瑜则奏请兴建刘基祠堂于处州府城，明孝宗虽未允之，但同意原有祠堂按建制扩建成庙，遂有“诚意伯庙”。

黄涛 摄于2015年4月25日

1 转引自常建华：《宗族志》，第90页，上海人民出版社，1998。

至明代早期，又形成了家庙制度，《大明集礼·宗庙·品官家庙》："先儒朱子，约前代之礼，创祠堂之制。至今士大夫之家遵以为常，……国朝品官庙制未定，于是权仿朱子祠堂之制，奉高曾祖祢四世之主，亦以四仲月祭之。又加腊日、忌日之祭，岁时俗节之荐享。若庶人得奉其祖父母、父母之祀。已有著令，而其时享于寝之礼，略同于品官焉。"[1] 后朝廷又采纳举人胡秉中的建议将庶民祭祀两代祖先改为三代祖先，至此，士庶的祭祖权有所扩大。而在明嘉靖十五年（1536 年）统治者接受夏言的建议允许臣民在冬至日得祀始祖，促使祠堂祭祖的进一步合法化。夏言求明世宗下诏除去一切"三庙、二庙、一庙、四世、三世、二世、一世"之制，而"使大小庶官皆得拟而为之"。在夏言上疏之后，尽管在法律上仍然保留着品官（"大小庶官"有重大突破，即包含所有品官）可建家庙而庶人只可在正寝祭祖的规定，但在实际应用中，该法律却可以被巧妙地运用，因为只要可以找到一个五代之前有资格建家庙的祖先，即使是庶人也可以这位祖先为核心建立有合法依据的家庙。[2] 新的礼制开了家庙祭祀始祖的先河，这导致了民间竞相效仿联宗祭祖，于是宗祠始遍天下。

清代的家庙比明代多，因为《大清通礼》规定在籍进士和举人以七品官、贡生以八品官资格建立家庙。[3] 这里涉及身份认定问题，还未出仕的在籍进士和举人以及数量更多的贡生本来不算品官，但在建家庙祭祖一事上却被认定为七品、八品，该规定体现了祭祖权的进一步下移，即贡生以上的士人皆获得了祭祖权。道光年间湖南巡抚吴荣光还对《大清通礼》加以按语解说："明制虽许品官立庙，而《明会典》尚沿祠堂之称。"《大清通礼》说："始复古制称庙，然必品官准依式建立，其士庶之家，合族人别立宗祠可也。"康熙"上谕十六条"第二条为"笃宗族以昭雍睦"，而雍正《圣谕广训》在对这第二条的释文里提出要"立家庙以荐蒸尝"。[4] 清代统治者提倡建家庙，以推行孝治，其对家庙祭祀始祖的承认，促进了士庶立庙建

1 转引自常建华：《宗族志》，第 95 页，上海人民出版社，1998。

2 科大卫：《明清社会和礼仪》，第 298 ~ 299 页，北京师范大学出版社，2016。

3 转引自常建华：《宗族志》，第 103 页，上海人民出版社，1998。

4 转引自常建华：《宗族志》，第 104 页，上海人民出版社，1998。

图 4
浙江省文成县南田镇刘基庙内刘基塑像。

黄涛 摄于 2017 年 7 月 8 日

图 5 浙江省文成县让川村的“叶氏家庙”。村里另有叶氏宗祠。

黄涛 摄于 2021 年 7 月 23 日

祠祭祀始祖的普遍化。

概言之，自宋代至清代，家庙制度之礼与民间建祠堂祭祖之俗在不断地互动，并且很多时候当士大夫及民间有一定的逾礼之举时，朝廷也很少追责，最终导致祠堂与家庙几乎成了同义之词。

由于家庙的特殊性，即要求较高的政治身份，它更多地体现了一种荣誉性。现存家庙数量远远少于祠堂的数量。

广东东莞南社村的谢遇奇家庙是清光绪二十七年（1901 年）朝廷为表彰谢遇奇之功绩而恩准建造的。谢遇奇是清同治四年（1865 年）的武进士，曾跟随民族英雄左宗棠赴西北的甘肃、新疆一带平定叛乱，以赫赫战功被朝廷赐为忠勇之士，最后官至总兵，封“建威将军”，是南社村谢氏宗族中地位最高的人。家庙虽然只有两进，但由于其前厅进深 7.26 米，使得它的屋内脊檩高近 7 米，相当于谢氏大宗祠正厅的高度，从而使该家庙的门脸儿显得分外高大。该家庙的大门为凹斗式，门前有柱廊，显得比其他祠堂有气魄。家庙门联为“荣膺一品，祀享千秋”。进大门后还有一道屏门，平时对内院和正厅起到一种遮挡的作用，只有在祭祖时才全部

图 6
浙江省丽水市青田县龙现村吴乾奎家庙内庭。

吴利雄　摄于 2021 年 7 月 22 日

打开。前厅之后的正厅进深 9.4 米，厅内脊高近 8 米，比之前厅更为高敞。底墙上设有神龛。[1]

福建晋江蔡氏家庙由蔡氏六世孙蔡常安倡议创建，始建于宋代，坐落于晋江五店市传统街区，历代屡有修建，时至近代又重建更新，但仍保留旧有风貌，建筑面积 1300 多平方米，是一座两进五开间砖石木结构的仿古建筑，由门厅、正厅、后堂以及两边的厢房组成。由于家庙建在 1 米多高的石砌台基上，显得分外宏伟。晋江青阳蔡氏始祖为蔡辉，字用明，号一翁，唐咸通元年（860 年）定居青阳，在往后的历史发展进程中，其后代名士俊杰迭出，尤其是宋元明清各朝代以及中华民国时期可谓群星灿烂，如北宋天禧年间（1017—1021 年）国子监第一名蔡图和官至尚书三省总制的蔡常安（赐进士）；南宋时有监察御史、大学士、太常少卿蔡次傅（进士）；明代有礼部主事、理学大家蔡清（进士）以及累仕户部、刑部、兵部、吏部按察布政使的名宦蔡克廉（进士）；此外还有抗日名将、国民革命军第十九路军军长蔡廷锴；等等。家庙里有“文武一品”“国师”“都督”等匾。[2]

台湾金门琼林村蔡氏家庙重建于清乾隆三十五年（1770 年），始迁祖为蔡十七郎，初为入赘者身份，后来其子嗣不断繁衍，蔡姓逐渐成为琼林村唯一的姓氏。琼林原名平林，明代前后出了五位进士：蔡贵易、蔡献臣、蔡守愚、蔡懋贤（以外甥身份入继）、蔡国光。蔡贵易和蔡献臣享有“父子文宗”的美誉，蔡守愚以宦绩显著留名，最后以云南布政使致仕还乡，高挂在家庙中的“乡贤名宦”匾就是为蔡贵易、蔡献臣、蔡守愚三人而立的。基于平林村显赫的科举成绩，福建巡抚上奏明熹宗，明熹宗在天启五年（1625 年）御赐“琼林”美名以更替旧名平林，至今“御赐里名琼林”木匾仍高悬祠堂上。平林从此就改为琼林。[3]

浙江青田县龙现村建有“吴乾奎家庙”，吴乾奎颇具传奇性，乃青田县的华侨先驱。吴氏家境清贫，当过长工，后经友人推荐，为宁波一商人做伙计，到东南亚一带做贩茶生意。因为人忠诚守信、办事干练、生意得心应手而得到老板的器

1 楼庆西：《南社村》，第 41 ~ 42 页，河北教育出版社，2003。

2 青阳蔡氏家庙管理委员会续编：《青阳蔡氏源流（内部刊物）》，第 10 页，2010。

3 廖庆六：《浯洲问礼：金门家庙文化景观》，第 201 页，金门县文化局，2008。

重，几年后该老板便垫付资金支持他另立门户。1905年吴氏贩茶到比利时布鲁塞尔，恰巧布鲁塞尔全城市民闹红眼病，由于茶叶具有清肝明目之功效，吴氏便引导市民饮茶，并教他们用茶水擦拭眼睛，后来市民的眼疾逐渐痊愈，比利时政府十分满意，特制一枚银质奖章赠予他，此乃吴氏传奇事迹之一。1906年，吴氏经中国驻比利时使馆参赞杨小景介绍，到意大利米兰参加赛会，因茶叶质量上乘，又获得上等奖励，二品顶戴参赞杨小景赐赠“海外观光”匾额一块，此乃吴氏传奇事迹之二。1915年，吴氏又转赴美国旧金山参加了举世闻名的巴拿马世界国际博览会，其巧妙地抓住了机遇，大力拓销颇具特色的青田石雕，在美国打开了销售市场，获利甚丰，此乃其传奇事迹之三。吴氏在欧美奔波了22个春秋，回国后携巨资积极参与社会公益事业，深受当地民众称颂，青田县县长郑迈为此亲笔题写“惟善为宝”匾额一块褒奖他，此乃其传奇事迹之四。[1] 吴乾奎既非品官也非在籍进士、举人或贡生之类，仅与品官有所往来，按礼制不能建家庙，或许是俗以为建家庙乃殊荣，而他又有“海外观光”“惟善为宝”两块匾额，便私建家庙，亦可谓受礼俗互动之影响。

建筑是一种固化的语言。宗祠是宗族观念、宗族组织以及宗族制度的空间形态表现，宗祠的首要功能是祭祀，通过对始祖的祭祀以敬宗收族，既将始祖作为一个血缘群体的共祖地位明确化，又将自在性的宗族转化为自为性的宗族。后世祠堂的功能是多元的，既是宗族的祭祀场所，也作为聚会厅、议事厅、“宗族法庭”以及办事机构等，但祠堂最初是作为宗族的祭祀空间的，其建制范式源自祭祀的理念。

在称谓方面，浙西、浙中一带的总祠才称祠堂，支派和下面房派的小宗祠则统称“众厅”，房派以下的宗祠名为“私己厅”（将要形成还未形成房派的小宗祠），再下面的则是“香火堂”。[2] 这种称谓有其特有的积极意义，即总祠能很好地起到敬宗收族的作用。

---

1 《青田华侨史》编纂委员会编:《青田华侨史》，浙江人民出版社，2011。

2 陈志华、楼庆西、李秋香:《诸葛村》，第55页，河北教育出版社，2002。

图 7

浙江省丽水市青田县龙现村“吴乾奎家庙”大门。近年被用于展示鱼灯。

吴利雄　摄于 2021 年 7 月 22 日

图 8　浙江省温州市“王氏宗祠”。

黄涛　摄于 2010 年 8 月 26 日

图 9　浙江省永康市芝英镇“澹泉公祠”。该镇为第六批中国历史文化名镇，有应氏祠堂近百座，现存较为完整的有 53 座。

陈祥麟　摄于 2021 年 7 月 19 日

图 10

浙江省永康市芝英镇“慕颜公祠”。

陈祥麟　摄于 2021 年 7 月 19 日

浙西建德市新叶村的祠堂发育非常典型，不仅表现在祠堂数量多，而且众多祠堂的等级层次分明、规格齐全。祠堂最主要的功能是供奉祖先神位，总祠与分祠的作用不完全一样。作为祖庙的西山祠堂，大堂供奉着整个玉华叶氏的始迁祖叶坤的塑像及牌位，两厢供奉着包括里、外宅在内的全宗族的历代祖先。有序堂仅供奉外宅派最早七代祖先的牌位，八代以下牌位分别供奉在各分支祠堂内。五代以内即高祖以下的牌位放置家中。新叶村祠堂多为三开间，二进或三进，分门屋（或无门屋）、享堂、寝室。寝室为最后一进，为供奉神主之用，进深往往最小，大多有楼。举行仪式的大厅都在第二进，称为享堂。其进深较其他各进大一些，梁架也更高大华丽。前后金柱多为五架，廊步为卷棚轩或平顶轩。祖庙西山祠堂则是“中庭”式的：享堂是一座正方形的敞厅，满满地塞在院子正中，四面与其他建筑不搭接。这是这一地区祖庙的标准做法，但在别处很少见。崇仁堂的形制很特殊，三开间，总面阔 13 米，一共四进，总进深 40 米。在第三进大厅与寝室之间的中央有纵向过厅联系，形成一个“工”字形，过厅两侧只余小天井各一，合称“日月井”。宗祠每递进一层，地平就或大或小地升高，到最后一进，其地平成为整个祠堂的最高点。这种方式叫作“步步高”，有吉祥的象征意义。经济实力好的宗祠有戏台，位于第一进门屋的明间，面积约略同于明间，面向第二进享堂。演戏时，天井及享堂的前廊之下为男子的观戏场所，享堂的前檐柱之后为妇女的观戏场所，两部分之间临时用矮栏杆隔开。戏台有副台，供伴奏的“武场面”用，太师壁之后用作候场。次间的夹层是后台化妆室。崇仁堂的戏台是一个可以拆装的组合式戏台。每逢演戏，临时组装起来，架在祠堂前的半月形水塘上，面对祠堂大门。下面用木桩插入水中固定，上铺台板。戏台上用四根木桩支撑歇山顶式屋顶。这种戏台，当地人称为“雨台”。[1]

浙中金华兰溪诸葛村的总祠是丞相祠堂，因为村民奉蜀汉丞相诸葛亮为始祖。丞相祠堂占地 1400 平方米，建造规格高，形制很特别，它由门屋、两侧廊庑和后面供奉诸葛亮神主与“功宗德祖”的“寝室”三部分共同组成一个“口”字形平

1　李秋香:《乡土民居》，第 89 ~ 94 页，百花文艺出版社，2009。

面。在“口”字中间又建起一座高大华丽的方形享堂，叫“中庭”。按传统礼制，庶民宗祠只许三开间（虽也有私下用“明三暗五”的做法），而丞相祠堂因诸葛亮位居蜀汉丞相，其门屋及“寝室”均为五开间，甚至还建了钟、鼓楼，门屋中央三开间为正门，每开间在金柱位置做四扇木板门，两稍间为磨砖八字影壁，左右廊庑各有七间，供奉 14 个支派的神主，再向后，地势陡然高耸，从两厢拾级而上，钟、鼓楼分列两边，寝室正中供奉武侯公灵位（今为坐像），像两侧为宗族中曾受到特别旌表的忠、孝、义、烈各先祖以及乡贤先达的神位。作为祭祀大厅的中庭，面阔三间两廊，三间进深，四周全部敞开，上用歇山式屋顶，它建在约 1 米高的台基上，脊高 10 米，翼角高翘，木构件雕刻得十分精致，还特选了四根直径约 50 厘米的柏木、梓木、桐木和椿木（“百子同春”）来做中庭四根大金柱，中庭左右的敞廊采用青石做方柱，共 44 根。这样的中庭建构既使得宗祠空间很紧凑，也显得更为

图 11
江西省德安县车桥镇“义门陈”家族祠堂。
黄涛　摄于 2015 年 8 月 10 日

图 12
江西省德安县车桥镇“义门陈”家族祠堂内供奉的祖灵。
黄涛　摄于 2015 年 8 月 10 日

庄严凝重。在中庭举行祭祀活动时，于香案前跪拜的人一抬头正好能见到享堂中的诸葛亮神主。[1]

广东东莞南社村谢氏大宗祠初建于明嘉靖三十四年（1555年），后整修过数次，不过仍保有始建时的基本面貌。从南至北，首为面阔三开间的门厅，其进深两间，中缝上安两扇黑漆大门，门上悬有“谢氏大宗祠”匾额，门前为柱廊，形成凹斗式大门，大门下有巨大的门枕石。入门后，迎面尚有一道安在中央开间的两根柱子之间的格扇门，此门平时只作屏风之用，仅在祭祖或有重大活动（如族人高中）时才打开，以直入堂内大门，平常时日则由两侧绕行至天井。第一进天井两旁为廊屋，正厅位于天井之后，正厅面阔三间，有 10.4 米，进深 7.4 米，屋檐高 4.67 米，厅中央的脊檩高 7.55 米。前厅是高敞的厅堂，前檐敞开，不安门窗，中央有两根八角形的石头檐柱，后檐两根立柱之间有隔扇与后天井相隔，隔扇平时不开，隔扇前放有长条几案，横梁上高挂红底金字的“崇恩堂”堂匾。厅内柱子与两侧墙上悬挂着楹联，使前厅充满着祠堂的神圣气氛。绕过隔扇即进入后天井，祠堂最后一进祀厅也是三开间，位于天井的北面，面阔略小于前厅，为 9.5 米，而进深则只有 4.3 米。厅的后墙上设有神龛，龛内分层供奉着谢氏家族数十位历代先祖的牌位，龛前设有几案供祭祀之用。[2]

江西抚州乐安县流坑村分房祠堂的形制都比较保守而程式化。现存祠堂皆为三开间，二进或三进，一般分门屋（下厅）、祀厅（中厅）和寝室（上厅），有的没有中厅。祠堂前面通常有较大的前院，为祠堂入口前的空间，如守斋公祠、屯田郎祠、振卿公祠、梅所先生祠等均有。另有一些因位置局促，无法围合前院，多将第一进门屋做成凹廊式，或加高基础，以使门厅格外显眼而壮观，如绳武祠和文晃公祠，均有高大的台阶与门廊。祠堂天井较住宅天井稍大而亮堂。正规的祠堂，门屋通常都在中央。祀厅进深较其他各进大些，前檐廊通常做成卷棚轩，其余部分做平顶轩天花，干净整洁。最后一进寝室进深往往与门屋相近，小于祀厅，主要用来安

1 李秋香：《乡土民居》，第 155 ~ 156 页，百花文艺出版社，2009。
2 楼庆西：《南社村》，第 32 ~ 35 页，河北教育出版社，2003。

放神橱，供奉祖先牌位。神橱做得十分讲究，在后金柱和后墙之间先用砖砌出高约1米的台子，上面为台阶状，一层层地用来安放神主。在台子前做木隔扇门。也有的神台中央的一间砌成平的，在其上面放置木结构牌坊式的神龛，这种神龛做工精细，有些还绘以彩饰。凡是放牌坊式神龛的，前面皆不再有木隔扇门。大厅每递进一层，地平就或多或少地升高，到最后一进成为整座祠堂的最高点，如此一来，祖先牌位放在那里容易使人产生敬畏感。修建时间早的祠堂，大多用素木，后期修建的则施彩较多，如大竹木商人振卿公祠，前后两进，全部做天花，天花上绘满花鸟鱼虫的彩饰，十分华丽。讲究的祠堂，还常常建有辅房，如振卿公祠、文晃公祠等均将客堂建在祠堂的一侧，与祠堂组成一个完整的建筑群，客堂在举行祭祀活动或有婚丧之事时有接待往来宾客之用，平日则为本房办事处。[1]

广州满族也设有宗祠，这是受广东汉族普遍设立祠堂的影响，最先由嘉庆年间正红旗一个叫和顺的族人发起，后至道光年间各旗普遍建立起宗祠。满族设立的宗祠，形式上虽与汉族大致相同，安放的都是先人牌位，但在具体做法上与汉族又有所不同，汉族祠堂是一个姓氏设一间，而满族的宗祠则是一个旗联合设一间。广州满族的宗祠一共有八间，其所在地是：镶黄旗大德路，正白旗麻行街，正黄旗白薇街，正红旗西濠街，镶白旗大市街，正蓝旗大利巷，镶红旗光塔街，镶蓝旗白沙巷。每间宗祠均有三进深，在第三进内设有神龛三座，中座放各姓祖先的牌位，同一姓氏的“落广祖”设一个牌位，每个牌位以族谱的形式，由上而下分别写上各代已故男丁的名字，但绝不写配偶的名字，左右两座分别安放绝嗣单人牌位。每间宗祠旁还设有一间和尚寺，雇请和尚代为管理宗祠的香火。[2]

二、祭祖活动

祭祖是祖先崇拜的表达方式，“礼莫大于祭”。祭祖的方式主要有祠祭、墓祭、

1　李秋香、陈志华著:《流坑村》，第 90 ~ 92 页，河北教育出版社，2002。

2　刘志文主编:《广东民俗大观（上）》，第 502 页，广东旅游出版社，1993。

家祭，所谓的“杂祭”其实包含在这三种祭祖方式之内，并没有出其范围，只不过杂祭更突出了它时间上的不固定性，乃“随事而祭”，如婚嫁、科举、盖房、分家、添丁等各种较大的喜事，都会进行祭祖活动，具体祭祀方式则由喜事的性质及具体的祭祀条件而定。祠祭是最隆重、最盛大、礼仪最详备的祭祖活动，但颇受各种条件的限制。墓祭规格通常次于祠祭而又高于家祭，既有家族式墓祭（合族或合房派祭祀远祖），又有家庭式墓祭（祭祀近祖），具有“二元性”。家祭则是最基本也是频率最高的祭祖方式，许多传统节日如春节、元宵节、清明节、端午节、中元节、中秋节、重阳节、冬至、除夕等，都包含家祭的内容，其中除夕、冬至、中元节为家祭三大节祭，此外还有近祖的诞忌之祭等。

祠堂和族田为祭祖活动提供了制度化的场所和坚实的经济支撑，使得祭祖活动更趋规范化。宗族祠堂是祭祖的神圣场所，祠祭是指在宗族祠堂举行的祭祖典礼，最具敬宗收族之功效，其“制度化”程度最高，是非常正规化的一种祭祖仪式。祠祭通常以族规、族范、家训等形式被载入族谱，并有祭田之法以维持祭祀。

墓祭习俗与墓祠的盛衰有一定的消长关系。墓祠兴盛于两汉。后从三国开始至

图 13
河北省景县黄庄，春节期间，村民家中堂屋的祭祖设施。

黄涛　摄于 2012 年 1 月 22 日

两晋南北朝兴起了薄葬之风，晋朝政府还下薄葬令："诸葬者，不得作祠堂、碑、石、兽。"[1] 这逐渐导致了墓祠的衰落。唐代虽仍有墓祭之风，但由于家庙制度完备，墓祠的设置仍处于弱化的地位。而宋元两代因家庙制度不立，导致士庶产生了变通之举，墓祠再度盛行，墓祭之风愈盛。在元代，作为收族手段的墓祠比家祠更为有效：一是墓祠祭祖可将出了五服的族人凝聚在一起，这比家祠更容易做到；二是祭祖将墓祭与祠祭结合起来，从而使祭祖有了保证，更容易发挥祠庙的功能。明朝中后期，随着修建宗祠的普遍化，再次导致了墓祠的衰落。因为祠庙祭祖本为正宗，它完全可以取代墓祠收族的功能。再者，祖墓一般远离聚居地，祭祀不如在祠堂方便。[2] 所以，最终祠祭超过了墓祭，但墓祭习俗亦仍得到延续，在很多地方依然占有很高的地位，仅次于祠祭。

墓祭是指在祖先坟墓的祭祀，常直称为扫墓。古人认为，"祠以藏魂，墓以藏骸，祖宗之有祠宇，如人之有居室，务宜打扫清净。……至于墓，春秋二祭，先行发削，分清界限，周围树木系遮阴风水，切不可擅自砍伐，致误坟茔。如此则妥幽灵，而祠可长保无虞。慎之，凛之"。[3] 可见墓与祠具有密切的关联性。墓祭最重要

图 14
河北省景县黄庄，人们年三十傍晚到自家坟地请祖灵回家过年，正月初二早饭后将祖灵送回坟地，在坟前烧纸、放鞭炮、磕头。

黄涛　摄于 2012 年 1 月 24 日

1　转引自常建华：《宗族志》，第 122 页，上海人民出版社，1998。
2　常建华：《宗族志》，第 136 ~ 137 页，上海人民出版社，1998。
3　转引自苏黎明：《泉州家族文化》，第 175 页，中国言实出版社，2000。

的是春季墓祭，通常在清明节前后，秋季的墓祭时间跨度较大，一般为农历七月到冬至前后，有些地方甚至无秋季的墓祭。墓祭最特殊的是有双重墓祭对象，所以可分为家族式墓祭与家庭式墓祭。家族式墓祭具有召唤同宗认亲的作用，家庭式墓祭更多的则是一种怀念与追思。

墓祭远祖，一般集中在肇基祖或是对本家族有突出贡献的祖先之墓。合族墓祭时，仪阵庞大，有吹喇叭、擎凉伞、举旗幡、抬猪、扛羊、提酒等，浩浩荡荡，一路喧闹，上山后在始祖墓前摆满各种供品。

家祭是指在住宅内设龛祭祖的形式，是最早、最自然、最基本、最普及的祭祖方式。然而，家祭因祭祀者身份不同而在制度上有差别，庶民祭祖权的获得经历了从先秦时期只能“祭父于寝”到唐代“祭祖祢于正寝”，再到明代后期开始能祭高曾祖祢四代即“五服”范围。

家祭对象一般为子孙曾与之一起居住生活过的近祖，所谓“祭祖如祖在”，“交流性”较强，千古名句“家祭无忘告乃翁”即强调了这种交流性。家祭主要有祖先忌日之祭和四时八节之祭，此外还包括许多不定时的、随事而成的祭祀，如婚嫁、盖房、生子、出门、收成等。家祭礼仪相对简便，注重实用性，供品因地而异、因时而异，相对灵活。

族谱与修谱活动

族谱又称宗谱、世谱、家乘等，宗族世系的追述与记载是宗族制度的重要内容。家谱发端极早，周代便形成了官修谱牒制度，以《世本》为代表。其后受选官制度与门第身份的双重影响，官修姓望合谱与私修郡望家谱并行。五代战乱使得此前官修谱与私修谱皆遭到极大的破坏，宋代的社会变革促进了新型私修族谱的产生，本于小宗之法的欧苏族谱几成一代范式。元代族谱特别强调还要收入出了五服的族人，比之欧苏谱增加了新内容，较之宋代内容更为充实。明清时期的族谱体例更加完善，并且特别凸显伦理教化的功能。修族谱是宗族的大事，并有其特殊的

“书法”和“谱规”。修谱是大事，也是难事，修谱活动开展的首要条件是族中有颇具公信力的权威人物先组织成立“谱局”，即族谱编纂委员会，尽量做到贤者在位、能者在职，并在其带领下齐族人之心，着手筹集经费并征集修谱资料。

一、族谱体例

历史上的谱牒有两大最主要的功能：一为倾向政治的功能，二为倾向伦理的功能。大体上五代之前宗室贵族和世家大族之修谱主要受政治的驱动，而宋代之后士庶修谱则多以敬宗收族为主要目的，受后世民间高度重视的族谱所倾向的是睦族的伦理功能。五代以前，重要的谱牒主要是官府组织专门人员纂修，治谱者通常是为其他大族修谱，非为本族，可谓职业修谱家。宋代以后，私家大量修谱，多本宗族自行编修，聘外姓修谱的极少。官修时全国性或地方性的谱牒多，即所谓“众姓之谱”，单一宗族的谱少，而私修兴盛时则相反，几乎全是单一宗族谱。

族谱体例原本较简单，主要是家族成员的世系以及谱系制作方法的序例，传与赞等原本可有可无，欧苏体例即如此。自元明以来，族谱体例逐渐向史志体例学习，大大扩展了族谱的容量，家谱体例经历了由简到繁的过程。

“家乘”之称颇有代表性，因“乘”是史乘（先秦时晋国的史书称《乘》），乃用以记录历史的庞杂内容。有些家族认为家谱不应该只是“户籍名册”，必当有所扩充，如 1914 年《武威段氏族谱·凡例》：“家谱详世系而阙事实，殆不过户籍名册之类，犹作史者有表而无传，于义岂当？今于累世积功行义，乡达为之立传者，依次汇编，创为传略一卷，俾世次为经，事实为纬，成一家之言，立百世之法焉。”[1] 类似的将家谱比拟国史的观点非常普遍，如清光绪八年（1882 年）李文敏《西乡李氏家谱·李氏图谱序》：“家之有谱，犹国之有史也。史不修，无以鉴治乱、示惩劝；谱不修，无心溯先芬、联族属。”[2]

---

1 转引自冯尔康：《18 世纪以来中国家族的现代转向》，第 179 页，上海人民出版社，2005。

2 转引自冯尔康：《略述清代人“家谱犹国史”说——释放出“民间有史书”的信息》，第 83 ~ 84 页，载《南开学报》，2009 年第 4 期。

图 15

浙江省丽水市青田县龙现村“吴氏宗谱”封面。

黄涛　摄于 2010 年 5 月 15 日

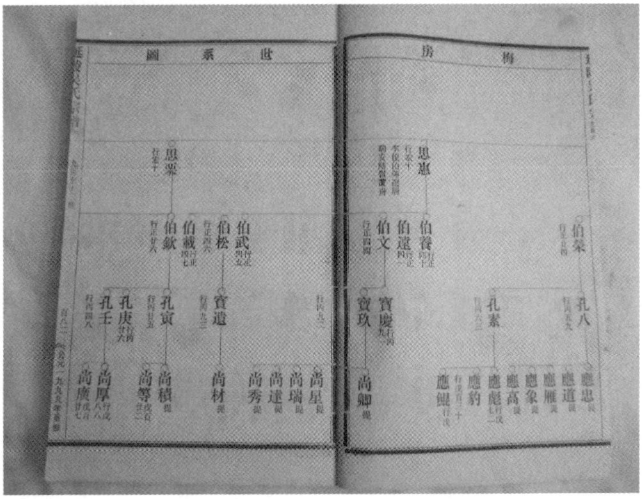

图 16

浙江省丽水市青田县龙现村“吴氏宗谱”世系图。

黄涛　摄于 2010 年 5 月 15 日

元明以来族谱体例的史志化，可谓宋元之后新型宗族在强化敬宗收族功能的过程中必然的演进，因为只有家族世系图的家谱其影响力有限，而史志体例，有容乃大，能更好地发挥敬宗收族的功能。李光地《榕村集·家谱》：“吾家这谱，其为善亦有三焉：本以宗法以联之，所以长长也；标其爵命而荣之，所以贵贵也；系之传纪而彰之，所以贤贤也。三者备矣，然后昭穆序焉，名分严焉，劝戒彰焉。”其尊长辈、尊爵位、尊贤人之功能皆需史志化体例的助力。族谱的史志化可以看作民间族谱中历史精神和人文精神的张扬。

国史是正史，主要是政治史，是社会上层的历史。族谱是家族史，主要是民间史、民众史。“国无史则失国政，家无谱则失家法。”然而国史与家乘毕竟有很大的差异。首先是写作者的不同，如道光二十六年（1846年）《新河周氏宗谱》指出：“国史掌之柱下，家乘责在子孙。”[1]编者一公一私，族谱既然为子孙私攒，则极易“为亲者讳”，如朱次琦《海南九江朱氏家谱·卷首·序例》阐述的作为子孙的心理：“史兼劝惩，美恶并书；谱言劝，不言惩，故称美，不称恶，《春秋》为亲者讳，厚之至也；‘唐表’于张氏、上官氏世系，美恶不讳，今不从，不欲以先人愧子孙也。”其次是功能方面，一国重在治乱，所以史以治国，而家族则重在进取，故谱以齐家。最后是在史料上，国史的可取之材极为丰富，而族谱自然相对较少，所以其要求标准自然不一，如民国《毗陵庄氏增修族谱·旧谱义例（嘉庆辛酉年）》：“家乘与国史不同，史家立传必加严核；家乘则祖父一行之善，实有可据，子孙必宜表扬垂后。旧谱所有各传，今仍一概收入。至于宗人爵高望重，有钜公撰述志铭，与国史相表里，亦宜载入，以备馆局征求年表附焉。”[2]大体上，国史是善与恶皆入史，而族谱则多为“书善不书恶”，即族谱有削谱的法则，俗称“谱禁”。

族谱体例史志化后，体例相当完备，常建华将清代族谱内容分为十八项：序跋、凡例、目录、修谱名目、像赞、诰敕、源流、世系（图、录）、排行、仕宦录、传记、族规家训、祠堂、坟墓、著述、五服图、余庆录、领谱字号。其中最主要的内容是序跋、凡例、族规家训、世系（图、录）、传记、祠堂、坟墓，而世系是其核心。[3]

二、族谱内容的“不书”与“重妇不重女”

除了“书善不书恶”的作谱习惯外，族谱惯例还有一系列的“不书”。如福建

1 转引自冯尔康：《略述清代人“家谱犹国史”说——释放出“民间有史书”的信息》，第80页，载《南开学报》，2009年第4期。

2 转引自冯尔康：《18世纪以来中国家族的现代转向》，第179页，上海人民出版社，2005。

3 常建华：《宗族志》，第310～313页，上海人民出版社，1998。

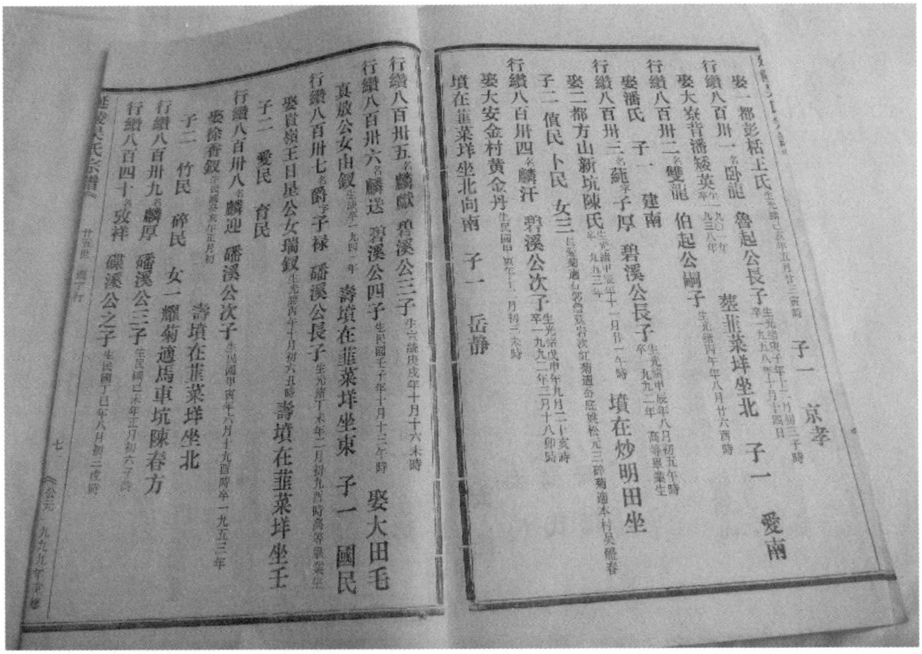

图 17 浙江省丽水市青田县龙现村“吴氏宗谱”宗族成员记载。

黄涛 摄于 2010 年 5 月 15 日

泉州南安县卿田尤氏《不书五例》：“1. 不道。谓悖逆大故，忘亲害事，致覆祖宗，伤害风化者，削籍不书。2. 乱伦。谓子承父妾，兄收弟妇，弟纳兄妻，男女无别，人所讳言者，削名不书。3. 乱宗。谓本宗有应继子孙，不肯受立，而养异姓，招赘婿以乱宗支者，据法不书。4. 绝义。谓出承人后，赘冒人姓，日改代更，遂忘丘首，及妇人改节，与庙绝者，据义不书。5. 辱先。谓为僧道，为尼祝，为巫媪，为娼妓，为伶优，为奴隶，入趋奉异教者，皆削不书。”[1]

在清代的谱例中，关于女性入谱一事的规定尤为细密。中国传统女性在旧时的宗法时代有其特殊性，即出生于一家族而嫁至另一家族，此外还有妻妾之分，以及是否产子、是否再嫁等。大体上清代族谱可谓“重妇不重女”，如纪昀《纪文达公

1 苏黎明：《泉州家族文化》，第 124 页，中国言实出版社，2000。

遗集·景城纪氏家谱序例》："古法记女之所适，今不记，从苏氏也。"[1]又如清道光二十七年（1847年）陈允中等重修山西灵石《陈氏族谱·凡例》："女生卒年月寿享不书，以其内夫家而外父族也。只从父传下书适某人。有节孝封赠者宜并书之，以表其贤。"[2]在此我们看到了某种例外，类似的例外不少，如民国时期，山东青岛即墨县《万氏族谱·谱例》："吾家女不入谱，而贞烈者必书，亦门楣光也。"但若仔细分析，我们可以发现这种例外是建立于女子在夫家的表现之上的，即已为他族之妇而非己族之女了。

谱例虽然"重妇不重女"，但这只是相对而言，对族妇的入谱又有很多细密的规定，如清光绪婺源《紫阳堂朱氏宗谱·世系例》"书娶，正其配也。书子某某，嗣其传也；自右而左者，示嫡庶之分，本朱子实纪例也。妾有子者书，以有继也；无者不书，微之也。母继出者不书，示正家也。妇嫁者不录，绝之也。孀妇来嫁者不录，丑之也；来而有子者不得已而书之也……女子适人者书婿，重婚姻也。再嫁者不录，励女节也"；清光绪安徽绩溪《华阳邵氏宗谱·凡例》"妻所以承宗庙，初娶曰娶，再娶曰继，纳妾曰纳，以明嫡庶之分也，妾有子女则书，无则不书""节妇生者亦不作传，必俟盖棺而后论定也"；清同治婺源《湖溪孙氏宗谱·凡例》"妇人四十以前夫故，矢志奉养翁姑，育藐孤成立者，年过六旬，不论存殁，悉入节孝图"，[3]对于"节妇"竟然细密到有时间限制。又如清宣统二年（1910年）重修本河北衡水故城县《祕氏族谱·凡例（引道光年间）》"嫡母、继母无子女皆书，庶母有子女亦书。妇人节行昭彰者备载，以垂不朽。妇人以从一为正，改嫁者不书"；清同治十三年（1874年）河北邢台清河县《张氏贻谷堂支谱·旧谱凡例》"书有出之妾，重嗣续也；既出之妇不书，明其非我妇也"；清同治年间《辋川里姚氏宗谱·谱例》"有节行者，必为立传以表之。其有因夫亡而改适者，墨其姓，惩失节

1 转引自冯尔康：《18世纪以来中国家族的现代转向》，第188页，上海人民出版社，2005。
2 转引自阎爱民：《清代族谱谱例中的女子书法》，第168页，载《中国社会历史评论》，2009年第10卷。
3 转引自胡中生：《清代徽州族谱对女性上谱的规范》，第92～95页，载《安徽大学学报（哲学社会科学版）》，2007年第1期。

也。妻虽无子亦书，贵敌体也。妾惟有子则得书，贵传宗也”；[1]等等。可见其区别的要点在于妻、妾、贞、子四字，而其中又有所交叉，简言之，“贞、妻、子”皆为上谱的重要条件，身份为妻者若能做到贞则无子女亦书，身份为妾者其子嗣又至关重要，但综观之，又可谓“妻未必书、贞未必书、子未必书”，都还要配合其他条件。此外，有时即使“书”了，又有各种歧视性的“书法”。当然，妾也未必不书，不过比妻有着更严格的要求，另外，书法又异。

至于男性的继入与继出在族谱上该如何书写就比女性入谱问题要相对简单一些了，有不予上谱的，如清道光年间《武城曾氏重修族谱·例言》：“随母子数岁而来，带孕数月而生，及义子赘婿，均异姓也，概不收录，明非一本。”[2]也有变通处理而加以上谱的，如浙江丽水青田县一带家谱“本宗者用红笔，异继者用蓝笔”[3]。

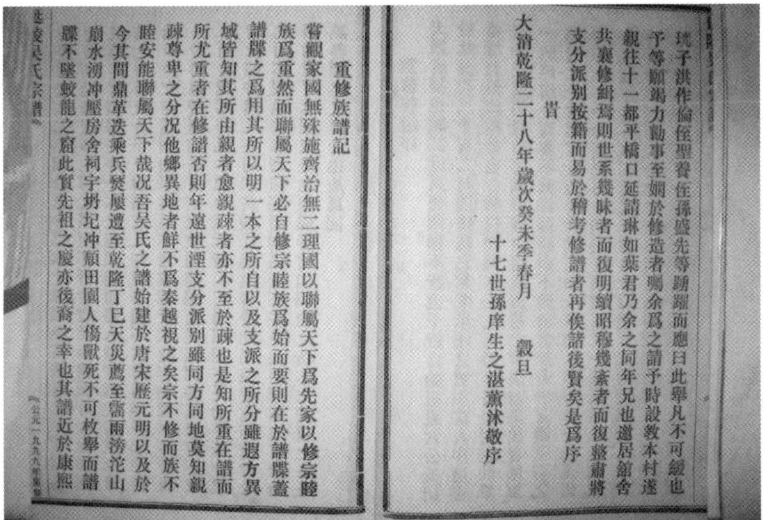
珖子洪作倫侄聖養侄孫盛先等踴躍而應曰此舉凡不可緩也
予等願竭力勸事至嫺於修造者囑余爲之請予時設教本村遂
親往十一都平橋口延請琳如葉君乃余之同年兄也邀居舘舍
共襄修緝焉則世系幾昧者而復明續昭穆幾紊者而復整肅將
支分派別按籍而易於稽考修譜者再俟諸後賢矣是爲序
旹
大清乾隆二十八年歲次癸未季春月　穀旦
十七世孫庠生之湛薰沐敬序

重修族譜記
嘗觀家國無殊施齊治無二理國以聯屬天下爲先家以修宗睦
族爲重然而聯屬天下必自修宗睦族爲始而要則在於譜牒蓋
譜牒之爲用其所以明一本之所自以及支派之所分雖遐方異
域皆知其所由親者愈親疎者亦不至於疎也是知所重在譜而
所尤重者在修譜否則年遠世湮支分派別雖同方同地莫知親
疎尊卑之分況他鄉異地者鮮不爲秦越視之矣宗不修而族不
睦安能聯屬天下哉況吾吳氏之譜始建於唐宋歷元明以及於
今其間鼎革迭乘兵燹屢遭至乾隆丁巳天災薦至霪雨滂沱山
崩水湧冲壓房舍祠宇坍圮冲頹田園人傷獸死不可枚舉而譜
牒不墜蛟龍之窟此實先祖之慶亦後裔之幸也其譜近於康熙

图 18　浙江省丽水市青田县龙现村“吴氏宗谱”重修族谱序。

黄涛　摄于 2010 年 5 月 15 日

1　转引自阎爱民：《清代族谱谱例中的女子书法》，第 167 页，载《中国社会历史评论》，2009 年第 10 卷。

2　转引自冯尔康：《18 世纪以来中国家族的现代转向》，第 189 页，上海人民出版社，2005。

3　（清）雷铣等修、王棻等纂：《（光绪版）青田县志》，第 201 页，台北成文出版社，1975。

三、族谱的编修

祠堂、族田、族谱可谓宗族组织的三大支柱。这三者之中，族谱的累积性最强，族人之中不时会有人结婚生子、老人故去，除了人员的新老更替之外，还有族人事业的发展等，所以在一定的时间后修谱成了敬宗收族的一种必然。古人普遍认为理想的修谱时间是“三十年一修”，如清光绪二十八年（1902年）湖南长沙阅田《张氏族谱》：“续修家谱，当以三十年为断，及此不修，遗失必多，虽有贤子孙亦难于着笔。”[1] 又如民国福建龙岩市连城县《文川李氏七修族谱·凡例》：“谱法当间世一修，故以三十年为率。盖父子相继为一世，三十年内所当增益者必多，如此则世无失次，人无遗亡，辑而续之无难也。”[2] 从修族谱的素材着眼，怕太久不修“遗失必多”，可谓具有相当的科学性。但事实上这样的理想很难达成，有些学者认为这样的理念大体上起着“取法乎上，得乎其中”的作用。假设30年以上未修族谱，这种观念确实会给族人带来很大的压力。

旧时河北一带，有些普通家庭缺乏经费来源和有文化的家庭成员，很少编印刻本或手抄本的家谱。他们把祖宗长辈的字号按世系写在布上或纸上，悬挂在堂屋正面墙上，称家布，也称家堂轴、族纸或神纸等。[3] 可见修族谱既是大事，也是难事，因其涉及面广、工作量大，族中修谱人才、修谱资金、族谱的编修资料等皆是重点和难点。首先族中要有颇具公信力的领袖式权威人物，先组织成立“谱局”，即族谱编纂委员会，尽量做到贤者在位、能者在职，并在其带领下齐族人之心，着手筹集经费并征集修谱资料。

安徽歙县许村《无他许氏宗谱》记有清嘉庆六年（1801年）修谱机构的成员分工情况，既有编辑机构又有后勤机构，共12个部分，[4] 主修兼总管：汝梅；总管：秉灵；总理：秉美、闾宗；同修：元度、秉刚、翼；参辑：祥、国本；校正：国

1 转引自湖南省地方志编纂委员会编：《湖南省志·民俗志》，第562页，湖南人民出版社，2005。

2 转引自陈支平：《福建族谱》，第37页，福建人民出版社，2009。

3 河北省地方志编纂委员会编：《河北省志·民俗志》，第220页，河北人民出版社，2013。

4 许骥：《徽州传统村落——许村》，第59页，复旦大学出版社，2013。

勋；书记：兆裕、兆熊；阅梓：瑗；主议族长：元志、元高；房长：元臣、元恺、启本、士林、元长、元宸；房总：元寅、大馨、义元、国宾、秉鲁、宗明；任事：29 人（略）。民国时期福建龙岩上杭县《湖梓里丘氏族谱·修谱志》载有三次修谱名单，从中可见族长、房长、有科举功名者以及读书人在谱局中发挥着重要作用。[1]

经费的筹集途径主要有：按宗族人口摊派、族田（祭田）收入以及捐喜钱或自愿性捐献等。许多家族虽有不少族田（祭田），但其收入一般各有其专项之用，能在结余后供修谱之用的数量相对有限，故其重要性远不及按丁摊派。按人丁摊派之法极为常用，自愿性捐献在修谱经费中也常占有重要地位，因为按丁摊派的数额相对较低（尽管也有穷人出不起），属义务性，有些较富裕或愿意多出些钱的便可以多做些贡献，此外，但凡族中有出手大方的富豪，将极有利于修谱经费迅速得到保障。

族谱资料方面除了利用前代遗留下来的旧谱资料之外，便是整理口述资料以及向族人征集调查。明朝年间福建漳州云霄县方氏第八世方廉始修《云霄方氏族谱》时在其序里说："余自弱冠，颇谙世故，深自惭愤，于是上究先世出何祖，始居何地，后代如何播迁，子姓如何而分派，切切然而未窍其真。幸有三曾叔祖在焉，时年九十余矣，乘间问之……由是拜而书之，庶历代之世系，虽不能纪其远，亦可以纪其近；虽不得闻其详，亦可以闻其略。即书一图，汇成一谱。"[2] 清雍正年间福建漳州南靖县赖氏家族修纂族谱时曾向族人发启文："生当晚近，焉知祖德？适值读礼之年，倍切追远之念，不揣愚陋，有志修明，所愿大人先生佐予不逮，各将分裔历考精详，惠寄前来，聿登分册，搜采遗文，恒因根而振叶，旁求逸绪，爰沿波以讨源，庶百千千支，端绪可寻，卷帙能载。青蓝之父子，虽隔世可知，金玉之友昆，即易时且莫紊。……今宜逐派而修，用抒数言，聊当告明。谨启。"[3]

浙江诸暨旧时修谱礼仪极严肃，待到修谱之年，族长须召集各房房长到祠堂商议修谱的诸种事宜，如资金的筹措、具体负责人的确定、修谱日期的选择等。修谱

1 转引自陈支平：《福建族谱》，第 39 ~ 40 页，福建人民出版社，2009。

2 转引自郭志超、林瑶棋主编：《闽南宗族社会》，第 121 页，福建人民出版社，2008。

3 转引自陈支平：《福建族谱》，第 45 ~ 46 页，福建人民出版社，2009。

吉日一到，祠堂正门大开，并摆设香案，供上丰盛的牺牲，族长领族丁参拜天地，叩拜祖宗，宣布家族修谱开始。修谱的第一个程序是排出字第，即各代人依次的辈分之代字，一般修一次谱排十个字第。接下来是登记人丁，旧时16岁以上的男子称丁。登记人丁方面各家族根据自己的情况均立有严格的规定，如异姓不登，入赘女婿不登，违犯族规的人不准登，族中有过继儿子或典来之子可登，等等。然后根据人丁造出“草谱”。草谱公布于众，要请全族之人审阅是否有差错。有些久住异地的族人若要认族时须等到被确认后再补上。当全族人都认为无误了，才依据草谱修编正式的宗谱。家谱的体例有简有繁，但大同小异，通常包括序例、谱系、恩荣、家传、艺文等。序例主要是序文和凡例两部分，民间俗称“谱头”，主要记载本家族的来历、源流、发祥、发展、迁徙的过程，以及修谱的宗旨，还有每次修谱的序文和总撰修的次数等。谱系即是世系谱表，即本姓家族各户人员的生卒、传嗣、娶适、殡葬等情况的实录，为家谱中分量最重的部分，俗称“正谱”。恩荣、家传、艺文等乃家谱的附录。恩荣是前代祖宗受命制诰，做官为将，以及科举中试者的记录，有的还有图绘或画像，族中有节妇孝子义士之举，一一作颂记载，有耆寿或德行高尚者作赞记之。这些皆收入“家传”。“艺文”则收录前人诗稿书画，著述要目，等等。[1]

在某种意义上，宗谱可谓“通族法物”，旧时畲族民众在宗谱修好之后，要举行隆重的祭谱仪式，然后才能正式刊行。各支系创谱后过几十年又要续修。宗谱包括序列、源流考、族规、仕宦录、五服图、名人肖像、祖祠祖坟图、献诗赞词、名人传略、排行字第、支系行第表和本支族丁口的姓名、生卒年月、文化程度、嫁娶迁居情况、墓地朝向及有关文件，既可追溯史源又像户口册。行第序列中，男子要空第一位，女子要空第二位，供早逝或遗漏者列席。修谱和祭谱由支族族长或能力强威望高的男子主持，祭谱则由族长全权代表。祭谱不仅要向祖宗神灵报告本支族的人丁发展情况，且要对天（在野外）或在公房献祭。祭谱仪式由师公主持，祭品除香敬酒果蔬菜外，还要全猪全羊全鸡（前两者生献）。简约者请师公一人，在村

1　浙江民间文艺家协会选编：《浙江民俗大观》，第364页，当代中国出版社，1998。

边平旷之地设祭。先朝天请祖神、立香烛，念经引渡，再边读宗人行第边在上下代血缘直系宗人之间画一红线，表示各宗各房血缘子孙的延续关系。然后送神纳钱结束。接祖、报第、送祖之时，均由族长伴跪。隆重的祭谱无异于一场功德道场。[1]

浙江温州永嘉县枫林镇徐氏于1994年在族人倡议和多方努力下重修族谱，郑重成立了重修宗谱理事会，所设常务理事有14人，首先修订了严格的修谱章程，再由各房推出一个房头，他们是修谱大业基础工作的执行者，负责本房人丁的登记、造册。凡需要上谱者造册时都要缴纳一定金额，男丁10元，女丁5元。为了郑重，还特请徐氏裔孙杭州大学徐规教授为谱作序。修谱完毕之后，理事会向散布各地的徐氏宗族人士发放请柬，定1996年2月5日举行圆谱仪式。圆谱仪式由司礼主持，其程序为：①大门放炮（迎祖祈祥、驱邪逐灾）。②二门擂鼓（鼓初延，鼓再延，鼓三延）。③中堂奏乐。④主祭裔孙登堂就位（最高“思”字辈与最幼“焕”字辈两代表身缠红绸就位。具体步骤：整冠束带、衣，跪在宗谱前；一叩首，再叩首，三叩首，起；洗手擦巾；回原位，进东间；打茶，再打茶，三打茶，进太公太婆神龛前跪；初上香，再上香，三上香；初献酒，再献酒，三献酒；进馔，献馔，进金饭，献金饭；起）。⑤听读祭文（由裔孙中深谙文墨者以吟诵方式朗声高唱，其内容以劝善惩恶、劝耕读、忌疏懒为旨）。⑥礼毕。之后是其他裔孙的“便拜”，即不必遵行上述繁复礼节，可径直到太公太婆神龛前鞠个躬，或叩个首，或祈个祷，或许个愿等。待一切礼仪完毕后，将各房的分谱分给各房负责人，然后把总谱装入箱中封好，任何人不得随意启封。整个仪式持续近两小时。[2]

族产、族学与同族善行义举

宗族组织的首要目标是敬宗收族，而其物质基础为族产。族产最主要的两大功

1 浙江民间文艺家协会选编：《浙江民俗大观》，第365页，当代中国出版社，1998。

2 叶大兵：《叶大兵民俗学论集》，第135～137页，上海文艺出版社，2007。

能是祭祀祖先和赡济族人，祭祖与赡族应当并行不悖、相辅相成、不可偏废。宗族组织中有族人私产和宗族公产这两种性质不同的财产。所谓族产即宗族公产，然而族人私产与宗族公产并非泾渭分明，而是有一定的相关性，主要表现为族规限制族人对其私产的任意处置以及对公产的特殊保护，集中体现于兄弟分家析产时的族产提留。除了祠堂等礼制建筑外，族产的核心是族田。族田包括祭田、义田、学田等，各类族田发挥着各自的作用，乃宗族组织良性运行的重要物质基础。旧时民间互助保障的主体是宗族间的互助，“老吾老以及人之老，幼吾幼以及人之幼”的社会理想在宗族中的体现，就是“老吾老以及族之老，幼吾幼以及族之幼”。义庄或义田之设乃宗族赡济族人行为的一种制度化方式。

一、作为宗族经济基础的族产

族产可谓宗族的产业体系，有祠堂、祖墓、族田、山地、耕牛、水碓、碾坊、水利工程、商店等，是维持宗族制度的经济支柱。在旧时以农业为主要生计方式的社会，族田乃族产中最重要的生计来源。族田特指一种诞生于封建社会后期的特殊的地主土地所有制形式，主要有三个特点：一是族田所有权原则上属于全族，并作为“公业”呈宪注册；二是族田采用封建租佃制的经营方式；三是族众原则上可以分享族田田租所入。[1]

在传统社会，设置族田对宗族制度的运行来说是一件至关重要的大事。福建《海陵吴氏族谱·家训》认为设族产乃美事：“设义冢以葬家族之无地者，立义祠以祭宗族之无后者，置义田以赡宗族之无养者，皆美事也，饶富之家当力为之。”[2] 有人极言族田的重要性：“祠而无祀，与无同；礼而无田，与无祀同。”[3]

族田大致可分为祭田、赡族田、学田、免役田以及其他类型的族田。后世建立宗族组织的首要大事即为设置祭田，有余力才置赡族田、学田等。祭田直属于宗

1 张研：《清代族田与基层社会结构》，第 12 ~ 14 页，中国人民大学出版社，1991。

2 转引自陈支平：《近 500 年来福建的家族社会与文化》，第 66 页，三联书店上海分店，1991。

3 赵华富：《两驿集》，第 266 页，黄山书社，1999。

族、祠堂，其亩数、坐落、规制等都载入族谱，可见其重要性之一斑。维系宗族组织需要精神与物质两方面的因素，祭祖与续谱等属于精神方面，赡族田则属于物质方面，而赡族田与族人的关系相对而言更为直接、切近。赡族田又包括义庄田和义田，其区别主要在于是否有义庄组织及其设施。义庄田规模较大，长久维持很难；义田的规模相对小一些，是赡族田的基本形式，主要用于祭祀之外有限的族内慈善，如敬老、恤病、济贫、养寡等。

族产之来源不是因为受分封，它不是禄田、圭田之类的贵族式财产，它大体上属民间自置财产，是民间智慧制度化的产物。首先是祖先遗留的产业，不过对于祖先的遗产，我们不能静态地看，因为这涉及遗产继承问题，兄弟分家到底应该怎么分才有利于族产的聚积？答案是“提留”。提留祭产极富民间智慧，这种“滚雪球”的形式极利于族产的聚积。表面上看分家是分了财产，但其实这是一个“双增”的过程，即既增房支又增族产。俗语有云“树大分杈，儿大分家”，分家在某种意义上更有利于发挥个人的积极性，所以只要子代勤奋进取，分家的积极意义便是增加房支，而提留祭产的制度则又使族产能逐代地积累。分家提留祭产可谓族田的颇具制度化的重要来源。汉武帝以“推恩令”作为削藩妙策的故事大家并不陌生，诸侯国都会越分越小，更何况士庶之家。祖先占有的财产有限，若是都均分给子孙，事实上很难保障他们长远的生活问题，反而会使有限财产的使用显得很零碎或不合理，但若是以族田的方式保留下来，将发挥其更大的用处，所以提留祭产是一种富于远虑的智慧。从地产中划出一部分作族田，通常有两种考量，一是作为逝后的祭田之用，二是怕子孙把产业败光，而后者更为重要，所以提留族田主要是为了让土地保持得更长久、更稳固。福建浦城县《后山蔡氏族谱·祭田引》，“先人为子孙虑也远，故其为计也周。家产分析，虽数万金，传历再世，愈析愈微。惟厚积膳田，生为奉侍赡养，殁则垂作祭产，以供俎豆之需。或共理以孝享，或轮授以虔祀，绵延勿替，历久常存。不幸而后昆式微……余资犹堪糊口”；[1]浙江景宁有“抽

1　转引自陈支平：《近 500 年来福建的家族社会与文化》，第 68 页，三联书店上海分店，1991。

口香”的风俗，即父为子析灶时，自抽田租曰口香，日后即为祭田[1]；江苏昆陵《承氏宗谱·祠墓规》，“继嗣之产，九归嗣子，一分入祠”[2]；广西桂林《张氏家乘·族规》，“族人析产，以产二十之一作家祭产”。[3]

政府有保护宗族公产的法规，不仅不许他人侵吞，连犯了罪，官府都不没收，原则上家族公产是可以永远保留的。此外，族产的特点是处于一种半冻结状态，族产买卖只能是一种单向性的只有买进不可卖出的增殖行为。

族产乃宗族共产，主要用于全族事务性的开销，如祭祀、修建宗祠、修筑坟墓、设义学、设义仓、兴修水利等。第一要务为祭祀，祭祀之余则多用来赡族，如陈盛韶《问俗录·轮祭祖》：“本祭田之遗，济恒产之穷，上供祖宗血食之资，下为子孙救贫之术，其法尽善。”事实上祭祀活动的本身也常常是对族人的一种福利，《问俗录·邵军厅》：“三月清明，率其子弟扫墓，计丁分钱，曰登山钱。乡人观礼者给以馍，曰打醮。归祭于祖，祭毕合食，男先女后，皆由祭田开销，食重豕肉，每席议定秤重若干，轻则众口咄咄，既醉既饱，小大稽首，其知者以为为肉焉。”[4]此外，“族田所包含的经济共利关系在高、曾、祖、考等近亲的祭田上表现得尤为明显。因为这些近亲的祭祀规模一般都较小，开销比较节省，而另一方面，近亲之内的祭田一般都采用轮种的方式，如某一祖父有三个儿子，提留的祭田，死后便由这三个儿子轮种轮收，这样的轮祭田实际上就是三个儿子的共有田，每三年分享一次经济收入”。[5]

族产的主体是族田，其经营方式以出租为主，绝大多数宗族实行族外租，原则上不允许族内人员承租本族土地。明末陈龙正《家矩》：“义田本赡亲友，然亲友不得承种，恐他日有擅行侵扣者，纵则非义，惩则伤恩，谨之于初，可以无弊。”[6]对于族产的管理，通常都有一套严格的管理制度，主要有义庄专管、宗祠统管以及族

1　转引自张研：《清代族田与基层社会结构》，第 29 页，中国人民大学出版社，1991。

2　转引自朱勇：《清代宗族法研究》，第 35 页，法律出版社，2017。

3　转引自朱勇：《清代宗族法研究》，第 36 页，法律出版社，2017。

4　陈盛韶：《问俗录》，第 97 页，书目文献出版社，1983。

5　转引自陈支平：《近 500 年来福建的家族社会与文化》，第 69 ~ 70 页，三联书店上海分店，1991。

6　转引自朱勇：《清代宗族法研究》，第 39 页，法律出版社，2017。

人轮管三种形式。不过无论哪个管理方式，族产舞弊总是难免，但舞弊事件不论是在道义上还是公私法律上，都是人所共弃的行为，各家族普遍在家训、族规中严格禁止这种行为，并有其预防机制。

二、族学

族学是提高宗族人口素质的重要方式，是宗族自身建设的重要内容，它与祠堂、族谱、族田等皆是宗族的载体。义学是在基本物质生活之上的较高层次的慈善，所谓“农贾之食报近，诗书之食报远”，其出发点是使族人子弟有受教育的机会，并提高其素质，进而培养家族人才，提高家族的社会地位。耕读传家是极富中国特色的人文传统。更有甚者认为赡族田易生弊病，不如学田之育人更为有益，如熊宝泰《马祖庵义塾记》：“先大夫尝谓范希文义田不如义塾，义田不得经理，反成争薮。义田以养，义塾以教。”[1]可以说设立族学几乎是所有宗族的希望，有财力的以学田设族学，财力不济的也都想各种办法来助学。

宋代以前已经产生过宗族学校，不过乃属贵族、世家大族或著名的义门。宋代私学发达，范氏义庄中已有义学的成分。牟巘《义学记》：“范文正公尝建义宅，置义田、义庄，以收其宗族。又设义学以教，教养咸备，意最近古。”[2]可见义学乃义庄宗族制度的一部分。大体上后世宋元明三代学习范氏义庄的，一般也兼学其义学制，将之作为新宗族制度形态的一部分。至清雍正年间，把设族学与建祠堂、修族谱、设义田并列为笃宗族的重要手段，雍正《圣谕广训》：“立家庙以荐蒸尝，设家塾以课子弟，置义田以赡贫乏，修族谱以联疏远。”[3]将族学与义庄进行同步设置，本质上与范氏义庄一脉相传，但在清代显然更加具备了制度化的形态。

族学的经济基础是族产，由于族田（需先完纳赋税）总是以祭田为主，再加上

1　转引自张研：《清代族田与基层社会结构》，第 34 页，中国人民大学出版社，1991。

2　转引自常建华：《宗族志》，第 385 页，上海人民出版社，1998。

3　转引自常建华：《宗族志》，第 394 页，上海人民出版社，1998。

赡族田的析出，余下能作为学田的数量相对有限，所以族学的主体为初级教育，多蒙学，以启蒙开智为务，当然有一些经济条件好的大族也建有经馆实行两级制，即蒙学之外还有更高一级的书院，故族学有阶梯式教育的事实或趋向，即启蒙、读经、举业，不过层次并不严格，更多的是一些鼓励科考的措施。旧时浙江金华东阳的蒙馆多设在宗祠或厅堂，蒙馆杂务开支取自宗族田产、山林所出，大多数宗族设有专门的“学堂田”“学堂山”，地权归宗族所有，租银用于办学，租谷归学堂所有。蒙馆教师多延请秀才、落第秀才或略通经书者。蒙馆课本五花八门，任选一本或数本。为鼓励读书，宗族组织普遍设有“养贤田”，族人中若有考取功名或高级学校，如清末的秀才、民国的中学和大学，其家可从宗族中得到一份养贤田，养贤田地权归宗族，但不用交租，有些村因山多田少，多置“养贤山”。此外，在清明和冬至等重大宗族祭祀活动中，族中给读书人所分的胙要比常人多一份或几份，以示勉励。[1]家塾所用教材大约有《三字经》《二十四孝》《百家姓》《千家诗》《神童诗》《小学》《弟子规》《性理字训》《幼学琼林》，以及四书五经等。

而以科举考试为中心的教学计划，我们可以参看清乾隆时江苏青浦王氏祠塾所定的塾规：

8岁：上半年识字，读《祠塾规条》《性理字训》《家礼》；下半年习字。

9～11岁：读《小学》及《大学》《中庸》《论语》《孟子》四书。

12～15岁：读《周易》《诗经》《尚书》《春秋左传》《礼记》《仪礼》《周礼》。

16岁：读古文200篇，晚讲“四书”。

17～18岁：读时文300篇，明文房书、考卷各90篇，策略30篇。

19岁：始应县试，上半日温习经书、时文，下半日学习《公羊传》《穀梁传》60篇，《国语》80篇。

1 浙江民间文艺家协会选编：《浙江民俗大观》，第429～431页，当代中国出版社，1998。

20 岁：上半日照旧温习，下半日学习《史记》60 篇及《纲鉴》。

21～22 岁：温习外，读自汉魏至清各体诗 1000 首、赋 100 卷。[1]

义学田中还有一种“夺锦田”，规定子孙凡有登科，就可无偿取得该田占有权（两三人同进者均分），享其租赋三年。然后再让与新登科者，如该年无生员，每年花息则给一个 14 岁以上开笔出考的童生。[2] 旧时浙江丽水青田县的祠堂置祭田按房轮管，谁家孩子读书毕业可临时接去收租，称“接花红”。大路乡叶庄村叶姓宗祠规定小学毕业接小众（24 石，4 房轮流）1 年，中学、大学毕业接大众（110 石，11 房轮流）1 年。此外，青田县鹤城李姓祠堂旧时每年清明分“祠堂肉”时，男丁 1 人分 1 斤肉，小学毕业加 1 斤，高中毕业加 2 斤，大学毕业加 4 斤。[3]

旧时浙江温州文成县鳌里周氏家族高度重视族中子弟的教育，曾立“养贤租”制，抽租奖励人读书。清乾隆年间，周君进抽七石租永作养廉义租，供子孙入学者收。清同治年间，周开盛、周步青更是从松筠公祠 300 余石祀租内割出 36 石租为养贤之需，奖励给被选拔上的文武贡生，并决定若有贤子孙发榜捐职出仕上任或拔贡，将祀租统折 1 年，以助归京路费。清光绪年间，周开盛又抽 20 余石为养廉租，而育贤常规均遵松筠公祠之式不变。往后，其他各房宗祠也都抽祀租为养贤租。有的房族遗留众租为养廉租，这些养廉租都遵松筠公祠之式而行。民国初期，周德三弃仕返乡，同时与各房房长商议，划出各祠部分祀租充作南屏小学校产，让族内子孙免费入学，同时也让长工的子弟免费入学。并规定历世所抽养廉租作为中学生费用补贴，收取直系宗祠租和清明租 1 年，作为大学毕业生的奖学金。[4]

塾师的聘请是一大关键。清光绪年间苏州《陆氏葑门支谱》：“师道立则善人多，延师之事，尤宜慎重，必求年间人品端方，学问通彻者，以礼延之，为诸子弟

1　转引自常建华：《宗族志》，第 413 页，上海人民出版社，1998。

2　转引自张研：《清代族田与基层社会结构》，第 35 页，中国人民大学出版社，1991。

3　青田县志编纂委员会编：《青田县志》，第 674 页，浙江人民出版社，1990。

4　周运懿主编：《厚德古乡鳌里》，第 31～32 页，文成县政协学习文史委员会，2015。

表率。庶几气质变化，学业日新。”[1] 清光绪年间浙江《菱湖王氏支谱》：“家学原为培养子弟而设，须延品学兼优、行止端方之师，方足为楷模，先尽本族已入学校兼明于教法者，或其人别有事业，他未相宜，则另延请别姓之师，总求其教导有方，于子弟有益，勿为情面所拘，致成虚设，误人子弟尚且不可，况本族乎？是全在督课者善经理焉。”[2]《毗陵庄氏族谱·鹤坡公家训》：“待师之礼尤宜忠敬，忠敬积于中，礼币隆于外，然后可望其子成立矣。”[3]

三、宗族内的善行义举

旧时民间互助保障的主体是宗族间的互助。“作为传统农业社会的一种宗族组织，义庄‘以办理教养救济等事业为目的’，旨在使族人幼有教、老有养、婚丧有助、鳏寡孤独废疾有恤，关涉族众的生、老、病、死、教育等生活的核心环节，形成了一整套‘从摇篮到坟墓’的宗族保障机制。”[4] 儒家思想提倡仁善，所以中国古代一直存在着救恤性的义举，然而多为临时性的救济，直到北宋范仲淹在苏州设立义庄而后继者又不断效仿之后，宗族保障的制度化建设开始逐渐完善。民国时期李继钦《江阴李氏支谱·祠产》即认为范仲淹创办义庄“使老有所终，幼有所养，男女之婚嫁者有所资给，然后族之贫苦无告者，乃不至以无所受恤而流为不肖，所谓尊祖、敬宗、收族行一物而三善备者是也。自此法行，而世家巨族竞祠则效，其力有不逮者亦必多置祠产，以勉尽其尊祖、敬宗、收族之心。”[5] 作为以敬宗收族为主要目标的宗族组织，祠堂与义田，原本就应该并重而不可偏废。

中国有贯穿阴阳两界的血缘关系之观念，祖先是与子孙相对应的概念，本质上有其一体性，若没有子孙，祖先的概念也无从成立，所以总是强调“香火永继”，

1 转引自韩凝春：《明清塾师初探》，第 16 页，载《中国社会经济史研究》，1997 年第 3 期。

2 转引自常建华：《宗族志》，第 401 页，上海人民出版社，1998。

3 转引自冯尔康、阎爱民：《宗族史话》，第 104 页，社会科学文献出版社，2012。

4 李学如、王卫平：《近代苏南义庄的宗族保障制度》，第 74 页，载《中国农史》，2015 年第 4 期。

5 转引自李学如：《近代苏南宗族祠产与生活救助》，第 56 页，载《福建江夏学院学报》，2018 年第 2 期。

由此可知祭祖与赡族是一而二、二而一的事。族内慈善以族产为物质基础，其相对应的主要类型为赡族田，赡族田又称润族田，规模大的有义庄中的义田，而没有设义庄的宗族则通常有宗祠义田。义庄是专门作赡族之用的，其设立者多为官员、富商、大地主等。王宗炎《陈氏义田记》："义田者，犹言族之公田云尔，何以不言公田？公者其体，义者其用，言义则公见，言公则义不见也。"[1]清代倪元坦认为："凡宗族离散，皆由不设义田、宗祠之故。"[2]教，着眼宗族的未来；养，关乎族人目前的生活。义庄或义田之设乃宗族赡济族人行为的一种制度化方式，其重要性不能过于低估。宗族内的善行义举主要的经济基础是义田，此外有些宗族可能还有一部分的"祭祀之余"，如陈盛韶《问俗录·轮祭祖》："本祭田之遗，济恒产之穷，上供祖宗血食之资，下为子孙救贫之术，其法尽善。"

范氏义庄在历史上存在了800多年，起初财力充足族人较少，有能力惠及宗族所有成员，但后来宗族成员不断增加，所谓"族久必众"，而因义田数量有限，普遍福利的原则难以为继，范氏后世逐渐调整了义庄规矩，经历了从普遍福利到以周贫济困为主的转变。后世效仿者一般也都以济贫为主，岭南一带如明嘉靖年间广东增城庞嵩提出的赡族原则是"有田七十亩为上，五十亩为中，一二十亩为下；上者勿给，中者量给，下者全给"。[3]而清光绪三十三年（1907年）广东东莞《梁氏崇桂堂族谱》里的赡族条例则更为细致全面："贫而冠婚者则予之，贫而丧葬者则赙之，年凶而饥者则赈之，贫无子者则养之，疲癃残疾孤儿寡妇无期功可依者则周之。"[4]

在传统社会，绝大多数民众的保障主要来源于家庭和家族，宗族内保障的对象、范围及内容有一个不断扩大、不断丰富的过程，通常时代越后，保障对象越多，保障范围越大，保障内容也越丰富。清代族田规模大大超过了之前的朝代，有学者认为："清代以后，族田发展进入了前所未有的高潮阶段，并且还在继续形成

1　转引自冯尔康：《18世纪以来中国家族的现代转向》，第155页，上海人民出版社，2005。
2　转引自郭志超、林瑶棋主编：《闽南宗族社会》，第81页，福建人民出版社，2008。
3　转引自李文治、江太新：《中国宗法宗族制和族田义庄》，第77页，社会科学文献出版社，2000。
4　转引自李文治、江太新：《中国宗法宗族制和族田义庄》，第78页，社会科学文献出版社，2000。

新的高潮。越是后期发展得越迅速，清末民初，可说是登上了顶峰。清代族田数量之多，规模之大，范围之广，规条之详密，设置之旁及，都是前代不可比拟的。”[1]因此，清代宗族内的保障制度大体上可谓一个全面抚恤的系统工程。清代宗族的保障对象大致包括老人、幼孤、寡妇、残疾以及贫困之家，其保障范围涉及日常所需衣食、婚娶、丧葬、读书、习业、天灾人祸等方面，并且越来越细密，如清光绪年间苏州葑门陆氏《赡族规条》有 10 条细致的规定[2]。

家训族规

家训主要指家族中尊长对子孙后代关于修身处世、齐家立业等方面的训示、教诲，族规是宗族集团内关于本族成员的道德伦理与行事规范的具体规定以及违反规定的惩治方式。家训与族规既有相关性，也有较为明显的不同。大体上家训偏教育性、训导性，族规偏向“法规性”“工具性”。家训的规范性程度不如族规，族规颇近于宗族的“自治条例”。惩罚规则是族规与家训的主要区别，但族谱中的家训近于族规。家训历史悠久，生命力强，具有超时代性，若稍作适当扬弃，依然是鲜活的文化遗产；族规则具时代性，是宗族制度的产物。家训可以与时俱进，族规则已几乎定格成历史文献。家训可以成书，常印有单行本或家训集在社会上流通，如《颜氏家训》《戒子通录》等。族规通常附于族谱之中。族规的界定范围较固定，家训则伸缩性较强，广义的家训也包含族规。家训、族规既相对独立，又相互配合。在宗族制发展完善的历史阶段，家训与族规有所合流，但又有其独立性。家训与族规的形成与传承，既有传统士庶的互动，也有上层统治意识与下层自治意识的互动，是儒家伦理思想在宗族社会的具体实践。

1　转引自张研：《清代族田与基层社会结构》，第 38 页，中国人民大学出版社，1991。

2　王卫平、黄鸿山：《中国古代传统社会保障与慈善事业》，第 152 ~ 153 页，群言出版社，2004。

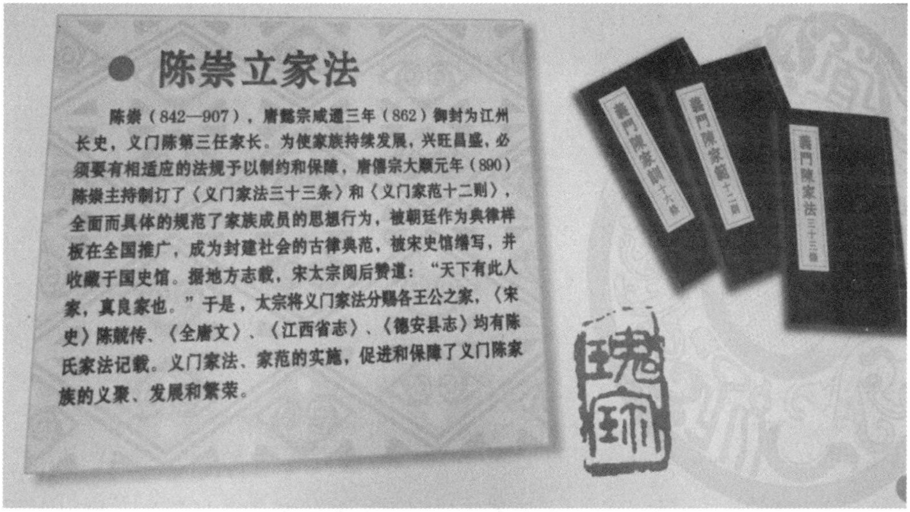

图 19 江西省德安县车桥镇“义门陈氏”家族用严格的家法、家训、家范来管理族人的言行。

黄涛 摄于 2015 年 8 月 10 日

一、普通家训与族谱中的家训

中国家庭文化的典型特征可谓“家本位”，而非个人本位。家乃“积人以成”，故家的生活质量在一定程度上取决于家人的素质。人与家庭的关系是最早、最直接的，而与社会的关系则较晚，且是间接的。传统中国自古高度重视家教，家训可谓家教活动之理论与实践的综合。传统中国之家训文化绵延不绝，几乎与历史相始终，姑且不计孔子庭训等“口头家训”，每个朝代都不乏成文的家训作品，如周公的《诫伯禽书》、孙叔敖的《临终诫子》、蔡邕的《女训》、诸葛亮的《诫子书》、嵇康的《家诫》、颜之推的《颜氏家训》、朱仁轨的《诲子弟言》、司马光的《家范》和《居家杂仪》、袁采的《袁氏世范》、郑大和等的《郑氏规范》、赵鼎的《家训笔录》、曹端的《家规辑略》、庞尚鹏的《庞氏家训》、姚舜牧的《药言》《姚氏家训》、霍韬的《家训》、陈龙正的《家矩》、朱柏庐的《治家格言》、孙奇逢的《孝友堂家规》、吴汝纶的《谕儿书》等。清代孙奇逢《孝友堂家训》：“教诫子弟是第一紧要事，子弟不成人，富贵适以益其恶；子弟能自立，贫贱益以固其节。”[1] 传统文化中只有儒家最看重家，传统士人亦皆以儒士为主，所以家训大体上是儒家思想的民间版。儒家的文化精神经过“训主”的消化吸收和体悟演变成家训，因而，家训可谓儒家文化民间化的桥梁，是一条传播传统文化的新途径，甚至可以说家训是儒家文化得以久远传承的重要原因之一。按体裁，家训可分为散文、家书、专著和诗歌等。就适用对象而言，家训可分为帝王之训、女训以及一般的家训等。若按内容分，家训又可以分为家规、家仪、家教等。[2]

传统家训发轫于先秦，发展于汉魏六朝，成熟于隋唐，极盛于宋元明清，转型于近现代。[3] 作为家训发轫期的先秦时期，其特点是家训著作的不自觉性，即有家训的思想和行为，但并没有刻意著述成文家训，现存先秦家训多为后人追记的语录体样式，如《尚书》中周公的《无逸》、《论语》中孔子的庭训等。

汉魏六朝时期的家训开始进入一种自觉的状态，文献性的家训开始大量地出现，“两汉比较著名的大概不下三十篇”[4]，而“魏晋南北朝的‘家诫’‘家训’数量可观，南北各地皆有，据文献可考的，至少有 80 余篇（部）”。[5] 如诸葛亮的《诫子书》：“夫君子之行，静以修身，俭以养德，非淡泊无以明志，非宁静无以致远。夫学须静也；才须学也，非学无以广才，非志无以成学。淫慢则不能励精，险躁则不能治性。年与时驰，意与日去，遂成枯落，多不接世，悲守穷庐，将复何及！”[6] 篇幅较长的有郑玄的《戒子益恩书》、王昶的《家诫》、陶渊明的《与子俨等疏》、徐勉的《诫子崧书》等。此外还有马援的《诫兄子严敦书》、班昭的《女诫》、王祥的《训子孙遗令》、羊祜的《诫子书》、嵇康的《家诫》、颜延之的《庭诰》等。

家训成熟的标志是颜之推的《颜氏家训》，颜之推的人生经历极为特殊，他“三为亡国人”，又曾为“四朝元老”，其专著《颜氏家训》也是多时多地之作，此

1 转引自陆林：《中华家训大观》，前言第 4 页，安徽人民出版社，1994。
2 朱明勋：《中国传统家训研究》，第 9 页，四川大学博士学位论文，2004。
3 朱明勋：《中国传统家训研究》，第 14 页，四川大学博士学位论文，2004。
4 朱明勋：《中国传统家训研究》，第 29 页，四川大学博士学位论文，2004。
5 李必友：《魏晋南北朝家族教育的特点》，第 210 页，载《安徽师范大学学报》，1995 年第 5 期。
6 转引自陆林：《中华家训大观》，第 242 页，安徽人民出版社，1994。

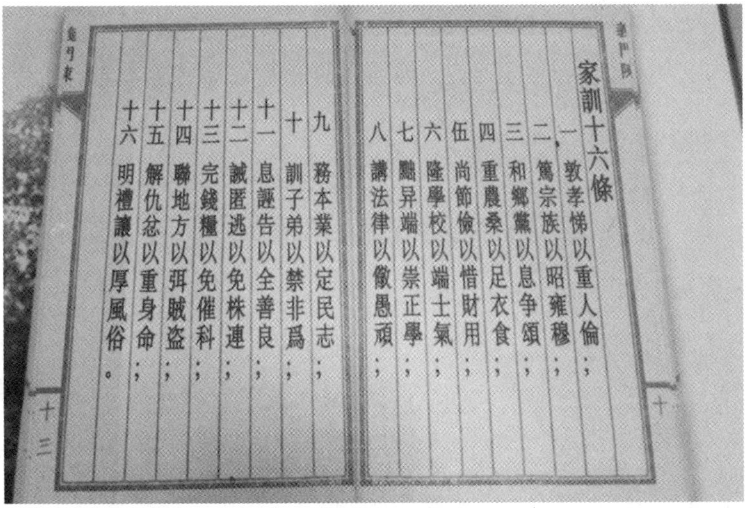

图 20 江西省德安县车桥镇“义门陈氏”家训十六条。

黄涛 摄于 2015 年 8 月 10 日

书有些篇目作于北齐，也有些作于齐与隋朝之间以及入隋之后，但全书定稿于隋朝。[1] 目前不少学者视之为北齐之作，这一点颇易反证，因为书中涉及许多北齐灭亡之后的事，如《慕贤》篇的末句“齐亡之迹，启于是矣”，[2] 而《书证》篇更是有“开皇二年五月”[3] 之句。该书可谓“家训之祖”，对后世的家训制作影响很大，一般认为成熟的家训当自成体系，重点要包括治人和治家两部分，《颜氏家训》在治人方面有《教子》《风操》《慕贤》《勉学》《文章》《名实》《涉务》《省事》《止足》《诫兵》《归心》《杂艺》等篇，治家方面有《兄弟》《后娶》《治家》等篇。隋唐时期，除了《颜氏家训》专著的出现，尚有李世民的《帝范》、狄仁杰的《家范》、姚崇的《六诫》、柳玭的《柳氏叙训》等专著，这些成熟的家训专著宣告了隋唐时期乃家训的成熟阶段。

1 朱明勋：《中国传统家训研究》，第 71 ~ 75 页，四川大学博士学位论文，2004。

2 颜之推著，曹惠民编：《颜氏家训》，第 75 页，中国社会科学出版社，2003。

3 颜之推著，曹惠民编：《颜氏家训》，第 199 页，中国社会科学出版社，2003。

宋元明清是家训社会化的重要阶段，该时期的家训更是蓬勃发展，产生了许多新体式，如孙景修的《古今家诫》、司马光的《家范》、刘清之的《戒子通录》等家训集；陆九韶的《陆氏家规》、郑大和等的《郑氏规范》、徐三重的《徐氏家则》、曹端的《家规辑略》、陈龙正的《家矩》、孙奇逢的《孝友堂家规》、陈确的《丛桂堂家约》、倪元坦的《家规》等家规体家训；司马光的《居家杂仪》和朱熹的《家礼》等家仪体家训等新体式。此外，南宋袁采的《袁氏世范》被誉为《颜氏家训》之亚，该书原名《训俗》，后经其好友刘镇建议而改现名，全书共分“睦亲”“处己”“治家”三大门类，各门之下又各有数十条子目，睦亲目下有“性不可以强合”“人必贵于反思”等64条；处己目下有“人之智识有高下”“处富贵不宜骄傲”等68条；治家目下有“宅舍关防贵周密”“山居须置庄佃”等73条，其论述可谓巨细无遗，又为了使人易从易晓而着意“鄙浅”行文，可操作性甚强，社会影响较大。

图21 浙江省文成县南田镇武阳村是刘伯温故里，该村重建的刘伯温故居院中展示着刘氏宗族的祖训族规。

黄涛 摄于2021年7月24日

清代朱柏庐的《朱子家训》可谓家训史上的奇篇，全文仅500多字，却句句如格言，朗朗上口，通俗易记，曾长期作为蒙学教材，其开头数句尤为人熟知："黎明即起，洒扫庭除，要内外整洁；既昏便息，关锁门户，必亲自检点。一粥一饭，当思来处不易；半丝半缕，恒念物力维艰。宜未雨而绸缪，毋临渴而掘井。"

该时期的家训与宋代以前相比，除各类家训的继续发展外，最明显的不同是出现了族谱中的具有强制约束性的家训，家训与族谱开始紧密结合。宗族是家国同构的中间环节，随着传统家族制度的完善，族谱的编纂也越来越完善，家训与宗族教化有着天然的关联，因而族谱中容纳家训是极为自然的事。家训与族谱的结合，可谓家训史上的重大事件。宋代以后修谱的宗旨发生了极大的转变，"宋代由于进士入仕制度的继续扩大，以知识和官爵作为划分阶层的标准更为重要，谱牒的社会政治作用进一步缩减。修谱主要注重族内世系、婚姻、亲疏远近关系和敬宗睦族的伦理道德教化，以及统一宗族内部的思想和言行，而不复讨论族与族之间的高下等问题"。[1]这种类型的家训在宋之前是不存在的，是传统家训发展到宋代之后出现的新鲜事物，许多家训依族谱而生，形成了族谱与家训共同繁荣的景象。家训有亲情训导成分，再加上宋代之后的新型宗族特别强调敬祖与孝悌，所以事实上以家训来范家教子是有其特殊功能的。家训族规既是宗族成员生存竞争、有效社会化的需要，也是管理宗族事务、调和宗族内部矛盾的需要。家训族规是一种基于宗族内部需求和外部需要而产生的特殊文化现象，是宗族性和社会性的统一，也是劝导和约束的统一。

族谱中的家训近于族规，尽管它没有或少有惩罚规则。通常认为惩罚规则是家训与族规的根本区别，这大体是指家训单独存在、尚未进入族谱的情况，而当家训被刊入族谱后其效力就大大增强了，收录于族谱的家训几乎变成了族规，这正体现了家训的广义之用，也是有时家训与族规混用的主要原因之一。如民国福建连城《文川李氏七修族谱》中的"祖训"：

1 武新立:《中国的家谱及其学术价值》，第23页，载《历史研究》，1988年第6期。

图22　江西省德安县车桥镇“义门陈氏”家法文献原本。

黄涛　摄于2015年8月10日

一训孝顺父母。人之百行，莫大于孝，家庭中有善事父母、克供子职者理合褒嘉，呈请给匾，以旌孝行。

一训敬老尊贤。高年硕望，模范具焉，国家且有优待之典，族姓可无推崇之文？今与子姓约尚敬礼之，毋或敢忽。

一训和睦亲族。子姓蕃衍皆祖宗一脉分形之人，忍膜外视乎？凡我族人尚笃亲亲之谊，方不愧为望族。

一训勤读诗书。报国荣亲，读书之泽甚大。凡我子姓有志诵读者，品行文章着力砥砺，或列黉序或掇巍科，非特宗祖有光，亦副族人之望。

一训诚实正业。农工商贾各有专业，敦本务实乃克有成。凡我子姓宜执其业，实其职者方为克家令嗣。

一训早完钱粮。钱粮为惟正之供，输纳实臣民之分，凡我族人宜各早完，毋累亲族。[1]

1　转引自陈支平：《福建族谱》，第54～55页，福建人民出版社，2009。

又如清光绪二十六年（1900 年）湖南善化县渫湾镇（按：今属长沙）《罗氏族谱》新增家训共 20 条，其条目大纲为奉祖先、孝父母、睦兄弟、和夫妇、严闺阃、亲宗族、敬师长、信朋友、力耕种、勤诵读、存忠厚、尚勤俭、习礼仪、戒淫恶、戒为非、戒赌博、戒酗酒、戒争讼、戒溺女、戒洋烟。[1]

二、作为准法律的族规

族规主要指宋元以后逐渐发展起来的宗族的法规，用来约束、管理本族成员，族规的执行力在一定程度上可谓宗族组织有效运行的重要标志。族规大致可分为义庄规条、族学章程、祠规、劝训条文、族禁等。族规的发展首先是宗族自身发展的内在需求，安徽太平《仙源东溪项氏族谱・祠规引》："家之有规犹国之有典也，国有典则赏罚以饬臣民，家有规寓劝惩以训子弟，其事殊，其理一也。"[2] 族众日繁之后，若无一定之规训势必难以统族。宋元之后，族规不断发展，至明清两代，族规在形式和内容上都有了更大的进步，尤其在清代，族规得到了进一步的完善，族规的调整范围几乎涉及了宗族生活的一切领域。

族规在清代的迅速发展，与政权的影响关系密切，在政权与族权的上下互动中体现了一种"工具性"，即政府充分认识了宗族组织的功能并善加利用。元代统治者的汉化程度较低，与民间的宗族组织联系较少。明代开国皇帝来自民间社会的底层，对宗族组织在基层社会中的作用可谓了如指掌，所以在国家政治生活中，对宗族组织较为重视，如《大明令・户令》规定，"凡妇人夫亡，无子守志者，合承夫分，须凭族长择昭穆相当之人继嗣""如招养老女婿者，仍立同宗应继者一人承奉祭祀，家产均分。如未立继身死，从族长依例议立"。[3] 经过明代两百多年的发展，到清代初期，地方宗族已初具规模，宗族机构、族产、族规等设施不断发展，促成了宗族共同体自身的独立性。清代县域广阔、人口众多，在"皇权不下县"的政治

1 转引自湖南省地方志编纂委员会编：《湖南省志・民俗志》，第 535 ~ 537 页，湖南人民出版社，2005。
2 转引自朱勇：《清代宗族法研究》，第 5 页，法律出版社，2017。
3 转引自朱勇：《清代宗族法研究》，第 155 页，法律出版社，2017。

体制下，若仅以县令及其规模甚小的下属班子实际上不可能承担得起繁重的政务、司法等任务，必须借助某种辅助性力量，现存的宗族组织便是一种较好的选择。清代宗族已普遍制定相当成熟的族规，族规的内容已包括家庭、婚姻、亲属、继承，以及所有权、债权、交易、租赁等民事关系的各个方面，可作为民事法律辅助性规范的重要形式，将“民间事民间办”的原则运用于宗族，将宗族事务打包，托于族长等少数的负责人，可谓一种较为高明的政治智慧。各宗族亦皆以“无片纸入官府”的自治能力为荣。宗族组织利用具有强制约束力的族规调整族内关系，维持族内秩序，在一定程度上弥补了地方政府官吏人数不足的缺陷，使得国家统治以特殊的方式渗透到社会底层。

“家国同构”是传统中国重要的观念，族规维持宗族秩序，国法维持地方秩序，所以二者在功能上部分重合。大体上国法所禁止的行为往往也同样有损于宗族秩序，因此国法的某些内容为族规所采纳，成为宗族法的直接渊源，但族与国的规模毕竟悬殊，因此其侧重点必然不同，族规在内容结构、罪名设置以及处罚制度等方面有其自身的特殊性。宗族共同体以伦理秩序为核心，因而族规中涉及伦理关系的条文远远多于国法中的条文。在罪名设置上，族规乃以补充国法为主，不涉及对于严重危害国家统治秩序的重大犯罪行为，而是对宗族生活的细节加以细密的规定，如“供赋税”“惩忤逆”“禁乱伦”“禁嫖赌”“禁盗窃”“戒诉讼”“远佛老”“惩贱役”等条文。族规在处罚制度方面可谓最具宗族特色，如“革胙”“削谱”“出族”等，而革胙又有时限，如革胙一年到十年。此外，传统法律中有“亲亲相隐”之制，即子孙对于祖、父等亲属的一般性犯罪不得告官，否则子孙将犯“干名犯义”之罪。可以想见的是，族规中不可能承此“亲亲相隐”的原则，因为全体族众皆出自始祖之下，亲属关系乃宗族内的天然关系，若行此制则几无族规可设，所以族规中普遍舍弃容隐之制，如浙江绍兴《州山吴氏宗谱·族规》：“尊长宜严率子弟，各务生理，毋得纵容赌博。如有犯者，不分亲疏长幼，即便具首以凭责罚。知而不举，罪并及之。……卑幼非礼干犯各支尊长，而其父兄代为辩饰者，罚。”[1]

1　转引自朱勇：《清代宗族法研究》，第 149 页，法律出版社，2017。

族规与家训的主要区别在于是否有惩处条例，但惩处条例在族规中亦只占一小部分，族规的作用方式当属礼法并施。“族规中也有家训的宣教内容。惩治只是收族、睦族的手段，因此即使是单独的族规，仍然体现礼法相糅的特点。”[1] 如清光绪十六年（1890 年）安徽《寿州龙氏宗谱·家规》：

家规条例小引

家国原同一礼，齐治实无殊途。用德、用威，巨典行于盛世；有赏、有罚，隆义著于名门。欲劝勉以鼓贤良，务先立法思惩戒，以绳奸匪，断在明刑。今特开列科条，指明规则。言言切要，俾俗子触目警心；句句详明，使童蒙开卷成诵。果能循理守分，推为孝子贤孙。倘或偭矩藐规，共斥为奸徒、败类。用垂法戒，分别奸强。宜求一家之褒，勿犯三尺之责。谨将条例开列于后。

家训劝善十二条（纲目）

敬祖先；孝父母；隆师长；宜兄弟；正闺阃；慎交游；尚勤俭；睦宗族；务读书；重节孝；勤职业；崇阴骘。

善之当劝，罄竹难书。而此数十条，乃专指其切要者耳。人能遵行不怠，余可类推。愿我族人，暨世世子孙，服膺勿失。慎勿视为具文，以负丁宁至意。

家规惩恶十二条（纲目）

戒忤逆；戒凶横；戒赌博；戒酗酒；戒盗窃；戒强葬；戒伐荫；戒邪淫；戒抗粮；戒争讼；戒轻佻；戒刻薄。

恶之当惩，例不止此。而此十余条，乃过恶之最著者，法所难容。愿我族人及世世子孙，务宜恪守，以遵礼法，须谨小慎微，不蹈犯愆尤，永

1 郭志超、林瑶棋主编：《闽南宗族社会》，第 71 页，福建人民出版社，2008。

为淳良子弟，幸甚！[1]

该家规实为族规，其“家规条例小引”开宗明义地说“家国原同一礼”，“用德、用威”即礼法并施的明确方式。家规主体分两大部分，一为“家训劝善”，二为“家规惩恶”，亦为一礼一法、礼法并施。即便“家规惩恶”部分仍是以说理劝善为主，惩罚乃不得已的手段。

族规的内容及其惩处范围主要针对不肖子孙的不肖行为，诸如祭祀祖宗不诚不敬、该祭不祭、亵慢先灵、盗卖祭田等；忤逆弃养之情节恶劣者；卑幼不守敬恭之道、骄倨傲慢、抵抗尊长、出言不逊、制行悖戾者；干犯伦纪、大坏人道者；不务正业、赌博酗酒败家荡产者；为奸为盗、辱没家门者。[2] 族规在调整宗族内部关系方面有着巨大的作用，它基本与当时的社会发展水平相适应。族田是宗族的经济基础，所以族规都严格规定不准族人盗卖族田，一旦发现有族田被盗卖，族长与房长等人都会设法追回，如福建晋江沙堤王氏曾有田园被不肖子孙盗卖，“民国十九年（1930 年），沙堤王氏西山房的王若察邀集各房房长共同调查，追回祠堂公田十之七八，充作历年新婚轮值大宗祠春冬二祭之资费”。[3]

族长是族规的最高执行者，事实上族规也赋予并规定了族长的权力，在一定限度之内运用族规惩戒族人既是族长的权力也是责任。但族长权限的分寸与尺度极为重要，“一旦……超越国家所能容忍的限度，即宗族共同体在维护国家统治与破坏国家统治的程度测试天平上，后者超过前者，国家政权就会毫不犹豫地施行镇压和抵制的职能”。[4] 如某族长争夺司法权的过激行为：

乾隆二十四年（1759 年），亳州民人朱长贵被丁大牛、丁三牛二人打伤，朱长贵投诉至巡检衙门，巡检随即差役拘获丁大牛、丁三牛。朱氏族

1 费成康：《中国的家法族规》，第 335 ~ 342 页，上海社会科学院出版社，1998。

2 苏黎明：《泉州家族文化》，第 152 页，中国言实出版社，2000。

3 郭志超、林瑶棋主编：《闽南宗族社会》，第 97 页，福建人民出版社，2008。

4 朱勇：《清代宗族法研究》，第 167 页，法律出版社，2017。

> 尊朱市闻讯赶至衙署，以朱长贵与丁大牛、丁三牛属叔侄关系，要求领回案犯，由宗族处理，衙役不允，朱市即令人抢回丁大牛、丁三牛，并拳殴兵役。朱市对巡检说："本族口角应听处和，况斗殴之事，亦不当巡检擅管。"后来，巡检再次派兵，捕获丁大牛、丁三牛，朱市亦率领族人多加干涉，甚至直接攻击巡检本人。省抚依"光棍例"判处朱市斩立决。[1]

此外，族长的生杀权更不是法律所承认的。族规司法对国家司法具有从属性，尽管它有相当特殊的"自治性"，但并非真正的"二元法律结构"。"宗族对于司法的优先权，很容易被放大为宗族可以在司法体制内专行独断。其实，国家只是将鸡零狗碎的诉讼和案件的审理权交给宗族，至少让宗族社会中发生的诉讼和案件先由宗族组织过滤一下，不必事无巨细，全移交官府。"[2] 宗族司法的合理运作方式当以"礼法并施"为主，一旦越权将为官府所制裁，其层次与分工大约为"宗族理小，官府理大"。

---

1 转引自朱勇：《清代宗族法研究》，第 169 页，法律出版社，2017。

2 郭志超、林瑶棋主编：《闽南宗族社会》，第 165 页，福建人民出版社，2008。

外亲制度民俗

外亲是相对于宗亲而言的，是由于宗族之间的联姻也就是女子的嫁出和嫁入而形成的亲属。我国传统习俗实行聚族而居的居住惯制，同时在婚姻习俗方面实行族外婚，通婚范围以及由此造成的亲戚圈就在本宗族居住社区以外的地方，这些亲戚就成为“外亲”。就乡村而言，在实行村外婚的情况下，宗亲是“自己”所出生的村庄之中的父系亲属，外亲则是“自己”村庄之外的亲属，北方称为“亲戚”。由女子的嫁出而造成的亲戚主要是姑亲与亲家[1]。由女子的嫁入而造成的亲戚主要是奶奶的娘家亲属、母亲的娘家亲属、妻子的娘家亲属、亲家。这样看来外亲的构成较为复杂，但在村外婚和父系传承的文化情境中，外亲不管其渊源如何，他们都有其共性：是族外亲，且一般是村外亲；相互间一般没有因分家和养老问题而造成的纠纷，外亲之间的交往与互助也与宗亲有显著的不同。

1 亲家，指两家儿女相婚配的亲戚关系，即女儿的公婆或儿子的丈人丈母，此句中指女儿的公婆。“亲”读 qìng。

外亲由于是本族以外的亲属体系，在传统观念里受重视的程度不如宗亲，同时由于地域上的隔离即不在一个村落居住，其亲族的范围就小得多。外亲的范围是人们在实际交往中自然形成的。当血缘联系疏远到一定程度，双方不再有礼节性的往来时，亲戚关系就自然终止了。是否保持亲戚关系的标志最明显的有两种：一是婚丧大事是否“撒帖”（即送发邀请参加婚丧礼仪的帖子），二是新生婴儿过生日时是否告知。“撒帖”是很讲究亲戚远近的，如认为双方血缘联系已很疏远，就不再“撒帖”。有些亲戚比“撒帖”的关系略远些，但仍有来往的，如从其他渠道听说了婚丧之事，可以托人带礼物去“随礼”，而不去人参加仪式。这种关系的下一代就会终止亲属关系的往来。比如“自己”与姑表兄弟是可以“撒帖”的关系，但是“自己”及其子女与姑表兄弟的子女就不再“撒帖”了，当后者结婚时，“自己”可托人带去礼物如一个被面表示祝贺，但这种表侄的子女过生日时“自己”就不再有任何表示，这标志着“自己”及其后代与表侄的子女不再是亲戚关系。其他分支的情况也以此类推。这样，在姑舅关系的父亲外亲称谓语体系中，与“自己”同辈的外亲称谓只有三支旁系，比宗亲少了一支。

在传统社会的文化模式中，由于宗族文化的发达和村落的较高的封闭性，外亲之间的互助活动是比较少的。外亲家庭之间并不经常“走动”（往来），亲戚往来的主要项目有三个：春节拜年、婚丧大事、“做生日”（包括为老人祝寿，为小孩祝“满月”和 1 岁生日）。在这三项之外的平时往来多少就不一定了：表亲之间基本上就没有日常往来，很近的亲戚如两姨亲、姑舅亲、亲家之间往来较多，但也限于农闲季节，农忙时就顾不上“走亲戚”了，至于生产活动的互助、工具的互借、经营项目的合作就很少了。当然往来的密切程度与两家距离的远近也关系很大。距离近的亲戚往来更多一些，住得远的亲戚间的日常往来通常是赶集或办其他事路过时的“歇脚”。

由于外亲构成的复杂性，外亲称谓系统也繁杂多样。如果不是使用这套称谓语的地方的人，很难搞清楚有些称谓语的区分，比如“姑爷爷”“姑奶奶”，“姨爷爷”“姨奶奶”，“舅爷爷”“舅奶奶”，“姑姥爷”“姑姥娘”，“姨姥爷”“姨姥娘”，“舅姥爷”“舅姥娘”，这些外亲祖辈称谓的区分就很难。即使是当地的幼儿和年轻人，也经常就如何称呼某些外亲请教老人，事实上称呼错的事也是不鲜见的。

总的说来，若“自己”为一名男子，他的较为全面的外亲体系及其称谓主要由五个部分组成：父系姑亲、奶奶的娘家亲属、母亲的娘家亲属、姥姥的娘家亲属、妻亲。

父系姑亲

父系姑亲指由于自己父族的女子出嫁到外族而形成的外亲。

按出嫁女子的辈分的高低，父系姑亲及其称谓可以分为六支：

第一支，老爷爷姐妹的婆家亲属称谓。自己称老爷爷的姐妹及其配偶为“老姑奶奶”“老姑爷爷”，其实，这样高辈的亲属自己一般是见不到的，有机会交往和称呼的是他们的后代。这一支系的亲属实际上主要是两代，即老姑奶奶的下一代，称“表爷爷”“表奶奶”；老姑奶奶的孙辈亲属，称“表大爷”“表大娘”或“表叔”“表婶子”。自己的家族与老姑奶奶系的亲戚之间的联系主要是靠父母与表大爷、表大娘之间的联系维持的，当表大爷、表大娘去世后，自己与这一支系的交往一般就终止了。

第二支，爷爷姐妹的婆家亲属称谓。爷爷的姐妹及其配偶称“姑奶奶”“姑爷爷”，这是一支走动较亲近的亲戚，特别是在姑奶奶在世时，父亲会每年带着自己去给姑奶奶、姑爷爷拜年、祝寿，姑奶奶的后代也常来自己家里拜年、贺生日等，两家的关系是比较密切的。姑奶奶的儿子及其配偶，称“表大爷”“表大娘”或“表叔”“表婶子”，称姑奶奶的女儿及其配偶为“表姑”“表姑夫”。姑奶奶的孙辈，比自己年龄大的称为“表哥”“嫂子”或“表姐”“表姐夫”；比自己年幼的当面称名字，背称为“表弟”“表兄弟媳妇”或“表妹”“表妹夫”，对他们的子女的背称为“表侄”“表侄女”。当姑奶奶、姑爷爷去世后，两家的交往会减少并较为疏远，但父辈在世时，两家会一直保持亲戚关系。当父辈不在时，自己与表兄弟家庭之间的往来会变得很少，关系就会很疏远甚至中断。

第三支，父亲姐妹的婆家亲属称谓。父亲的姐妹称“姑”“姑姑”，其配偶称“姑父”，他们是自己最亲密的亲戚之一。姑姑常带着她的孩子回娘家也就是自己的爷爷、奶奶家小住数日，自己小时也常到姑姑家住几天，所以与这家的孩子很熟悉。对姑姑的儿子的称呼，长于己者称“表哥”，或按排行称“大哥”“二哥”等，对其配偶称“嫂子”；幼于己者当面称名，背称为“表弟”“表兄弟媳妇”。表兄、表弟也可在背称时概称为“表兄弟”。对姑姑的女儿的称呼，长于己者称“表姐”或“大姐”“二姐”等，对其配偶称“表姐夫”或略去“表”字直接称“姐夫”；幼于己者当面称名字，背称为“表妹”，其配偶称“表妹夫”或“妹夫”。对表兄弟的儿女的背称为“表侄”“表侄女”。因实际交往较多的关系，自己与表兄弟、表姐妹的关系一直是密切的，而与表兄弟的子女就疏远很多，当表兄弟去世后，两家的亲属关系就会逐渐淡漠直至中断；虽然与表姐妹关系亲近，但当表姐妹出嫁后，自己与表姐妹的婆家人关系较疏远，当表姐妹不在时，自己与其婆家人的亲戚关系一般也就中断了。这就是江苏扬州一代俗语所说的：“一代亲，二代表，三代四代就拉倒。”

第四支，自己姐妹的婆家亲属称谓。对自己的姐妹的配偶称“姐夫”“妹夫”，对其后代的背称是“外甥”“外甥女”，外甥的配偶称“外甥媳妇”，而外甥女的配偶无适用称谓，只好笨拙地称为“外甥女的男的”。对姐妹的孙辈称“外甥孙子”“外甥孙女”。自己与姐妹婆家是比较亲近的亲戚关系，特别是自己作为舅舅，与外甥关系特别亲近，过去外甥结婚时，舅舅的彩礼在亲戚中是最大的，所以有参加婚礼送礼时“看他舅”的说法。但与外甥的儿女的关系就明显疏远了，与外甥的孙辈就很少往来。另外，与姐妹的婆家的公婆、叔伯等亲属关系疏远，一般不会有单独的交往。

第五支，自己女儿的婆家亲属称谓。与女儿的婆家是重要的亲属关系。对女儿的公婆的背称是“亲家公”“亲家母”，或概称“亲家”。面称可按自己与亲家公的长幼关系，对年长者称“大哥”“嫂子”，对年幼于己者可直呼名字。实际上自己与亲家是很少交往的，而自己的妻子由于常到闺女家小住，倒与亲家有较多的交往机会。对女儿的配偶，当面直称名字，背称“女婿”，民间有“一个女婿半个儿”的说法。而在当代农村，由于媳妇地位的提高，女儿女婿在养老孝亲方面的作用甚至超过了儿子儿媳。女儿的后代背称是“外孙”“外孙女”，自己与他们的关系也是很亲近的，他们的后代就是“重外孙”“重外孙女”，但由于年寿的限制，一般见不到这一代。

第六支，自己孙女的婆家亲属称谓。虽然与孙女是很亲近的关系，但是当孙女未成人时，自己已经老迈，很少人能活到孙女成婚、有了孙女婿之时，也就更少机会见到“重外孙”“重外孙女”了。与孙女的婆家的其他亲属几乎无交往关系。

奶奶的娘家亲属

奶奶的娘家亲属，也就是父亲的外祖父家族的亲属。这是一个父系和母系两种性质合一的称谓语体系，“自己”对这类外亲的称谓有这样的特点：从“自己”的角度来看属于父系称谓语，因为那些成员是父亲的亲戚；而以父亲的位置为出发点，它是母系称谓语，因为那些成员是父亲的母亲的娘家人。所以这一外亲体系的称谓语是由外亲词语与内亲词语结合构成的，如“舅爷爷”“姨奶奶”，“舅”“姨”是修饰性称谓成分，本为表外亲关系的语言形式；“爷爷”“奶奶”是核心称谓成分，本为表宗亲关系的语言形式。姨奶奶及其夫系亲属是“自己”这一外亲体系的外亲，舅爷爷、舅奶奶及其后代亲属是这一外亲体系的内亲。对“自己”而言，与后者的亲戚关系更亲密些，因为舅爷爷这里是奶奶的娘家，在一定意义上这里的人是奶奶的保护人，当奶奶去世埋葬时，要请舅爷爷家的人来看坟地，检查安放的位置是否妥当，如果爷爷娶过两个妻子，要根据娶亲的先后安排埋放的前后位置，这种安排要经过奶奶的娘家人认可才行。而与姨奶奶那边的亲戚就没有这层关系，所以要相对疏远些。舅爷爷的世系亲属走动到“自己”表侄这一代，姨奶奶的世系走动到“自己”表哥这一代，即显示出与两部分亲属的亲疏差别。

奶奶的父母一般在自己出世之前已经过世，所以没有称呼他们的机会。但民间称谓语库中是有这一级称谓语的：因为奶奶的父母是父亲的姥爷、姥娘，自己就称他们为“老姥爷”“老姥娘”。在奶奶的娘家亲属中，在世的最高辈分的亲属是奶奶的兄弟及其配偶、奶奶的姐妹及其配偶，后者是奶奶的娘家家族的外亲。自己称奶奶的兄弟及其配偶为“舅爷爷”“舅奶奶”，称奶奶的姐妹及其配偶为“姨爷爷”“姨奶奶”。他们的后代是自己的表亲，称谓上借用宗亲称谓词语，面称可称“大爷”“小叔”“大姑”“大哥”等，也可加“表”字，称“表叔”“表姑”等。奶奶的一些表亲也会成为自己的亲戚，如奶奶的姑表兄弟及其配偶称“舅爷爷”“舅奶奶”，他们的后代可以是自己的远亲。

严格说来，奶奶的娘家亲属是父亲的亲戚，“自己”与他们发生亲属联系是通过父亲这一中介的，所以比较疏远，传统上对这类关系不很重视。在《尔雅》《礼记》《仪礼》中都没有指称这种关系的称谓语。但生活中“自己”毕竟与这些亲属有直接的往来。小时“自己”是跟随父亲到舅爷爷或姨奶奶家去的，他在这里熟悉了这套父系外亲称谓语，等舅爷爷或姨奶奶去世后，父亲一般不再去这两部分亲戚家，而由“自己”每年春节到这两类亲戚家给表大爷、表叔及其配偶拜年，继续维持亲戚往来。等表大爷这一辈离世后，“自己”便不到这两家拜年；“自己”的父亲故去后，对方家的表兄表弟也不到“自己”家来了，于是双方的亲戚关系趋于中断。这一支源自奶奶的外亲的称谓在古籍中有零散的记载，据《称谓录》，父之舅有“大舅”“舅祖”“祖舅”之称；祖母之兄弟姊妹之子称“中外丈人”“表丈人”“表伯父”“外伯父”，其妻称“丈母”“王母”“谢母”；祖母之兄弟姊妹之孙称“从表兄弟”；祖母之兄弟姊妹之曾孙，称“从表侄”。

母亲的娘家亲属

这个外亲体系是沿着“自己”与母亲的血缘关系往上推的，经常走动的是“自己”的姥爷及其后代，母亲的姥爷及其后代则是较少走动的外亲。在姥爷之上还标出了老姥爷、老姥娘，其实这一辈“自己”一般是见不到的，对绝大多数人而言，“老姥爷”只是个没有面称机会的概念性名词，我们提出这一级称谓主要是为了称谓体系的血缘传递关系的完整和清晰。

母亲的娘家亲属也就是自己的外祖父、外祖母家族的亲属，是自己最亲近的亲戚。这个亲属体系实际上包括两部分：一部分是母亲娘家的宗亲，他们生活在母亲出生和长大的村庄里；另一部分是这个家族的外亲，主要是从这个家族嫁出去的女子及其婆家的亲属，其中最主要的是姨亲。

对母亲的父母，北方话一般称“姥爷”“姥姥（姥娘）”，书面语称“外祖父”“外祖母”。在北方一些地方和南方，则有其他的称谓。山东的济宁，宁夏的银川，甘肃的天水、兰州、敦煌、西宁，新疆的乌鲁木齐，都称外祖父为“外爷”或“外爷爷”，称外祖母为“外奶奶”。四川的南充、达县、自贡，重庆，云南的昆明、蒙自，贵州的贵阳、黎平，广西的柳州等地，称外祖父为“外公”，称外祖母为“外婆”。除了这几种常见的称呼以外，还有一些较特别的称呼。山西的离石称外祖父为“外爷”“简爷”，称外祖母为“外婆”“婆婆”“简婆”。西安称外祖父为“（外）爷”“舅家爷”，称外祖母为“外婆”“奶”。陕西的宝鸡称外祖父为“舅爷”，称外祖母为“舅家婆”。四川的达县、汉源、自贡，湖南的吉首，安徽的安庆等地都有称外祖父母为“家公”“家婆”的叫法。有些地方对外祖父的称呼中有“爹”字：湖北天门、武汉，安徽的芜湖称“家爹”或“家爹爹”，安徽的合肥、江苏的南通称“外爹爹”，江苏的连云港、涟水称“舅爹”。四川的西昌，江苏的南京、扬州称“公公”。四川的汉源、西昌，云南的昭通、昆明，江苏的扬州、南京等地称外祖母为“婆婆”。贵州的毕节、安徽的歙县称外祖母为“婆”。重庆、武汉、红安称外祖母为“家家”。安徽的芜湖称外祖母为“外奶奶”，江苏的连云港、涟水称为“舅奶奶”或“舅奶”。[1]

对母亲的弟兄，一般称“舅”“舅舅”，或按排行称“大舅”“二舅”等。吉林的白城，辽宁的沈阳，湖北的天门、武汉、红安等地除称“舅”外，也称“舅父”，云南的昆明、广西的柳州、湖北的宜昌也称“舅爹”。江苏的徐州有三种称呼：“舅父”“舅”“舅爷”，“舅爷”多用于背称。对舅舅的配偶，一般称“舅母”，也有很

1　陈章太、李行健主编：《普通话基础方言基本词汇集·词汇卷上》，第 2343 ~ 2344 页，语文出版社，1996。

多地方称“舅妈”。河北的承德、唐山、保定、沧州、平山，山西的大同、临汾、离石，山东的利津、济宁，河南的灵宝，陕西的宝鸡、绥德、西安，甘肃的天水，安徽的阜阳，江苏的扬州等地，称“妗子”。山西的忻州、长治称舅母为“妗得”，河北的石家庄称“妗得”“妗妗”。[1]

对母亲的姐妹，一般称“姨”，或按排行称“大姨”“二姨”等。“姨”在古汉语中最早指“妻之姊妹”，《尔雅·释亲》里说：“妻之姊妹同出为姨”，用例可见《左传·庄公二十三年》：“蔡哀侯娶于陈，息侯亦娶焉。息妫将归，过蔡。蔡侯曰：‘吾姨也。’止而见之。”这里说蔡侯与息侯娶的是陈地的姊妹，息侯之妻是蔡侯的姨，也就是今天的“姨子”。到了汉代以后，“姨”才指母亲的姊妹，这应该是孩子随着父亲叫而造成的词义转移，而原来的“妻之姊妹”的意思，在现在的北京话里就叫“大（小）姨子”。[2]

北京、承德、平山的口语里叫成“姨儿”。各地其他的称呼有“姨妈”“姨母”“姨姨”等。四川的成都、自贡，重庆，云南的昆明还有“娘娘”的叫法。一般在称呼上不区分姨比母亲大还是小，只有个别地方做了区分：四川的汉源称母亲的姐姐为“姨母”“姨妈”，称母亲的妹妹为“姨娘”；广西的柳州称母之姐为“姨妈”，称母之妹为“姨”；江苏的南通称母之姐为“姨妈”，称母之妹为“姨姨”。重庆在称呼上甚至区分姨是否已婚，除称母亲的姐妹为“娘娘”“姨娘”外，还将已婚之姨称为“姨妈”。姨的配偶，大都称为“姨父”，有些地方称“姨爹”，有的地方如自贡、红安称为“姨爷”。[3]

舅与姨的儿女称“表哥”“表姐”，面称时也可略去“表”字，按排行称“大哥”“二姐”等。舅与姨的孙辈则称“表侄”“表侄女”。母亲的姑及其配偶称“姑姥娘”“姑姥爷”，他们的儿女则称作“表舅”“表姨”。

---

1 陈章太、李行健主编：《普通话基础方言基本词汇集·词汇卷上》，第 2345 ~ 2346 页，语文出版社，1996。

2 俞敏：《亲属称谓的扩大和转移》，载《俞敏语言学论文集》，第 394 页，1999。

3 陈章太、李行健主编：《普通话基础方言基本词汇集·词汇卷上》，第 2347 ~ 2348 页，语文出版社，1996。

外公外婆家是“自己”走亲戚最常去的地方。“自己”在小的时候常到外婆家去住一段时间，这里的亲戚对他都很宠爱，很少严厉地管教，即使是男性长辈也不像父亲那样常板起面孔教训他，这使他在外婆家得到许多温暖，就像小说里讲的：“童年浪漫如月船，泊在了外婆的臂弯里。臂弯宁静又温暖。”[1]姥爷、姥娘、舅舅、姨对他都是很疼爱的，所以这些称谓语在他脑子里是有很强的感情色彩的。

从生物学角度讲，母系亲属与相对应的父系亲属同“自己”的血缘关系是一样近的。生殖是男女结合的结果，血缘传递是双系同等的。从这个角度出发，父系亲属与母系亲属应该同样亲密，亲属范围也应该同样宽。但是由于社会文化的作用，“亲属体系一出家庭立刻发生单系偏重的趋势”。[2]在外婚制的从父居背景下，“自己”主要在父系家族的抚育下长大，继承这个家族的姓氏和财产，也承担赡养这个家族的老人的义务。这种抚育不仅是生理的抚育，还有同样重要的社会文化的抚育，要让幼儿逐步习得一整套社会文化规范。这一过程对幼儿来说是相当艰难和痛苦的，他得在成人的约束和训导下不断压制自己的动物本能性的欲望。对幼儿进行直接的生理哺育的角色主要由母亲来承担，而严格管教的角色主要由父亲来承担，从而有“严父慈母”一说。[3]姥爷等母系亲属与“自己”既然有同样近的血缘联系，而又不负抚育的责任，就在外甥到自己家“走亲戚”的相对不长的时光里，倍加周到地照料他，倍加慈爱地对待他，而严厉的管教就会相对地少。他们所充当的偏重慈爱和温情的角色是慈母角色的延伸。在实行外婚制的社会里，他们对外甥的疼爱主要出于亲情的动机，很少求得报偿的功利目的。因为他们知道，自己年老之时是不靠外甥赡养的。所以当地谚语有“外甥是狗，吃了就走”的说法。他们一边念叨着这警言，一边尽其所能地款待着外甥。所以民谚又有“糊涂姥娘瞎仗姨，明白是他大妗子”的说法。[4]因为妗子与“自己”没有血缘关系，她对款待外甥持消极甚至阻挠的态度。

1 何立伟：《白色鸟》，载《1984全国优秀短篇小说选获奖作品集》，第401页，作家出版社，1985。

2 费孝通：《生育制度》，载《乡土中国 生育制度》，第240页，北京大学出版社，1998。

3 费孝通：《生育制度》，载《乡土中国 生育制度》，第240页，北京大学出版社，1998。

4 “瞎仗”，当地方言，意为糊涂，没分寸。“妗子”，舅母的异称，当地并不以它来称呼舅的妻子，所以只是一个很少使用的亲属名词。

当外甥成人时，姥爷姥姥一般已去世或到风烛残年，舅舅在母系亲属中的位置就很突出。他是母系亲属的内亲中的撑门立户者，与亲戚交往中的重要事情都要由他做主和出面。当外甥结婚时，亲戚账“写红账”（拿彩礼钱）都“看他舅”，即他们应出的钱数以新郎舅舅所出的钱数为标准递减。在吃饭时舅舅也被请到新亲之外的最尊贵的位置上。不过新社会里舅舅在外甥婚礼上的角色被姑爷（新郎的姐夫或妹夫）部分地取代了。现在“写红账”兴“看姑爷”，他是出钱最多者，但吃饭时因他的辈分不高，还是舅舅坐上座。虽然舅舅在亲戚里的位置很突出，但他在黄庄一带并不像在有些地方那样与外甥有特别的亲密关系，成为外甥的保护人。相对而言，姨比舅与外甥有更亲密的感情，这是由于姨与母亲这两姐妹之间关系极密，因而对姐妹的孩子也格外疼爱。“自己”在小时候也常到姨家去。但谚语里有“两姨亲，不是亲，姑舅亲，代代亲”的说法。它的意思是，与姨家的关系虽然很亲，但当姨故去时，两家很快就疏远了；而舅舅那边是母亲的本家，她是从那里嫁出来的人，她的父母及祖先埋葬在舅家的坟地，因而，“自己”与舅亲保持来往要更为长久。

姥姥的娘家亲属

母系亲属的另一支是姥姥的娘家亲属，也就是母亲的姥爷姥姥家。这支外亲对于“自己”来说显得疏远，但是对于母亲来说，却是她很亲近的亲戚。“自己”从小是跟随母亲到这类亲戚家走动的。

当“我”出生时，母亲的姥爷姥姥一般已去世了。所以这一支外亲最重要的亲属是母亲的舅和姨，也就是“自己”的舅姥爷和姨姥娘。舅姥爷和姨姥娘一般是居住在不同的村子的。舅姥爷就在母亲的姥爷姥姥家所在的村子，而姨姥娘通常从这个村子嫁到了另外一个村子。“自己”常随母亲去看望他们，给他们拜年或祝寿，也熟悉了这种比较拗口的称呼。

当舅姥爷和姨姥娘去世后，母亲一般就不去这两种亲戚家了，而派“自己”每年去给这两种亲戚家的表舅拜年。等表舅去世后，“自己”一般也就不再去这个表亲家。两边的长辈（相对于“自己”而言）都故去就意味着这支母系亲属关系的终止。

妻亲

“自己”结婚以后，就会增加一门很重要的亲戚：妻亲，也就是妻子的娘家亲属。妻亲称谓是丈夫对作为亲戚的妻方家族成员的称呼。除了对妻子的父母的称谓情况较复杂外，丈夫对妻系亲属的其他成员当面都是从妻称的。而妻系称谓的背称则较为丰富，使用较多的称谓语有：

妻之父母：丈人、丈母娘；他姥爷，他姥姥。

妻之哥嫂：大舅子，大舅子媳妇；他大舅，他大舅母。

妻之弟、弟媳：小舅子，小舅子媳妇；他小舅，他小舅母。

妻之姐、姐夫：大姨子，连襟；他大姨，他大姨父。

妻之妹、妹夫：小姨子，连襟；他小姨，他小姨父。

这些背称除“丈人”“丈母娘”“连襟”之外，都是从儿称。

对妻子父母的背称是最丰富的。“丈人”“丈母娘”“老丈人”“老丈母娘”是口头上最常用的称呼，“岳父”“岳母”是常用的较文气的称呼。对岳父还有一个使用很广泛的老派称呼：“泰山”。称妻之父为“泰山”“岳父”，是唐代以后的事，关于这种称呼的缘起有多种说法，其中较为可信的是《晁氏客语》中的解释：唐开元十三年（725 年）封禅泰山，大臣自三公以下均官升一级。张说是封禅使，他的女婿郑镒却从九品直接升到了五品。大宴时，唐明皇问起此事，大臣黄幡开玩笑地说：“此泰山之力也。”此事传开，后人遂称妻之父为“泰山”，又演化为“岳父”。也有依此称妻之母为“泰水”的，但没流行开。其他的称呼法：山西大同称岳父为“外父”，山东诸城称“丈母爷”，西安称“丈儿爸”，敦煌、哈密称“外父”“姨父”，四川达县称“干爹”“老丈儿”，贵州黎平、湖南吉首称“丈人老”，湖南常德称“亲爷”，安徽阜阳、江苏徐州则有“老岳（头儿）”的叫法，南京称“（老）丈人”“丈人老头儿”。对岳母，山西忻州、甘肃敦煌、新疆哈密等地有“外母”的称呼，天水除称“丈母娘”外，还称“阿姨”，哈密还称“姨娘”，四川达县称“干娘”“老丈妈”，汉源、西贡、重庆、贵阳、毕节等地有“老丈母”的称呼。[1]

男子与妻方家族成员的亲属联系通过两条纽带：一是妻子，二是子女。因而妻系称谓也有两种：从妻称和从儿称。现代的从妻称体现于面称，这种称谓方式要求丈夫站在妻子的位置认可与称谓对象的亲属关系，这无疑拉近了丈夫与妻方亲族成员的直接关系，事实上这只是交际场合的礼仪要求或礼貌原则。在维持父系世系的从夫居婚俗模式中，尽管对妻方家族成员使用“哥”“嫂”“姐”这类称谓，仍然改变不了妻系亲属是外亲的实质。丈夫作为称谓人与他们发生交往只是在外出社交场合，这些面称用语仅是很少使用的社交礼仪辞令，在背称时，他使用从儿称，对这种称呼他在感觉上是很自然很便利地使用的，因为这种称呼在他意识中更符合他与称谓对象的亲属联系：他与儿女有血缘关系，儿女与妻方亲族有血缘关系，从而他与妻方亲族以儿女为中介建立亲属联系。这种称谓构成方式符合传统文化重视纵向的亲子血缘关系而忽视横向的夫妻联合关系的思路。在从儿称形式中，体现不出丈夫与妻方家族成员的直接联系，而这正符合传统社会的实际生活：他将另一家的女子娶进自己家，这个女子成为自己家的一员，而自己并不成为妻子所出自的家庭的一员，因而自己与那一家是倾向于无直接联系的。

在古代妻系称谓体系中，从儿称运用得更为广泛。《尔雅》中妻之妹妹称为“姨”，据研究它是从儿称。[2]《尔雅》中并未记载从妻称的用例。古人妻系称谓的面称也用从儿称，如《新唐书·朱延寿传》：“行密泣曰：‘吾丧明，诸子幼，得舅代我，无忧矣。”这是杨行密在因眼病而失明时对妻之弟朱延寿所说的话。《元史·桂完泽传》记载桂与妻弟金德被俘，桂对金喊：“金舅，男子汉即死，不可听贼。”[3]

1 陈章太、李行健主编：《普通话基础方言基本词汇集·词汇卷上》，第2349页、第2451页，语文出版社，1996。

2 冯汉骥：《中国亲属称谓指南》，第57～59页，上海文艺出版社，1989。

3 转引自袁庭栋：《古人称谓》，第180页，四川教育出版社，1994。

《儒林外史》第五回中严致和在与妻之兄王德、王仁谈话时称二人为“老舅”。清代钱大昕在《恒言录》卷三解释这种称呼法：“盖从其子女之称，遂相沿不觉耳。”到现代，对妻之兄弟姐妹的面称已改为从妻称，从儿称主要用于背称。在全国大部分地区，对岳父岳母的面称也是从妻称。但在河北、山东、河南等地的部分农村地区，对岳父岳母的面称却用“大爷”“大娘”等称谓语。这既非从妻称，也非从子称，而是从己称的。如岳父的年龄大于自己的父亲，他就称岳父岳母为“大爷”“大娘”，若岳父的年龄小于自己的父亲，他就称岳父岳母为“大叔”“大婶子”。

“大爷”“叔”的本义是“父亲的兄弟”，这种称谓语的产生是以自己与称谓对象的血缘关系为出发点的。“大娘”“婶子”作为父系血亲的配偶，也是从这一角度衍生的。用这类称谓语加于岳父母，是不符合称谓人与称谓对象的实质联系的。“大爷”“叔”是血亲称谓，而称谓人与岳父无血缘关系，那么用“大爷”“叔”作为对岳父的称谓只能是一种拟亲属称谓（就称谓语的构成原则而言）。这种称谓表述的是一种较疏远的关系，因为对非亲属的村民以及偶遇的路人都可以使用，它不是表述姻亲关系的专用称谓语。但是在北方一些农村地区，这种称谓在使用中没有任何不妥之处，女婿用之称呼岳父母是自然而便利的，岳父母也对之习以为常。这是由于在传统社会中女婿与岳父母之间本来就是一种疏远的亲属关系：女婿对岳父母的财产一般无继承权，也不对他们承担养老送终的义务。这种状况以及男尊女卑的文化决定了男子很难将从妻称用于岳父母。

“大爷”“大娘”等作为女婿对岳父母的称谓在构成原则上可与“丈人”“丈母”称谓相比照。“丈人”本为对老年人通用尊称。如《易·师》：“师：贞，丈人，吉，无咎。”孔颖达疏：“丈人，谓严庄尊重之人。”到唐代，这个对老年人的普遍性的尊称转为对妻之父的流行称谓。清人赵翼在《陔余丛考》卷三十七释“丈人”说：“盖唐以前，凡尊长及妇翁皆曰丈人，后遂专以属之妇翁耳。今人呼妇翁为丈人，而称交游中尊者亦尚曰某丈，想六朝及唐亦如此也。”“丈人”用以尊称老年人时可作为面称，它用来指妻之父也可作为当面的称呼，例如《旧唐书·杜黄裳传》：“杜黄裳之婿韦执谊为相，黄裳劝其请太子监国，执谊曰：‘丈人甫得一官，奈何启口议禁中事？’”“丈母”本为对父辈亲属的妻子的尊称，后受“丈人”用法的影响转为对妻之母亲的称谓。从“丈人”“丈母”作为妻系称谓的来历看，它们并不是对女婿与称谓对象之间关系的确切概括，既非从妻称，也非从儿称，而是从对一般老人的尊称的角度造词。这反映出封建社会中女婿同妻之父母的不便当面指称的关系，这种构词方式是父系外婚制下女婿与妻之父母的较疏远关系的体现。

对照“丈人”“丈母”称谓形成过程有助于我们推断“大爷”“大娘”作为妻之父母的称谓的构成方式。同“丈人”“丈母”的本义一样，“大爷”“大娘”也可作为对老人的通用尊称，它们转用为对妻之父母的称谓，其构成原理应该同“丈人”“丈母”称谓类同，只是这种用法的形成时间以及历史上流行的地域范围尚无充分材料据以论定。《儒林外史》中范进对其岳父胡屠户的称谓可作为佐证之一。其第三回载范进对胡屠户当面说的话有：“方才费老爹的心，拿了五千钱来。这六两多银子，老爹拿了去。”而“老爹”同时也是邻居对胡屠户的惯称，可见“老爹”相当于今天的“大爷”，是对老年男子的尊称。范进还对胡屠户称“岳父”：“岳父见教的是。”《儒林外史》的材料说明“大爷”这类对老年人的通称已用来称呼岳父，但在特定地域内并不是唯一的面称。

分析“大爷”“大娘”等作为妻系称谓的构造原理是为了说明女婿对岳父岳母做出称谓行为的文化心理。由于在传统文化语境中对岳父母不能或不便使用从妻称，而岳父母这种比较重要的亲属（我们说女婿与岳父母关系疏远是同媳妇与公婆关系相比较而言）又需要有专用名词来称呼，就借用本无姻亲意义的各种词语：丈人、丈母，大爷、大娘，泰山、泰水，岳父、岳母等。由此可以推断，对岳父岳母使用从妻称，应是传统宗法思想弱化、男女平等思想兴起的结果。在封建社会中，对岳父母使用从妻称的例子是极少见的。但这种称呼早已在局部地区使用。明代沈榜《宛署杂记》记载：“父曰爹，……母曰妈，……儿妇称翁曰爹，姑曰妈；女婿称妻父曰爹，妻母曰妈。”[1] 这个记载说明 16 世纪时有的地方已对岳父母采用从妻称。

1　转引自田惠刚：《中西人际称谓系统》，第 122 页，外语教学与研究出版社，1998。

就目前掌握的资料看，对岳父岳母的面称在城市为从妻称，而“大爷”“大娘”类称谓只用于农村。在衡水地区，东部五县（景县、阜城、枣强、故城、武邑）称岳父母为“大爷”“大娘”或“大叔”“婶子”，而南部的衡水市、冀县、深县南部称“爸”“妈”，西北部饶阳、安平、武强三县和深县北部按规矩该称“爸”“妈”，但是极少有真叫的，这里的人说“谁叫谁是傻小子”，实际情形是女婿见了岳父母什么称呼都没有。衡水地区对岳父母的面称由东北向西南的分布呈现从“大爷”“大娘”类称谓向“爸”“妈”称谓渐变的状态，东部为传统型称谓，西北部为过渡型称谓，西南部为现代型称谓。与衡水地区相邻的沧州地区，有些农村并存“大爷”“大娘”类和“爸”“妈”类两种称谓，后者是近年部分年轻人采用的。与景县有一河（运河）之隔的沧州地区吴桥县，当面直接称“岳父”“岳母”。[1]

山东省临沂地区按“大爷”类称谓。聊城地区一般称“大爷”类，但少数人称岳母为“妈”，而不称岳父为“爸”。聊城称岳母为“妈”显然是受城市影响，此地称母亲为“娘”，“妈”是外来称谓。这种从妻称的影响还未改变聊城大多数人的称谓方式，而且这种影响只限于对岳母的称谓。河南西部农村对岳父母也用“大爷”类面称。[2]

以上是我们了解到的部分地区的情况。从这些资料可以看出，“大爷”类称谓出现于文化变异滞后的农村，“爸”“妈”称谓则发生于文化变革领先的城市，并向农村传播。即使在城市内部，对岳父母的“爸”“妈”称谓也有不同的运用状况。据笔者对部分人的访谈，北京市民对岳父母的“爸”“妈”称谓可分三种情况：一是与岳父母交往时称谓积极、自然，“跟称呼自己的亲生父母一样”，至少不回避对岳父母的称呼。二是较少称呼，平时尽量回避称呼，能不称呼就不称呼，只在不得已时或在重要场合、时间才称呼，比如在打电话时没有表情动作等视觉礼仪符号以及情境性话题来代替称谓形式的礼仪和开头语，并且需要以称谓语告诉对方自己是谁，这时一般会称呼；在祝寿、拜年时也免不了加以称谓；有时说话需要有称谓引

1　资料来自笔者在北京向来自该地区的人所做的访问调查。

2　资料来自笔者在北京向来自该地区的人所做的访问调查。

起岳父母注意，也要称呼。有的在称呼时发音含糊，不像称呼亲生父母那样响亮、清晰。三是基本不称呼，有人自结婚以来称呼岳父母就只有屈指可数的几次。还有个别人采用其他称谓语，如一位五十几岁的老北京人当面称岳父母为“岳父”“岳母”，这是一种旧式面称的遗留。有的采用变通的从儿称，比如抱着孩子去岳父母家，见了他们不称“爸”“妈”，而对孩子说：“叫姥爷（姥姥）”，在他看来就算自己称呼了岳父母。由于笔者没有进行定量调查和分析，尚不能确定使用三种称谓的人在北京市民中的分布比例。

综上所述，对岳父岳母称呼“爸妈”是从城市兴起的。它是男女平等的现代文化的产物。与此相对照，我们可以得出称岳父母为“大爷”“大娘”的文化内涵：“大爷”“大娘”这类称谓语作为对岳父母的称谓，在语源上是拟亲属称谓系，这意味着男子与岳父母之间是一种疏远的关系，岳父母不是“自己”家庭内的成员，他们是“外亲”，这可以与媳妇称公婆为“爸、妈”相比较，她称“爸、妈”意味着认公婆为同一家庭成员。所以“大爷”“大娘”类称谓用于称岳父母，是传统社会父权文化和男尊女卑文化在称谓习俗上的体现。面称采用“岳父”“岳母”也是同样道理。它们在现代社会正在为“爸、妈”类称谓所取代。

在传统社会的宗法制度中，妻子的娘家亲属是严格的外亲，女儿女婿家庭与丈人家庭来往受到很多限制，互助活动较少。新中国成立以来，宗族文化受到有效抑制，同时女性的社会地位得到很大提高，这使媳妇在夫族基本上解除了过去受到的各种压制。虽然男尊女卑的思想和习俗没有完全根除，但媳妇在公婆、丈夫面前绝不再是顺从、附属的“小媳妇”角色，而是相反，在许多方面特别是在家族内部事务及亲戚往来方面具有一种相对权威的地位，在一些家庭敏感问题上公婆与丈夫常要看媳妇的脸色。宗族长老权威与夫权的衰微，“媳妇权威”的崛起，使宗亲之间的凝聚力显著降低以至矛盾重重，宗亲之间的互助自然也大为减少，同时外亲在亲属体系中的地位明显提高。另外由于家庭日常事务更多地属于妇女的管辖范围，也由于妇女在亲戚往来上比男子更为活跃，所以就一个家庭而言，母系外亲（主要是外公家、姨家）、妻系外亲（主要是丈人家）比父系外亲（主要是姑亲）更为亲近，即走动更多。特别是改革开放以来，村落的封闭性有一定程度的减弱，机械化程度也有显著提高，而家族内部围绕着分家、养老问题的矛盾更加激化（实质上也就是宗族文化更深层和更根本的解体），这些使得突破村际隔绝状态的外亲互助显著增多了。近年来，黄庄村民与村外的亲戚进行经济合作的事例是不鲜见的，虽然“远亲不如近邻”的说法仍能成立，但“远亲”的作用显然比过去大了。家族内部各家庭间有隔阂，而村民关系又不如亲戚亲近，所以在很大程度上宗亲互助缺少的环节就由外亲互助补充或代替了。比如缺少劳动力的家庭，在农活儿忙不过来时，女主人会求助外村的亲戚，亲戚会放下自己的活儿，二话不说地开着机器或牵着牲口来帮忙；盖房、娶媳妇、买农具等缺少资金时，向宗亲和村民借钱通常是比较难以开口也难以借到的，而向亲戚借钱就比较自然，只要亲戚有闲置的存款，一般会不遗余力地予以帮助；也有亲戚搭伴或合作外出打工的事情。而外亲互助中最为常见和密切的是女儿家庭与娘家的互助。

媳妇地位的提高对亲子关系有割裂作用，这使老人不能从儿子那里获得足够的经济资助和感情慰藉，于是他们便有了从女儿那里获得一部分帮助以为弥补的需求。而媳妇的相对权威地位使她能在一定程度上满足报答自己亲生父母的愿望。这表现在她常支使丈夫去她娘家帮工，她也常回娘家探望上。女儿家庭与娘家的密切互助关系是由女儿在两个村庄之间满腔热情又不受约束地穿梭往来而维系的。她的丈夫，早在定亲之后、结婚以前就经常到女方家帮工了，为了娶到媳妇，他是任劳任怨、有求必应的；结婚以后，他也许不像婚前那样殷勤，但对丈人家的事也不敢怠慢，对媳妇照应、孝敬娘家的行为不会加以阻挠。而且，黄庄一带古来待女婿为贵客，现在虽然女婿的地位有所降低，常被当作无偿的劳动力役使，但在礼节上这里还古风犹存，对女婿还比较客气。同时由于许多女婿在自己家族里与父母、兄弟都不和睦，于是就与丈人家往来密切，距离近的干脆就在生产、经营项目上“搭伙”（合作）。这样，就出现了一种值得注意的现象：父子家庭之间、兄弟家庭之间不和、吵闹，甚至冷若冰霜，而女婿家庭与丈人家庭之间合作得亲亲热热。

既然父母与女儿都有密切往来的愿望，并且父母家庭与女儿女婿家庭能够顺利合作，村民将女儿嫁到一个较近的地方便是一个自然的选择。在其他文化因素的共同促进下，村内婚的禁忌被打破了，村内通婚现象应运而生。在女儿嫁于本村的情况下，如果女方家庭没有儿子，那么已失去劳动力的女方父母完全由女儿供养，地由女儿种，房子与家具由女儿继承，年迈的老人一般住到女儿家，构成“父母—女婿女儿—外孙”这种非父系的三代同堂家庭；如果女方父母尚是较强的劳动力，那么他们与女儿家庭是密切互助的，表现在农机具合买共享，生产各环节密切合作，而且两个家庭之间没有感情隔阂的利益纠纷。如果女儿嫁在本村的人家尚有儿子，由于婆媳疏远或不和的情况较为普遍，父母同女儿家庭的关系密切程度至少不逊于同儿子家庭的关系。事实上，父母与女儿女婿之间的互助关系远胜于父母与儿子儿媳之间的互助关系。[1]

近年来，各个村落的姑娘嫁到本村的现象逐渐增多，使村落文化的根本结构发生了一定程度的变化。村内通婚使村落不再是只有父亲的亲友居住的地方，它也是母亲的亲友居住之处。第三代子女的抚育和第一代老人的赡养也有双系并行的倾向。这是村落亲属结构的根本变革。这变革又将最后瓦解传统的父权文化和以其为基础的宗族组织文化，包括村落称谓制。这样，村落内部出现了宗亲关系之外的另一种重要的互助形式，即姻亲家庭之间的互助。姻亲互助的出现是对宗亲互助弱化的一种补充。

传统上，这种姻亲家庭一般是在外村，所以称为外亲。这里按照习惯仍将它归在外亲类下，但它实质上已不是传统含义的“外亲”了：在空间上，它同宗亲一样，也是“村内亲”了。在称谓上虽然仍沿用旧称，但其实质含义也发生了变化：“姥爷”“姥姥”等母系称谓所指称的亲属不再是外村的，而是本村的人。这种互助虽仍称为“外亲互助”，实际上其含义也变了：它已不再是同外村亲戚的互助了。

1 黄涛：《语言民俗与中国文化》，第 85 ~ 89 页，人民出版社，2002。

村落制度民俗

民俗学的社区调研对象更多的是以村落为单位的。

“社区”是现代民俗学进行民俗文化考察和研究的基本概念和重要视角。

“社区”是英文词“community”的翻译，也有人将之翻译为“群体”。显然，从字面和本义来讲，将之翻译为“社区”更为准确。因为“群体”一词没有空间的概念，而“社区”一词有区域和空间的概念，其基本意义指特定区域、特定空间的群体或民俗主体。

社区的地域范围有大有小，可以是村、镇、街道、居民小区，也可以是乡、县、市，还可以大到省、国家。狭义的社区概念通常指较小范围的村、镇、街道、居民小区等，这些社区单位都有其官方组织和制度，也有民间组织和制度，本书只阐述基于社区习俗的民间组织及其制度。

从基本的生产生活方式和文化类型角度，可以将社区分为两大类型：农村社区和城市社区。本书关于社区制度民俗的设置即以这样的分类为基础，分为两部分：“村落制度民俗”和“城镇制度民俗”。

民俗学是从特定的理论、角度和方法出发偏重研究传统文化的学科，倾向于认为“城市是乡村的延伸”[1]，即传统文化的根脉在乡村：从历史上看，乡村是人类社会最早的聚落，后来才出现了城市；到现代社会，城市一直处于社会运动和文化变革的前沿，传统文化的变迁或毁坏程度比农村更甚，乡村的生活方式和文化也相对更接近于传统社会；我国目前活态的传统文化资源和根基主要部分仍在乡村而不是在城市，更多的文化遗产项目保存于村落和存活于乡村生活之中。自 20 世纪初现代民俗学科创立以来，民俗学者就把调查研究的重点放在乡村了。

乡村的基本存在形态是村落。传统的村落可以说是由血缘和地缘两种关系联结着的一群人繁衍生息的场所。村落群体的血缘关系主要体现为宗亲关系，由此形成的相关文化以宗族文化为主干；其地缘关系则主要体现为同村乡亲关系，由此形成的相关文化以社区民俗为主干。同一个村落的村民主要由这两种关系组织起来，由此形成村落文化的两个主要部分：村落宗族文化与村落社区民俗。

图 1
浙江省永嘉县苍坡村，村民在村头的亭子里乘凉聊天。
黄涛　摄于 2008 年 7 月 8 日

1　这是钟敬文先生生前在谈话中多次讲过的话，意思是从历史上看，先有农村后有城市，城市是由村落发展而来的，民族文化的根脉也在农村；同时也是强调当代民俗学应该将调查研究的重心放在乡村民俗。

地缘关系是看待村落社区民俗的基本角度。对村民来说，“一个村的”就是很亲近的关系。一个村的人世世代代生活于同一个相对独立封闭的空间，家宅和土地邻近，相互熟悉，互助往来密切，结成了代代相传的友好亲近关系，就是同村乡亲关系。“村落制度民俗”就是基于地缘关系的村落组织制度民俗。

基于地缘互助关系的拟亲属称谓制

中国在长期的历史阶段是一个宗法社会，人们十分注重血缘亲情关系。在社交活动中，人们为了联络感情、密切双方的关系，喜欢用亲属称谓语来称呼并无亲属关系的人。拟亲属称谓就是将亲属称谓语延伸使用到非亲属关系的人之间。这种延伸使用有两种情形：一种是用于熟悉的人之间，表示交际双方在过去交往的基础上形成的亲近感情和亲密关系，并且起到维持、增强已有关系的作用；另一种是用于陌生人之间，作为民间礼仪表示对称谓对象的敬重心意和亲近意图，起到拉近双方距离、为交际创造亲近语境的作用。据此拟亲属称谓可分两类：一类是熟悉者之间使用的，另一类是陌生者之间使用的。两类拟亲属称谓语不仅功用有别，而且在称谓词语的确定原则上也有差别。陌生人之间根据性别和年龄确定称呼语，如果双方的交际不持续保持，这种称呼只在现场临时使用。由于属临时使用，根据性别和年龄确定称呼的原则也不是严格认真遵守的，有时为了表示尊重，年龄大些的一方通常被称为“大哥”或“大姐”。熟人之间的关系有两种，一种是世袭的，另一种是非世袭的。非世袭的关系根据对方性别、年龄确定称呼，世袭的关系要加上世袭的辈分。当辈分与年龄有矛盾时，要优先考虑辈分。比如在世袭关系中，10 岁的孩子可以是 40 岁成人的父辈，按民间礼法，这个成人应该称这个孩子为“小叔”，虽然事实上很少有这样称呼的（有些严守传统习俗的妇女会以长辈之礼称呼孩子），但是这位作为长辈的孩子却不用对这位作为晚辈的成人讲究什么礼节，如果他要表示客气，可以虚称成年人为“大哥”，而按年龄来论，他应该称“大爷”的。现代社会，严格的世袭型拟亲属称谓只存在于农村。城市社区中的拟亲属称谓一般是在社交场合根据交际双方的年龄而临时确定的，没有世袭的辈分关系。

传统的拟亲属称谓在村落中的运用比在城市更为普遍。同一村落的人形成关系密切的一个相对封闭的互助团体。一般村民之间的密切关系实质上以地缘互助关系为存续基础，以血缘亲情关系为组织方式。这使得村民用亲属称谓语相互称呼，并按世代传袭的辈分关系来确定相互之间的礼仪。故一般村落都有与邻近村落相隔绝的称谓体系，它像一张网，将全村每一个村民都连接起来，并将他固定在某一个辈分上。非亲族关系的村民间所用亲属称谓语即村落的拟亲属称谓语。

一、拟亲属称谓语的构成

村落的拟亲属称谓语大体上借用当地的宗亲称谓语体系。由于各地方言不同，这里我们用河北农村的拟亲属称谓语作为代表予以描述。河北农村的拟亲属称谓语（面称）体系由四级辈分的称谓语组成，列举如下：老爷爷、老奶奶；大爷爷、大奶奶，姑奶奶；大爷、大娘，大叔、大婶子，大姑、小姑；大哥、大嫂子、大兄弟、大姐姐、大妹妹；爷们儿，哥们儿，你哥、你嫂子。在不当面指称某一村民时，一般使用姓名来称谓，注重礼节的村民提到年龄大的另一村民，就在这人的姓名或小名后加上拟亲属称谓语，如“王金昌大爷爷”“石成爷爷”。

在村落里，拟亲属称谓是一种尊称，是年幼者对年长者、低辈者对高辈者的一种礼节。传统文化以长者为尊，所以这些称谓语主要是指称长者。指称小辈和年幼者的词语大多不用于当面的称呼。对于年龄小于自己者（包括大辈年幼者）一般称呼姓名（小名）。侄子、侄女，孙子、孙女等在拟亲属称谓体系中只能作为背称或拟亲属名词使用。上述称谓语中只有很少指称小辈和年幼者的词语，它们是：大兄弟、大妹妹，你哥、你嫂子，使用这些称谓语的是中老年妇女。特别是“你哥”“你嫂子”更是妇女的专用称谓。它们的含义是指称辈分低于自己的成年人。因为不能称他们为侄子、孙子或侄媳妇、孙子媳妇，称姓名也不能表示礼节上的尊重，她们就使用了从儿称或从孙称，“你哥”“你嫂子”与“他哥”“他嫂子”意思一样，其中的“你”与“他”都是指称谓者的后代。从词源角度来说，“你哥”是“你是我孩子的哥”的缩略形式。“你哥”用于面称，“他哥”用于背称。“爷们儿”“哥们儿”是另一种称谓语，它们有意模糊交际双方的尊卑界限，意在营造平等、轻松的语境，是一种玩笑体的称谓。其字面意思概括了双方的辈分关系，但不明确表示辈分大小或年龄长幼，用于经常相互开玩笑的村民之间。

村落拟亲属称谓语全部借用父系宗亲称谓语。这主要由于村落传统上实行外婚制，村落世代所居皆为父系宗亲，从这里出生的女性都出嫁到别的村庄，村中的已婚女性都来自别的村庄，只有男子才能永久居住在他所出生的村庄，所以村民关系是沿着单一的父系世系的线索代代相传的，拟亲属称谓语自然以男子的社交圈为选择标准。嫁到本村的女子熟悉的社交圈在她出生的村落，在这里她必须以丈夫为中心进入新的关系网络，她只能处于从属的地位。此外，受宗法制度和男尊女卑思想的影响，宗亲历来处于受尊崇的地位，而外亲则有文化上受排斥的倾向，这使得宗亲称谓语带有敬重的文化色彩，外亲称谓语不含这种色彩，甚至少数妻系姻亲称谓语带有贬义。由于拟亲属称谓只是表示亲如血缘的密切关系，其主要意义在于村民关系的确认和礼仪上的敬重，其次才是对辈分、长幼的尊卑次序的区分，所以拟亲属称谓语的辈分划分并不像血亲称谓那样严格。比如在河北景县黄庄，村民的现有辈分共有六级，拟亲属称谓体系只有四级，对老爷爷之上的辈分也只以老爷爷称之。而且对老爷爷这辈的人也不都称之为“老爷爷”，而称之为“大爷爷”，这种情形常发生于异姓之间。如果是同姓人，两家交往又较密切，大多会认真地称“老爷爷”。如果发出称谓行为的一方父子两代都称呼同一人为“大爷爷”，表面上不免混同了父子两代的辈分，但是他们并不在意这一点。这一方面说明拟亲属称谓语在区分辈分的功能上有粗疏的地方，另一方面也表明拟亲属称谓体系的辈分单位以祖辈、父辈、同辈为主，祖辈称谓可概指其本级及其以上的几级辈分。但是祖辈以下的辈分是乱不得的，如果称错了辈分会遭到别人的指责和嘲笑。

在构词形式上，“大爷爷”“大叔”“大哥”等语中的“大”字，是将被称谓人区别于本家族亲属的标志，并不一定是对人的排行称谓。拟亲属称谓对人的排行是不敏感的。如果一个人在兄弟中排行老二，比他矮两辈的人可以称他为“二爷爷”，也可以称“大爷爷”。

村落有单姓村与杂姓村之分。单姓村由一个家族发展扩大而成，村民世代传承着一个氏族的父系血缘关系。杂姓村落是由最初的几姓家族发展而成，整体上呈现“大杂居小聚居”的居住空间分布形态，通常同一姓氏的村民居住在村落的同一方位，仍然保持“聚族而居”的特征。杂姓村可看作几个单姓村的联合体。从村落形成和发展的线索来看，同一姓氏的村民有着或远或近的血缘关系，确为事实，亲族之外的村民关系实质上是地缘互助关系，同姓村民之间的血缘关系主要是习俗意识里的，它与异姓村民之间以拟亲属称谓形式体现的拟血缘关系并无本质区别，都是维持、加强地缘互助关系的方式之一。所以同姓村民之间使用的拟亲属称谓语与异姓村民之间使用的并无本质区别。就此笔者曾在河北景县做过调查，笔者问村民，他们在称呼同姓而非亲族关系的人为“大爷”时，与称呼异姓的人为“大爷”有什么不同，他们说：“一样的，见了面说说话，该招呼嘛招呼嘛（按辈分该怎么称呼就怎么称呼）。”见到上一辈的比自己父亲年纪大的村民就按礼节称“大爷”，是否同姓并无亲疏之别，但这与称呼父亲的亲哥为“大爷”在亲近感上是不同的。虽然当面都称“大爷”，但背称能分出远近：对当面称“大爷”的村民，背称一般称其名；而对“亲大爷”，背称时仍说“俺大爷”，不可称名。同姓村民之间使用的亲属称谓与异姓村民之间的一样，都是拟亲属称谓，那么同姓村民之间的血缘关系也同异姓村民之间的一样，都是拟制的血缘关系，只不过前者从历史角度看更顺理成章而已。因而“一个村落就是一个家族”的说法不仅指同姓村落，也指异姓村落。当然异姓之间的关系与同姓之间的关系有时也体现出差别，比如在遇到婚丧大事时先请同姓的人帮忙，人手不够时才请异姓的，拜年时拜完全部同姓，再拜关系好的少数异姓，这一方面与历史传承的宗法制习俗有关，另一方面也与居住得远近有关，同姓的人居住更近，在互助和往来上也更方便和密切。但这同姓与异姓的亲疏差别程度并未大到影响村民之间拟制血缘关系的实质。

可以说，村落内部的拟亲属称谓是村民之间的地缘互助关系与血缘式亲情融合的产物，它作为一套世代传承的社交礼仪，表述、维持和巩固着村民之间“亲如一家”的密切关系，将全村血缘关系已淡远的同姓村民与没有血缘关系的异姓村民联结组织起来。

图2 河北省景县黄庄，元宵节前后村民扭秧歌。

黄涛 摄于2007年2月18日

二、拟亲属称谓在村落生活中的运用状况

拟亲属称谓是亲属称谓的扩展。这种扩展是有特定的社会结构功能的。亲属称谓名词并不是对称谓双方的亲属关系的简单概括。在特定的社会文化系统中，亲属名词是附带特定感情意义的，并且它规定称谓双方相互之间应采取的礼仪态度和行为。比如“叔叔”“大爷”这两个称谓语。在传统社会里，家族通常三世同堂或四世同堂，孩子与父亲的兄弟生活在一个大家庭里，叔伯对侄子有抚养的义务和教育的权利，侄子对叔伯持尊敬和顺从的态度，所以“叔叔”“大爷”这两个词在传统文化里不仅表示叔侄关系，而且表示双方有亲近的感情，被称谓者对称谓者是爱护的、威严的，称谓者对被称谓者是尊敬的、听从的。当这亲属名词扩展运用到非亲属身上时，就借着语言的力量，将这名词所带有的感情意义、它所包含的对亲属关

系中双方态度和行为的规定推广到非亲属关系中。[1] 拟亲属称谓就是以这种原理在村民之间起着凝聚作用，并规定着村民之间尊卑长幼的礼仪秩序。

以亲属名词来称呼亲族以外的村民，就是将亲属名词所附带的感情意义及社会文化规定的相关态度和行为推广到村民中，从而将家族内的亲密关系推广到普通村民之间。村民互相反复使用这称呼，使家族式的亲密关系遍布村落所有人之间，将村民凝聚为一个社会团体。村民每次使用这称呼时，都是对家族式亲密关系的确认，也是对自己和对方的村民身份的再度确认。因此，勤于对别人使用拟亲属称谓的村民总能获得对方同样热情有礼的回报，他因此得到别人的好感和称赞，在村中格外有人缘；而那些在村中爱闷头走路，不怎么和人打招呼，不爱用亲属名词称呼人的村民，和其他村民的关系就较疏远，特别是那些在乡里或县城上班的村里人，如果来来去去骑着自行车，遇见人也不下车说话，不用亲属名词称呼乡亲父老，村民就会说他“不认村里人了”，也就不理睬他、不大当他为村里人了。如果在外工作，回村后仍然频繁使用亲属名词称呼村民，别人也就对他很亲热，不把他当作“外头来的人”。可见，拟亲属称谓是确认村民身份和维持村民关系的一种重要方式和手段。

宗法社会的家族关系是极重尊卑长幼的秩序的，由宗法社会世袭下来的一套亲属名词除了表示双方的亲属关系之外，也包含着传统文化所规定的尊卑长幼之别。村民关系借用这套亲属名词，发挥亲近关系的功能，即前文所说的凝聚功能，同时部分承袭了它所带有的尊卑长幼之别的内容，使村民关系趋于有序化，这就是拟亲属称谓的分层功能。由于拟亲属称谓借用的是父系宗亲称谓语，它对村民的分层也仿拟宗亲称谓对亲属成员的分层。民间的父系家族人伦秩序的构建主要有三个原则：亲疏、辈分、长幼。亲疏原则强调血缘的传承、远近，表现于区分直系与旁系，直系亲属比旁系亲属亲近，两系的内部又以自己为中心向外推，越往外越疏远。血缘越近，关系越亲，相互之间所承担的权利和义务就越重，相处时的礼仪要

1　费孝通：《生育制度》，载《乡土中国 生育制度》，第 275 页，北京大学出版社，1998。

求就越严格和细致。《礼记·大传》说："四世而缌，服之穷也。五世袒免，杀同姓也。六世，亲属竭矣。"讲的就是这个道理。辈分原则在亲属结构中至关重要，家族内部的许多活动首先区分辈分，特别是在婚姻制度中强调不同辈分的男女不得通婚，因为两个不同辈分的族人的身份混同会引起这个亲属体系中其他成员位置的变动，导致较大规模的亲属关系的混乱。长幼原则以辈分原则为前提，在同一辈分内才有长幼之别，以年长者为尊，这种区分是很细致的，如两人同岁要区分出生月日的先后，即使是双胞胎同天出生，也要区分哪个先出母腹。拟亲属称谓对村民的分层最重要的是辈分原则，其次是长幼原则，只轻微体现出亲疏原则。由于拟亲属称谓毕竟是对亲属称谓的仿拟，它在村民社交生活中的分层功能不可能像亲属称谓在家族团体中那样得到严格贯彻，它对村民身份的区分是象征性的，而且和年龄、财力、权力等因素的分层功能共同发挥作用。

先看亲疏原则。为了对村民关系的实质有个清晰的界定，笔者将村民关系分为两类：一类是亲族关系，它所包括的范围比"五服"制规定的要宽泛些，可容纳第六旁系及其后代作为亲族成员；二是非亲族关系，就是一般村民之间的关系，其不再区别是否同姓，以及同姓之中血缘的远近，因为亲族之外的同姓血缘关系在生物学意义上对通婚没有妨碍，对实际生活中的互助关系也无实质影响。所以我们倾向于将亲族之外的村民关系看作地缘关系，而未将是否同姓对村民关系的亲疏造成的影响考虑进去。的确，拟亲属称谓一般不会因姓氏异同而产生差异，尽管在拜年等民俗活动中村民有区分姓氏的习惯，但这些特殊时间的活动在日常生活中只占很小的量，并不能对村民关系形成根本性的影响，也未影响拟亲属称谓的使用频率和情感意义。就是说，拟亲属称谓并未将一般村民区分亲疏。

再看辈分原则与长幼原则。亲属关系中的辈分原则对于亲族成员之间的礼仪要求很严格，如果交际双方分属两辈人，低辈的一方年龄比高辈的一方大了许多，这种年龄的逆差不能影响双方之间的常规称谓和尊卑礼节。也就是亲属称谓中长幼原则完全服从辈分原则。而在村民之间的拟亲属关系中，长幼原则是超出祖传辈分的界限影响交际行为和称谓习俗的，成为与祖传辈分原则相抗衡的一种因素。由村民交往礼仪的长幼原则派生出另一种辈分关系，我们称之为年龄辈分，而将祖传辈分称为世袭辈分。两种辈分造成了两种拟亲属称谓语，它们和谐并存于村落的拟亲属称谓体系中。

世袭辈分和年龄辈分对于一个有着几百年历史的村落而言，是出发点不同因而性质不同的两种体系。它们就村民对称谓语的选取而言往往是两种不同的标准，因而会对村民称谓行为产生不同的影响。在一个自成体系的村落社交团体中，两种原则在相互交叉、冲突和平衡的状况下左右着村民之间的称呼行为和礼仪秩序。世袭辈分从村落始祖开始世代传袭。在河北省景县黄庄，据村中老人口头资料，现在的第一级辈分中，黄姓和王姓均为各姓始祖的第十代孙，最低的第六级辈分为第十六代孙，其他姓氏的传袭代数按进入本村的早晚而多少不一。不同姓氏的村民的辈分关系联结成一个统一的网络，代代相传。年龄辈分是按自然年龄估算的辈分，比如与自己年龄相仿是同辈，比自己大二三十岁算父辈，比自己小二三十岁算子侄辈等。在黄庄，世袭辈分是明晰的、确定的，是不容忽略和弄错的，每个村民从小就被父母反复传授，自己在不断运用中巩固着对其他每个村民辈分关系的记忆，在他成年时，对全村六百多口人的辈分已十分熟悉，碰见每一个人不用想就知道对方的辈分，并自然地按适宜于双方辈分关系的礼仪与他打招呼。因此，本村的辈分网络是储存在每个村民脑海中最熟悉也是最重要的地方知识之一。而年龄辈分则是模糊的、潜在的，它在日常生活中对村民相互间的尊卑态度起着重要作用，牵制着世袭辈分的影响，而在郑重的礼仪活动中，年龄辈分是基本服从世袭辈分的。比如甲村民 50 岁、世袭辈分为 C 辈，乙村民 20 岁、世袭辈分为 B 辈。按世袭关系，甲应称乙为叔；而按年龄辈分，甲是乙的父辈。由于年龄差距很大，乙在日常交往中对甲说话时按青年人对中年长辈的礼节，持尊敬态度，一般暂且放弃自己作为“叔”的世袭辈分，称甲为“大哥”——这已是两种原则平衡的结果。在此例的关系中，甲可以不称呼乙，乙也可以不称呼甲，而采取与甲平等和玩笑的态度，这并不失礼，因为乙年龄虽小，但“辈儿”大，按当地话讲，叫“萝卜不大，长在背（辈）儿上了”，他要“充大辈”对甲来说是可以接受的。虽然乙在平时可以委屈自己的大辈身份称甲为“大哥”，但在拜年活动中他是不会给甲拜年的，甲倒可能以开玩笑的方式对乙说句拜年话。

对村民来说，世袭辈分是一种祖传习俗，承认并遵守它所规定的人际差序是对祖先的尊重，也是对双方村民身份的确认和对全体村民一体化的庄乡关系的固守。对现在已有三四百年历史的这个村落来说，世袭辈分已经从始祖时的自然年龄辈分转化为一种社会性村民分层制度。它只对这一个村落小社会有意义，走出这个村落，这个特定区域的辈分关系网络就没有意义了，要服从更大社会范围通用的年龄辈分原则。但是在特定村落文化意义上，世袭辈分比年龄辈分更值得关注，无论是对村民来说还是对研究者来说都是如此。莱维－斯特劳斯说："赋予亲属关系以社会—文化特征的并不是它从自然中保留下来的东西，而毋宁说是它从自然中分离出来的基本方式。"[1]这话虽然是就亲属关系而言，但同样适宜于村落拟亲属关系的分析。世袭辈分从自然辈分的母体中分离出来，是稳定、亲密的村民关系的产物，是特定村落的历代祖先的文化遗产的一种，它是与传统的乡土社会相适应的。

如果说世袭辈分是一种历史性的文化设定，那么年龄辈分则是一种在实际接触中形成的共时性的经验积淀。实际生活中的年龄辈分关系有三种：爷孙辈分关系、父子辈分关系、同辈关系，这是一种客观的分类，而不是历史文化的规约。但是年龄辈分礼仪，仍然遵循了传统文化"尊老爱幼"的伦理。孟子所讲的"老吾老以及人之老，幼吾幼以及人之幼"已成为民众深层文化心理的一部分。《礼记・曲礼上》对怎样对待亲族之外的年长者做了礼仪上的规定："年长以倍，则父事之；十年以长，则兄事之；五年以长，则肩随之。群居五人，则长者必异席。"村民作为保留传统文化影响较多的群体，对基于年龄辈分的礼仪要求也不会忽视。况且在村落团体中，年龄辈分对村民的分层还有实际生活经验基础：年长的村民通常与自己的家族长辈接触密切，那个圈子是与自己有距离的，每逢社交场合，父亲或爷爷就要求自己采取恭敬有礼的态度对待他的伙伴，所以对父亲或爷爷的敬重态度也推广到与他年龄相仿的村民；年长的村民通常给自己或自己家提供过帮助，也免不了向自己传授生产或做人的经验。这些都是与年龄辈分直接相关的，都足以让后生对中年人或老年人采取与对父亲或爷爷相仿的恭敬有礼的态度。对比自己年幼的子侄辈、孙

1 ［法］莱维 - 斯特劳斯：《结构人类学》，第 56 页，谢维扬、俞宣孟译，上海文艺出版社，1995。

子辈的人则帮助、教育、爱护他们，并自然保持自己作为年长者的稳重与尊严。这些因年龄的差距而引起的相互对待的态度都不是与世袭辈分直接对应的，甚至经常是与世袭辈分相矛盾的：爷爷辈的人是个懵懂无知的孩子，孙子辈的人倒是位历经沧桑的白胡子老人。还有一种情况是年龄辈分方面的同辈关系，由于年龄差距不大，在身体素质、人生阅历、趣味爱好等方面较为接近，使处于这种关系的人趋于一致和平等的接触，不易发展出尊卑关系。特别是年龄相仿的村民，从小在一起玩闹、上学，待到成年，已有多年的伙伴关系的交往，相互间有牢固的平等意识。以上诸种因素都使村民产生认同年龄辈分并采取相应礼仪的强烈倾向。

两种辈分都要求得到村民的重视并体现为相应的礼仪态度，而两种辈分恰好一致的情形是很少的。在河北景县黄庄，世袭辈分有六代，可依此将全村人划分为六个等级，而年龄辈分只有三代：第一代指在家中已做爷爷的老年人，第二代指在家中未做爷爷但已做父亲的中青年人，第三代指少年儿童。两种分类体系不可能一一对应，差距最明显的是最大辈的家庭祖孙三代处于世袭辈分的前三代，最小辈的家庭祖孙三代处于世袭辈分的第四代至第六代，这样，即使大辈家庭的孙子也比小辈家庭中的爷爷高出一辈。从家庭与家庭之间的辈分关系看，两种辈分交错的情况在村中居多，两种辈分平行的情况只占一小部分。这样，在村落内部的社交生活中，两种辈分原则对村民的称谓行为及礼仪态度的要求不可避免地发生了冲突。这种冲突是我们在逻辑上推导出的，事实上村民世代和谐相处，早已将这冲突化解，他们根据自己的原则进行调适，现在的情形即是两种原则平衡的结果。假设“自己”是村民中的一员，他与不同年龄辈分和不同世袭辈分的村民之间发生称谓行为的情形可分如下几种：

第一种情形，对方的年龄相当于自己的父辈和爷爷辈时：①如果对方的世袭辈分是父辈和爷爷辈，自己称对方为“大爷”“大叔”，或“大爷爷”，称呼得很自然，即使对方年龄相当于父辈，而按世袭辈分称他为“大爷爷”也是自然的，自己对他们的态度是恭敬的，与他们的交际是严守尊卑界限的。②如果对方的世袭辈分与自己平辈，对年龄相当于爷爷辈的人称“大哥”，对他的态度是敬重的，与他说话是注意礼节的；对年龄相当于父辈的人称“大哥”，对他虽持敬重态度，但言行较为放松，与他可适当开些玩笑。③如果对方的世袭辈分是自己的小辈，当他的年龄是爷爷辈时，对他可称“大哥”，也可不称呼，但与他遇见时主动打招呼，态度是敬重的，当他的年龄是父辈时，对他一般不称呼，也可称“大哥”，与他见面打招呼不大主动，且说话随便，常开玩笑。有些年长的妇女很重庄乡之礼，称对方为“叔”或“××（小名）叔”，使对方顿感长辈身份而变得矜持，但在对方尚未成年时对这样尊称会很不适应。

第二种情形，称谓对象在年龄上与自己属同代人时：①双方年龄差距在5岁以内，由于人生阅历接近，且从少儿时期就一直保持伙伴式的密切接触，使自己与他形成平等关系，成年之后能够经常意识到双方的世袭辈分的差别，但不在称谓上显示出来，相互以姓名相称。②双方年龄差距在5岁以上时，由于少儿时期上学、玩耍不是一个圈子，相互间有距离感，到成人时一般按世袭辈分称呼，称呼形式可以是“小名+亲属称谓”，这种形式既有称名字的意味，又有尊称成分，表现出在年龄差距不大的情况下对世袭辈分的尊重。但是，辈分差距在两代以上时，年幼者对尚是年轻人的大辈者称“爷爷”感到难为情。

第三种情形，对方的年龄辈分是自己的子侄辈或孙子辈时：由于在年龄辈分上占明显优势，对村中后生一律看作自己的晚辈，对他们持帮助、爱护和训导的态度，并要求他们对自己尊敬有礼。但是后生中比自己辈分高者以平等地位与自己说话，并开些不损伤自己作为年长者尊严的玩笑，自己是乐于接受的。

以上我们讨论了世袭辈分和年龄辈分两种不一致的因素在称谓行为中相抗衡的情况。可以看出，村民是普遍认可世袭辈分对全村人的等级划分的，这种分层大致限定了特定辈分的村民在与其他村民交往中的礼仪态度。但是世袭辈分的分层对村民交际礼仪态度的影响是受到年龄辈分制约的。这种制约使得拟亲属关系中的村民往来处于有序而和谐的状态。需要说明的是，以上讨论两种辈分对村民交往的影响是在村民之间处于良好关系的前提下，在另一些情况下拟亲属称谓的分层功能是不起作用的。一种情况是村民之间闹矛盾而吵架甚至打架时，表示两家撕破了拟亲属关系的脸面，这种称谓分层功能就不起作用了，这恰好从反面证明拟亲属称谓制实质上是维持村民良好关系的一种礼仪性组织手段。另一种情况是有少量“不懂礼”

或不讲理的村民根本无意于同别人保持和睦关系，辈分分层功能在他们身上见不到明显效果。

三、拟亲属称谓制在当代村落权威体系中的位置

中国的传统社会是一个宗法制社会，宗族制度发达、严苛，家族体系中的长辈具有很高的权威。村落的拟亲属称谓是仿照亲属称谓来建构和运作的，这使得村落的辈分制具有较大的村民权威分层功能，这种权威分层主要体现在社交礼仪上，即辈分高的家族和个人在社交礼仪上占有尊贵、受敬重的地位，可以向辈分低的村民显摆大辈的威仪和架子，辈分低的村民则要在称谓、表情等礼仪行为上对高辈分的人表示敬重，轻易不能怠慢、冷落和冒犯。

应该指出，本节集中讨论拟亲属称谓体系对村民在村落团体中的地位的影响，并不意味着它是影响村民地位的唯一因素，也不意味着它是最重要的因素。实际上，村民在村中的声望、人缘、权威等地位是各种因素综合作用的结果，除了辈分因素之外，主要有三个方面：行政权力、家庭财富、个人素养，因为这些不是本书关注的中心问题，以下仅出于弥补上文可能出现的偏向的考虑做简要说明。

20世纪50年代以后，国家意识形态和地方行政权力对村落的宗法观念和宗族势力一直起着有效的打击和压制作用，只有当前者放松控制时，后者才有所恢复和抬头。70年代末实行家庭联产承包责任制以来，正是以宗族组织习俗为主的传统村落文化逐渐恢复的时期。拟亲属称谓习俗是宗族组织习俗中的一种，因为它只出现于村民的口头，作为一种象征性的礼仪文化存在，并不能造成妨碍国家权威的民间力量，所以拟亲属称谓习俗并未受到针对性的冲击。在家谱、旧书被焚毁的时候，在拜年请神礼仪被禁止的时候，农村地方政权倒没提出废除老祖宗传下来的世袭辈分转而建立社会主义大家庭一律平等的新型辈分关系，但是地方行政权力仍然是冲破祖传称谓习俗限制的一种强硬因素。以下我们以目前的状况为例介绍。

土地承包到户以后，村干部不再掌握支配村民劳力、控制劳动成果分配的权

力，从意识形态上驾驭村民的力量也减弱到几乎是最低的限度，这样，村落行政权力的地位明显降低了，村干部的数量也减少了。虽然如此，村干部仍然是村中最不容轻视的一类人。他们仍然掌握着一定数量的可供支配的权力资源和财富资源。村民在承包土地、申请宅基地、调解人际纠纷等事情上仍然有求于干部，即使不为这些较大的事，平时要在村中卖猪肉瓜果、提供某种有偿服务需在大喇叭里做广告，或者丢失了牲口农具要在大喇叭里广播寻物信息，也要求得村干部的帮助。作为村民，总免不了同村政权打交道。所以支书、村长是村中具有特殊身份的人，也是最有权威的人，他们到了村民家，会得到周到的招待，会抽上这家为特殊客人准备的好烟，一年中在各家酒桌上出现次数最多的也是村支书与村长。小队长与会计掌握的权力资源很小，主要是协助村支书、村长做好本小队的工作，并组织婚丧等大事的互助活动等，但他们也是被村民高看一眼的。不过村民并不过分趋炎附势，他们认为家中有事请村干部喝酒，当面对村干部比对别人待以更尊重的礼节，是很正常的，而对那些“巴结村干部”（比如常给村干部送礼、对村干部过分亲热）的村民是瞧不起的。

在村干部中，村支书是最有权威者。他在村中的身份有两重性：一种是村民中的一员，另一种是行政权力的代表人。虽然他每月有一定数额的职务津贴，但毕竟不是专职国家干部，他是农业户口，也要种地、喂猪、拜年、请神。他在大队部之外的地方出现时，和村民互相以拟亲属称谓相称，村民从不称他为“支书”，只是对他使用拟亲属称谓更热情些。在村民看来，他首先是庄乡，其次才是支书。支书为公事到各家去说事，也是以双重身份出现的，他对村民用拟亲属称谓，在说公事之外还会说许多家常话。支书以完全的干部身份出现只有两种场合，一种是召集村民开会时，他在众人面前讲话时板起面孔是很有权威感的，他用许多官方词汇表达意思，直接称呼乡亲父老的姓名而不管对方是何辈分。另一种是在大喇叭里讲话，通知、布置村里的各种事情，这时他的口气是命令的、训导的、指示的，指称村民时不管其年纪和辈分一律称呼姓名，而对这种称呼村民是接受的，并无任何不适，因为那是大队部发出的声音，是说公事的，而不是一个处于某个辈分的村民在讲话。

家庭的财富水平也是影响村民在村中地位的一个重要因素。这首先是由于致富是各家首要的奋斗目标，已富起来的人是有能力的成功者，是他们效法的榜样，因而值得敬重；其次是由于富裕者可能会对自己有所帮助，一者急等用钱时可向他借钱，二者或许能从他那里学些致富门道，或跟他联合搞副业。不过对富人的尊重是在富人懂礼的前提下，如果他“富而不仁”或“富而无礼”，村民是不理睬他的。在村民中有威望的富人是能与他人亲密相处者。

个人素养是关系村民威望的另一重要因素。受到村民格外尊敬的个人素养有：通晓乡村事理和礼仪知识、能说会道、能写会算等。具备这些素质的人，村民称之为“说说道道的”，即各家有了事常请他们来摆说事理。他们所懂得的人情事理和礼仪知识必须是当地的，并不是关于世界风云、国家大事、城市奇闻等外部社会的知识，人们管这些叫“闲摆”，意思是跟他们没什么关系，聊这些只为满足好奇心。人们对懂得书本知识的人也没有特别的敬意，村里上了中学而没考上大学或没找到工作的青年是村民眼中受嘲笑的对象，因为他们书本上学到的知识在村落生活中派不上用场，反而因读书而缺少生产经验或人情往来的知识，村民管他们叫“书呆子”。能说指懂得地方知识，能在人前把理摆出来，“能把人说住”，当地对能说的人有种特别的敬佩感。能写指写得一手好毛笔字，能帮人写礼帖和对联，会算指会打算盘，擅长算账，村民认为这是“脑瓜灵”的主要标志。他们在“说道”方面的作用是次于村干部的，村民在有争端特别是在遇到较重大的纠纷时，首先想到请村干部调解，再请“说说道道的”作为辅助，一些较小的家庭内部的争执就只请“说说道道的”来帮助解决。

作家李凖在他的回忆录里讲道，他的祖父和父亲就是在家乡的村子里有威望的人。他的祖父是个宿儒，在洛阳县立第四小学做校长，还是当地的书法家。他作为读书人，和村里的人趣味不合，来往较少，且治家自有一套，使这个家庭在村里显得孤立，常受到其他村民的嘲讽，称这家是“文明人家”。但是其祖父并不是像今天从大学里毕业的年轻人那样不懂得乡俗人情，而是比一般村民更精通这些，所以就成为一个有威望的村民：

> 一般在四件事上，不少人必请祖父：首先是给孩子起名字。往往是人家一来，祖父就拉着长音问："什么时辰生的？"待回答后，马上算一算，就给说出一名。一般起的都不错，人家也满意。其次是，婚丧嫁娶。在农村，婚丧嫁娶有很多习俗礼节，很多人不懂，祖父对这些礼仪不但懂还很熟悉。比如，人死了，家里的亲朋好友都来了，那么怎样发孝，怎样点主（就是写祖宗牌位），怎样点朱砂，另外，家里三拜九叩大礼，怎样安排，这些祖父都特别清楚……第三件事是，村中有人办喜事时，他为人家合八字。先看看男女双方的出生年、月、日、时辰，再看看各自的属相是否相克。如果八字不合不能结婚。八字合好后，还要在婚前帮助两家换旗，就是换帖，喜事当天，张罗着迎亲、迎客。有些人家结婚吃酒席比较讲究，席前拜宴要拜客喊礼。这事，祖父也懂，每次都帮人办得很圆满。因为祖父是读书人，又懂得各种礼节，村里不管谁家有事都请他，大家很尊重他，平时总喊他为"老李先生"。祖父呢，也认为自己是个知识分子，平时穿戴就与众不同。一般农民都穿短土衣小褂，他常穿着大褂，特别是有应酬时，更是要穿上大褂，还戴上一顶灰色的礼帽。尽管那大褂很旧，只能盖住膝盖，但也洗得干干净净，穿在身上显得很讲究。还有一件事是写春联：洛阳过年时讲究贴春联，每到过年前，家家户户不管多穷也要写副春联贴上。祖父是当地小有名气的书法家，大家自然找他帮忙写春联。

李凖的父亲避免了祖父"脱离村里群众"的缺点，会处关系，乐于助人，很有人缘，而且"父亲很能说，到了口若悬河的程度"。这样，其父亲就成了上文所说的"说说道道的"人："中年以后，我们村，包括麻屯镇几百号人家里凡出现吵架、分家、婆媳不和、兄弟反目等事，必请父亲去调解，当时农村叫'说事儿'。"[1]

受行政权力、家庭财富、个人素养等因素的影响，部分村民成为村落中有权势、威望的一个阶层，他们不仅在社交礼仪上受到特殊尊重，而且有处理村落事务

1 李凖：《李凖自述》（之一），第 80 页，载《十月》文学双月刊，1998 年第 1 期。

的能力。与之相比，拟亲属称谓体系虽然有区分村民尊卑地位的功能，但是这种分层并不能影响权威的分布，世袭辈分高的村民虽然享受到社交礼仪上的敬重，但并不意味着他有处理村落事务的权力和威望。

我们可以将行政权力等因素对村民地位的影响称作村落权威性分层，将拟亲属称谓体系对村民地位的影响称作世袭礼仪性分层。前者属于现实的共时文化形态，后者则属于传统的历史文化形态。

村落权威性分层只是将部分村民分立出来，而对绝大多数村民并没有明确的分层作用，而世袭礼仪性分层则将全体村民联结起来，组成一个完整有序的团体。在目前村落权威体系很松散的情况下，拟亲属称谓体系在以小农经济为主体的村落中所起的凝聚和分层的作用还是不能忽视的。

在当前社会转型期，村落的拟亲属称谓制仍在整体上存活并发挥着其惯常的社会文化功能。但也要看到，这套称谓惯制正在某种程度上发生着变化。在许多村落，近年来随着不相邻的村民间交往的减少，出现了“村里的新媳妇和小孩认不过来”（村民语）的现象，这无疑会降低拟亲属称谓语的使用频率；另一个值得注意的现象是，近年来村落内通婚现象逐渐增多，通婚双方的家族成员之间要由原来从宗亲角度出发的拟亲属称谓改为姻亲称谓，这说明传统的村落称谓制在村民心目中已不具有不可更改的地位，它的组织功能已经弱化，正面临着现代文化观念的剧烈冲击。从拟亲属称谓的变迁可以观察到当代农村文化在向城市文化演进的过程中村民关系的细微变化。

村落的人名称谓礼俗

称谓是人际交往之始。村民之间的交往特别重视礼仪，打招呼和一般交谈大多要从称谓开始。村落称谓主要由拟亲属称谓和人名称谓组成。当面谈话时使用拟亲属称谓的情况居多，因为这可以表示年龄小者对年龄大者、低辈分者对高辈分者的尊重，而前者对后者当面说话时是不能称呼对方的名字的。村民对年龄相仿者、对比自己小的人则可以使用人名称谓。所以在村落面称体系中，人名称谓是对拟亲属称谓的补充。而在背称中，人名称谓使用得更多，毕竟只用拟亲属称谓不能确指某个人。为了表示对年长者或高辈分者的敬重，在背称时常用人名称谓加拟亲属称谓的形式来指称某个男性村民，如“黄金新大爷爷”“石成叔”等。对已婚女性村民，也可以使用人名加拟亲属称谓的形式，如“郝玉兰大婶子”“凤兰姑”等。但人们对年龄比自己大一些的女性已婚村民往往叫不上名字，而在背称时更习惯另外两种称谓方式：一种是从其丈夫的角度指称，如“王英家的”，“家的”就是“老婆”的意思；另一种是从孩子的角度指称，如“王英他娘”。

村落人名主要有四种形式：姓名、乳名、字号、绰号。这四种人名各有各的文化内涵和使用情境。

一、村落姓名称谓

姓名称谓俗称大名。传统的大名由三个字组成。第一个字是姓，它是父系血缘的标志。在传统社会，姓起着明血缘、别婚姻的作用。《白虎通义·姓名》中说：“人所以有姓者何？所以崇恩爱，厚亲亲，远禽兽，别婚姻也。”在一个村落之中，同姓意味着是村中同一远祖的后代，有古远的血缘关系。即使不在一个村落，人们在社交场合，若遇着同姓的人，为了拉近关系，也常有人说：“咱们五百年前是一家。”传统社会的儒学理论认为同姓属同一宗族，同姓男女不得通婚，但这只是古籍上的说法，实际上并没有严格执行，只有很少地方有不同村落的同姓也不能通婚的讲究，但很多村落有同村不婚的习俗，不但同姓的人不通婚，一个村子里不同姓的人也不通婚，其实际原因已不是“同姓不婚”的规矩，而是村落共同体因素形成的一种习俗。

大名的第二字是辈分字。它是宗族文化的产物。在一个大家族中，同一辈分的人用同一个辈分字。辈分字往往是在族谱里预先定好的。由此延伸开来，一个村落里也按辈分确定村民间的拟亲属称谓，同一个姓氏的村民起名儿时也讲究同辈的人用同一个辈分字。辈分字标出了村民在村落社交礼仪网络中的位置，将同姓血缘群体的内部尊卑秩序清晰地展现于语言层面，为村民特别是孩子和刚嫁入本村的媳妇掌握称谓网络、遵行称谓礼仪提供了方便，即从对方姓名用何辈分字可知对他怎样称呼。清代唐甄在《潜书·名称》中说："名者，序长幼，辨贵贱，别嫌疑，礼之大者也。"这是从命名角度讲，姓名不单纯是指代个人的符号，而且是个人在社会秩序中的位置的标记。姓名的前两字就具有这样的作用。

姓名的第三字才是纯粹区分个体的符号。对命名者而言，由于前两字都是因袭的，无法选择，只能在第三字上体现他的创意。第三个字的常用字眼，一般是能代表人们的理想、价值观和审美观的，显得吉祥、文雅、新颖的。男名常用"昌、福、禄、旺、才、龙、国、刚、强、勇"等，女名常用"英、华、芬、兰、梅、秀、芝、霞"等。有些名字从纪念意义角度来取，根据孩子出生的时间、地点以及当时发生的事情，选择与这些因素有关的字眼来命名。

传统社会中人们一般按族谱中排定的辈分字来起名儿，一般都是三字名。新中国成立后由于宗族文化受到批判、排斥而逐渐消亡，传统的起名儿习俗也在变迁。农村一部分人还保留着按辈分字起名儿的习惯，也有些人家就不按辈分字，觉得什么字眼好听就用什么字作名字，有些人家干脆给孩子取两个字的名字。由于两字名字打破传统的三字名的格局，显得新颖，两字名就逐渐多起来。城市里起名儿更自由，已基本没有按族谱辈分字起名儿的现象，大多用好听、时尚或有纪念意义的字来起名儿。比如 2002 年 3 月，河间有一个人家在北京妇产医院生下 5 胞胎，受到社会关注和支持。5 胞胎父亲缴保存决定给 5 个孩子取三个字的名字，中间都是"福"字，这样起名儿一方面是由于孩子得到了大家的关心，许多人伸出了援助之手，他觉得这是孩子的福气；另一方面，是为了孩子的明天更美好，孩子的未来能一帆风顺。[1] 人们对词语的好恶受社会思潮的影响，所以新中国成立后几十年中人名用字往往有很强的时代性。二十世纪六七十年代出生的人有不少"向东""卫东""学毛""捍卫""永革"这样的男名，女名用"红"字的特别多，就跟当时的社会思潮有关。

1　杨凤立:《五胞胎名字取"福"意　父亲回乡筹医疗费》,《京华时报》, 2002 年 3 月 13 日，第 6 版。

由于同姓人很多，人们对语言美学观念又接近，重名现象很严重，一个村里常有重名的，只好有一人改名，因为村落里人际关系太密切了，重名会有很多麻烦。城市里重名现象更严重。据有关部门调查统计，20 世纪 90 年代末，天津有 2000 多个张力、张英、张健；广州有 2400 多个梁妹、陈妹；沈阳有 3000 多个王伟、李杰，4000 多个李玉兰、刘淑珍；上海有 2800 个王勇，2700 多个陈招娣、孙卫东。城市里同名的人如果不是在一个单位，一般不会因重名而带来较大的交际困难，但有时也会有麻烦，如某市医院给一名叫李莉的小女孩发错了药，急需找到她，谁知在一个不大的路段内，叫李莉的小女孩竟有十几个。派出所查户口、对地址，忙得团团转，等找到拿错药的李莉时，她已服下了错发的药。虽经医院全力抢救，她还是夭折在送往医院的途中。所以重名问题引起了人们的注意。为减少重名，有人提倡三字名，认为过多地起两字名会使重名现象更严重。还有些人家打破传统的起名儿习惯，为孩子取四字名。除了“诸葛”“司马”“欧阳”等复姓名字之外，传统上汉族人的名字不超过三个字。近年来单姓四字名悄然兴起。刘培明、付义红在《悄然兴起的四字名》一文中讨论了这种新颖的名称。据统计，山东省已有单姓四字名 2800 多个。这些四字名大体有四种命名方式：一是父母双姓加双字名。如胶东某市教师张夫、杨芳夫妇，有一女儿名张晓，其就读的学校里有两个学生与她同名。于是父母为她改名为张杨舒仪。二是以父亲或母亲的姓加上三字名。如驻青岛部队一对干部夫妇，为在亚运会期间出生的儿子起名儿为王义亚雄。他们认为这个名字显得英武博大，不同凡响，富于阳刚之气。著名排球运动员曹慧英为女儿起名儿为“殷乐笑子”（其夫姓殷）。三是以父母的姓各取一个两字名，再将两个名拼在一起。如苏南某县一对叫付杰、柳志平的夫妇为女儿取名为付晓柳婷。

尽管不同的姓名用字在命名角度上有表意的差别，但作为称谓语在交际中的功能和用法是相同的。姓名本为代表个人的符号，如果没有礼俗的限制，它是可以被无所顾忌地用来称呼人的。但是在礼俗社会里，姓名作为称谓语必然要纳入礼仪制度体系。

在农村，村民关系以亲属关系和拟亲属关系为基础，姓名称呼必然要服从村落称谓礼仪的规约。在家族成员之间，长辈的名字是严禁说出的。无论是当面还是背后，直称长辈的名字都是严重不敬尊长的行为。喜欢开玩笑的村民有时会“不怀好意”地告知别家的孩子其父母叫什么，让孩子直呼自己父母的名字，从而获得突破禁忌的快感。这种游戏的成立就是以父母姓名禁忌为前提的。在河北省景县黄庄，村民一般都说不上其老爷爷的名字，50 岁以上的人半数以上说不出其爷爷名，甚至有位 81 岁的老人竟忘记了其父亲的名字。这种忘记先人名字的状况主要是由于村民没有家谱等文字记载形式，在生活中又禁说长辈姓名。直系亲属长辈之外，第一旁系长辈的姓名也是禁说的，即只能用亲属称谓指称爷爷的兄弟及其配偶，父亲的兄弟及其配偶。而对第一旁系之外的宗亲长辈，当面用亲属称谓，背称时用姓名加亲属称谓的形式，因为如只用亲属称谓，则指称不明，比如背称时提及堂祖父，因黄庄称谓中没有表示这种血缘关系的确切用语，就用姓名（或小名）加“大（或‘二’‘三’等排行字）爷爷”来表示，如“黄金新大爷爷”“黄桂清二爷爷”。

对家族成员的晚辈和同辈中年龄小于自己者，则直接称名。家族血缘关系中，实际运用中的人名称谓是对年幼低辈者的称谓，是对孙子、儿子、弟弟等位卑亲属称谓语的替代形式。正是从这个角度上，人名称谓在功能实质上可看作亲属称谓的一种，因为它表达的是对位卑亲属的指称。在晚辈成年以前，长辈对他称乳名。在他成年特别是成婚生子之后，长辈出于对成人的尊重，对晚辈也有称呼大名的倾向，或者称“××他爸”“××他娘”，但由于语言习惯，多数情况下还是以乳名称呼晚辈。

村民关系是家族亲属关系的延伸和仿拟，因此家族内部的称谓规则也适用于村民之间。但由于是仿拟的亲属关系，此规则在运用上就有些变通。对于村民中的年长者，不管高辈低辈，都以拟亲属称谓相称，直呼姓名是无礼行为，是为年长者所不能接受的。但在背后，为了指称明确，重礼仪的人就用姓名加拟亲属称谓语的形式，不大讲究礼仪的年轻人往往直接用姓名指称关系一般的年长村民。对已成人的年青村民，男性年长村民一般以大名称之以表尊重，而年长妇女不大讲究这点，一般仍以乳名称呼。年龄相仿的村民自小相互称乳名惯了的，但成人结婚之后，相互间也郑重其事地改用大名相称，这是村民心理成熟的一种标志。如仍用乳名称年龄相仿者，对方会认为是对他的不尊重。

二、村落乳名称谓

乳名又叫小名，是人在幼儿时期所用的名称。起乳名是一种历史久远的语言习俗。据游国恩先生考证，起小名之俗“兴于两汉，盛于六朝”。[1]古代文献中关于古人小名的记载是不鲜见的。如《南史·张敬儿传》记载，南齐时，有兄弟俩，哥哥张敬儿小名叫狗儿，弟弟张恭儿小名为猪儿。张敬儿受占卜术及梦境的启示，以为自己将成为天子，遂密谋反叛，编造童谣说：“天子在何处，宅在赤谷口（张敬儿房前地名），天子是阿谁？非猪如是狗。”后被齐武帝所杀。《旧唐书·李君羡传》则记载了一次关于小名的宫廷游戏：唐太宗曾请武官在宫内饮宴，令大家作酒令，并各报自己的小名。华州刺史李君羡自报小名叫五娘子，太宗笑他说：“你算什么女子，这么勇猛无畏。”从其中各报小名的记载看，当时起小名的习俗是极普遍的。不仅民间百姓、文人官宦起小名，号称天子的皇帝也是有小名的。辛弃疾的《永遇乐·京口北固亭怀古》中说：“斜阳草树，寻常巷陌，人道寄奴曾住。”“可堪回首，佛狸祠下，一片神鸦社鼓。”词中的“寄奴”是南朝宋武帝刘裕的小名，“佛狸”则是北魏太武帝拓跋焘的小名。最为人熟知的古代帝王小名是刘禅名“阿斗”，曹操名“阿瞒”。以上小名不管是平民百姓的，还是官宦皇室的，都以俚俗丑贱为原则，这与从正面体现社会秩序和生活理想的典雅好听的大名迥然不同。可见，乳名是一种有独特社会文化价值的命名和称谓习俗。

乳名习俗在农村尤盛。这里以河北省景县黄庄的情况为例。

在河北省景县黄庄，凡在20世纪70年代以前出生的村民几乎都有一个俚俗甚至“不雅”的小名。小名的命名角度很多，归结起来，有如下几种：①以低贱畜类为名的，如小猪、猪剩、小狗、狗剩、老狗。②以坚固的事物为名的，如铁柱、铁蛋、铁成、铁峰、金生、钢生、石成。③改从“张”姓的，如张锁、张立、张狗、张生、张良、张燕、张旺。④据排行或性别起名儿的，如小二、小三、大丫、王小。也有男子起女性名的，如王丫。⑤表示希望、理想等抽象意义的，如红旺、来

1 游国恩：《离骚纂义》，转引自袁庭栋：《古人称谓》，第85页，四川教育出版社，1994。

兴、小福、小荣、长勤、建华、顺立；有生了女孩希望再生男孩的，就起名换弟、招弟、会来、会生等。⑥带辈分字的，第一字表明孩子在族中的辈分，即与本族中同辈的人用同一辈分字取名，第二字寄托希望、理想等意义，如福刚、福明，文权、文岭，志岗、志芳。这些小名在成年后加上姓氏就是大名。还有其他起小名的角度，如以自然景物为名的：月明、月亮、红葵、秀亭、春光、小霞等；以形体特征命名的：小胖、老胖、过掌、小黑等；也有表示纪念意义的，如纪念老来得子的“老得子”等。这些小名由于叫得随意、亲昵，语音上都是儿化的，如小猪叫成“小猪儿”，张旺叫成“张旺儿”。传统上小名一直叫到成年，成年特别是结婚生子之后一般改称大名，只有亲近的长辈才继续以小名称之。过去大名一般是在 7 岁上学时才取的，虽然老师要求大家上学后即以大名相称，但孩子只在课堂上偶尔用大名，课外仍以小名相称。郑重的大名称呼本不属于亲密无间、喜玩爱闹的孩子的世界。

乳名通常是为了称呼便利，适于表达亲昵喜爱的情态，而且往往被超现实地赋予保佑幼儿成长的魔力。我们可以分别称之为便利原则、亲昵原则和保佑原则。它们是起小名习俗在传统社会中得以形成和长期传承的主要原因。

首先，小名作为对幼儿的称谓有很大的便利性。由于它不是正式名称，故用词随意，得来容易。而令人满意的大名却是不易得的。出于对大名的重视，既要使它用词合礼、吉利，又要文雅、好听，一时想不出，就将此事搁置下来，反正幼儿暂无用大名的需要，于是就随便取个小名来称呼他，小二、王丫、黄小、小胖皆无不可。小名的便利性还在于它用词的口语化和双音节，它所用的字俚俗浅白，又合乎汉语构词双音化的习惯，称呼时顺口，不像大名用字文雅郑重，往往有不生活化的字眼，又是三字格，称呼时总有些拗口费力。这样在幼儿名称不需要以更复杂费力的形式来满足特定社会需要时，语言的经济原则就发挥了主导作用，促使人们以简易的符号称呼幼儿。所以 20 世纪 80 年代以后，黄庄的村民在不给婴幼儿另起小名的同时，用婴幼儿大名中的后两字来称呼他，以部分地起到小名的作用，这可以看作小名合乎语言经济原则的一个佐证。

其次，小名有长辈表达亲昵之情的功能。20 世纪 80 年代以来兴起叠字姓名，它们也很浅白好念。如黄帅、黄绢、王园、王飞等，为什么它们被大人们叫成了帅帅、绢绢、园园、飞飞呢？除了这种叫法更加顺口，主要在于这叠字形式能表达父母的亲昵喜爱之情。而带姓的名字总是因正规而显得郑重、刻板，不大适于作为昵称。由于这些叠字名字叫习惯了，许多人家就把它作为大名。截至 1997 年底，登记在户口簿上的叠字姓名共 16 个，如黄帅帅、王园园等，它们除 1 例出现于 1970 年外，其他都是八九十年代出生婴儿的姓名。其中只有 3 例是男孩名。这是由于人们感觉叠字名字不够郑重，不大适合做男孩子大名。如一个叫黄达的男孩，3 岁之前被称为“达达”，满 3 岁之后就被称为黄达了，他的学名也就定为黄达。而他的两个姐姐一直被称为“绢绢”“宁宁”，她们的学名也就沿用了叠字形式。幼儿单名的叠字昵称实际上相当于小名，它所带有的明显的感情色彩证明起小名不仅是为了称呼便利，而且是为了表达长辈对幼儿的亲昵之情。小名的便利性是和亲昵性紧密关联的。它的用字生活化和易于称呼的特点，正适合长辈对幼儿表示喜爱的情态。小名的这种亲昵色彩既体现了长辈作为抚育者对幼儿的呵护和喜爱，也体现了他作为管教者对幼儿的尊严和权威。如果是那种三字格的表示人的社会地位的大名，就不适合表达长辈对幼儿的这种感情和态度。

最后，乳名在村民意识中具有保佑功能。这是主要的一点。上述两点是乳名的现实性的社会功能，在传统观念里，它们只能是起小名习俗的部分成因，或者是现代思维方式的人为孩子起小名的重要原因。从这两点出发，不能解释古来小名为何偏爱“狗剩”“猪剩”“垃圾”“石头”这类丑名贱名，也不能解释黄庄孩子的小名为何大量改从张姓，以及其他令人看来稀奇古怪的命名方式。所以对起小名习俗的解释还要从另一个角度入手，这就是在民间信仰里小名的超现实的功能，即它能保佑孩子易养活。

在黄庄做调查时，那些做了奶奶的妇女告诉笔者，小名带“张”是“押在张王爷的姓上”。张王爷就是灶王爷。此地传说灶王爷姓张，他的职能中有司寿命、保佑孩子一项。至于灶王爷身世的其他情况就说不上来了。据《酉阳杂俎·诺皋记》中记载：“灶神姓张，名单，字子郭。”说他是个负情浪子，因羞见其妻而钻入灶中成为灶神。黄庄人的灶神姓张的说法应出于此。“押张王爷的姓”即寄名方法。人们说，小名叫“小猪”“小牛”“老狗”，是因为这些畜类低贱，容易养活，叫“狗剩”“猪剩”，取命大之义，好像孩子已死里逃生，以后不会再出事了，不过那位叫“猪剩”的村民确有劫后余生的经历，他在不满周岁时躺在西屋炕上，娘去别的屋子忙活了，这时猪进了屋，跑到炕上，咬去他一个手指头，于是他就叫了“猪剩”；而铁柱、铁生、金生、钢生这类名字，是希望孩子能像铁、金、钢一样结实，不得病招灾；名字中带“链”“锁”的，是希望将孩子捆住、锁住，不被恶鬼带走；叫“立”的，是希望孩子能立住；男的叫“王丫”，则是由于丫头好养活。从这些解释来看，年纪大的一代村民是确有以小名而行语言巫术的意识的。而这种传统意识在四五十岁那一代的村民那里已经淡薄以至消失了。笔者注意到，20 世纪 70 年代出生的幼儿没有起丑名贱名的，只有两个带“张”字的小名；80 年代则连带“张”字的小名也没有出现，只出现了“全有”“满意”“满强”这类“好听”的小名。这批孩子的父母都是在新中国成立后出生长大的。

这一带关于取贱名可以辟邪的说法与文献所载古人对贱名的解释是一致的。如宋人王楙在《野客丛书》卷三十《小名犬子》中说：“父母欲其易于生养，故以狗名之……今人名字犹有此意，其理甚明。”另据宋人邢居实《拊掌录》及清人梁章钜《浪迹丛谈》卷六记载，欧阳修有儿名僧哥，人问他既素不重佛，何取此名，欧回答说：“人家小儿，要易长育，往往以贱物为小名，如狗、羊、马、牛之类，僧哥之名，亦此意耳。”《红楼梦》中则有富贵人家请出身贫贱者为孩子起名儿的情节。这就是第四十二回载王熙凤请刘姥姥为其女儿起名儿，王熙凤对刘姥姥说：“你就给她起个名字……你们是庄稼人，不怕你恼，到底贫苦些，你贫苦人起个名字，只怕压得住她。”在富贵人家看来，贫贱人所取名字就是贱名，就能辟邪祛病。

现代的类似记载也不少见，如民国二十三年（1934 年）铅印本《万金县志》记载今河北省张家口市万金县的起乳名习俗：

> 小儿初生之命名法亦甚多，有于弥月后抱之出门，逢何物即以何物名之，如花牛、狗儿、马驹等；又因子缺，恐不能大，盗他家小儿之名者，其法于中秋夜，接墙或隔户高声猛呼邻家或街坊某小儿之名，内如应之，

即返，以其名名己之儿；又有故意名讨厌之名，以望其成者，如狗不吃、狗嫌臭、不待见等；又有生男命女名者，如几丫头等类是也。此外，尚有以家长或高曾祖父母之岁数命名者，如六十三、七十二、八十一等是也。

这段记载明确指出了取小名之俗是为辟邪，且辟邪之命名角度不只是取贱名，还有盗他家小儿之名、以长寿家长岁数命名等。

江绍原先生曾广泛收集关于命名习俗的资料，他在《中国礼俗迷信》中所介绍的民间取名辟邪法有如下几种：①为小儿取牲畜名、物名，或男取女名，以求易养活；②取“锁”“拴”类的名字，谓将小儿锁着、拴着使之不能去；③取名“招弟”“辞妹”“假小”以求下一胎生子；④请路人命名；⑤行“卖名”法或认干亲法，将孩子假卖给人丁兴旺的人家，认人为义父母，请其命名，或认姓刘的为干爹，“刘”“留”谐音，取“留住”之吉，或将孩子假卖与神佛，请和尚代神命名。[1]

可见，以乳名辟邪曾是各地普遍流行的习俗，以巫术意识和手法试图有益于孩子的“养活”确为起小名习俗产生和流行的重要成因。各种形式的乳名辟邪巫术所经历的心理过程可用弗雷泽的交感巫术原理来解释。古人相信语言所表述的意思能够对事实产生影响，语言自身有一种魔力，能将它所表达的内容兑现。李安宅先生解释“语言的魔力”说：“语言所代表的东西与所要达到的目的，根据原始信仰，都相信与语言本身是一件东西，或与语言保有交感的作用。”[2]这可以看作顺势巫术的思维方式。取名为“锁”“拴”，以为靠经常念诵这已成为名称的字眼，就能生出一种灵力，真的能将孩子留住，不致夭折；起名儿为“牛儿”“小猪”，以为孩子就真的像牛、猪这类低贱而易养活的畜类一样，吃粗劣的食物、不必怎样精心看护他也能养大；起名儿为“铁”“钢”“金”，以为能令幼儿身体如这些金属一样结实不生病；让孩子姓了张，就如成了张王爷的孩子一般，邪病恶鬼就会惧了这“张”字不敢来犯；等等。同时，这种效力在人的想象中能够达成还跟对名字的崇拜有关。

---

1 江绍原：《中国礼俗迷信》，第 158、159、173、177 页，渤海湾出版公司，1989。

2 李安宅编译：《巫术与语言》（影印本），第 13 页，上海文艺出版社，1988。

在传统时期，物质生活水平低，医疗水平差，加之迷信思想盛行，起乳名的超现实因素占据突出的位置。在现代社会，物质生活水平和医疗水平都有了根本改善，幼儿的夭折率已极低，人们已不再过多地忧惧婴儿难以养活了，所以，在命名上的超现实信仰会淡化以至消失，而乳名的现实性功能就占了主导位置（假如将本自大名的叠音等形式的称呼法也算作乳名）。

20世纪80年代以后，农村的计划生育工作紧抓，孩子一出生就要起了大名报上去，政府将每人的姓名输入电脑严格控制，不许以小名上报。既有大名，另起小名的动力就小了，有在大名之外另起小名的，也因已有大名而“叫不起来了”。但没有小名，称呼小儿有不便之处。一般以三字格大名的后两字作为小名来用，或将两字格大名的后一字叠音化或在前加以“小”字作为昵称。这样起小名的习俗在政府现代管理方式冲击之下趋于消失。同时由于土地承包之后集体活动减少，且看电视取代了大部分游戏活动，孩子之间的亲密程度较之以前大为下降，这样在进入学校之后，在老师的要求下，孩子从七八岁开始即相互以大名相称了。

在人际关系亲密的村落里，乳名和大名是有明显的社会分工的。传统形式的三字格大名在构成上是人的村落社会地位的标记，在使用上它也相应地是对一个资格完备的成年村民的称谓。对一个人称呼大名，意味着对他有足够的社会生活知识和撑门立户能力的认可和尊重。而乳名在文字构成上都是随意的、俚俗的、没有社会地位标记的，在使用上它是对接受抚育的未成年人的称谓。这样乳名和大名就是一个人在他一生中两个阶段的名称，这种分工表现了他在两个阶段与别人的不同关系，也体现着别人对他的不同态度。因而乳名和大名在语言形式上的不同是与它的分工的不同相对应的，两种名称相对而存在，是不宜用一种取代另一种的。

乳名体现着父母及其他亲族长辈以至全体村民对幼儿养育教育的关心和爱护亲昵的感情。由于幼儿处于这样一种依赖于他人的状况，他不能也不需要在家族组织体系中占据一个独立的位置，所以他所得到的称谓也无须体现出他作为家族成员的角色含义，于是他在幼时的名称就不带父系血缘和辈分的标志，而是一个随亲长的喜好而从其他角度命名的很随意的名字。不管出于何种社会的或文化的因素，乳名都是适于人的幼年期的一种称谓形式。与幼儿期接受养育的特点相应，乳名也带有只适于幼儿期使用的用字和风格上的特点。

当人成年时，这种随意性很强的乳名便显示出不适于成人社交圈的特点。特别是在村落这种人际关系亲密的社区里，乳名与大名称谓的区分和变换有着重要的意义。在传统村落里，村民之间密切的互助往来使幼儿的抚育不完全是他所属家庭的事，他的宗族、邻居以及一般村民也或多或少地有所分担，特别是在生活知识、生产本领和为人处世常识上，幼儿常从家庭之外的村民处获得教益。村民不仅管教自家的孩子，也时常管教别家的孩子。同时，村民幼时的名称不仅为自己家庭的长辈所用，也为全村所熟知。在全村人的意识里，人幼时的名称与幼年的个人特征是联结在一起的。当人成年时，这种幼年的名称就与他的成熟的心态和能力等个人状况不相适应，如果继续沿用旧称，感觉上好像这人还没长大，被称呼者就会感到没有得到作为成年人应得的尊重。所以在成年时用另一个郑重的名称来替换乳名就成为一种现实的需要。从小在一起长大的伙伴，尽管在二十来年里亲密无间地打闹，做伴上学，互称小名已成习惯，但在成婚生子之后，都摆出老成的样子，相互郑重其事地改称大名，不管这大名叫起来是多么拗口。因为他们意识到称哪种名字可不是随意为之的事。再称成年人小名，如果称呼者不是长辈，就是一件无礼的事。

从童年到成年的转变实际上也是一种人格的变换。由乳名改为大名象征着人进入了成人阶段。乳名是保护幼儿的硬壳，也是他幼稚人格的标签，当他成年时，乳名就对他失去了意义，因而产生了更换名称的需要。在这个意义上，从乳名到大名的更换确有成年礼的意义，它表明一个人不再是受佑护和宠爱的孩子，而是一个有独立身份的社会成员了。[1]

三、村落鸿号习俗

“鸿号”是村落里给村民起号的习俗，是传统字号文化在现代村落的一种传承。

中国古代有在姓名、乳名之外再取字号的雅习。《礼记·檀弓》说：“幼名，冠

1　黄涛：《语言民俗与中国文化》，第195～206页，人民出版社，2002。

字。”孔颖达疏：“始生三月而加名，故云幼名；年二十有为父之道，朋友等类不可复呼其名，故冠而加字。”由此可知，名是从小就有的，字是成人之后才加上的。因为人到了20岁，就可以为人父或已为人父，有了一定的家族地位和社会地位，别人要尊敬他作为成人的资格，自己也要老成持重，这时就会取字，用来让别人称呼，而自称时则称名以示谦逊。因此，在过去的交际场合，人的名是不能随便称呼的，除了自称外，长辈和上级可以称呼别人的名，同辈都称别人的字或号，晚辈和下级更不能直称长辈和上级的名。又据《礼记·曲礼》记载：“男子二十冠而字，女子许嫁笄而字。”指出了男女取字年龄的不同，一些富贵人家，在男子20岁的时候，举行一个隆重的仪式，请尊贵的宾客为他取字；女子在可以出嫁（15岁）的时候取字。

字的本义，按《说文解字》的解释是“乳也”，产子、滋生的意思。字由名滋生而来，是名的引申、延展，对名起到补充、解释、配合的作用。名与字之间，一般都有某种方式的意义关联。如孔子的学生颜回，字子渊。《说文解字》说：“渊，回水也。”“回，渊水也。”两字属同义互训的关系。诸葛亮，字孔明，“亮”与“明”同义。李商隐，字义山，名与字都表示对商代义士伯夷、叔齐的景仰追思。颜之推《颜氏家训》解释名与字的分别：“古者名以正体，字以表德。”意为名用以表示个体的独立存在，字用来表明德行，称呼别人时就有称许对方品德的意思。这是对名与字的功能分别的一种被广为引用的说法。

号，又称别号、别字，是在名和字之外另起的名字，是根据成人之后的特征而起的。《周礼·春官·大祝》在谈到“大祝”的职责时有“辨六号”一条，郑玄注：“号，谓尊其名，更为美称焉。”呼字是对别人的尊重，呼号不仅尊人之名，而且尊人之字，所以更加客气。取号之风早已有之，春秋战国时代已有先例，但不是常见现象，到汉魏之际此风乃盛。开始号是别人根据某人的行为特征而送给他的，诸葛亮被称为“卧龙”，庞统被称为“凤雏”。后来文人大多自取其号，以表明志向或其他心态，也有的根据自己居住地的环境特征来命号，有随遇而安、自由任达的寓意，如陶潜字渊明，号五柳先生。由于称号比称字能表达更多的尊敬、赞许、亲近之意，一些人的号被叫得很响，以至掩盖了字，如苏轼字子瞻，号东坡居士，人多称“苏东坡”；陆游字务观，号放翁，人多称“陆放翁”；辛弃疾字幼安，号稼轩，人多称“辛稼轩”。宋代，文人几乎人人有号。此后，取号之风久盛不衰。

取字号的习俗一直保持到20世纪初才开始发生明显的变化。虽然字号作为传统礼俗在特定的社会文化环境中有其正面作用，但当社会文化环境发生变化时，它的负面作用就显著起来。20世纪初，在中国由传统社会向现代社会转型的时候，传统的姓名字号制度就显得过于繁杂、有失简便，而不适合快速发展、讲求效率的现代社会。一个人既有名又有字有号，同一个人在不同的地方有不同称谓，后人在阅读文献时也会产生接受上的麻烦和误解，对文化的传播、继承有不利影响。所以在辛亥革命后，社会上提倡“一名主义”，主张废除取字号的习惯，这种倡导得到广泛的赞成和响应。但是一种习俗并不会一经提倡就完全废止，它通常是慢慢衰落和消亡的。20世纪上半叶，称字号的习惯仍然在上流社会的交往中，尤其是在达官贵人和文人墨客之间流行着，甚至一些地方的穷苦人、农民也保留着取字号的习俗。

传统上取字号主要是上流社会的习俗，因为取字的仪式是需要花不少钱的，仪式小了没有很好的宣传效果，所取的字号流传不开，而穷人没有那么多的钱来讲究，一般不取字号，故取字号和称字号主要是达官贵人与文人墨客的事。但是这种状况也使拥有字号成为尊贵的一种标志，相互称呼字号也是一种风雅的事，平民、穷人也会有拥有和称呼字号的愿望，于是在一些地方就产生了穷人联合起来，以某种经济又有效的方式来取字号的习俗。张梦州《河北农村的“鸿号”习俗》一文以生动翔实的资料，记载了河北主要是冀中冀南一带一直保持到20世纪50年代初期的村落中取字号的习俗。这里取字号的活动叫“鸿号”，“鸿”是“大”的意思，“鸿号”二字，是个动宾结构，就是将名号“大”起来——不仅取字号，而且取字号后大力宣扬，让更大的范围和更多的人都知道。在河北农村，鸿号曾经是一个很盛大的民间活动，一般以村镇为单位，三五年举行一次，遇有天灾人祸就顺延，抗日战争期间大多没有活动，直到新中国成立初期才恢复。由于人们对这项活动非常重视，鸿号成为一项竞赛性活动：既可以和本村历次鸿号活动相比，也可以和其他村相比。所以活动组织得好坏和所取字号的质量，几乎成了衡量一个村和一代人文化素养高低的标准。村中那些“有威望”和“有学问”的人，更是将它当作施展自己才华的机会，极其热心地参加活动。这些人组成理事会，负责领导和具体操办取字送号的事务。

鸿号实行自愿报名。凡是原籍本村年满 20 岁的男子均可报名，长期在外地谋生者可由其亲属或族长代报，无成年男子户其男孩也可提前鸿号。报名者需交纳一定费用，确有困难的也可免交；同时大力提倡衣食丰足户捐助，捐助人和捐助金额都要写在大红榜上广为宣扬。

取字是鸿号的最主要工作。中国人历来讲究“名之与字，义相比附”，就是字要受名的制约，或同义近义，或相反成对，或相补呼应。鸿号继承了这些老传统，同时也结合农村特点有所变化，俗称取字的“五大路子”。一是套句式，将人名套入古今现成的词句里，从中找字。如名学字习之（学而时习之），名大江字东去（大江东去），名凤鸣字岐山（凤鸣在岐山），这是取字的首选方法。二是相同式，以与名意思相同或相近的词为字，如名秀峰字华山，名永生字寿长，名大年字新春等。三是相反式，即名与字意思相反或相对，此法专“正”一些“歪名”。如名傻子字聪颖，名瞎子字明公，名臭小字香嗣等。四是相补式，对名的意思进行补充或延伸。如名凤字飞翔，名虎字山林，名雨字润田等。五是附会式，这是对付“脏名”的办法。如名狗保、拴狗、猪窝、猪槽等则以长岁、寿昌、永年之类为字，名大妮、二妮的以秀男、俊男为字。这“五大路子”虽没有把所有取字方法都包括，在农村也大体够用了。

从取字对象的年龄（年满 20 岁）和取字的方法来看，河北的鸿号活动确是对周代以来取字传统习俗的继承。再看这里的取号：

排号是鸿号的特有任务。这里讲的号有别于古人自由选取的号，是将字的第一音节前面加“老”构成“老某”这种格式，河北人谓之号或叫

> 大号。如《赵县志》第593页记载了一名1951年参加国庆观礼并受到毛泽东主席接见的共产党员周常在，他的字是“彩云”，号为“老彩”。这就是说一个人只要有了字也就有了号，但为了消除一些弊端，还是要经过“排”然后再送号给个人。一是防重号。一些不同的字只因第一音节相同，就会造成重号。排号时约定，同一届中不准有重号，与往届比同姓人（指健在的）不准重号，直系亲属前五代人不准重号。二是防歧义。如河北人以“老园”为骂人话，因此与“园”近音的字不能排号，另外与直系长辈的号近音的也不行。三是避姓氏。中国人的姓往往还有本身的字义，因此也可以入字排号，但不得与姓重。如李老程可以，程老程不可，遇到上述情况，因不能排号还须改字。处理重号时，往往将那些既贴切又响亮的字号优先排给捐助资金多或社会活动多的人，此时才嗅出“排”先“排”后的味道。被迫改变字号的人，后取的多数都不如原来的好，这就是有些字号与本名关联不紧的原因。

可见这里的排号与过去有所不同，不像过去那样大都由自己取号，而且所用字眼并不一定是表达个人志向或特征的。但是，在根本的性质和功能上这里的号与传统的号是相同的。取字号后还要大力宣扬：由老学究拉着长声当众宣读，并逐个解释某人取某字排某号的依据或理由，然后在各街道张榜公布。再由理事会将每个参加鸿号的人的姓名字号写在大红纸上，贴到他家的大门口，叫作“送号”。理事会还用筹集来的资金，组织唱大戏、耍社火、闹龙灯、过庙会，利用这些活动进一步宣传新取的字号，给全村人留下较深的印象，以防止取字号后无声无息地被忘掉不用。

据张梦州的文章，鸿号活动的产品即字与号在该活动之后的使用情况有所不同。字在农村的一般村民之中不像在上流社会中那样受重视，多数人取字之后就将字遗忘了，但也有两种人对字是相当重视的。一是原名太“脏”，呼者难于上口，闻者难于入耳，本人难以承受，一旦取字后如获至宝，马上在自己的各种农具上和招摇过市的褡裢上，尽可能明显地写上姓和字，在交粮纳税等各种官方文书上也都改用新取的字，总之是要达到“以字行世”和“以字代名”的目的。二是能够跳出农民圈子的人，或做官或经商或教书等，他们将鸿号中取的字也就带了出去，在各种“场面”上以字互相交往。由此可知，能够进入上流社会的河北人，不管他们变得如何“斯文”，他们的字大多源于农村的鸿号活动。比起字，号却能得到村民长期和广泛的使用。这是由于“老某”的称呼，一方面简洁、方便，另一方面“老”在传统上是表示尊重的一种称谓，称“老某”能表现出对别人的礼貌，适用于晚辈对长辈（非直系）、同辈之间、年龄相仿而辈分不明的人之间以礼相交。张文说：“询问来自河北各个地区的一些老同志，除冀北的同志回答含糊外，冀中和冀南的同志都回答明确，说他们家乡流行过‘老某’这种称呼。有人说过去他们那儿中老年男子人人有这种称呼，只是有的叫得响，有的没有叫响，逐渐被人遗忘了。到石家庄附近农村走访，发现有些老年人现在还保留着并口头使用着这种称呼。有的老年人从他爷爷的爷爷直到他自己，一代一代都叫‘老’什么全能讲清楚。可见这种称呼在河北的影响是很广泛很久远很深刻的。”张文还对鸿号习俗在村落社会中的功能做了分析：“一是鸿号活动使一个村落的村民之间增加了交往，增强了村落的凝聚力；逢一些声势浩大的鸿号活动，周边村落的人以及其他村落的亲朋也来观摩和捧场，增加了村落之间的交流和往来的机会。二是称呼字号作为一种礼俗，使村民间的关系更加融洽、有序，对于青年人还有一种特殊的意义：活动中受益最大的还是那些参加鸿号的小伙子，他们由不为人重视的‘小’字辈，忽然风风光光地跨进了‘老’字辈（指有了‘老某’的号），自然增强了对家庭对社会的责任心，从此会自觉挑起更重的担子。”即拥有“老某”的号在一定程度上有成年礼的意义。[1]

四、村落绰号

绰号俗称外号，是别人根据某人的特征对他采取的一种趣味性称呼，大多是在被称呼者不在场时的背称。绰号有褒有贬。褒扬的绰号是能够为被称谓人所认可

1 张梦州：《河北农村的“鸿号”习俗》，第 52 ~ 54 页，载《民俗研究》，1998 年第 4 期。

的，也能当面称呼，而贬义的绰号大多为被称呼者深恶痛绝，不可当面提起。绰号虽然也是一种“号”，但与传统上可用以自称和尊称的号不是同一性质的名称，它不是人名的正式组成部分，关键是它不被本人认可和使用。

“绰”意为“宽裕、多余”，从字面上讲，绰号就是名字之外多余的名号。从实际情形看，可以说，它是以游戏的态度对大名和乳名的补充。人们在起大名和乳名的时候，要遵从一定的命名规范和礼俗，要在名称上体现命名对象的社会身份，或寄托命名者的希望、理想或情感，要使名称有利于命名对象的生活、社交和发展，总之是要这名称有益于命名对象及其家庭以至家族。而作为游戏性称谓，起外号纯粹出于命名者指称别人的便利以及从中体验到的乐趣、快感，一般不从有利于命名对象的角度出发。在用词上，外号的构思注重体现命名对象的显著的个人特征，并且多为不雅、不光彩的特征，体现这特征的字眼儿往往是别出心裁、一针见血的，可以算作一种艺术创作。人们在起大名和乳名时受社会规范的抑制而无法发挥的游戏冲动和幽默能量在起外号上找到了发泄的口子。它以一种轻松无忌的姿态打破了世俗礼仪和生活束缚。一个概括准确而巧妙的外号一旦被某人发明出来，很快就会得到大家认同并迅速传播开来，成为集体共享的称谓资源。在一个人际关系密切的社区或团体里，个人的外号是为人所共知的。由于绰号善于抓住人的显著特征，而且用字生动传神，往往比本名更容易被人记住。有时一个人的本名被人们忘记了，但是，他的绰号隔很多年都忘不掉。

有一些绰号是褒义的、善意的，针对某人的优点而起。如战国时秦惠王的弟弟公子疾，脖子上长了一个大瘤子。但是，人们并不因为这一生理上的缺点取笑他，而是叫他“智囊”，赞扬他的滑稽多智。西汉名将李广骁勇善战，使匈奴多年不敢进犯，被士卒称为“飞将军”。诸葛亮雄才大略，有旷世之才，隐居时有“卧龙”之称。五代时梁王彦章与人交战用两支铁枪，皆重百斤，一枪置于鞍下，一枪拿在手中，在战场骑马驰突，迅疾如飞，被军中称为“王铁枪”。包拯执法严明，不饶权贵，被百姓称为“包青天”。清朝赵德光平定回苗之乱，所向无敌，擅长奔袭阻截，敌人畏惮，称之为“铁脚板”。现代人物中，运动员郎平被称为“铁榔头”，郑美珠被称为“小钢炮”，范志毅被称为“拼命三郎”，戏剧家魏明伦被称为“巴山鬼才”“戏鬼”。这些绰号都是对人的美称。

在《水浒传》和金庸的武侠小说中，绿林好汉、江湖豪杰都有一个绰号，这些绰号往往比本名还要叫得响亮，成为这些人物在江湖上的地位或名声的一种标记、招牌。这些名称有别人所起，也有自己所报出。这种描写是江湖社会讲究绰号习俗的反映。据有关资料，中华人民共和国成立前的土匪就是每人都有一个“报号”。“报号”也就是在姓名之外再起一个绰号、诨号或外号。东北土匪的报号五花八门，起号的来由主要有八个方面：枪法、地盘、民意、财气、事件、纪念、威武、速度等。源于枪法的报号如“双镖”，指一个土匪善使双枪，曾两枪击毙两个劫道的强盗，在那一带闯下名声，人称“神枪双镖”。有以地盘、地名、山头来定名号的，如“常山虎”“土岗龙”“占东岗”“老三省”等，一般报号里带地盘字样的，该土匪就是大掌柜，报号里的地带就是他的势力范围，别地的土匪进他的地盘必须经他许可，否则就是“闯盘儿”，会发生冲突。有按民意报号的，指有些土匪虽然干坏事，但不愿得罪老百姓、落下坏名声，干匪事也讲究一定规矩，有时被官兵追得紧，还要到亲友老乡家里躲避，所以很在乎在百姓中的名誉，就讲求这方面的吉利报号，如“南来好”“西来好”“一江好”“三江好”“半拉好”“大家好”“哥俩好”“青山好”“绿林好”等。有为求得走运发财而报号的，如“宝全”、“金局”、“银堆”、“金闪闪”、“开门宝”、“出门宝”、“宝盛”、“财神爷”、“达三江”（取自常用联句“财源茂盛达三江”）、“飞虎团”（“飞虎子”指大票的钱）等。有以事件定报号的，民国十八年（1929年），农安北黄鱼圈一带起了一股土匪，大当家的叫“顺风耳”，因为他耳力好，给人看果园时，贴在树上就能听到较远处有人偷摘果子，一次曾凭听觉用袖箭把主人的二儿子打伤了，后者因不信他有那样的本事以偷果来试探他。他占山为王后就报号“顺风耳”。抚松一匪首的报号“刘不开面”，因他处罚了起局好友而叫开。“大来好”原称“打得好”，是因一次仗打得漂亮，被匪首起此名。纪念性的报号，是为纪念某次重要的举动、事件，通常是土匪有突出表现的事件。

土匪的报号可以自己命名，也可以由别人叫开，但都是经过本人认可并使用的。有些报号着眼于形象的威武。土匪、胡子、响马都特别注重威武、刚烈的形象、名声，要看起来、听起来够个“汉子”，故有的以凶猛的动物为名，如“下山虎”“飞龙”“野马”“金龙”“小白龙”“黑龙”等；有的以表示勇猛强悍的字眼为名，如“刘大马棒”“老北风”“大威”“徐老帅”“南霸天”“常胜”“驮虎”“驮龙”等。过去交通不便，行动主要靠马匹，没有马匹的就很羡慕有马匹车辆的，有马匹的就以行动快为豪，其报号标榜自己行动神速，如“岗溜子”“一股风”“旋风队”“草上飞”“野马”“飞虎”“快马林三”等。[1]

图 3
旧社会的土匪是一种非法民间组织。图为辽宁省葫芦岛市中国关东民俗博物馆内用于游览的土匪山寨。

黄涛　摄于 2019 年 7 月 4 日

图 4
辽宁省葫芦岛市中国关东民俗博物馆内模拟修建的土匪山寨聚义堂。

黄涛　摄于 2019 年 7 月 4 日

1　鹤年编著:《旧中国土匪揭秘》，第 112 ~ 116 页，中国戏剧出版社，1998。

以上武林人物或土匪强盗的江湖绰号与一般民间绰号有着重要的区别，这些绰号大多着眼于长处，是自认为好听的，常用于自称，这与古代传统方式的号有相似之处。

更多的绰号是贬义的、嘲弄的、戏谑的。除土匪、武林人物以外，其他跑江湖的人物也大多有绰号，因为他们不需要向别人报自己的号，他们的绰号都是众人叫开的，不经过本人认可，这些绰号就大多是贬义的。如北京以前有艺人“八大怪”，各以其绰号著称。

例如，笔者向村民询问有无赞扬性的外号，村民勉强举出两个例子：一例是“五套俱全是金友家”，赞扬王金友的妻子郝玉兰是个全才，“能文能武”，她有文化，在生产队当过会计和妇女队长，而且干庄稼活儿是把好手，在生产队集体劳动割麦子时，她常一马当先，她还会扶犁耕地、吆喝牲口这类男子干的活儿，家务活儿也做得好，有些人家炸油条专请她来帮忙。但是这一例不能算外号，只是一句流传开的赞语。另一例是“洋学生”，指一男子说话斯文，像个城里的学生，但是这一例又不能算作褒义，庄稼人有斯文相是为农民所看不惯的，因为这模样意味着他不能卖力气干活儿。在黄庄，“起外号”是一种“使坏”行为，学校里常有被起外号的学生向老师告状，使起外号的学生受批评的事情。

有些外号由于流传的时间久了，已说不出这外号的命名理由，但这并不妨碍外号作为某人的趣称在这人背后使用，如“沙灶”“三斗”“二鸡窝子”等外号。

由于孩子的世界与成人的世界是分离的，孩子有自己圈子里不为成人所知的外号。孩子的外号除了恶称之外，还有要好伙伴之间的没有恶意的戏称或者美称，这些戏称和美称是可以当面称呼的。恶称如“地雷”形容人面孔生得粗糙且嗓门粗大如炸雷，“猫眼司令”指其眼珠黄如猫眼，“部（不）长”和“梆硬”，指其个子小而头硬。无恶意的戏称如“政委”“团长”形容其长相或风采很像电影中的某正面角色。孩子中间的绰号还有一种是只限于一家的兄弟姐妹之间用的。孩子的绰号一般只用于幼年的圈子，一旦长大进入成人圈子，幼时的绰号也就自然废弃了，极少沿用到成人时期。

由于外号多采取戏谑和讥嘲的态度，所起的名字对命名对象多是不利的，所以大多数外号总是不能获得命名对象的认可，而且是为他所深恶痛绝的，外号的使用也就只限于背称。当面称外号，是对人的侮辱，会引起称谓对象的恼怒，导致严重损害双方关系的后果。

在晋西地区，当面称呼绰号是绝对禁止的极端无礼行为，只有在相互谩骂时才会有当面称绰号的情况发生。不懂事的孩子如果当面叫了成年人绰号，会使后者暴怒，甚至会引起严重后果。李小平先生调查到一件因叫绰号气死人的事例：

> 事情发生在20世纪40年代，一位六十多岁的老农带着一个十几岁的小青年在地里挖水窖，老者训导小者，小者不服，言语不和，小者脱口叫出了老者的诨名“秃脑儿”（因黄癣病而秃头得此诨名），当时气得老者差点背过气去，当晚就病倒了，并且一病不起，不久就离开了人世。说一声诨名气死了一个人，未免有些夸张，但诨名置气倒是真的，而且所置之气是真气，所以当地绝对禁忌当面呼叫他人诨名是有道理的。[1]

当面称绰号的情况有两种：一种是拥有外号的人爱跟别人开玩笑，他不在乎外号的挖苦意味，或者拥有外号的人在村里因无能、境遇极差而地位低下，常遭人嘲笑，他无力维护自己的面子，并习惯了别人对自己的无礼；另一种是当两人处于敌对状态时以称呼对方的外号或其长辈的外号作为攻击、侮辱对方的手段，这常发生在孩子中间。[2]

村民之间的往来与互助礼仪

一、村落打招呼礼俗

打招呼是熟人间的一种礼俗行为。在村落里，村民走在路上要同遇到的每一个

1 李小平：《晋西地区的语言禁忌》，第98页，载《民俗研究》，1997年第2期。

2 黄涛：《语言民俗与中国文化》，第208～209页，人民出版社，2002。

村民打招呼。村民对打招呼是很看重的。打招呼表示两个人是认识的、具有亲密的“庄乡”关系的，而且是遵守乡村礼俗的。如果两人是同村人而见面不打招呼，通常有两种情况：一是两人之间关系不好，或者有仇隙；二是其中一方不懂礼貌，是村落里很少见的不通人情事理的人。那些见了人主动、热情地打招呼的村民是受人欢迎赞赏的，一般也有着好人缘。乡村的孩子，从小就被父母教育着：见了村里的大人一定要打招呼，要“知道叫人（称呼别人）”，要记住对每个大人该“招呼吗”（称呼什么）。孩子受了这样严格的管教，渐渐熟悉了村里的拟亲属称谓网络，记住了跟每一家的辈分关系，知道遇见每个大人该怎样称呼，怎样打招呼。

打招呼时所说的话就是招呼语。陈松岑在江西高安调查招呼语时将之分为四种类型：①交谈型招呼语，由交谈式的几句问答组成。②问候型招呼语，指“早安”“你好”这类简短问候而不进行交谈的招呼语。③只是称呼一声。④只是点头、微笑。陈松岑是在县城做的调查。根据笔者在河北省景县黄庄所做的调查，这个村子里的人的招呼语只有一种，就是交谈型招呼语。这也应该是一般村落中招呼语的状况。打招呼时话语的多少是由交际社区的文化类型所决定的。城市里人们之间的地缘关系较为松散，互助往来较少，人与人之间较为疏远，打招呼采用交谈型招呼语较少，而采用后几种招呼语较多。村落里人与人之间关系密切、亲近，如采用后几种招呼语就很别扭，很难想象村民之间打招呼只是点头微笑或互问“你好”，那就显得太生疏了，事实上也是不可能发生的。

村落招呼语指村民相遇时用以确认村民间熟识关系、表示礼貌的简短交谈话语，也指开始较长交谈前的起首语。一般情况下，村民路遇时只是脚不停步地打招呼，但有些时候也会停下来做较长时间的交谈，这种打过招呼后进行的较长交谈不在我们所说的招呼语之列。进入别人家首先要向主人打招呼，这时的起首语也是招呼语。还有一种情况，双方各站在自家门口相互看到也要简短交谈几句，这时所说的话也是招呼语。

根据交际双方关系和谈话风格的不同，招呼语大致可分为郑重的和随便的两种。郑重的招呼语一般用于有辈分差距或年龄差距、注重尊卑之分、比较客套的人与人之间。这种情况下，一般是辈分低、年龄小的一方主动向对方打招呼，并且首

图5 河北省景县黄庄，在棉花地里劳动的村民跟路过的熟人打招呼。

黄涛 摄于2005年8月25日

先使用亲属称谓语或拟亲属称谓语称呼对方，接着再说其他招呼语。比如一个孩子见到比自己高一辈，并且比自己父亲年长的男子，会称呼他为“大爷”。如果见他是扛着“扒锄子”[1]从地里回来，就会打招呼说：“大爷，凿草去了？”如果是看到他从村里往耕地的方向走，就可能招呼说：“大爷，下地啊？”对方一般只是简单地回应一声：“啊。”或者再反过来问一句：“放学了？”孩子再回答一下，招呼就算结束了。这样打招呼时，双方都是脚不停步的。如果孩子见了大人只是低头而过，不打招呼，大人就会不高兴，认为这孩子不懂事。大人一般不会首先跟孩子打招呼。年龄相仿的人之间打招呼比较随便，一般不用称呼，所用词语也较活泼、随意。如果双方都是成年人，年龄大或辈分高的一方也可能主动打招呼，这种情况下

1 “扒锄子”是河北方言，是锄头的一种，用于“凿草”（即锄掉庄稼周遭的杂草）。另有一种锄头是用来耪地松土的。

一般都不用称呼对方。只有已婚妇女特别是老一辈妇女特别讲究礼俗，见了比自己年轻的人打招呼也使用称谓语，如“大兄弟”“小婶子”等。如果自己比对方辈分高，她也不会称呼对方为“侄子”“孙子”的，而是使用从孩子角度的称呼表示尊重，如“他叔”“他哥”“他大婶子”；也有叫“你哥”“你叔”的，意思是“你是我孩子的哥（或叔）”。是否使用称谓语，一般可以作为区分招呼语是郑重还是随便的标志。

村民打招呼的套语“吃了吗”与“干吗去”以及其他各不相同的招呼法一样，都是出于情景原则。情景原则就是指村民交往时现场处境因素对招呼语言的影响。[1]情景原则决定了村民招呼语的话题和语句。虽然打招呼的具体话题和语句多种多样，但它们的内容都有共同的模式，那就是一方对另一方的活动和状况的关注与对某种事物的共享感，体现出小农经济社区内人与人之间的密切互助关系，表达的是村民间“亲如一家”的情感。具体说什么并不是最重要的，关键是这种问候方式成为村落文化背景中的语言礼仪，发挥了确认和维持村民关系的礼俗功能。这就是说，这些招呼语的实质意义是共通的，那就是它们所发挥的礼俗功能。

图 6

河北省景县黄庄，几个村民在邻居家院里下象棋。

黄涛　摄于 2007 年 2 月 18 日

1　黄涛：《语言民俗与中国文化》，第 265 ~ 268 页，人民出版社，2002。

村落招呼语中另一个常用的礼俗套语是“家来坐坐”。村民甲在其家宅附近碰到村民乙，两人会打招呼，聊两句，聊到最后，村民甲就以“家来坐坐”相邀请。村民乙会不假思索地回答：“不啦。”如果会话的乙方是甲方所认识的外村人，那么不管谈话是否在甲的家院附近，甲也都会以“家来坐坐”相邀。表面看这是很简单的回答，对村民而言确实简单得不得了，因为一切文化背景、现场处境都是既定的、明了的、无须思考的，其意义也是确定的：甲说这句话表示对乙的尊重、好感、亲热的态度，当然也含有欢迎他有空常来串门的意思，但一般情况下并不真的邀请乙当时来家“坐坐”。乙说“不啦”表示乙完全领会了甲所说套语的礼俗意义。这样简短的问答体现的是村落中密切的人际关系，这种套语的重复使用也就起着不断确认和延续、加强这种关系的功能。这些礼俗意义是语言的使用者仅凭语言形式就能表达和领略的，套语功能的发挥只需双方关注这种语言形式就能奏效。对当地村民而言，“家来坐坐”的含义是不言而喻的：欢迎你随时到家来坐坐，但并不是现在。所以从来不会有一方听了对方的邀请，真的到他家里坐坐。

同理，“吃了吗”“干吗去”这两个最常见的招呼语的实际意义也不是其字面所显示的那样，问话者一般并不是真的想知道对方是否已吃饭（除了来到对方家里问“吃了吗”以外）或要去干什么，而是在特定情景下借这些问话和对方打招呼，表示双方是熟悉的、亲近的关系，见了面自然要致以问候之礼，否则就是失礼，或者表示双方是陌生的、疏离的、不友好的关系。这些涉及对方私人生活状态的问候，在乡村语境中，丝毫不会有干涉对方隐私之嫌，而是显示出双方之间私人生活的紧密关联，表现出村民间世代沿袭的“亲如一家”的礼俗情感和往来密切的互助关系。

二、村落拜年礼制

拜年是中国人非常看重的一种礼俗。亲属、师生、同事、朋友等之间过年时都要有拜年礼仪。在一些很亲近的关系特别是亲属关系中，晚辈给长辈每年一次的拜年是必不可少的礼仪，如果某一年缺少了这一礼仪，肯定是发生了与此相关的很特殊的事情致使该礼仪不能履行或者双方的关系出现了严重问题；如果双方关系正常而没有拜年，那就是晚辈的严重失礼，长辈会非常在意地“挑礼”。

村落里每年春节都要进行的拜年活动是一种重要的礼仪惯制，它在不断确认和加强村民亲近关系上起着重要作用。与城市相比，村落里人际关系更为密切，拜年礼仪更为村民看重，拜年在社区里的涉及范围也更普遍，拜年的方式也更具传统特色。

拜是古代的一种礼仪，包括打躬作揖和下跪叩头。这种庄重的礼仪可用作祭祀仪式上对于神灵的礼敬，也可以用作对于人的礼敬，而人对神的跪拜礼应是更早的时候就存在了。这是人对神表示敬畏、臣服和祈求的一种自然动作。按古制，拜年是以跪拜的郑重礼仪来贺年，而且最早是在祭祀仪式上进行的。古时的重要活动都要祭神。在新旧交替的重要节日，必然要举行隆重的祭祀仪式，来求告神灵，驱除灾殃，保佑来年风调雨顺，获得农业丰收。《礼记·月令》记载：“是月也，天子乃以元日祈谷于上帝。乃择元辰，天子亲载耒耜，措之于参保介之御间，帅三公、九卿、诸侯、大夫，躬耕帝藉。”在举行了祭祀天神的仪式后，皇帝举行众臣会聚的盛大酒宴，称作“劳酒”。《尚书·舜典》则记载了古人在正月初一拜祭祖先的活动：“月正元日，舜格于文祖。”在祈祷农事丰收之外，也求告神灵保佑亲人平安度过新的一年，乃至保佑老人长寿、小儿成活。这种新年祭祀仪式的拜神和祷告应该是拜年的最初形式，后来才从祭祀仪式分化出相对独立的人与人之间的新年祝贺礼制。在河北省景县，拜年必要跪拜，而且要在祭坛前向着祖灵神像跪拜，并不是向着人拜，也不是随处可拜，应该是继承古时拜年遗风的表现。

作为亲人、同僚、朋友等具有密切关系的人之间的一个重要礼节，拜年礼俗在密切人际关系的同时，也成为一项人情负担。宋代开始流行起投递贺刺代替登门拜贺的方式。贺刺相当于今日的贺卡，上面写上祝贺的话语，签上名字，有的还写上所送礼品，自己或派仆人送到对方门前。这种方式适于同僚及关系并不很亲密但又需联络感情的人之间，至于亲人、好友之间还是要当面拜年。

现代中国的许多村落，比如在河北、山东、河南等地的一些农村地区，还保留着古朴的跪拜式拜年习俗。这种拜年方式常被看作地方特色，实际上是我国古代普遍的拜年方式在今天的遗存。传统的拜年礼仪由拜年话、拜年动作、看望活动组成。传统的拜年是面对面的贺仪，不借助现代通信手段，虽然都有手机，但是亲人、村民之间的拜年是不用手机的。

这里我们以河北省景县为例。在这里，拜年是村民最为看重、持续时间最长的年俗，而且拜年的形式比较完整地保持着古老的面貌，即面对面的贺仪，而且还保留着跪拜的方式。这种礼仪的存在除了由悠久厚重的古老习俗驱动以外，还是乡土生活的内在需要和村民情感的自然流露。

河北景县拜年的时间：从正月初一凌晨开始，到正月初十结束，个别因亲戚多而在初十前“走不过来”的也延长到十五以前。初一在村落内部拜年，初二以后到别的村子拜年。所以可以按阶段把黄庄的拜年活动分为两部分。

（一）正月初一村落内部宗亲、村民之间的拜年

景县的过年是从大年三十的早晨正式开始的。年三十早晨和中午的年饭是炖菜，用白菜、粉条、粉皮、豆腐、猪肉做成，饭前少量地放鞭炮。下午一家人聚拢在一起包饺子，要包出除夕和初一早晨两顿饭的饺子。晚上到祖坟请神、大放鞭炮、吃饺子。请来祖神后家里的氛围变得庄重，大人会叮嘱孩子不得说不吉利的话。但是年三十是不拜年的，没人在初一凌晨放鞭炮之前说拜年话，所以这里也不会有“拜早年”的说法。

尽管年三十晚上要团聚、“熬福”，睡得很晚，但是初一早晨必须早早起来。这天早起表示过日子“心盛”，预示着一年勤快，能得好收成。这天谁家的鞭炮响得早会被别人钦佩，响得晚会被人笑话邋遢。为了让鞭炮声响得早一点，各户在睡觉前就在堂屋的大锅里加好煮饺子的水，在灶膛前准备好柴火，有的人家在睡前把灶膛里的木柴点着，让它自己慢慢烧着，几个小时后起床时锅里的水是热的。第二天凌晨要家里的一个男子先起床烧火。此地的男人平时是绝不做饭的。妇女要烧一年的饭，但初一早晨她可以休息一次作为补偿，一定要家里的男人先起床烧火。如果主妇先醒来，她也要把酣睡中的丈夫唤醒，让他先起床，等烧着了火自己才起来，这天她是有特权的。男人这天也比较自觉，总会有一个男性——或者是当父亲的，或者是已懂事的儿子——首先在黑夜里睡眼惺忪地起来烧火。早晨四点半左右，村

图7 族人到邻居家给长辈拜年。

黄涛　摄于2014年1月19日

里开始有鞭炮声，这表示已经有人家吃饺子了。从此鞭炮声便陆续响个不停，想赖在炕上不起也睡不着了。一般人家在五点多起床。六点以后还没挪出被窝的是极个别的人家，一般是“打光棍”、没有子女、过日子不“心盛”的老人。

水烧开，妇女往锅里下饺子时，男人在院里放起鞭炮。初一早饭的鞭炮是过年期间放得最多的。一定要放一挂长长的火鞭，还有一二十个二踢脚。饺子端上桌，老人在炕上坐好，晚辈开始逐个在堂屋祖灵前拜年。祖灵的神像是一幅上有三进宅院的布质画，两边挂着的布质条幅上写着对联，如“祖宗功德传百世，子孙基业福寿昌”。祖灵前是供桌，桌上摆着鱼、肉、饺子等供品，还有一个盛满谷子的器皿里插着烟雾缭绕的香。供桌前打扫得很干净，以方便晚辈在这里磕头拜年。不少人家在这里放上一块席子或布垫，不让拜年者的膝盖沾土。也有一些人家认为这样做好像是准备好让别人磕头的，不太客气，就不铺东西，等别人磕头时他们会客气一下：“别拜了，有这个话就行了。”通常五六十岁的长辈会赶忙拦住要磕头的人。有的拜年者见人阻拦，就不磕头了；有实在的在别人的阻拦下也一定要磕，磕完了说着：“嘿，一年一个！”而六七十岁的人会倚老卖老，并不阻拦晚辈磕头，甚至径直说：“磕吧！”但是谦让只是对血缘关系比较疏远的晚辈族人或者一般村民，而对自己的儿孙或侄儿侄孙就完全不用谦让了。后者对自己的亲近长辈磕头是完完整整、实实在在的，一点马虎不得。可以哥儿几个一起在祖灵前磕头，也可以按排行分别磕。先儿子儿媳磕，再女儿磕。但顺序并不严格，只要磕过就行，家里每个晚辈都要给长辈磕一遍。只有女儿可磕可不磕。这可以看作对未出嫁的女儿的娇宠，也是因为传统上以为女儿最终是要出嫁的，她不是严格的本族传人。磕头前一定要大声喊叫拜年的对象，如：“爸爸，拜年了！”“娘，拜年了！”爸妈分别在里屋喊：“磕吧！”拜年者就向着祖灵磕头：男子拱手作揖，双腿跪下，再两手撑地，头俯下去，将触地而止；女子在喊叫以后，两手握住，在腹前右方贴身振一振，两腿跪下，身子前俯，头向下点一点，就算磕头了。女子拜年两手并不撑地，头也离地较远，看起来动作幅度较小，姿势轻柔。媳妇可以随丈夫一起拜，可以单独拜，也可以几个媳妇一起拜，但无论如何，必须给爷奶公婆拜。称呼上也不能马虎，对公婆一定要响亮地喊“爸爸”“娘”，而平时她很少这样实实在在地称呼。如果晚辈忘了拜年就坐到饭桌前了，别人就会提醒他，并笑话他：“光吃饺子不拜年——装傻。”小儿也要拜年，他可以在祖灵前拜，也可以在炕上对着长辈拜，拜完了长辈要给他压岁钱。

在自己家里拜完年吃过饺子后，要跟兄弟一起去“五服”内的宗亲家拜年，要依照血缘关系由近及远的顺序，一家一家给长辈拜年，先拜大爷、叔叔家，再拜其他。由于是亲近的族人，被拜的长辈也都不谦让，这些头都是磕得实在的。拜完近亲，“近门儿”和“远门儿”的同族年轻人、孩子（有的也夹杂着个别中年人）就集合到一起，组成“浩浩荡荡”的一大帮人，一般有二三十个，挨家挨户给同姓的村人拜年。黄庄有黄、王两个大姓，黄姓住东部，王姓住西部，这两姓的人拜完同姓家，需要走半个村子。这时天已蒙蒙亮，各家大多已吃完饺子，地上常能看到二踢脚的残骸，空气里弥漫着火药的香气，还能听到零星的鞭炮声。拜年的一群人走进一家，踩着院里放火鞭留下的一地纸屑来到屋门前。有一两个带头的走进堂屋，按辈分称谓喊叫这家的长辈。主人出来时或只是在里屋答应时，领头的就喊："给你拜年了！"就在祖灵前磕头。屋外的人们也纷纷喊："拜年啦。"拜了男性长辈，再给女性长辈拜。长辈主人通常会谦让一番："算了，甭磕头了，地上怪脏的！"如果阻拦不住，就闪在供桌前的一边，两手握住，向磕头的人打个拱，表示收着或还礼，有的还说着："我收着。"等人拜完，就让大家"进屋里坐坐"。有的女主人还拿出一簸箩花生或瓜子来让人吃。大伙儿说："不啦，还有好多人家没走完哪。"就呼啦啦地往外走，主人一直送到大门口。结成大群的拜年者基本上在每一家都不进屋坐，也不说太多的话，主要是磕头拜年。如果拜年的群体只有三四个，可能会进屋坐一会儿。这样几十家走完，需要一个小时左右的时间。五六十岁的男人不加入年轻人的队伍，他们一般是兄弟几个一起去拜年，由于这些人的长辈略少一些，需要拜的人家也就较少。年轻媳妇也凑成一拨拨的，到各家去拜年，不过她们只在近亲那里磕头，到一般村民邻居家只是说说拜年话而已，并不真的磕头。这几年由于村民共同活动减少，不相邻的人家并不常见面，有些上一年刚嫁进村的新媳妇有人还不认识，这时看见新面孔，就难免指指点点打听是谁家的媳妇。拜完同姓，大家就地解散，一般相约着去打扑克或打麻将去了，也有的还要再去拜几家关系好的异姓。

村中老人回忆旧时风俗说，新中国成立以前，全村的异姓之间也要拜年。拜完同姓，同姓的一大群人在大街上集合，通常有一二百人，一起去村子的另一头去拜异姓。有时那边的人也正好过来，在大街上遇见了，就互相喊："拜年啦！"然后就相互磕头，在街上跪倒一大片。那场面是有些壮观的。这也是一种团拜。两群人互拜毕，再分散到异姓的家里去拜年。

各家对拜年都很看重。年轻人就注意着不要漏掉哪一家，长辈暗暗留心着哪家的后生来拜过了，哪家的没来，如果有没来的就在心里别扭。等自己家的孩子回来，一般家长要检查一下年轻人的拜年"成绩"，看有无漏拜的人家；如果漏拜了，要赶快去补上。还有没计划拜的，如果人家来拜了，还要去回拜。初一的拜年就这样结束了。这一天剩下的时间就是放松地聚在一起打牌、下棋了。妇女大多是串门子，吃着瓜子聊天。一直到晚上，都是放松地玩乐。也有昨晚上没睡够觉的，拜完年再回家补觉。

（二）正月初二到初十到别的村落给外亲拜年

初一是宗亲群体、村民群体内部团聚、拜年的时间，从初二开始要联络村外的亲戚了，要到亲戚家拜年并招待外村来自己家拜年的亲戚。

初二上午先“送神”，即把请回家来过年的祖神送回坟地。送完神以后，就该出村拜年了。出去拜年的人一般是各家的中年、青年和孩子，做了爷爷的老年人一般是不出村拜年的，因为出村拜年都是拜长辈，对同辈的亲戚不用上门拜年[1]，老年人的长辈亲戚很少有在世的，所以老年人就每天在家招待来拜年的晚辈亲戚。拜亲戚的时间通常在初二到初十。初七以后拜年的亲戚一般是远亲了。正月十一开始就不拜年了，只有在特殊情况下才拖到十一以后拜年，但必定要跟亲戚说明原因。由于各家都亲戚众多，又分散在不同的村子，在这九天的时间里都“走”完就是一件比较繁重的事。各家都有一个拜年的日程表。兄弟姊妹多的比较轻松，可以分工去拜，只要一家有一个代表去拜就不算失礼，当然关系很近的亲戚如亲姨、亲姑家也常有兄弟姊妹都去拜的情况。而只有一个年轻人的家庭，拜年的任务就很繁重，每天要在各村间奔波，一天要“走”三四家，一直要拜到初八初九甚至初十才完。

拜年的日程安排。由于每家的亲戚都比较多，必定有先拜后拜之分。一般先拜近亲，后拜远亲。近亲中又以岳父岳母家为最重要。对结了婚而岳父母尚健在的男子而言，初二是携妻带子去丈人家拜年的日子。同时岳父母家也在这一天派一个人通常是内弟来这边拜年。其余近亲则是姑家、姨家、舅家等。拜完了近亲再去拜远亲。虽然来拜年的日子晚了点，远亲也不会有意见，因为关系是摆在那里的；而给近亲拜年晚几天，近亲会挑礼。还有一个必须考虑的因素是在哪个亲戚家吃饭。由于常在一天内拜几个亲戚家，而只能在一家吃中午饭，所以要根据路途的便利和关系的远近考虑好先去哪家、后去哪家、在哪家吃饭。一般是在近亲家吃饭，这样不怕麻烦对方，如不在近亲家吃饭，对方也会有意见。也有几个亲戚在一个村的情

1　此地有“同辈不拜年”的说法，当有同辈中年龄较小者给年长者拜年时，年长者就用这句话客气地谢绝。但媳妇给丈夫的哥、嫂拜年的情况是较常见的。

况。通常在最亲近的亲戚家吃饭，吃饭前由这家去一个人领着去另一家拜年，拜完了再回来。如果顺路，对关系很远的亲戚也可以在初二或初三拜年，只是坐一会儿就走，不在这家吃饭。关系很近的亲戚一般选择在上午去，并在这家吃饭，这样显得郑重。还有两种情况影响拜年日程的安排。一种情况是，有的人家嫌每天都来客人比较麻烦，就事先给关系类似、相互都熟悉的几家亲戚打招呼，要他们都在某一天来；另一种情况是，有的人家正好在春节后要给老人做寿或给小孩过生日，或者儿子结婚，就在这一天大办宴席，通知所有的亲戚都在这天来，拜年也合并在这一天了，叫作“一天切”[1]。

拜年的礼物。给近亲拜年一方面要在这家吃饭，另一方面要带上礼物，这礼物可以是酒、肉、鸡、鱼、水果、鸡蛋等，也可以是自己做的年糕、去当地商店买的点心，装在篮子里或提兜里。亲戚家一般不会把礼物全部收下，而要留出一小部分来，或者再装进些自家的东西，这就是“留回篮”的习俗。常见的是在客人走时，主人一定要给客人的篮子里装东西而客人阻拦，或客人要多留些东西而主人拼命拦住的情形，不了解当地习俗的人会以为双方要打架呢。给远亲拜年一般是不带礼物的，即使在远亲家吃饭，也不一定带礼物。反正这家也要去人来这边拜年，双方互相款待。

做客与待客的讲究。在确定了拜年的时间和捎带的礼物后，去亲戚家拜年做客的活动就比较简单，只要照习惯去做就行了。在亲戚家里，比较郑重的事情主要有两件：一是拜年。如在亲戚家吃饭，拜年是在吃饭前进行。主人准备好了下酒菜，主食也快做熟时，就让客人吃饭。客人便从里屋来到外屋拜年。一般是在堂屋向着供祖灵的地方拜。虽然这时已经送完神，不再上供了，但是北墙上挂的祖灵图画还没撤。即使撤了，人们也是按习惯向着这个位置拜年。如果堂屋里正在烧火做饭，客人也常到北屋门口，向着供奉祖灵的地方拜年。通常主人比较客气，会拦住拜年的人。所以到亲戚家拜年，大约有一半的情况是不会真磕头的。如果亲戚家有

---

1 “切”字在这里只是取其读音，意义为“来做客的亲戚”，可能是“亲戚”的合音。字典中没有与此音义相对应的字。例如“来切了！（意思是：来客人了！）”“这是哪里的切啊？（意思是：这是哪村来的客人？）”。“一天切”就是春节后只在选定的某一天待客。

七八十岁的老人，老人行动不便，老人的儿女也不好很执着地阻拦拜年，同时也出于对老人的敬重，磕头通常是实实在在地进行的。如果不在亲戚家吃饭，通常进门后先进屋说话，等临走时再拜年。这时送客人出屋的主人会拦住要磕头的人，如果不是拜年者十分坚持，也不会真的磕头。二是宴席上的应酬。宴席分两部分。前一部分是酒席，菜是下酒菜，以小碟子居多，也有一些香肠、鸡肉等大盘菜。喝完酒，撤去下酒菜，再端上正餐。根据客人多少，正餐的菜的数量有“六个碗”“八个碗”“十个碗”之分，菜碗的数量一定是偶数。主食是馒头，最后有馄饨或饺子或面条。拜年的客人绝大多数是男性。如果有女客，是不能与男客同席的，除非男女客人之间是很亲近的亲戚，或者男女客人中有一方是小孩，此地讲究“男女不同席”。女客一般也不喝酒，不用设酒席。如果女客多，就另设一桌，让女客人坐在一起说话，喝饮料。如果只有一个女客，就让她在另一间屋里坐着，等男客人喝完酒后再吃饭。拜完年就回到里屋，客人准备坐到桌前。在入席的时候，大家非常注意先后顺序和就座的位置，里座为尊，外座为卑。对着门的位置是里座，靠近门口的位置是外座。入席时大家都站在边上谦让、争论一番后把辈分大、岁数大的人让到上座，其余的依序而坐。男主人会坐在最靠门口的位置，席间出入方便。主人负责暖酒、斟酒、劝酒。一般讲究前三盅酒要“透了”（喝干），连喝三盅，后边再分头劝酒，客人间也互相敬酒。主人的责任是让客人喝够“喝好”，如果客人喝酒没尽兴，就是主人的失职。如果主人酒量不大，在有重要客人时，就请村里同族中酒量大的人来陪酒。酒桌上往往一片劝酒声，为了劝下一杯酒，会从许多方面摆出该喝的理由。有些不能喝酒的，就先言明因为得了什么病而滴酒不沾，这样别人也不会非劝你喝酒不可。但这样做的要领是一点儿都不喝，如果坚持不住喝了一杯，别人就会让你喝下更多。与人喝酒时，不能轻易碰杯，如果碰了杯，就要连喝三杯。与别的地方相比，河北农村人的酒量并不特别大，但是劝酒的说辞之多、风气之盛是鲜有匹敌的。如果有女婿来拜年，酒席上就分外热闹。因为女婿被当作最重要的客人，主人家一定请来同族中能喝的晚辈来陪酒，其他客人也都把他当作主要的劝酒对象。女婿处于这个位置，又不能不喝，所以“喝高了”是一定的，喝醉了也是常见的。女婿到岳父家拜年一定不能骑摩托车来，喝多了就骑不回去了。喝完酒，到吃饭时，人们就不再聊天、讲论，闷头吃东西，主人要陪吃到最后，不能先撂下筷子。客人撂下筷子时，会对还在吃的客人说：“我吃饱了，你慢慢吃啊。”主人一定劝两句：“再吃点，吃这么点就饱了？”等大家都放下筷子，主人把碗盘都撤下去，女主人和自家的孩子才开始在外屋吃，除了吃客人没动过的饺子或馄饨等，也吃客人吃剩的菜。吃完饭，再喝会儿茶，客人就陆续告辞了。

三、村落集体活动的操办

本节所说“村落集体活动”指涉及全村范围的大型集体性民俗活动。村落里有些大型活动如农业生产、副业经营、干部选举、公共设施修建等，一般是主要由村落行政组织负责的公务活动，不是民俗活动，不在本节阐述范围之内。民俗活动中有一些涉及范围较小的活动，如村民的婚丧、建房、寿诞等民俗活动均需借助其他家庭村民的协助，但仅涉及村落较小的局部范围，不属于大型集体性民俗活动。村落内大型集体性民俗活动，通常指涉及全村范围的民间文艺表演、节日庆典、民间信仰活动（如庙会）等。

村落大型民俗活动的顺利操办通常有三个方面的因素在发挥作用：一是领头人和民间社团的组织作用，二是“老规矩”的驱动与约束作用，三是地方性民间信仰的驱动作用。

（一）领头人和民间社团的组织作用

民间集体活动一般都会有约定俗成的组织者。小一些的集体活动有领头人组织没有社团也可以，而大型的集体活动则仅有领头人还不够，还需要有较多人来组织，这些人就形成一个民间社团或多个社团，并由总头领来统一指挥这些社团。领头人是在村民中有威望、有经验、有组织能力或有某种民间艺术专长的人，不一定是村干部。很多地方的民俗活动跟村里的行政组织没什么关系，村干部也不参与组织这种集体活动。但也有一些地方的民俗活动领头人同时也是村干部，他作为民间集体活动的领头人借助了他作为村干部的行政威望，也可能还会在有限的范围内借助一点行政资源，比如借用村部的大喇叭向村里广播集体活动的事务，但不会较大程度地利用行政资源，比如不会动用村里的公用资金操办这种民俗活动，也不会较多利用干部队伍来组织活动；如果过多地动用行政资源，那就不是民俗活动，而是村里的公务活动了。

河北省廊坊市霸州市（县级市）的胜芳镇每年举行大型的元宵节花会，就是典型的大型集体性民俗活动。其组织者为几十个民间社团，并由总会首负责总体指挥。

胜芳地处京津之间，是个经济较为发达的大镇，也是民俗文化繁盛之地，被学术界称为民俗文化的“胜芳现象”。胜芳音乐会与胜芳元宵灯会分别为第一批、第二批国家级非物质文化遗产项目。该镇元宵节节庆持续五天，从正月十二到十六，主要有三种大型民俗活动：灯会、游神走街和要傩驱鬼。规模最大的集体活动是游神走街，又称“花会”“摆会”。摆会祭祀的是火神。据地方志记载和民间传说，该镇历史上是个水乡泽国，紧靠一个比现在白洋淀还大的大淀[1]，周边长满芦苇，于是芦苇编织行业——“草行”兴盛起来。草行最怕火，人们便祭拜火神，每年元宵节为火神举行出殡仪式：人们说，把火神爷送走了，就不发生火灾了。后来的摆会就是在这种出殡仪式基础上发展起来的。摆会从明朝就有了，除了“文化大革命”等时期短暂中断之外，一直兴盛，史有“七十二道花会”之说，今天尚存三十余道之多。正月十二这天，人们要把火神从仓库里请出来[2]，放到庙头胡同里供奉起来。这天上午十一点左右，各档花会陆续前来报到、祭拜，中午十二点半左右，三声铁炮响过，摆会活动正式开始，要从庙头胡同出发，到镇上主要街道巡游、展演。炮会、中幡会、保婴会、高跷会、武术会、小车会、音乐会等依次列队而行，边游行边展演各自才艺。各档花会的前后次序是历史上传下来的，不能随意变动。乡艺总会的旗帜在最前面，火神坐轿走在最后。巡游队伍所到之处，观看群众熙熙攘攘、摩肩接踵，可知此为全镇民众集体参与的盛事。这场全镇盛大节会活动完全由民间社团组织，胜芳乡艺总会负责总体指挥，总会首历史上由胜芳四大望族之一——薛家

1　胜芳镇的大淀史称“东淀”，白洋淀则称“西淀”。

2　过去火神像供奉在火神庙里，1953 年庙被拆除，后来做的火神像平时就存放在仓库里。

担任。2009年我们考察胜芳花会时，总会首是70多岁的王志计。各档花会都有会首，会首听从总会指挥并负责本会的各项活动。除了花会组织，胜芳还有一帮热心文化事业的年轻人帮助操持摆会事务，他们以网名为“大孩子头”的小学教师王晟为首，常年活跃在“胜芳自由社区”网站的“古镇风貌”论坛上。镇和街道的政府部门只在背后起必要的支持和保障作用，比如这次摆会，乡艺总会的临时指挥部就设在某街道的办公小院，而所有街道公职人员就暂到别处值班。这次学者的考察研讨活动则由镇政府邀请和组织，乡艺总会和网站论坛的年轻人也参与接待和做向导。

（二）“老规矩”的驱动与约束作用

通常村落的大型集体性民俗活动是由来已久甚至世代传承的，早已形成了比较固定的程式、规矩、做法，这也是一种约定俗成的民俗制度。有了这种习俗惯制，村里的民俗活动就要照“老规矩”来。对村民来说，习俗惯制本身是一种约束，也是一种驱动力。到了要举行活动的时间，就自然要进行相关的准备。不遵守传统和惯制，就是不守规矩甚至离经叛道，是为自己的内心和村落的舆论所不允许的。同时，照“老规矩”办事，人们都有经验、都能认同，是一种很大的便利。所以，习俗惯制的存在，是大型民俗活动能顺利传承和举办的重要因素。

福建省长泰县江都村每年阴历九月初七到初九为连氏家族“赛大猪”祭祀祖先和“三公”的节日。所祭“三公”是南宋精忠爱国的三位英雄：文天祥、张世杰、陆秀夫，仪式地点在三忠庙及庙前的小广场上。节日时间本在阴历六月，1989年为避开炎热天气而改到九月。该活动始于明代，20世纪50年代起中断，1982年恢复“排大猪”，1989年恢复“赛大猪”。猪是祭祀仪式的主要祭品，村民会在这祭品上大做文章，因此“赛大猪”成为该节日最具特色的活动。“赛大猪”就是比赛评选谁家养的猪最大最肥，养出“猪王”的人家会获得很高的荣耀。2012年的猪王960斤，破了历史纪录。[1]

---

1 2012年10月，笔者参加了中国人类学民族学研究会民族文化遗产专业委员会与厦门理工学院主办的“海峡两岸文化遗产学术研讨会”，会议组织了对该村“赛大猪”活动的考察。

江都村有 5100 余人，多为连氏后裔。该地盛产花岗岩，村里石材开采加工行业开展得很好，有 150 多家石材加工企业，为村民带来可观收入。2006 年该村年产值达到 7.8 亿元，人均收入 2 万元以上。村里有 100 多家商店，高层楼房随处可见，超市、银行、娱乐场所等点缀其中，已是经济发展较好的小城镇面貌。

江都村“赛大猪祭三公”活动的时间、地点、程序完全按民间习惯进行，节日整体活动由“甲头”负责组织，甲头是大家推选出来的信得过的人，不一定是村干部。村民说：这些事“村干部不管的”。事实上，村委会给予了政策上的支持和鼓励，并负责联络、接待外界来访者的考察活动，只是不直接干预节庆活动，让赛猪祭祀仪式完全按着民间传统进行。全村人家分为 24 个组，每年 3 个组参赛，这样每户人家要 8 年才有一次参加赛猪的机会。初七傍晚开始，参加赛猪的人家陆续把猪杀了，洗刷干净，打扮起来，将整猪披红挂彩，架在手推车上，晚上十一点多推到三忠庙前，参加赛猪祭祀仪式。这天晚上要在三忠庙前的小广场戏台上唱戏。2012 年演出的是歌仔戏，是村民捐款从龙海市请来的小百花芗剧团演出的古装戏。十一点之后，参加赛猪的人家陆续把猪送来，共有 100 多头，在庙前小广场上架好，猪头冲着庙的方向，列了十多排，场面十分壮观。全村的人也都拥来观看，庙前广场上人头攒动、人声鼎沸。晚上十二点左右，“赛大猪”活动组织者在小广场戏台上宣布本年参赛的大猪前几名。凌晨三点祭祀仪式才正式开始，五点结束。祭祀仪式结束时，各家会把猪头砍下，然后将各自的猪带回家。带回的猪不能卖，当地认为这猪卖了不吉利，要用来请亲戚朋友和邻居来家里吃掉，并将吃不完的猪肉送给他们带走。过去送给每户亲戚朋友四五两，现在送四五斤。送不完的猪肉就冻起来。宴席要丰盛，还要好烟好酒招待。

（三）地方性民间信仰的驱动作用

许多村落大型集体性民俗活动都是围绕着当地民间信仰进行的。对地方神灵的敬奉是村民按时自觉自愿地举行和参加这些民俗活动的持续不断的动力。庙会这种最常见的大型集体性民俗活动就是如此。

一般来说，庙会是以祭祀庙中神灵为发端和核心的综合性民俗活动。传统庙会的基本构成要素有三方面：第一，有庙有神灵祭祀。第二，有固定的时间、空间和民俗活动。第三，有当地民众的较大规模参与。大型的庙会一般有当地民间文艺展演和集市贸易。近年来，各地举行的春节庙会不仅仅是传统庙会，还有为适应民众过春节体验传统民俗的需求而创办的新型庙会，故现代春节庙会的主要类型可分为三种：第一种，以祭神祈福为主的庙会。以祭神上香、祈福辟邪为主，活动比较单一的庙会。比如北京的白云观春节庙会。第二种，由祭神祈福发展起来的大型综合性庙会，除了祭祀仪式外，有民间文艺展演、娱乐游戏、集市贸易等活动，这是民俗繁盛、传承良好的一种庙会。比如河南省浚县庙会。第三种，民俗主义的庙会。为了满足民众在年节期间体验民俗文化的需要，政府部门与某公共场所的管理者合作举办的庙会。这些公共场所可以是公园，可以是商场，也可以是广场，还可以是街道，等等。比如北京的地坛春节庙会。能够增加过年神圣感的庙会主要是前两种。

2018 年 3 月 2 日到 5 日，笔者参加了由中国民协、河北省民协与河北省井陉县人民政府组织的春节庙会考察活动。短短的 4 天时间里，竟然考察了 9 个传统村落或古镇里的民俗活动。相对于我国北方其他地区来说，井陉县以传统村落古建筑为主的物质文化遗产留存是相当多的，而且与这些物质文化遗产密切关联的民俗活动也非常密集。这里春节期间几乎村村有庙会。这些特色浓郁的庙会使这一带充满了浓浓的年味，使这里的民众有更强的幸福感。

我们考察的时间正好是元宵节期间。元宵节是春节户外庆贺活动的高潮期，也是各地庙会举办最多的时段之一。井陉县的元宵节持续时间长，正月十五和十六是节日的核心时间，当地人说："十六比十五还重要。"从县城到许多村落，正月十七到十八都有很热闹的社火活动，有的村落节期还要更长，比如核桃园村的欢庆活动一直持续到二月二，这天人们才把除夕请到家里来过年的祖先神灵送走，这标志着春节的正式落幕。井陉的元宵节有很多独特、古朴、珍稀的民俗活动，比如开锁、撵虚耗、扇伢官等是很罕见的节日习俗。

井陉县庙会的一大特色是多在传统村落里举行，而且这样的村落呈密集分布之态。庙会的举行一般需要有比较大的规模，需要有较广阔地域内的众多民众参与。所以许多庙会是由多个村落或城镇的民众共同举办的，主要限于单个村落的庙会比较少。井陉县的春节庙会除了县城庙会是由众多社区或村落联合举办以外，遍布全县的庙会大多是各个村落单独举行的。这突出地表现出此地民众参与庙会的广泛程度：应该是全村人都参与的。加之举办这些庙会的村落大多是古民居、古庙、古祠堂、古树等物质文化遗产保存较多的传统村落，使这一带的传统文化氛围分外浓厚，彰显出良好的文化生态。

完整意义的传统村落是物质文化遗产与非物质文化遗产的综合体。在井陉县的传统村落里，非物质文化遗产比古建筑等物质文化遗产更重要、更有魅力，二者相互映衬、相得益彰。

参观开锁仪式是在大梁江村。该村曾先后入选“中国历史文化名村”、首批“中国传统村落”、“河北省最美古村落”。该村位于太行山东麓，依山而建，现存明清时期古宅院160余座，以石头砌成的建筑物和器物为特色，村中还有关帝庙、奶奶庙、梁氏宗祠、古戏台、两棵千年古槐等。由于开锁仪式在正月十五晚上十二点才正式开始，会议考察队伍3月2日在长途乘车后晚上十点多才赶到村里。为了更完整地观察整个仪式，会议代表每三四个人组成一个小组，安排每个小组分头跟随一个做仪式的家庭。笔者与郑土有教授等被安排到第一组，是开“头道锁”的家庭，房子在接近山头的位置，是村中建房地势最高的。要做开锁仪式的孩子是个聪明伶俐、落落大方的女孩，其父亲是个成功的生意人，据他说村里几条能走汽车的山路都是他投资修建的。我们先坐他的车到了他家里。要先在家里给孩子脖子上戴上锁架，再将用12条红线穿起来的“锁”拴在锁架上。锁架很鲜艳很好看，是用高粱秸秆做成的六角星，每个角上和秸秆交叉点上都缀着一朵彩色纸花，秸秆都用彩色纸包起来。所谓“锁”，就是12年前举行编锁仪式时用红线串起来的两个铜钱（制钱）。“编锁”是这一带的传统习俗，孩子出生后，母亲在坐月子的时候，就用一条红线一上一下串起来两个铜钱，然后由长辈将它带到村西头的奶奶庙，摆供上香，祭拜“奶奶”，请奶奶神保佑孩子平安健康，这12年就交给奶奶神了，然后放鞭炮或烟花。回家后再把做过仪式的“锁”给孩子戴一戴，就放到门后边。旧时在孩子12岁之前，人们每年都要搞一次编锁仪式，后来人们为省事就在开锁时编够12条红线，就不用每年做编锁仪式了，直到12岁时再搞开锁仪式。我们跟孩子

图 8
河北省井陉县大梁江村准备开锁仪式的女孩和父亲。

黄涛　摄于 2018 年 3 月 2 日

及其父亲聊了一会儿，将近晚上十二点时，带上供品、煮鸡蛋、鞭炮等，由一位家长领着孩子赶往奶奶庙做仪式。奶奶庙是个像普通宅院大小的院子，供奉的是送子娘娘，有三位奶奶神，就是《封神演义》中的三霄娘娘：云霄、碧霄、琼霄，又称“感应随世三仙姑”。传说大奶奶赐的孩子忠厚，二奶奶赐的孩子老实，三奶奶赐的孩子聪明漂亮。因此人们都愿意到三奶奶跟前求子。但是三奶奶脾气不好，一不高兴就会把孩子要回去了，因此她的孩子最难养活。如果守庙的人看过后说某家的孩子是三奶奶赐的，这家人就特别小心，对三奶奶特别恭敬，每年三月十八都要到奶奶庙里布施供奉，求三奶奶保佑孩子。故每年三月十八的庙会特别红火。

做开锁仪式的孩子跟着家长来到奶奶庙以后，就在奶奶神像前摆上从家里带来的鱼、肉、馒头等供品，点上香，给奶奶神磕头。守庙的善友会的人（一般为村里中老年妇女）向奶奶神禀报说：这是某某家的孩子，名叫某某某，现在开锁来啦。然后拿着三根桃木枝做的鞭子在孩子肩膀拂打三下，边打边说：“天门开地门开，我请奶奶开锁来。”或者说：“桃木鞭颤悠悠，打你三下别回头。”现在会说一些祝愿孩子学习好将来考上好大学之类的话，再把孩子脖子上挂的锁摘下来。家长放鞭炮，带孩子回家。回家的路上孩子不许回头看，一直到家后再写几个字，吃几个鸡蛋，表示已经长大了，将来做个读书人。再到院子里向着北墙上供奉老天爷的地方磕三个头，开锁仪式就结束了。[1]

再如，南康庄村位于太行山区东部，四面环山，距县城 15 千米，是个将近 900 口人的古村。村里古建筑有明清时期老宅 20 余处，其中多处是石头砌建的四合院。村里还有古戏台、古桥、石佛寺、关帝庙、三官阁、龙王庙、山神庙、观音堂、邢氏宗祠等传统文化设施。尤其引人注意的是村中异常粗大的千年古槐，村中人视之为神，树下有祭祀设施，每年“五一”举行古槐节。这天下午，我们观看了跑阵、红脸社火、邢氏祠堂“告祭”仪式，晚上考察了撵虚耗年俗，撵虚耗最具特色。

“虚耗”，旧时指正赋税之外的附加税，实际上是一种巧立名目的苛捐杂税，原指国家粮库因被老鼠吃掉一些粮食而加征的税收。因为老鼠又称“耗子”，这种税本为子虚乌有，故称“虚耗”。现在村民大多把“虚耗”解释为“小鬼”，撵虚耗就是把鬼撵跑。还有一个名称叫“雀鼠耗”，意思是用麻雀吵叫那样的嘈杂喧闹的声音赶走老鼠，防止虚耗。[2]这个活动晚上七八点开始。做活动的人一般是四个，分别扮演关公、周仓、关平、虚耗，都穿戏服、脸涂油彩。“虚耗”戴着披散的红发，花脸，手持铃铛，余皆持刀。活动的第一步是“请神”。众人来到村东头的关公庙前，四人在关公像前跪下，由一位妇女在祭台上烧纸，烧时嘴里念叨着：“起高点啊，阿弥陀佛。”若烧后的灰烬往上飘，就认为关公显灵降临了，就可以出庙开始撵虚耗；若灰烬不往上飘或飘得不高，就是关公没显灵，要重新烧，一直要烧到往上飘为止。据村民讲，有的时候要烧很多次、很长时间，有的时候到后半夜了，关公才“显灵”、灰往上飘。这天烧了 40 多分钟，从庙外听到庙里旁观的人的鼓掌声，就知道烧纸成功了。一会儿撵虚耗的班子出来了，披散着长长红发的“虚耗”手持响铃在前面跑，三个拿着长刀的人排成一队在后边撵，一直跑向村里去。过去挨家挨户跑一遍，近年来是每年跑十几家。他们跑得很快，到一家后跑一圈，很快跑出来，这家就放鞭炮点燃甘草，说明把“虚耗”赶跑了。他们再接着跑向下一家。旁观者如果跑不快，根本就追不上他们，只好预先到他们可能经过的胡同里等着。

1　河北省民间文艺家协会编印:《河北井陉县春节与庙会文化资源简介》(内部资料)，第 36 ~ 39 页，2018 年。

2　河北省民间文艺家协会编印:《河北井陉县春节与庙会文化资源简介》(内部资料)，第 43 页，2018 年。

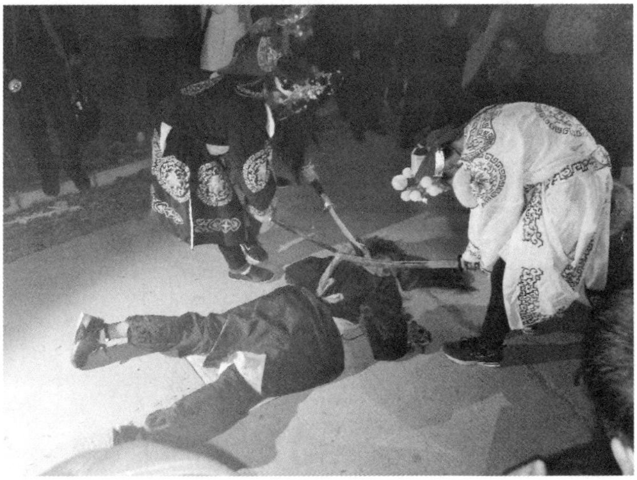

图 9 河北省井陉县南康庄村，在撵虚耗活动的最后环节，扮演关公、周仓、关平的人正在打扮演虚耗者。

黄涛 摄于 2018 年 3 月 3 日

跑完预定的人家后，这四人跑到村子西头，在村口的路上，举行最后的仪式：三人把“虚耗”打倒在地，用长刀做劈砍的动作，象征着把“虚耗”杀死了。甘草燃起，鞭炮齐鸣，众人喝彩，仪式结束。前些年关公一角一直由村里一位现年 50 多岁会武术的人扮演，现在做活动的四人都是 20 多岁的小伙子。有人问那位扮演“虚耗”的人为什么愿意演这个角色，他说：“为的是把老百姓晦气都驱走。”这个活动有很强的巫术色彩，应属古傩祭习俗的遗存，在今天的中原地区是一种古朴珍稀的非物质文化遗产。

村落之间的联系与往来礼仪

传统村落是一个相对封闭的生活空间，同村的村民之间有着“亲如一家”的密切关系，而村与村之间相对隔绝。但由于土地相连、互通婚姻、走亲戚等因素，邻近村落之间也有程度不同的联系和往来。

这里，我们通过对山东省商河县车家村一带的考察来了解我国村落之间的交流情况，并重点记述此地通过秧歌串村进行村落之间礼仪性往来的特色习俗。

据车家村《车氏家乘》记载，明朝成化年间，车氏从河北省枣强县迁到山东省济南市商河县殷巷镇东部，以姓氏作为村名。[1] 2018 年村中约有 300 户人家、1200 口人，均为汉族。村民姓氏计有 13 个：车、高、亓、董、许、张、骆、刘、吴、商、冯、马、赵，其中车姓约占总人口的 75%。改革开放后，该村的主要经济来源是农业所得，此后随着外出打工的村民增多，务工收入成了主要经济来源。[2]

村落之间的交流有多种方式。概括来说，邻近村落之间的其他交流方式主要有如下几种：通婚、走亲戚、同学交往、劳动或经营的互助与合作、因同属于一个行政单位而发生的交流等。

通婚是不同村落之间的村民建立交往关系的最为常见和较为稳定的一种途径。我国大部分村落传统时期都有“同村不婚”的习俗惯制。车家村也有同村不婚的习惯，迎娶的媳妇都是附近村庄的，只有没男孩的家庭会和本村异姓的家庭结为亲家。20 世纪 70 年代末以后，有个别姑娘因外出打工嫁到很远的外地，但她们被村里人认为是被外面的人骗走的，一时间成为村民谈笑的对象、当地的新闻。

不同村落的通婚造成了亲戚关系，于是走亲戚成为乡民生活中的重要内容，也是不同村落之间人际交往和信息沟通的重要方式。年节期间，正月初二至初七走亲戚，即给亲戚拜年。一般初二走姥姥家，初三走姑姑家，初四新媳妇回娘家，初五走舅舅家，初六走姐妹家，初七有的村民走表兄弟家或者朋友家。这些亲友、同学家都位于附近村落，因此一天能走一家甚至两家。村民走亲友的时候都要赠送礼物，有的村民在亲友回家时还会回赠亲友一部分礼物。

不同村落之间的村民还会因为在同一个学校上学而结识和交往。车家村东头有一所小学，附近村落的孩子几乎都是在这所学校读完小学课程。有的孩子在读书的过程中结成了深厚的同窗之谊，成为挚友。

不同村落的村民还有通过其他方式成为朋友关系的。20 世纪 80 年代初，镇政

---

1 《车氏家乘》，车家村车姓人家流传的家谱，民间刻印本，刻印时间不详，未公开出版过。关于该村来历见该家谱的序言，第 1 页。

2 本节关于山东省商河县车家村秧歌串村习俗的阐述由黄涛与温州大学 2016 级研究生车利利合作完成。相关田野调查工作则主要由车利利完成。

府在车家村东边的耕地上修建了砖窑，附近村落的一些村民通过使用拖拉机拉砖赚取收入。后来村落纷纷盖砖瓦房，包工头、工人都是本村或附近村落的村民。他们有的在工作的过程中由工友变成了朋友。

因土地邻近而发生劳作互助，并且同属于一个行政单位而发生较多联系，是村落之间交往的重要因素，也是形成秧歌串村的更为直接的原因。车家村在与周边村落的很多家庭结成姻亲、朋友的基础上，更在田间朝夕劳作的过程中结成了友好的地邻[1]。

虽然车家村跑秧歌主要去邻村串庄，但并不是与所有的邻村都有串村关系，也不是村落之间越邻近就越友好，还有其他因素促成。比如说车家村和距离 4 千米的左家村串村，却从来不和距离 2 千米的殷巷村串村。这是由乡镇划片导致的。20 世纪 60 年代乡镇政府把车家村与邻村夏家村、路庙村、高坊村以及一些比较偏远的于家村、左家村划分为一个支部，同一个支部的村落耕地划分在一片。同一支部的各村村支书在开会的过程中也成为熟人，以农业为主的村民在劳作的过程中形成了熟悉的地邻。有的村庄在劳作过程中更是结下了深厚的友谊。比如，有一年，政府要求村落中每个生产队出一定名额的壮丁作为河工挖河[2]，按河工数划分需挖河道的长度，由生产队队长抓阄确定挖河的次序。每个生产队必须 20 天挖完上级分配给自己的河道段落。如果将要到截止日期，上级看到某个生产队可能完不成任务，便会让这个生产队的河工早上开工更早、晚上收工更晚，河工会更加劳累。有一次，车家村轮到的生产队青壮年男性比较多，很快就完成了任务。而左家村轮到的生产队相对弱小、年老的河工较多，挖得比较慢，眼看不能按期完成河段任务。车家村的河工见此就上前帮忙，帮其如期完成了河段任务。在后来的挖河中，左家村轮到青壮年较多的生产队提前完成其河段任务后也多次帮助车家村。所以两村在挖河中结下了深厚的友谊。虽然两个村落距离较远，但是只要两村组织起了秧歌队就必然互相串村。20 世纪 80 年代初，国家实行包产到户，村民各自种地，孔新村被

1　耕地相邻的人家互相称为地邻。

2　玉皇庙黄河水沉沙池。流经的黄河水用于耕地灌溉以及“送水济津”。

纳入车家村这一支部。由此，车家村也与孔新村成为地邻，过年也相互秧歌串村。

村落之间除了上述常见交流方式，在有些地方还有富于地域特色的往来习俗及礼仪制度。

山东省商河县车家村一带年节期间的“秧歌串村”就是村落之间的一种特色交流习俗。除了因村落相邻、耕地相邻、同属一个支部等因素而相互串村外，车家村一带还有从老辈人传下来的团体性村落友谊。比如，车家村和邻近的斜庄就世代友好。询问车家村的村民为什么两村如此要好，村民说：“老一辈两村就关系好，具体的原因也不清楚。”[1] 当笔者问本村的村民为什么跑秧歌要串村，村民就说：“都是人情串还啊，都离得这么近，过年不都得跑跑走走吗？”[2] 在村民的心目中，跑秧歌与村落中村民互赠礼物、走亲戚是一样的，都属于人情串还的一种方式。故作为串村礼仪的鼓子秧歌是村落间团体性交往的仪式与礼物。这样，不同村落之间的交往方式可分为两类：个体性交往和团体性交往。通婚、走亲戚、同学朋友往来都属于个体性交往，村落之间的群体性互助合作与秧歌串村属于团体性交往。两类交往方式有密切联系、互相促进，但属于不同性质，不能相互替代。所以秧歌串村作为一种常规性的团体性交往方式是村落之间交往的不容忽视的大事。当地村民在大年初一之后到关系好的近邻村落表演鼓子秧歌当作送给这个村子的年节礼物，接受礼物的村落则热情款待对方村子的秧歌队，并择日组织自己村子的秧歌队到对方村子去表演以“还礼”。这是友好村落之间保持亲密互助关系的重要礼仪，如果中断了这种礼仪往来，则表示两村的关系退回到一般的村落关系。

鼓子秧歌是山东三大秧歌[3]之首，也是汉族北方四大民间舞蹈[4]之一，2006年被列为第一批国家级非物质文化遗产。鼓子秧歌舞姿奔放粗犷，锣鼓响亮激越，节奏急促热烈，富于阳刚之气。其秧歌队伍一般由64人组成，按道具不同分为“伞、

---

1 询问对象为车家村的车守德、车春堂、车尊保。车守德是车家村的秧歌管事，2018年78岁，11岁开始学秧歌。车春堂73岁，车尊保65岁。访谈时间：2018年1月18日。

2 询问对象为车家村的车守德、车春堂、车尊保。访谈时间：2018年1月18日。

3 山东三大秧歌分别为商河鼓子秧歌、胶州秧歌、海阳秧歌。

4 汉族北方四大民间舞蹈分别为山东秧歌舞、东北大秧歌舞、陕北秧歌舞、河北地秧歌舞。

鼓、棒、花”四种角色，队形变化多，动作幅度大，观赏性很强，也极具感染力，观之令人精神振奋、热血沸腾。商河县是鼓子秧歌的发源地，也是其代表性传承地。这种秧歌在该县历史悠久，流传广泛，春节期间是其排练展演的集中时段。自古以来，山东省商河县一带每逢正月初七到十五有“秧歌串村”的习俗，通过年节期间到邻村表演鼓子秧歌，不同村落之间建立和维持着友好往来的关系，这也成为鼓子秧歌这种富有特色的民间艺术传承的动力和方式。考察车家村鼓子秧歌的“串村”活动，可从这一特定视角了解鼓子秧歌的存活状态与传承情况。笔者先后于2017年7月底和2018年1月中旬在车家村做了以访谈为主的调查，下文所涉及的田野资料就主要来自这两次调查。

这里的鼓子秧歌不是为表演而表演，也不纯粹是为了娱乐或健身而表演，而主要是为了村落之间的交流而表演。在达到交流目的的同时，也有娱乐、健身和满足艺术表演欲的效果。这样，鼓子秧歌在很大程度上就成为村落之间交往的礼仪、礼物。礼物是表达送礼人的交往心意的载体和完成交往行为的方式。作为交往礼物的鼓子秧歌的展演和传承就依赖于乡土社会村落之间交往的生活需求和习俗惯制。

古语云，“礼尚往来”，“来而不往非礼也”。礼仪往来是双方的事，而不是单方赠予、对方不做合乎礼仪的接受和回报。赠予礼物的人出于自身心意表达或习俗惯制的需要，接受礼物的人则要按礼俗的要求予以接受和给予款待，并以相应的适当礼物回馈对方。这样就维系和增进了双方的礼仪关系。马塞尔・莫斯说：“拒绝赠予、不做邀请，就像拒绝接受一样，无异于宣战；因为这便是拒绝联盟与共享。”他认为赠予礼物和接受礼物都很重要，应该赠予而不发起礼仪行为，是失礼；对方赠予礼物而不接受，也是失礼，有造成双方交往中断的可能。拿这一带的拜年礼俗来说，有交往关系的亲戚之间每年春节必须有相互拜年的礼仪，如果有一年没有进行这种“年礼”，或者有一方缺少了这项礼仪，那么就是影响两家亲戚关系的严重事情，就是“断了年礼”，意味着两家亲戚从此不再来往。除非有特殊原因，通常中断年礼的情况是不可能发生的。拜年的方式也根据亲戚远近而有差异。去岳父母家、姑家、姨家、舅家等近亲家拜年，一定要带礼物，并且要上午去，在亲戚家吃午饭。接受拜年的亲戚家，则要准备丰盛的酒席饭菜招待客人，还要回送或留一部分礼物给客人，俗称“回篮儿”。去远亲家拜年也是必不可少的，但一般在下午去，可带礼物也可不带，不在亲戚家吃饭。接受拜年的亲戚则要以茶、烟、瓜子、水果等热情接待。不管近亲远亲，一定要指派一个晚辈到对方家拜年，谁先到对方家拜年则是不一定的。这些礼仪往来规则在秧歌串村活动上体现得很明显。也可以说，秧歌串村就是村落团体之间的拜年活动，其礼仪规则与亲戚之间的拜年类似。

年节期间，这一带的村落在正月初七八就开始了秧歌排练。由于基本都是熟人、老搭档，所以队员排练几天就可以有模有样地展演了。本村有“车家村的十五，初七八的咕咕”[1]的说法。排练完毕，秧歌就开始串村。为了更加清晰地叙述，姑且把首先发起秧歌串村的村庄称为甲村，对方村称为乙村。一般来说，对于关系特别要好的村庄只需要“一报一探”。甲村的秧歌头或者村支书提前和乙村的村支书打好招呼确定串村的日期。当天甲村的队伍准备出发前，探马提前半个小时到乙村探听村支书的意愿，也便于乙村准备迎接。由于都属于同一支部，双方村支书还是同事，所以一般乙村村支书都是非常欢迎的，当即着手准备迎接甲村秧歌队。甲村探马沿乙村的大街跑一圈，乙村的村民听见铃声就知道来了秧歌，纷纷从家里出来到大街上等候迎接。探马再返回甲村向秧歌队汇报。这个过程叫“一报一探”。秧歌头开始整顿队伍准备出发去乙村展演。如果两村因为水利或者田地边缘而有过小的争吵和过节，这时也该握手言和。乙村一般会说：“多大点事啊，都过去了，以后不这样不就行了吗。”[2]乙村不会因为平时的过节而拒绝甲村来本村跑秧歌。跑完秧歌后，两村就冰释前嫌了。如果乙村的村支书拒绝了甲村的秧歌队，甲村听到这种情况会比较恼怒，以后甲村再也不会去该村跑秧歌。例如，2008 年斜庄的秧歌头跟车家村的村支书说要来跑秧歌，但是村支书觉得自己村的秧歌队没有组织起来，并且来了以后还要向村民敛钱买礼物招待，程序比较烦琐，所以就婉拒了斜庄的秧歌队。此后，斜庄的秧歌头再也没有说要来车家村跑秧歌。两村的关系也逐渐变得疏远了。正如马塞尔所说：“人们之所以要送礼、回礼，是为了相互致

1 咕咕：小声说话。几个秧歌管事在正月初七八开始商量跑秧歌的事宜。

2 询问对象为车家村的车守德。访谈时间：2018 年 1 月 18 日。

以和报以‘尊敬’——正如我们如今所谓的‘礼节’。”所以对于甲村的跑秧歌送礼，乙村具有受礼的义务，如果拒绝受礼，无疑伤害了对方的自尊，伤了两村的和气，影响了两村的友谊。

人情串还在当地也叫作人情往还，讲求的是你来我往。如果甲村已经来乙村串村了，乙村应该再去回礼，即去甲村跑秧歌。如果今年乙村的秧歌队没有组织起来，可以不用回礼，甲村明年还会来乙村跑秧歌。比如在2010年以后车家村的秧歌队已经组织不起来了，只有个别爱好者在村里随意跑跑，不能去其他村庄串庄了。但是路庙村、高坊村、左家村以及于家村的秧歌队还是来车家村跑秧歌。2016年以后，路庙村、左家村、于家村的秧歌队也已经组织不起来了，所以就不来车家村串庄了。高坊村的秧歌队直到2015年还是来车家村串庄的。甲村来乙村跑秧歌，乙村有秧歌队却没有去甲村回礼，这种情况是从来都没有过的。所以，跑秧歌是当地人情串还的一种手段，是年节期间村民给予与本村关系友好的村落的仪式性礼物。“串”字就形象地表示了它承担着村落之间受礼与回礼的义务。

车家村有“穿衣、吃饭、亮家当”的说法，表示一个人可以通过这三方面体现自身的家境。由于跑秧歌串村几乎是全民参与，所以穿衣、吃饭、亮家当成为展示个人、生产队以及村落经济实力与荣誉的一个重要方式。村民说：“看秧歌不仅是看秧歌，更是看人。”即看人的精神风貌、言谈举止以及穿着打扮。串村秧歌队在穿衣、吃饭、亮家当上面可以充分显示出自身的实力，从而获得荣耀感。较不富裕的村民在年节期间也通过秧歌表演赢得自己在本村和邻村的荣誉。礼节是为了彰显尊敬，当自身获得荣誉时也通过热情款待给予了对方荣誉。

20世纪50年代以前，车家村的秧歌队没有统一的服装，村民都是穿着自己心目中最体面的衣服，所以村民的贫富差距通过跑秧歌体现得十分明显。比如，有的村民穿一层裙子，而有的村民可以穿好几层裙子。有的队员的穿着不仅能体现自己祖辈的家底殷实与否，也能把妻子娘家的家境反映出来。由于当时的“花”[1]并不是

1　分为地花与跷花。车家村都为地花。由清秀俊俏的男性扮演。“扭”花戴墨镜、白手套，身穿裙子，腰间系一红绸带，左手拿折叠彩扇，右手握彩色绸巾。改革开放后，许多男性村民外出打工，“花”就由女性扮演。

由女性扮演而是男扮女装，所以男性大多是穿妻子出嫁时的衣服、挑着妻子娘家陪嫁的嫁妆。通过“花”的穿着就能看出妻子娘家家境殷实与否。如果“花”能够穿得起好几层裙子，而且还是绸缎绣花裙，就表示他娶了一位家境比较殷实的人家的女儿。他在其他村民面前是非常有面子的。

由于车家村的人口相对比较多，在当地算是一个大村。20世纪50年代，车家村有8个生产队，各个生产队的经济实力并不是不分伯仲，而是有些差异的。比如说四队具有轧棉花油的副业，经济水平比较高，买得起骏马以及胶皮车等家当。有的生产队家族比较大，也买得起骏马。其他生产队只有骡子与牛，用的车也是木轮车。当车家村的秧歌去外村串村时，村支书让每个生产队出两辆车，套上体面的牲口拉着队伍去外村。由于人口众多，身穿绸缎绣花裙的队员也多，车马也多，所以场面十分壮观。由于当时是以农业为主，科技水平不高，农业的耕作离不开牲畜与生产工具，它们在村民的心目中占有至关重要的地位。车家村骡马成群、有轻便的胶皮车，是备受其他村落村民的羡慕与夸赞的。有时候去比较远的村落串村，远达30多里路，当天中午赶不回来，这就需要队员出发时从家里带上干粮，到了中午，让主人把干粮热一下，下午继续“串村”。村民自带的干粮都是家里人平时舍不得吃、做得比较好看的馒头。因此说，跑秧歌串村是一个村“穿衣、吃饭、亮家当”的重要活动，关乎着该村村民、家庭、生产队以及村落的荣誉。

2010年以前，车家村每年都要到路庙村跑秧歌。车家村的秧歌队出发前，会派一个年轻人作为探马，到路庙村征询村支书的意见，村支书表示欢迎后，他就摇着铃铛沿着该村大街跑一趟，以通知村民车家村的秧歌队等会儿就来了。探马回去后，路庙村的村支书和生产队队长抬着八仙桌来迎接车家村的秧歌队。桌子上摆上两瓶酒、两条烟、四盘菜、一把香、四把鞭炮。当车家村的秧歌队入村时，路庙村的村支书首先表示感谢，然后路庙村的人点燃八仙桌上的鞭炮，再抬着八仙桌在前面引路[1]。鼓长开始击鼓，秧歌队伍开始表演。

在整个跑秧歌的过程中，一直是村支书和村内有头有脸的人物抬着八仙桌。秧

1　村支书与生产队队长要抬着八仙桌进村，村民给秧歌队的烟酒糖茶要放在这张八仙桌上。

歌队每到一个过道头[1]，过道的村民就拦下秧歌队点燃一把或两把鞭炮“炸场”。秧歌队的管事就与过道头有威望的村民寒暄几句，与秧歌队有亲戚关系的村民也向之问好。然后秧歌队管事指挥秧歌队队员开始表演。当秧歌队表演完预定的“场子”或“场图”[2]后，过道头的村民，尤其是与秧歌队具有亲戚关系的村民就往八仙桌上放上烟酒等礼物，让秧歌队继续前行。一般来说在过道中威望越高、财力越雄厚的村民就越热情。他们会再次点燃鞭炮，大喊：“来来来，再跑一个、再跑一个！”这时候周围围观的许多村民也纷纷起哄大喊：“再来一个、再来一个！”秧歌队的管事看到村民如此热情便不好推托，只能指挥秧歌队再跑几个场子。然后村民再将一些礼物放到八仙桌上。有时候村民与秧歌队的队员十分熟悉，或者觉得对方跳得特别好，大伙都没有尽兴，那么他们还是会很热情地再次点燃鞭炮不予放行，吆喝让秧歌队再演出一次。一般来说三次之后，村民与秧歌队的管事、队员会再次寒暄，或者让他们坐下休息，喝些热水聊聊天再予以放行。在串村的过程中，秧歌队并不是在每个过道头上都需要演出的，只有某个过道的村民出来点燃鞭炮拦截队伍，秧歌队才在此过道头上表演。多次不拦秧歌队的过道的村民在村落中是不被欢迎的，大家会在背后议论他们“关起门来朝天过”[3]。而那些很热情的拦截秧歌队的村民是很受本村村民欢迎的，觉得他们“会来事儿”，同时也显示出本村的慷慨。

车家村有一个丑角通过在跑秧歌中诙谐的表演与幽默的讲述获得了自身的荣誉。这位丑角叫车茂岭，身材矮小、家境贫寒，年轻的时候因为意外事故造成了严重的驼背，所以他干不了很多劳累的农活，只能靠卖一些小玩意儿为生。他一辈子也没能娶上媳妇，一直是一个人生活。在村里他是最底层的人物，社会的边缘人。但是在串村跑秧歌的时候，他成为人们最喜欢的角色。表演时他头上插上小红花，

1 胡同口、巷子口，当地方言叫“过道头”。

2 “场子”或“场图”是当地说法，指跑秧歌时队员在场地所跑出的图形。各村秧歌队都有各自所擅长跑的图形。车家村近年能跑的图形有“蒜辫子”“牛皮钱”“大串花”“单十字街”“双十字街”，历史上能跑的别的图形都失传了。在对方村子的哪个场地跑哪个图形要根据场地大小、当事人喜好等因素确定。虽然秧歌队在什么场所停下来表演，要看人们在什么场所拦住秧歌队。但是由于两村秧歌队的礼仪往来多年，双方对哪些村民会在什么地方拦住秧歌队都是事先知道的、有默契的，对跑什么样的图形也预先都有计划。

3 意思是不与外界交往，自己过自己的了。

脸上抹上浓浓的腮红，门牙还掉了两颗，下面的两颗牙往外翘着，驼着背在后面人群中乱窜。村民看到他纷纷大笑，他也龇着牙冲着村民傻笑。他不仅有独特的外形，还会讲很多的民间故事、民间笑话以及演唱戏曲。比如“傻子想吃糖葫芦”的故事、“青蛇与白蛇”、“交公粮”、“计划生育”等。村民尤其是村妇和儿童们特别爱听这种民间故事、笑话，所以纷纷围着他。当他讲完，大家都觉得意犹未尽，还是围着他不予放行，直到前面的秧歌队走远了，大家才让他归队。当他走后，村民还纷纷夸赞他讲得好，甚至模仿他讲得很有趣的片段。这位生活在社会底层的人因此获得了很高的荣誉。

近年来，随着社会的变迁，车家村外出打工及在外地买房的村民逐渐增多，秧歌队的角色已经不全，已有七八年不去其他村落串村了。除了高坊村前年来车家村外，其余村庄也已经七八年不来车家村串村了。秧歌串村的习俗已经逐渐式微。2014 年底，王洪九村爱好鼓子秧歌的王正良联合惠民县的张波投资 3 万元注册成立鲁北鼓乡文化有限公司，主要吸收年轻成员，不收 50 岁以上的人，目前有成员 40 余人。这些成员主要是日常兼职的自由职业者，也有年节期间兼职的打工返乡村民。公司公益演出与商业化演出兼有。虽然营业形式多样，但由于成员流动大、盈利微薄等原因，该公司也正遭遇着重重困难。

乡民艺术是与村民的生存需求、生活方式密切相关的。在传统村落文化兴盛的特定历史时期，村落与村落之间的友好互助关系在当地乡土生活中占有比较重要的位置，秧歌串村就成为友好村落之间一项不可或缺的礼仪活动。而在现代化、城镇化快速发展的现代社会，传统村落文化发生变迁和衰退，秧歌串村活动也因当地村民生活方式的变化而难以维系和传承。但这只是鼓子秧歌在特定时期村民自然传承的情况下遭遇的存活困境，作为一项地域特色鲜明、艺术价值很高、深受民众喜爱的国家级非物质文化遗产，在当地政府采取适当保护措施、当地村民恢复传承积极性的条件下，鼓子秧歌仍然能够复兴并传于后世。

城镇制度民俗

城市是相对于农村而言，是非农业人口聚集的有着较大规模和统一管理体系的社会生活区域。“城市”这个词由“城”与“市”两个语素组成。“城”原指为了防卫重要权力集团居住地或重要地理位置而用城墙围起来的区域，“市”则指商业贸易活动集中的区域。“城”与“市”的基本语义也代表了城市最初形成的两个主要缘由。现代城市在空间形态上是开放的，没有了封闭式的城墙，在和平时期其防卫属性隐而不见；在功能上是综合性的，商业贸易活动集中则仍然是其基本属性之一。

中国古代城市的发展经历了两个阶段，第一阶段是从先秦到南宋，城市人口绝对量上升并且其所占人口之比重也缓慢上升。此外，人口有向大都市集中的趋势，大都市规模迅速膨胀。第二阶段出现在南宋之后，都市化进程基本停滞。城市总人口之绝对量几乎没有增加，但全国总人口不断增加，城市人口之比重日趋下降。[1]另外，较大规模的小城镇化现象突出，这种特殊的反方向人口流动表示城市之发展

1 ［美］赵冈：《从宏观角度看中国的城市史》，第 16 页，载《历史研究》，1993 年第 1 期。

受到某种制约。最直观的原因可以说是受城墙与城门的瓶颈性制约，而更深层的原因则是城市的粮源问题，中国的城市化不得不采取一种独特的路径，即以小城镇化作为城市化的新方向。

明清之前，战争较频繁，并未出现人口过剩。出现人口过剩现象主要是明清时期的事，尤其是康乾之后。新型小城镇也正是在这个时期发展最快，而其中人口压力又以江南地区为最，所以这类小城镇在江南最为集中。小城镇和农村逐渐形成一种生产与贸易的连锁关系，构成小城镇网络。

城市和农村是文化上反差很大的两种类型的社区。传统的村落是熟人社区，同村人祖祖辈辈生活在一个村子里，形成了密切互助又秩序井然的相对封闭的群体；而城市规模大，流动人口多，每个人的熟人只占很小一部分。村民之间的基本关系

图 1 山西沁县青龙古镇商业街。

黄涛　摄于 2017 年 5 月 26 日

以亲缘关系和地缘关系为主，业缘关系和利益关系在典型的传统村落中只占据着可以忽略不计的位置；而城市里人与人之间的基本关系则以业缘关系和利益关系为主，亲缘关系和地缘关系则只在很小的局部范围起一定作用。当然，同为中国文化，农村文化与城市文化也有很多同根同质的地方。

按照社区的形成历史、居民构成及居民关系等的不同，一般的城市社区可以划分为三种典型类型：以胡同区为代表的老城区、单位宿舍区和商品楼小区。[1] 除了这三种典型形态的社区之外，还有一些形态混杂的城市社区。以胡同为代表形态的老城区形成于 1949 年以前，是一个城市的传统地方文化传承较好较集中的社区。单位宿舍区形成于 1949 年以后，政府机关、工厂、学校、医院等较大单位给本单位职工建房分配，形成同一单位人员集中居住的社区。商品楼小区多形成于 1990 年各单位取消福利分房以后。不同类型城市社区的民俗文化特别是居民交际礼俗有较大的差异，当然也有其同为城市文化的共性。

在农村和城市两个社区类型之外，还有一种社区类型就是“镇”，或称“小城镇”。镇的居住形态、生活方式和社区文化等介于村落和城市之间，既有村落的内容和特点，也有城市的内容和特点，所以人们经常说“乡镇”，也经常说“城镇”，把镇与乡村放在一起讲有其道理，把镇与城市放在一起谈也有道理。相对于村落和城市而言，镇是一种比较独立和特点显著的社区类型，需要对镇做专门的研究和表述。而且由于我国镇的数量很大，在我国社会发展进程中也占有重要位置，值得予以特别重视。著名学者费孝通先生就对小城镇研究特别关注。他把自己一生的学术经历归结为社区研究，认为自己一生的社区研究历程经过了三个阶段：农村调查、小城镇研究、区域经济发展探索。“我一生的学术工作是从农村调查开始的，其后进入小城镇研究，近年来又开始区域经济发展的探索，统称为一生社区研究的历

1 杨宜音、张曙光：《理想社区的社会表征：北京市居民的社区观念研究》［载《中国农业大学学报（社会科学版）》，2008 年第 1 期］将北京市的社区分为三类加以调查：传统胡同社区、单位宿舍社区和商品楼小区。

程。”[1] 费先生说他的一生的学术研究有个主题，就是“志在富民”。他在江苏所做的社会调查中发现乡镇企业“生机勃勃，引人注目”，以乡镇企业为基础的小城镇大批出现，是广大农村走上工业化、脱贫致富的很有活力和潜力的发展模式，从此开始其小城镇研究。[2] 但到目前为止，关于小城镇生活和文化的研究总体上还很稀少，相关资料匮乏，本书还不能设立独立章节进行专门表述，就在这一部分“城镇制度民俗”里把小城镇制度民俗与城市制度民俗放在一起来谈。

城市的社交礼俗与称谓惯制

从人们交往时的称谓语使用可以清晰地看到城市社区的人际关系、社交礼俗与文化特征。本节主要从城市社区的拟亲属称谓与流行称谓来谈。

一、城市的拟亲属称谓

城市社区的拟亲属称谓在社交称谓体系中也占有重要地位，但与农村拟亲属称谓的使用状况有很大不同。前文已述，亲属称谓和拟亲属称谓是村落称谓的主体部分，并具有主导作用，其他称谓形式是作为亲属称谓的补充而存在的，这是由于村落是靠宗族血缘关系（含拟血缘关系）组织起来的，因而村民间的礼仪态度主要由辈分称谓关系来决定。由于小农经济采取以家庭为单位的分散经营方式，传统村落的村民之间基本上不存在以共同经营为基础的业缘关系纽带，因而称谓体系中没有职务称谓。而城市作为开放型的人口流动性很强的社区，人际关系的连接纽带是在血缘和地缘之外的另一种关系，即业缘关系，也就是城市人常说的同事关系、上

1　费孝通:《农村、小城镇、区域发展——我的社区研究历程的再回顾》，第 4 页，载《北京大学学报（哲学社会科学版）》，1995 年第 2 期。

2　费孝通:《农村、小城镇、区域发展——我的社区研究历程的再回顾》，第 5 页，载《北京大学学报（哲学社会科学版）》，1995 年第 2 期。

下级关系。这是以社会分工为基础形成的社会关系，它将城市居民分为各种职业集团。在职业集团内部，个人在业缘关系中的地位取决于他在社会协作链条中所起的作用，其尊卑取决于他在单位里的职务，因而业缘关系中的称谓以职务称谓为主导，以姓名称谓为辅助。这与村落称谓制形成鲜明的对照。城市人在业余生活情境对人的称谓有两种情况：一是对本单位的同事仍以职务称谓和姓名称谓为主，如果他所在的居民区是单位内的相对封闭的社区，职务称谓在业余生活中仍占重要位置；二是对非本单位的同事以拟亲属称谓为主，辅以其他称谓形式，不过这种拟亲属称谓的构成及其在称谓体系中的位置与农村是迥然不同的。

城市社区拟亲属称谓的构成与使用状况可概括如下。

首先，城市居民的拟亲属称谓对亲疏长幼的区分是很粗疏的。由于城市里人口流动频繁，极少有祖辈世居一处的稳定的居民社群，同时由于人与人之间缺乏亲密的互助往来，同一居民区的人与人之间缺乏村落那样世代相传的辈分关系，辈分的确定主要根据年龄的差别，及对方与自己家庭成员的社交关系，如对爷爷的熟人称“爷爷”，对父亲的熟人称“叔叔”。受传统的父系文化的影响，这种拟亲属称谓语以宗亲称谓语为主，但是这并不意味着人们有区分宗亲和外亲的意识。事实上由于城里子女婚后一般不与父母同住一处，多数情况下是说不上从夫居或从妻居的，对第三代的抚育也呈现双系并重的局面，由于计划生育政策，家族结构有“四二一”型的倾向，即祖父祖母、外祖父外祖母为四老，父母为双亲，再加一个孩子。对这个孩子而言，实际生活意义上四位老人已无内亲与外亲之分，反正都在同一个城市内，居住上离祖父母近还是离外祖父母近一般是偶然性的。所以亲属称谓语的内外亲之分只是传统社会称谓体系的现代社会的遗迹，拟亲属称谓语对内外亲称谓语的选用也是如此。部分老人尚有区分内外亲的称谓习惯，而中青年人一般无此意识。比如在北京海淀区的一个居民小区内，一位退休干部让他的外孙称年老邻居为“姥爷”“姥姥”，但他这种外亲原则贯彻并不彻底，他并不让外孙称年轻邻居为“舅舅”“舅母”，而称“叔叔”“阿姨”。这个孩子的父母则让儿子称这里的年老邻居为“爷爷”“奶奶”。实际上，拟亲属称谓的“爷爷”“奶奶”已失去宗亲称谓本来的意义，并非指称父系亲属社区的人，而是对年老长辈的泛称。而且，近年来城市拟亲属称谓体系有打破以宗亲称谓为主的局面的倾向，“大姐”正在取代“大嫂”，“阿姨”正在取代“大娘”或“伯母”。而且“大姐”与“阿姨”是不区分称谓对象结婚与否的。另外，城市拟亲属称谓趋向于只区分以年龄代际差别为基础的辈分，不区分同代范围的长幼关系。“叔叔”“阿姨”这对带有现代城市文化色彩的新兴的称谓形式，即不区分称谓对象与父母的长幼关系。同辈之间的“哥们儿”“姐们儿”称谓也不区分相互间的长幼。

其次，拟亲属称谓虽然在城市民间称谓中仍占据主要位置，但已不占绝对优势，它在某些情况下为其他称谓所取代。在城市运用较多的称谓除了拟亲属称谓和姓名称谓之外，还有职务称谓、情态称谓等。对拟亲属称谓的使用状况，已有学者做了调查。根据陈松岑《北京城区两代人对上一辈非亲属使用亲属称谓的变化》一文，[1] 可对城区居民使用拟亲属称谓称呼非亲属的基本情况概括如下：第一，中老年人大多数情况下对上一辈非亲属使用“大爷、大妈、大叔、大婶儿、姑、姨”等称谓，青年人对此的使用频率下降，并且较多使用类分法性质的“叔叔、阿姨”来取代其他对上辈的旧式称谓。第二，从称谓人身份看，工人比知识分子更多地使用亲属称谓去称呼上一辈非亲属；从称谓对象身份看，人们对来城的农民更倾向于使用亲属称谓以示亲切，对知识分子多称“先生、老师、同志”等表明身份或较文雅的词语。

在城市社区，年龄差距不大的男性之间喜欢称兄道弟，以此来拉近双方的关系。一般岁数大一些的称岁数小一些的为“兄弟”“老弟”，岁数小一些的称呼岁数大一些的为“老兄”“××（名字）兄”“×（姓）兄”。但有时岁数大一些的男性也称岁数小的人为兄，这就是特别客气的称呼了。在双方的身份地位差距较大时，一般不相互称兄道弟。茅震宇《谁跟谁称兄道弟》一文描述了地位不相当的人之间称兄道弟的一些情形：地位高的人一般不会随便与比自己地位低的人称兄道弟，如果有一天他们称地位低的人为“弟兄”，往往是要派“弟兄”的用场了。

除城市与村落外，还有一种情境是小城镇。小城镇情境从整体而言是城市情境

1　陈松岑：《北京城区两代人对上一辈非亲属使用亲属称谓的变化》，载《语文研究》，1984 年第 2 期。

与村落情境的混合，这里的活动情境可分为公务情境与生活情境两种，其民俗之“民”与“俗”也为内部的情境差异所分隔。我们以郭展《寒亭称呼语规则试说》中提供的情况为例。[1]

寒亭位于胶东半岛西部，由城区中心和周围的八个自然村组成。城区中心是县级区政府（潍坊市所辖）驻地，自然村里住的是农民。这样一种特殊的语言情境造成了内部称谓习俗的显著差异。在机关单位内部，形成公务情境，工作人员相互称谓受职务级别影响，不能以拟亲属称谓相称，机关工作人员内部称呼也称“同志”。而在周围的自然村中，则是生活情境，人们遵循村落拟亲属称谓制，每人都有自己的世袭辈分，即使在外地工作的人当了官，回村后人们仍按辈分称之，绝不称他的职务。

寒亭的两种称谓状况的鲜明反差说明了情境对民俗主体有显著的限定性，在小城镇这样一个不大的空间范围内，其语言环境竟被情境明显地分隔为两部分，同一个人，在机关大院的公务情境里使用官方称谓，出了机关来到民间生活情境里，马上采用民间称谓，这点很生动地体现了小城镇的文化特色。

二、随时代变迁的城市流行称谓与社交礼俗

流行称谓指一段时期内（可以是几年到几十年）社会上流行的社交称谓。流行称谓的变化与社会主流文化、流行文化、民间风尚等密切相关，所以从流行称谓的更替也可以看出社会文化的变迁。我们选择 20 世纪以来最为常见的几种流行称谓来讨论。

（一）从“小姐”到“美女”的演变

20 世纪末期以来，“小姐”是社会上颇引人注意的称呼，它的含义和用法发生了显著而有趣的变迁，从一个受人欢迎的尊称变成了被人讨厌的称呼。再往前追

1　郭展：《寒亭称呼语规则试说》，载《民俗研究》，1996 年第 3 期。

溯，它的意思几经变迁，值得探究。

在中国古代，“小姐”就是对年轻女性最常见的称呼之一，只是在早期它的含义与今不同。“姐”在《说文解字》中的解释是：“蜀人谓母曰姐。淮南谓之社。从女且声。”到汉魏时期，已有文字资料显示人们已开始称一般妇人为姐。因“姐”本来是指年龄比自已大的女性，那么称对方为姐就含有尊敬的意思。后来才出现“姐”与“小”的搭配。“姐”前加一“小”字，已经不含有该女子比称呼者年龄大的意思，而是指年轻女子了，只不过仍带有对女子的尊称意味，但这可以只是字面上的尊称意味，并不妨碍到宋代时“小姐”成为对社会地位较低的年轻女子的称谓。

“小姐”一词在唐代语料中尚未见到，它应该是在唐代以后逐渐流行的。目前所见到的出现“小姐”称呼的语料最早是在宋代。北宋诗人钱惟演在《玉堂逢展录》中记载营王宫起火之事，说这场火起于执掌茶酒的“宫人韩小姐”，她图谋与人私奔而放火。这是将宫婢称为小姐。苏轼也有《成伯席上赠所出妓川人杨姐》。南宋洪迈所撰志怪小说集《夷坚志》记载：“傅九者，好狎游，常与教乐林小姐绸缪，约窃而逃，不得，遂与林小姐共缢死。又建康女娼杨氏死，现形，与蔡五为妻，一道士来，仗剑逐去，谓蔡曰：‘此建康娼女杨小姐也。’”这是将妓女称作小姐。南宋史学家岳珂（岳飞之孙）在《桯（音听）史》卷六“汪革谣谶”条中提到洪恭“有妾曰小姐，躬蚕织劳”。马纯在《陶朱新录》中记载：“吏部侍郎陈彦修，有侍姬曰小姐，气羸多病。”这里将妾、侍姬称“小姐”。看宋代的这些用例，可知“小姐”称呼在最初用于地位较低的年轻女子。清代赵翼在《陔余丛考》卷三八“小姐”条明确指出：“今南方缙绅家女多称小姐，在宋时则闺阁女称小娘子，而小姐乃贱者之称耳。”

到了元代，“小姐”演变为对富贵之家的女儿的称呼，或者对年轻女子广泛使用的美称。元代王实甫《西厢记·楔子》有“只生得个小姐，小字莺莺”。白仁甫《东墙记》第二折：“更有个小妮子，是小姐使唤的梅香。”乔吉的《金钱记》和张寿卿的《红梨花》等剧中也有“小姐”称呼出现。[1]此后，从明清直到民国时期，“小姐”都指富家女儿。地主家里的男女帮工，称呼地主的女儿时，不管后者多大，一律称“小姐”。

20世纪50年代至70年代，社会上贫富悬殊的差别基本消失，富人阶层没有了，也没有了传统意义的“小姐”这类人，而且，在政府舆论里，小姐与老爷、太太、公子等作为旧社会剥削阶级的代表人物，受到广泛的批判。所以在这一时期，虽然与该词相对应的人在现实中不存在，但是它仍然作为一个贬义词不时被人们提到。80年代以后，“小姐”与“先生”“夫人”等旧式称谓一起复活，成为对未婚年轻女性的尊称，并且它更常用于对公共场所一些穿戴较为入时、看起来从事较高收入工作的年轻女子的称谓。近年来，“小姐”成为有特定含义的流行语。虽然该称呼也还被作为对年轻女子的尊称使用，但是因为它有了另一种含义，一些敏感的女子就讨厌别人称她为“小姐”。2000年10月26日《南方周末》有一篇题为《讳称小姐》的短文记载：

> 一位衣冠楚楚的男士带着妻子上一家专卖店买衣服，一进店门，店里的女服务员很热情地迎上来，但刚一张口就把买卖给“喊”黄了：“先生，您给小姐买点什么？”“小姐”立即黑下脸来：“你才是小姐呢！”拉着丈夫扭头而去。
>
> 记者在最大的中文新闻网站新浪网上搜索了一下标题中包含“小姐”的新闻，符合条件的483条新闻中，近一半均为诸如“福州3天清理万余三陪小姐”“北京端掉一淫秽场所陪侍小姐60名”之类的标题，“小姐”一词已经带上了抹不去的色情含义。
>
> 稍有身份地位的“良家女子”们对在人际交往中被称为“小姐”十分反感。一位30来岁的已婚女士每次寻呼朋友总要对呼台多说一句：“打上

1　以上关于古代“小姐”称谓的演变情况主要引自以下著作：袁庭栋：《古人称谓》，第482页，四川教育出版社，1994。

‘女士’，别打‘小姐’。”而略具社会洞察力的人们已开始主动避免称呼年岁尚轻的女性为“小姐”。[1]

笔者在北京乘坐公共汽车、出租车时，常听到售票员或司机称年轻女性为“大姐”。有一次一位40多岁的出租车男司机称一位20多岁的女子为“大姐”，我就问他为什么这样称呼，他做了与上述原因相同的解释。因“小姐”成为不受人欢迎的称呼，单位里熟悉的同事之间流行称“某（姓）姐”，对男的则称“某哥”，这种称呼，尊重里透着亲热。

既然“小姐”作为称谓不受欢迎，那么原来那些该用“小姐”的地方就会有另外的词语取而代之，这就是“美女”之称。“美女”是个常用词汇，不用解释我们也都知道其本义，比如“中国古代四大美女”之说。但过去并不把“美女”作为称呼来用。“美女”作为对女性的称呼肯定是出现在20世纪80年代我国实行改革开放之后的新时期，但因为开始出现时是在人们的口头逐渐流行，也没有文献及时记录下来，所以并不能确定最初流行的准确时间。根据笔者的亲身见闻，“美女”作为称呼来使用应该是在20世纪90年代以后。那时我跟研究生时代的一位老同学在北京一家饭馆吃饭，他称呼女服务员为“美女”，比如：“美女，给我拿餐巾纸来！”“美女，我们的菜怎么还不上来？”女服务员听了这称呼笑眯眯的，很开心，也对这称呼感到有点新鲜的样子，服务态度就格外好。我也感到这称呼很新鲜，并觉得老同学这样称呼服务员显得幽默和开朗。那是我第一次听到“美女”称呼。从当时作为被称呼者的服务员和我这个旁观者的反应来看，那时应该是该称呼出现不久的时候。后来“美女”称呼用得越来越多，几乎成了可以用于所有年轻女性的美称。2013年7月下旬的某一天，我乘飞机从北京到杭州的途中听到了三次“美女”称谓的使用。一次是在首都机场的“味千拉面馆”，女服务员招呼刚进拉面馆的一位看起来25岁左右的姑娘：“美女，这边有位置，请往前走！”一次是在杭州下了飞机后的机场大巴上，女服务员招呼刚上车的一位看起来35岁左右的女乘客：“美

1　转引自《南方周末》，2000年10月26日，第13版。

女，请坐这个座位！”第三次是在灵隐寺外面，一些小贩在向游人兜售香烛，一位中年妇女对一位20多岁的姑娘说：“上香吗？美女，要不要？”并且我注意到在这三次“美女”称谓的使用场合，被称谓者都反应平淡，并没有出现感受到被称赞和恭维的相应表情，说明这一称谓已经成为在公共场所对一般年轻女性的常用称谓，已经基本失去了“容貌美丽的女性”的意义，只是对年轻女性的一个敬称或礼节性美称。

后来“美女”“帅哥”称呼的使用范围越来越广，称呼者与被称呼者的年龄范围越来越大，几乎要代替“女士”“先生”的性别化通称了。笔者亲身经历的一件事情就很典型。2019年3月23日，我到温州大学城的一个鱼粉店里吃早餐，要了一份15元的番茄鱼粉，用手机扫微信付了款，就在柜台前的饭桌边坐下。收款的老板是一位看起来50多岁的女性，就鱼粉要不要辣味、放什么程度的辣味跟我聊了几句。稍后进来一位拉着行李箱的中年女顾客，她付款之后，女老板突然问我：“帅哥，你交钱了吗？”我一愣，看旁边并无别的男顾客，就回答：“交过了，15元，扫的微信。”心想，怎么她叫我“帅哥”？难道我看起来像个小伙子吗？我头发都白了一多半了。难道她看我长得帅吗？她嘴可真甜。也没说什么。正一边吃一边琢磨着，女老板又问刚到的那位女顾客：“美女，要不要吃辣？”那位女顾客看起来也有50岁左右了，而且身材矮胖，肤色黝黑，脸孔长得也可以说是很粗犷的，反正跟美貌一点不沾边。她被这样称呼，也没表现出什么诧异，只回答说不吃辣。看来“帅哥”“美女”称呼此时此地就是个用来称呼男女顾客的礼貌性通称了，比“先生”“女士”更礼貌，带有隐隐的恭维顾客的味道，而且使用者不仅限于年轻人，连面前这位快到老年的女老板也很熟练地使用了。出于对这对称谓使用问题的兴趣，我就问女老板是哪里人，她回答是河南人，我说：“你说话听不出什么地方的口音。”她说的是没明显地方口音的普通话。不过她自己说：“我年纪大了，乡音难改呀！”我正好就她的话问她的年龄，她说：“我属虎，58岁了，你跟我年纪差不多吧？你属什么的？”这也证实她看出了我的大概年纪，不是因为看着我年轻才叫我“帅哥”的。我回答说：“属龙的。”她说：“啊，你比我小两岁。”她用属相来推算岁数很快，而且算的是虚岁。我都是按周岁算的，而且还不会通过属相来算岁数。她对这方面的传统文化比我熟悉多了，同时使用“帅哥”“美女”的时尚称呼也比我熟练。我说：“你头发还都是黑的呀！”她说是染的，还过来让我看绒线帽下面头发的白色发根。我吃完饭，出了小店，刚到门口外，透过里间玻璃窗看到我离店的女老板大声向我招呼着：“走了帅哥？”

而对年龄大的女性，不好称“美女”，就有人发明了“资深美女”的说法，并流行开来。对于男性，相应地有“帅哥”“资深帅哥”的流行称谓。

（二）“哥们儿”称谓的使用状况与文化内涵

20 世纪 80 年代以后，“哥们儿”称谓开始在城市居民（主要是青少年群体）里流行。它可用于关系不错的朋友伙伴之间，体现双方的亲密交往；也可用于不相识或不大熟悉的年龄相仿的人之间，表示对被称呼者的亲热态度，起拉近双方关系的作用。在发音形式上，“哥们儿”称呼有四种变体：“哥们儿”“哥儿们”“哥儿们儿”“哥们”。这里以“哥们儿”统指四种形式。例如：

（1）“兄弟倒几张车票混口饭吃，你不挡道吧？兄弟刚从大狱里出来，咱们要是翻脸，我又得进去十年八年，哥们儿忍心吗？”（《北京晚报》，1992 年 4 月 28 日，文艺副刊）

（2）“晚上有俩哥儿们请我喝酒。”他拇指向上一挑，夸张地说。（徐星《无主题变奏》）

（3）“我其实是一个大大咧咧的人，我性格有点像男孩子那种。喜欢嘻嘻哈哈和一帮哥们儿姐们儿凑在一块玩儿，不沾也不扯什么乱七八糟的是非。”（《中国妇女报》，家庭周末版，1999 年 1 月 8 日，第 4 版）

例（1）中“哥们儿”是票贩子对干涉他做非法生意的陌生人所说，起拉近关系、联络感情的作用。例（2）的“哥儿们”是一位大学生在自己房间里同朋友说话时对不在场的好朋友的称呼。例（3）是影星刘蓓对采访她的记者所说，“哥们儿”是对她的男性好朋友的背称。

“哥们儿”称谓是对“兄”类称谓的替代形式。“兄”类称谓指对非亲属交际对象称以“××兄”“老兄”“××哥”“大哥”“老哥”“小哥“老弟”“兄弟”“小弟”

等。所谓“称兄道弟”，是汉文化中的典型称谓礼俗。这一礼俗有着历史悠久的文化内涵，对民众有根深蒂固的影响。

传统社会认为最基本的人伦有三种：父子、夫妇、兄弟。兄弟间的和睦友善、长幼有序是父系宗族秩序的组成部分。古人将“悌”与“孝”并称，将之看作最重要的道德规范之一。《礼记·礼运》所说“兄良、弟悌”，《论语·学而》所言“弟子入则孝，出则悌”，都在强调兄友弟恭的礼仪，特别是弟对兄的敬爱之礼。将同胞兄弟之情之礼推及世人，就是《论语·颜渊》所讲的“君子敬而无失，与人恭而有礼，四海之内，皆兄弟也”。这样，“兄”类称谓备受推崇，得以广泛运用。

“兄”“哥”作为社交中的常用敬辞，其主要是表达礼俗意义，即表示对称谓对象的亲近、敬爱之意，而它们的本义“同胞年长者”退隐为背景意义。所以对同辈年长的人称兄，对同辈年幼的人也称兄；甚至对晚辈以至晚辈女性也称兄。这里我们以鲁迅先生对兄称谓的使用和解释来说明。

1925 年 3 月，许广平先生收到鲁迅先生的第一封回信，对信中称她为“广平兄”大惑不解：“但当我拆开信封，看见笺面第一行上，贱名之下竟紧接着一个‘兄’字，先生，请原谅我太愚小了，我值得而且敢当为‘兄’么？不，不，决无此勇气和斗胆的。先生之意何居？弟子真是无从知道。不曰‘同学’，不曰‘弟’而曰‘兄’莫非也就是游戏吗？”[1] 这段话表现了许广平作为一个晚辈、学生、女性被称为“兄”之后的感受，从中我们可以真切地看到“兄”称谓给人带来的受尊敬感，这就是该称谓礼俗的社交效果。鲁迅复信解释：“这是我自己制定，沿用下来的例子，就是：旧日或近来所识的朋友，旧同学而至今还在来往的，直接听讲的学生，写信的时候我都称‘兄’；此外如原是前辈，或较为生疏，较需客气的，就称先生，老爷，太太，少爷，小姐，大人之类。总之，我这‘兄’字的意思，不过比直呼其名略胜一筹，并不如许叔重先生所说，真含有‘老哥’的意义。”[2] 鲁迅在这里解释了“兄”的礼俗意义，是在其本义之外的，也就是延伸的用法。

---

1 《鲁迅全集·九·两地书》，第 15 页，人民文学出版社，1963。

2 《鲁迅全集·九·两地书》，第 17 页，人民文学出版社，1963。

“兄”“哥”作为拟亲属称谓，其意义一是表示亲近之情，二是表示敬重之意。而“哥们儿”缺少的或者说有意抹去的是第二种意义。这是“兄”称谓与“哥们儿”称谓的根本差别所在。二者的另一重要区别在于对交际氛围的影响不同：“兄”称谓导致的是郑重的氛围，“哥们儿”称谓创造的是轻松、随便的气氛。而且据调查，现代中青年所使用的“哥们儿”称谓营造随便气氛的功能已大于表示亲近的功能。而“哥们儿”称谓的反叛传统的意味，也就在于它对年龄差距的社会文化意义的忽视，在于它对称兄道弟的传统礼俗的否定。部分传统观念淡薄的中青年，不愿沿用拘谨陈旧的“兄”类称谓，又要表示对称谓对象的亲近之意以利于交际，就使用“哥们儿”称谓。

“哥们儿”称谓一方面具有与传统观念不合的地方，从另一方面看又是对传统称谓法的继承。或者说“哥们儿”称谓与传统观念的不合只是传承中的变异。因为它毕竟是亲属称谓的泛化，是将表示亲近血缘关系的词语用于非亲属关系。这还是受几千年来宗法制社会的传统观念影响的。

（三）“我”“她”“咱”“我们”“您”等代词称谓

代词称谓指以人称代词作为对人的指称，如第一人称“我”“我们”“咱们”，第二人称“你”“您”“你们”，第三人称“他”“他们”“她”“她们”等。虽然从语义来讲，它们不是严格意义上的称谓语，而只是对其他特定称谓语的替代形式，但在民间社会，在什么关系、什么情况下能替代其他称谓语，要受到亲属关系、辈分、地位、交际目的等因素的制约，就带有丰富的礼俗意义。如河北省景县一带，两人在交际场上初见，问对方情况时不说你，而说“咱”，如本意是问“你是哪儿人？”要说成“咱是哪儿人？”用“咱”透着一种亲热劲儿，能有效地拉近双方的情感距离。老北京人特别重礼仪，这“老礼儿”主要表现在说话上。在京韵京腔的老北京话里，“劳驾”“您”这一类的礼貌语言使用得很频繁。请人让一下道，让别人帮点举手之劳的小忙，自己做事需打扰一下别人，都向人说“劳驾”。老北京话不怎么说“请”，但“劳驾”是比“请”更客气的字眼，从字面上看，是“劳动别人的车驾”的意思，包含着抬高对方、贬抑自己的意思。“您”是老北京话常用的敬辞，对长辈、老师、上级等都称“您”，对平辈也常使用。说话时口口声声“您”，是老北京人的礼仪特色。甚至有时吵架也说“您、您”的。都捋胳膊挽袖子快打起来了，还“您”不改口：“您再臭嘴不干不净的，我真揍您，告诉您！”一个“您”字，给北京语言平添了多少文明气息。[1]“您”还与语气词“哪”组成一个口头禅“您哪”，常放在一句话的后边。北京人打招呼时说：“吃了吗您哪？”送人出门时说：“慢走啊您哪！”连表示否定、讨厌一类的意思也说“您哪”：“歇着吧您哪！”“一边去吧您哪！”

另外需要说明，现在这些代词称谓已经是现代汉语常用词汇，不能算作流行称谓。这里把它们作为流行称谓来谈，主要是着眼于这些代词称谓在现代汉语中刚刚开始使用的时候，它们往往代表了当时社会上风行的新文化、新观念、新风尚，在一定时段内算是流行称谓，比如“我”“她”；还有一种情况是，在特殊时期，代词称谓也能成为特别流行的反映当时社会风尚的说法，比如“文化大革命”时期“我们”的使用。

在向别人提到自己时，现在自称“我”是很寻常的事，可是在传统上讲究在交际中抬高对方，贬抑自己，爱用谦卑字眼指称自己，一般不直称“我”，这一表达习惯在“五四”新文化运动以后开始改变。现代文学史专家王瑶先生说：

> “五四”以后就不同了，重视个性解放。“五四”以前，一个人说话，如果一来就是“我怎么样”，这叫没有礼貌。对上讲，称“鄙人”“卑职”，或者客气一点，比如我，就说“瑶以为如何如何”。“五四”以后，动不动就是“我怎么样”，就像鲁迅在《伤逝》中说的：“我是属于我自己的，谁也没有干涉我的权利。”这确实是“五四”精神。“五四”以前不行。所以马寅初先生（今年一百岁，是民主人士中最老的）以前在北大当校长时，作报告有一句口头禅：“兄弟如何如何”，下面就发笑。其实他说“兄弟”

1　陈小川：《“对不起”与“对得起”》，《青年时讯》，2000 年 10 月 26 日。

就是“自己”，就是“我”。个性不发达，就不能说“我”。[1]

“文化大革命”时期人们爱标榜自己是某一个先进、革命群体的一分子，说话代表革命阶级，说的话有群众支持，表达自己的意见时爱说“我们工农兵怎样”“我们怎样（如我们坚决不答应）”，这是一种虚张声势、借势压人的表现。学者发言、写文章也爱说“我们”，本来是自己的意见，却要说成“我们认为”“根据我们的研究”，这种说法在大多数情况下是一种谦虚的表现，即意在不过分突出自己。

“五四”运动时期还创造了一个“她”字，是经刘半农先生提倡而兴起的，现在已成为一个很普通的字，当时却经过了一场争论。当然这主要是一个书面上的表达法，在口语中并不能从语音上分别“他”与“她”。

“怹”大致是1949年以前出生的北京老辈人所习用的一个第三人称敬称，发音很像是“贪”音。老北京礼俗，在背后说到自己的长辈时，不能直接说“他”，那是不礼貌的，要说“怹”才符合对长辈的礼貌。如果孩子不小心说自己的长辈为“他”，要受到父母的批评教育。但到21世纪初，这个称呼在北京已经几乎绝迹了。

（四）“爷”“亲”“宝贝儿”等情态称谓

情态称谓指由于对别人表示敬重、亲密、喜爱、厌憎等感情而采用的情感色彩鲜明的称谓，有敬称、谦称、昵称、爱称、厌称、骂称等。敬称如“阁下”“足下”“老人家”“前辈”“夫子”“大人”等，以及在称谓词前加“尊、贵、令、贤、仁、高、大”等敬辞。谦称如“卑职”“鄙人”“不才”“小子”等。昵称如“宝贝儿”“心肝儿”“亲爱的”等。爱称如“小家伙”“小鬼”“小伙儿”“美人儿”等。厌称如“熊孩子”“老头子”等。骂称如“该死的”“老不死的”“挨千刀的”“王八蛋”“孬私子”等。

各地的情态称谓有很大差异，有些是很有特色的。比如骂称。骂称一般是表示厌憎感情的称谓，但是有时亲近的人之间也用骂称来表示亲密无间的感情，通常姑

1　王瑶：《现代文学的民族风格问题》，载《中国现代文学史论集》，第299页，北京大学出版社，1998。

娘骂情人“讨厌”或称他“讨厌鬼”，那是在打痴撒娇，表达一种非常亲昵的感情，老婆骂丈夫“该死的”，多半也是表达一种死活都不分开的老夫老妻式的感情。上海的川沙方言有一对骂称“死人”和“浮尸”，主要用来表示熟人间的亲昵之情：

> “死人”和“浮尸”在吴方言词典里注明还可作骂语。但是在川沙方言里，这两个词多用作称谓，表示亲昵，有点像英语里的 My darling 或 My dear，但限于跟非常熟悉，十分亲近的人之间称呼。例如，两个老相识，老同事，好久不见了，偶然在路上相见：“嗨，浮尸，侬迭响拉啥场化做生活？”（你这一阵在哪儿干活？）“喔唷，浮尸啊，长远勿看见，作胖来，发福哉！”这两个男子用“浮尸”打招呼。如果是女子之间，她们就用“死人”相称。如“啊呀，死人，我一直拉寻侬，有眼闲话要搭侬讲”。这比称呼名字要亲切得多。男女之间，女子仍可称男的“死人”，男子不会称女子“浮尸”，一般称呼名字。至于为什么女子之间使用“死人”，男子之间使用“浮尸”，为什么这两个骂语反而具有亲昵的色彩，现在还说不出更多的道理来，也许是“打是疼，骂是爱”的一种表现。[1]

有些情态称谓也具有鲜明的时代色彩。比如“阁下”“足下”“高”“贵”“鄙人”“不才”等是传统社会里的文雅的敬称或谦称，现代社会已极少使用。现代社会也不断兴起新的情态称谓，成为一段时期内的流行语，比如“爷”“亲”“宝贝儿”等。

北京人的“爷”称谓是很有特色的。它是在社交场合特别是公共场所对男人的尊称，不管对方年龄大小，都可以尊称他为“爷”。这是一个老称呼，新中国成立以后几十年中已很少使用，近年来又重新使用，先是用“爷”组成的流行称谓名词蔚然成风，如“侃爷”“款爷”“倒爷”“板爷”等，然后直接尊称男子为“爷”的传统称呼也开始在服务行业出现。《京华时报》2002 年 4 月 19 日第 B38 版登载了

1　卫志强：《川沙方言里男女在语言使用上的某些差别》，载中国社会科学院语言文字应用研究所社会语言研究室编：《语言・社会・文化》，第 231 页，语文出版社，1991。

一篇短文《称呼》，女作者穆易谈了她在听到其丈夫和儿子被称为“爷”时的新鲜感受：

> 昨天晚上我们全家去吃“老北京炸酱面”。一进门，店里的伙计高声吆喝：“爷，您来了！”我听着挺新鲜，我儿子和他爸爸走得踌躇满志，仿佛找到了当爷爷的感觉。我这位“女爷”跟在后面，走得小心翼翼。
>
> 落座了，服务小姐把菜单送上来，说：“几位爷，点点儿什么？”我家的“小爷”说：“阿姨，你给我来碗炸酱面！”小姐说：“好了您哎，爷！”我家的“大爷”说：“给我来瓶啤酒，几个小菜！”小姐说：“好了您哎，爷！”该轮到我了，小姐说：“这位大妈，您来什么啊？”我的白眼珠立刻翻了出来，心想，你什么眼神儿啊？不称小姐也要来声大姐，怎么大妈都冒出来了？我赌气说：“我不吃了！”小姐说：“看看，怪我了不是？有眼无珠！”见我转怒为喜，小姐马上说：“董事长，您来点儿什么？”

从这篇短文，可以看出“爷”称谓带给男人的受到敬重的良好感觉。相对而言，女子不喜欢被人以长辈称谓来叫，她们更喜欢表示年轻意义的称谓，所以这位女子被称为“大妈”就很恼火。

还有一种现象是，近年来媒体上流行称文艺界的某些大腕为“爷”，如称王朔为“朔爷”、称周星驰为“星爷”等。

“亲”“亲们”是近年来的社会流行语。在教育部、国家语委公布的《2009年中国语言生活状况报告》中，“亲”已被收录。“亲”是“亲爱的”的简称，但“亲爱的”更多用于情侣之间，感情色彩过于强烈，而“亲”这种简称既带有“亲爱的”所表示的那种“亲密”“亲切”“亲近”“亲昵”等含义，又较为含蓄和俏皮，故成为网络上青年人喜欢使用的词语。据说最早源于歌星周笔畅对其粉丝的称呼，其粉丝被称为“笔亲”，笔亲相互之间也称“亲”“亲们”。其后该称呼扩大到一般明星的粉丝，比如“杰亲”或“J亲”指林俊杰的粉丝。在网络上这个称谓很快流行开来，特别是在淘宝网站上，店铺掌柜称呼顾客为“亲们”，网友之间留言或回帖也使用“亲”，比如“沙发哦亲”“包邮哦亲”。“亲们”也可理解为“亲爱的朋友们”的简称，但比后者显得更为感情亲密，也显得时尚。后来这个称呼从网络扩散到社会其他场合，在日常生活中年轻人之间常用，比如杂志编辑也称投稿者和写手为“亲”。关于“亲”的语源，还有另外的说法：一说是外来语 CHING 的音译，在西方用于表示超市钱柜开启的声音，而钱柜开启给人以很爽的感觉；另一说是韩语的“朋友”一词发音接近汉语的“亲故”，韩国明星的粉丝之间常互相简称“亲”。

“宝贝儿”是个昵称，本来用于情侣之间的相互称谓或父母对于幼儿的称谓。近年来其范围扩大，也被用作同事、同学、朋友等关系中表示友好、亲密、亲切、喜爱等感情意味的称呼。

（五）“同志”“师傅”“老板”等通用称谓

20 世纪上半叶，社交称谓常用“先生”“老爷”“夫人”“太太”“少爷”“小姐”“老板”等。20 世纪 50 年代至 70 年代末，社会上最为流行的称谓是“同志”。“同志”原意为“为共同的理想、事业而奋斗的人，特指同一个政党的成员”。[1]“先生”“老爷”等旧的一套社交称谓被取消了，“同志”广泛使用。在城市里的社交场合，这个词成为一个对各种人的通称，不分性别的差异，甚至在相当程度上取代了拟亲属称谓的位置。

80 年代以后，“同志”用得渐少，“师傅”在一般的社交场合被广泛使用，而知识分子阶层使用“老师”“教授”“大夫”“工程师”“博士”等。后来“先生”“小姐”“夫人”“太太”等旧称谓语重新兴起。

“老板”称呼也用得很广泛。“老板”本是个旧词，1949 年以前常用，指私营工商业的财产所有者和主管者，又称“掌柜的”，也用以尊称著名戏曲演员或组织戏班的戏曲演员。新中国成立后至“文化大革命”时期，“老板”所指的这类人是

---

1 中国社会科学院语言研究所词典编辑室编：《现代汉语词典》，第 1265 页，商务印书馆，1997。

舆论中的被批判者，该词作为交际称谓语也停止使用。20 世纪 80 年代初，政府提倡“让一部分人先富起来”，经商下海的人多了起来，广东等南方沿海地区得风气之先，那一带的经商者率先恢复了“老板”这一传统称谓，并将之作为尊称用于在交际场合遇到的几乎每一个人：“老板，在哪里发财啦？”90 年代以后，这一称呼已经流行大江南北，人不分男女都可被称为“老板”。因这个词意味着赋予被称呼者以支配自己的权力，可用于表示自己的谦恭地位，便于生意场上或公关场合联络、密切双方的关系，被称呼者则感到一种似乎能支配别人的权力，从而得到受尊重感或虚荣心的满足。后来，这一称呼竟延伸使用到政府机关与国有企业，下属对局长、处长、厂长、总经理等领导干部也称“老板”，某些领导干部也乐于被人这样称呼。按原则讲，称领导干部为“老板”是不适当的。因为老板与下属之间有雇佣与被雇佣的关系，而国有部门的领导干部与下级之间虽然有领导与服从的关系，但在根本地位上是平等的国家工作人员。有些领导喜欢被人这样称呼，是由于“老板”称呼增强了他的权威感和对别人的支配权。有人评论这种现象说：

> 细究之，原来一声“老板”，表明了一种身份，显示了一种地位，这就是：“我”——老板——不仅是你们的顶头上司，还是你们的衣食父母，你们的一切都由我说了算。生生把定义的平等关系演变为附庸从属关系。将人民赋予的权力“私有化”，同时还给这种权力赋予一种市场经济的时髦。[1]

（六）职场流行称谓

职场的人际称谓自然以职务称谓为主。职务称谓属于固有、常用称谓，不是流行称谓，但职务称谓中有一些变异的、灵活的或新兴的叫法，可算作职场流行称谓。

职务称谓就是按照某行业或工作岗位的职务名称对交际对象的称呼。使用这种称谓是从敬重对方的业务水平或领导能力角度对他的尊称。还有一种情况是在某工

1 雷电：《谁是老板？谁的老板？》，载《南方周末》，2002 年 11 月 7 日，第 C23 版。

作环境里称呼不熟悉的人，特别是到外单位去办事，要称呼相关的经办人员，而不知道他的确切职务，但又不便于以其他称呼加于他，就采用一个该环境里通用的职务名称来称呼他，也是一种从业务角度出发的尊称，如在学校里称呼不熟悉的成人为老师，称呼不熟悉的学生模样的人为同学，在饭馆里称呼管事的工作人员为“老板”，在公司里称呼像领导模样的工作人员为“经理”等。

在国家机关和企事业单位里，在出于工作关系的交际中，人们习惯以职务来称呼对方，特别是对领导干部，称呼职务表示对他的尊重，因为职务本身能表现出一个人的地位和尊严。职务越高，也就有更高的地位和更大的威严。于是，人们又习惯了在称呼上抬高对方的官阶，对副职也按正职称呼，如将副书记称为书记、将副市长称为市长是常有的事。即使没有职务，机关里熟悉的人之间也喜欢以“领导”来称呼他，虽然是开玩笑的口气，但听者也听着舒服。还有一种情况，是外单位来机关办事的，称呼主办某业务的普通职员时，也喜欢给对方加上一个头衔以示敬重。有一位不担任领导职务的机关职员，撰文谈了他常被人称为“处长”的遭遇和感受：

在机关混久了，熟悉的人见面相互称领导，那是在开玩笑。最近，在机关里却出现了多年来少见的现象：熟悉不熟悉的见面都叫处长，这叫我们这些处在机关最底层的人左右为难。第一次听到有人这样叫我时，我当时一愣：这人怎么一进办公室就叫我赵处长。我迅速地想：要是不理人家吧，我们处就我一个姓赵的，人家明明在叫我。同时，我们处长也会想：这小子，怎么这么没礼貌，来人办事，不理会人家，影响我们处的形象，因为我们处是机关里的对外窗口单位。理会吧，无疑就是我默认了这一称呼。因此，我就说：我是小赵，有什么事，你说吧。

第二次，我低头在看文件，一听又有人喊赵处长，我抬头见又是上次办事的那个人。我就对他说：以后别这样叫我，你这样叫，我有意见，我们司长更有意见。我当时隐去了我们处长更有意见这句话，毕竟处长还在我的对面坐着。

在往后的日子里，这样叫我的人越来越多，大约是常来我们处里办事的老同志见我在这个处坐了近10年了，想着我也该混个处长了，所以一进门就喊赵处长；年轻一点的同志，进门一看，这么大年纪的“半老徐娘”，肯定应该是个处长，不知道姓的，就直呼处长，知道姓的，就在处长前加个赵。这叫我很难堪，尤其是最近的一次，我和处长正在闲聊，他兴致勃勃地正说他的大女儿谈对象的事，突然电话铃响起来。他接听后脸色很难看，什么话也没说就把电话递给我。我正在纳闷：他刚才那么高兴，怎么一接电话就变脸了？我一听，电话那头一女同志说：赵处长，我的文件你签字了吗？我顿时明白了，处长的脸色是给我看的。我心情陡然低落，只说了一句：我是小赵，老主任科员，正在学习你的文件。接着就挂断了电话。

最近以来，这种情况有愈演愈烈之势，我不知道今后该怎么招架。或许这种机关病如同流感，一阵风后会戛然而止。

我最习惯人们直呼我“老赵”，也更爱听自大学以来就被多人一直称呼的“赵老”。[1]

从上文可知机关里称呼官衔的实际情形、频繁程度和社会心理。实事求是的职务称谓有助于交际的顺利进行，不合适的职务称谓反而给交际带来不利影响。

20世纪80年代以来，“老师”称呼有一种流行用法，就是用于称呼不担任教员职务的某行业特别是文艺界的资深人士，比如相对资浅者称呼有较高声望的演员、歌星、作家、导演等为“老师”，可看作职场流行称谓的一种。

城镇庙会民俗

中国古代城市大多有城隍之角色，此即表示其范围的有限性。城与隍将城市包

1　赵网：《机关病，痛并快乐着》，第23页，载《时代潮》（周刊），2001年第7期。

围而使其处于准封闭状态，使得城内具有社区共同体的性质，因此中国古代城市大体上亦可谓熟人社会，只不过是范围扩大了的熟人社会。中国古代城市最典型的保护神是城隍神，在礼制上，城隍神是城市专有的保护神，故城市里有“神之亲民者莫如城隍”之说。

城隍神发轫于沟渠神（水庸），汉代之后，尤其是唐宋以后，随着城市的发展以及城隍在战争中的巨大作用，城隍信仰得到了显著的发展，到宋代城隍祭祀已开始被纳入国家祀典。明代初期由于皇帝朱元璋礼制上的新制，传统城隍神被大规模制度化，最终达到县城（小城市）以上的城市大多修建了城隍庙。此后，城隍庙成了官民共享的独特空间，城隍庙一带则逐渐演变成全城不分阶级的公共空间，从而又派生了城隍庙会。

宋代是古代小城镇史上的重要转折点。由于宋朝立国的特殊性，统治者采用了重用文官的国策，并且实行中央集权制，将前朝留下的一系列军镇改为地方性的商业中心，即小城镇化，发展至明清时代，大多居户众多、商业兴盛。此外，由于经济的发展，许多原先为定期的集市亦逐渐成长为新的小城镇，这些集市是由民间自发设立的，未经政府事先谋划，但到了一定的规模之后，受政府批准而成为正规的小城镇。因此，大体上明清两代的小城镇有两大来源，一是统治阶级上层的军镇类治所的转型，二是民间的经济上的发展。

庙会是于特定日期在寺庙内或其附近举办的集市活动。庙会的形成与发展，多与信仰活动有关，它最初依托于寺庙，后以集市活动为其主要表现形式。城隍庙会往往是各大小城市中规模最大且举办频率最高的庙会之一，与城市社区居民生活的关系相当密切，大大增强了城市社区的凝聚力。后受城墙防御功能的丧失、世俗庙会的兴起以及时代的巨变等因素的影响，城隍信仰步入了巨大的衰退期。如今，城隍文化作为一种城市的记忆，又在一定程度上引起了部分民众的关注。小城镇化是中国宋代之后城市化的新方向，小城镇庙会与这种独特的城市化存在一种特殊的互动关系。庙会包含了庙市，小城镇庙会是小城镇化与庙会文化的结合。庙会特有的信仰、商贸、休闲娱乐等功能，使城镇与腹地连为一体，强化了城镇中心意识。

一、城镇社区的城隍信仰

“城隍”的本义指城市的保护设施而不是神灵，如《易经·泰卦》中有“城复于隍”之句。“城”指城墙，“隍”指壕沟。城与隍是两物，皆为保护城内的安全。在古代中国，作为保护设施的城隍与城市关系密切。作为古代城市的“外衣”，在冷兵器时代，城隍曾很好地保卫了城市的安全，厥功至伟。后来“城隍”的意思演变为城市的地方神，该神灵的职能中保护占了主要位置，与“城隍”的本义一脉相传。

中国古代城市的建筑格局是城隍信仰生成与发展的基础，而战争的残酷与城隍的保护功能则是城隍信仰兴盛的直接原因。城隍信仰初步形成于汉代，嘉靖《建阳县志·重建城隍庙记（卷六）》：“城隍之祀，三代盛时未之有闻。至汉以纪侯初平江南有功，因祀之，为城隍神，南唐进封辅德侯。今天郡邑，皆立庙以祀之。”[1]冷兵器时代，战争时城墙成了攻守双方之所必争，频繁的战争与城隍信仰的兴盛有着密切的关系，《北齐书·慕容俨传（卷二十）》：“城中先有神祠一所，俗号城隍神，公私每有祈祷。于是顺士卒之心，乃相率祈请，冀获冥佑。须臾，冲风欻起，惊涛涌激，漂断荻洪，约复以铁锁连缉，防御弥切。俨还共祈请，风浪夜惊，复以断绝，如此者再三。城人大喜，以为神功。”[2]

自唐代起，城隍的神格提高了，已开始兼任冥官。唐代时，聪明正直、有功于民之人死后可为城隍神的观念进一步明确，如浙江绍兴城隍神庞玉、台州城隍神屈坦、江苏溧水城隍神白季康等。此外，地方官与皇帝都开始注意到了城隍信仰的利用价值。如：“汉隐帝乾祐三年八月，以蒙州城隍神为灵感王，从湖南请也。时海贼攻州城，州人祷于神，城得不陷，故有是请。”[3]宋代时城隍祠几遍天下[4]，并且城隍祭祀已入国家祀典。

明代初期，朱元璋“洪武二年新制”是传统城隍神大规模制度化的发端，此制

1　转引自郑土有、王贤淼：《中国城隍信仰》，第 92 ~ 93 页，三联书店上海分店，1994。

2　（唐）李百药撰：《北齐书》，第 281 页，中华书局，1972。

3　（宋）王钦若等编纂，周勋初等校订：《册府元龟》，第 356 页，凤凰出版社，2006。

4　（宋）赵与时：《宾退录》，第 103 页，上海古籍出版社，1983。

将城隍神（群体）作为一个整体赋予了等级化的位置，并且“基本上把传统的城隍信仰原封不动地保留了下来，并从国家祀典的角度出发，对以前较为零乱的各种封爵、祭祀形式进行了整序，将其制度化、规范化、理论化。这应该说是城隍信仰发展史上的一个里程碑”。[1] 尽管明洪武三年（1370 年）又实行了“改制”，即去城隍神的封号、毁塑像、置木主，但这一改制本身也是一种制度化，城隍神皆列“中祀”，仅次于大祀。清代城隍神的地位比之明代虽有所下降，从中祀降为群祀，但“城隍祭祀活动仍极为频繁，这从城隍庙会的大量出现中可以看出一二；建庙修庙此起彼伏，庙制规模甚至比明代更宏伟堂皇”。[2]

图 2 2017 年 4 月 4 日清明节，宁夏回族自治区灵武市城隍出巡仪式。2016 年，该地“城隍出府”项目被列入自治区级非物质文化遗产名录。

黄涛 摄影

1 郑土有、王贤淼：《中国城隍信仰》，第 110 页，三联书店上海分店，1994。

2 郑土有、王贤淼：《中国城隍信仰》，第 116 页，三联书店上海分店，1994。

作为保护设施的城与隍将城市包围而使其处于准封闭状态，使得城内具有社区共同体的性质。古代中国城市有边界，异于现代城市所呈现的开放性。城市民俗是一种空间视角的划分，城市与乡村在政治、经济、文化等方面也有较大差异。

一般来说，中国城乡之间的神灵与神庙并无特别的差异，但城市里的“城隍神”却非常醒目。“可以说自明代以后，城隍庙已成为中国每座城市必不可少的建筑，而且它的规模与同城的官衙相同，属于该城市中最宏伟的建筑，无形之中就成了该城市的标志性建筑之一。”[1] 城隍的城市色彩浓重，是区别于广大乡村的重要标志。城隍庙往往都具有一种次生的公共性，是信仰、商业、娱乐等多重文化的交汇地。与孔庙（或文庙）相比，城隍庙的市民性更强。孔庙是士子的圣地，城隍庙则士农工商皆切近。各行各业、三教九流之人摩肩接踵逛城隍庙，是中国古代城市常见的风景。城隍信仰及其衍生的民俗活动可谓中国城市民俗最显著的特征之一。

神灵信仰在社区整合与凝聚中具有重要作用，尤其是地方保护神。城隍其实是一个“类称”，它虽是一种全国性的称谓，但并不像观音、关帝、妈祖等确指一位神灵，此城城隍与彼城城隍往往不同，在本质上城隍信仰属于地方保护神信仰。从各地城隍神的原型来看，城隍神之信奉实际上是各地历史记忆的体现，根源于先贤崇拜的心理。“充任”城隍神的，生前往往是与当地有关的好官、善士或者有渊源关系的历史名人，因此居民与保护神有一种切近感，故而容易产生信任感，同时这些先贤又会产生一种榜样的力量。

传统小城镇是指明清时期介于县城和村落之间的、具有相对独立性的商业实体。“寺庙是极好的地理标志，很自然就变成了农村集市的地点。所以后来几乎所有的寺庙都有庙会。郊区的寺庙不但可供市场交易，往往还容纳商旅住宿，有邸店之功用。”[2] “一般大庙和有影响的庙都定有会，没有会的小庙慢慢地就会破败消失。”[3] 有些庙会发展为市集甚至城镇，如苏州张家港新苗头的长寿庵于 1911 年翻建后供奉刘猛将、观音菩萨和蚕丝娘娘等神像，庙宇周围起初并无多少住户，由于

1 郑土有、刘巧林：《护城兴市：城隍信仰的人类学考察》，第 67 页，上海辞书出版社，2005。
2 ［美］赵冈：《论中国历史上的市镇》，第 12 页，载《中国社会经济研究史》，1992 年第 2 期。
3 高占祥主编：《论庙会文化》，第 26 页，文化艺术出版社，1992。

时常举行刘猛将会等其他法事，逐渐吸引了居民，并形成市集，后又不断开设小染坊、茶馆、酒店和小杂货店等，更加便利香客与居民，逐渐成为一方生民赖以为生的经济文化中心，便升格为镇。此外，在张家港经由相似路径而形成的乡镇还有许多，如西徐市、年丰镇、雁鸿镇、猛将堂镇、晨阳堂镇、盘明镇和土地镇等。[1]

城市坐商多，小城镇的坐商相对较少，因此小城镇的集市与庙会显得特别重要。集市与庙市是传统小城镇的两大传统交易场所，集市早于庙市，集市的形成条件相比庙市的形成条件要简单。“民间设集起市的地点多选择一定地域内政治、经济、文化、交通的中心处，乡村多设在大中型自然村落，城镇则设于繁华街道或交通要冲。”[2] 而庙会是于特定日期在寺庙内或其附近举办的集市活动。庙会的形成与发展，多与宗教活动有关，它最初依托于寺庙，后以集市活动为其主要表现形式。庙会普遍集神灵祭祀、集市贸易以及民间游艺活动于一体。普通集市相对于庙会更具“常日性”，而庙会则更多地体现了节日性；另外，集市虽然也具有一定的社交功能，但主要还是在于其经济性，而庙会则是拜神、贸易、娱乐“三位一体”的。对于集市，大部分民众的观念是“无事别赶集，赶集快回去”“赶集莫乱花，乱花要败家”“赶集带干粮，配碗羊肉汤”等[3]，而对于庙会则常当节日过，甚至颇有狂欢的倾向。

庙会萌芽于先秦时的社祭和蜡祭，是一种以庙宇为依托的集祭祀性、交易性、娱乐性等于一身的集会。唐代庙会多集中在都城或大邑，唐代大体上实行严格的坊市制度，如长安的庙会即分布于“坊”内，后随着坊市制度的打破、宗教信仰活动的繁荣、流动人口的增加等，宋代都城庙会日渐兴盛。宋代庙会大多分布在人口密集的都城大邑，如北宋东京的庙会分布在城郭之内。《燕翼诒谋录》：“东京相国寺，乃瓦市寺也，僧房散处而中庭两房可容万人，凡商旅交易，皆荟萃其中，四方趋京师以货物求售转售他物者，必由于此。”[4] 而南宋的庙会则开始慢慢遍及都城内外及

1 小田：《苏州史纪》（近现代），第 244 页，苏州大学出版社，1999。
2 河北省地方志编纂委员会编：《河北省志・民俗志》，第 100 页，河北人民出版社，2013。
3 河北省地方志编纂委员会编：《河北省志・民俗志》，第 101 页，河北人民出版社，2013。
4 （宋）王栐撰，诚刚点校：《燕翼诒谋录》，第 20 页，中华书局，1981。

图3
2017年4月4日清明节，宁夏回族自治区灵武市城隍出巡仪式中，当地百姓纷纷向城隍爷祈福。
黄涛　摄影

其隶属州县。明清时期，江南庙会迅速成熟起来，遍及村村镇镇，成为江南社会生活中不可或缺的一个组成部分。[1]明清之后，随着小城镇的大量出现，小城镇的庙会极为普遍。如浙江嘉善的朱二老爷庙会、护国随粮王七老爷庙会、刘猛将老爷庙会、施王老爷庙会、杨王老爷庙会等。[2]

二、城隍庙会及其社区功能

城隍神具有护城佑民、祛灾除患、奖善惩恶、惩治恶鬼、安抚厉鬼等功能，故而能起到督官慑民的作用。朱元璋立城隍神的主要目的即在于此，使臣民知因果、知畏惧。地方官就任前需与城隍神“相誓”，使得城隍神与行政官员相对应并且具有互补性，如明万历《郴州志·秩祀志》：“城隍为一州军民之保障，太守为一州之父母。其所司虽有阴阳表里之殊，其责任则无幽明彼此之异。是故城隍非聪明正直不足以感太守之兴修，太守非公廉正直不足以致城隍之感应。城隍之所为，太守不

1　小田：《苏州史纪》（近现代），第242页，苏州大学出版社，1999。
2　上海民间文艺家协会、上海民俗学会编：《中国民间文化——地方神信仰》，第65~75页，学林出版社，1995。

能为之；太守之所为，城隍不能悖之。”[1] 民间信仰在一定意义上成了国家的一种设置。神灵信仰从生发到立庙需要一定的契机，城隍信仰的立庙经历了部分区域的从祠到庙，再到明代之后全国性的全面铺开，并逐渐扩大庙宇规模的过程。与此相伴生的，是出现了城隍庙会。

作为城市的保护神，城隍神对于城市居民具有一种“现管性”，所谓“神之亲民者莫如城隍”，因而往往表现为相关的祭祀活动多，庙会时间长。城隍庙会往往是各大小城市中规模最大的庙会之一，不仅如此，城隍庙会也常是各城市举办频率最高的庙会之一。城隍庙会的主体是城市居民，城市居民具有高度聚集性，所以参加人数一般都很多，此外城市居民总体上不同于村民的群体层次，因此在经济实力、审美观念、为人处世等方面有一定的差异性。“城隍庙不仅是一个城市中规模最宏大的建筑，同时它又是一座城市中最具活力的场所，一个展示城市居民精神生活的文化空间。”[2]

常人春《老北京的风俗》记载了明代北京的都城隍庙庙会盛况：

都城隍庙是明代北京最大的庙会。是由每年农历五月十一日祭祀城隍而形成的庙会，后来发展为每月初一、十五、二十五日开市。当时，从城隍庙向东，列肆三里。最盛时，绵亘十里。庙会上的货物“人生日用所需，粗精皆备”。特别是来自全国各地，甚至是国外的有名特产和奇珍异宝，也相当丰富，如珊瑚树、走盘珠、犀角、象牙、绫罗绸缎、扇墨古玩、商周彝鼎、秦汉匜镜、唐宋书画等等。盈架悬陈，盈箱叠贮。客商不仅来自国内四面八方，还有来自国外的洋商。

清代每年农历五月初一至初十日，开庙十天。初一日，宛平县城隍出巡，至都城隍庙相会见。仪仗威严，铜锣开道，回避肃静牌，旌旗伞扇，

1 转引自赵世瑜：《狂欢与日常：明清以来的庙会与民间社会》，第 164 页，生活·读书·新知三联书店，2002。

2 郑土有、刘巧林：《护城兴市：城隍信仰的人类学考察》，第 67 页，上海辞书出版社，2005。

全份执事。以八人肩舆抬着城隍爷，有舍身还原者，或扮作马僮，或扮成判官鬼卒，或披枷戴锁，扮作罪犯，彳亍而行。还有各种香会相随，如秧歌、高跷、五虎棍之类，鼓镲喧天，边走边练，谓之献神。所经街市，观者如潮。

宛平县城隍驾到时，都城隍庙亦以旌旗执事，香会文声相迎。届时几档子甚至数十档子香会相聚一起，各自表演拿手绝技，把走会活动推向了高峰。及至接进庙后，地方往祭官员人等，马上上香焚表，祈祷城隍爷保佑"风调雨顺，国泰民安"。善男信女进香者，不计其数。

庙期，百戏杂陈，摊棚林立，尤以卖估衣者为多。据清人得硕亭《草珠一串》载："滥溅纱罗满地堆，乡里婆娘多中暑，为穿新买估衣回。"[1]

图 4 人头攒动的北京地坛春节庙会。该庙会代表着现代都市庙会的一种类型，虽名为"庙会"，但并无实质性的祭神活动，人们逛庙会主要是观看传统民俗表演、吃小吃、娱乐、购物等。有时也会安排"皇帝"祭祀表演。

黄涛　摄于 2015 年 2 月 23 日

1　常人春：《老北京的风俗》，第 73～74 页，北京燕山出版社，1996。

山西大同城隍庙会是雁同一带规模与声势最大的庙会，为时八天，属城隍诞庙会。每年农历五月十一日拂晓，都要在城隍庙内举行隆重的祝寿仪式。通常从80家会首中选出主祭一人，带领助祭若干人及全体会首，身穿长袍，依次列队城隍庙正殿前，随着司仪高喊“奏乐”，磬、钟、鼓齐鸣，主祭首先申文纳表，焚香摆供，给城隍爷上万年寿，为百姓祈平安，城内文武官吏也来为城隍祝寿。庙会期间，每天由北路梆子、中路梆子两个戏班子同时对演大戏，晚上除演戏外，还有佛门高僧念平安经。其间，练拳、卖艺、变戏法、耍马戏的各路豪杰也云集庙会，将庙会推向高潮。当地商人之外，京、津客商也常来推销外埠商品，各种叫卖声汇成一种特殊的交响乐。[1]

旧时山东青岛平度县每年清明节，农历七月十五、十月一日都要举办城隍出巡活动。在出巡之日，人们将城隍老爷、城隍奶奶木雕像抬出庙来。平时来城隍庙许愿之人，此时则扮作“牛头”“马面”“无常”等在前鸣锣开道，其后则鼓乐相随，在城区大街缓缓行进巡视。到四关出巡时，或出东门，或出南门（平度无北门），西关为鬼门，故不可出西门。出巡队伍一路行至城东北角之“厉坛”，在此将城隍老爷、城隍奶奶供于神台上，前列祭品，由平度文武官员及士绅致祭，礼节至为隆重。祭毕，人们再抬起神像由南门或东门进入城里，抬回城隍庙。[2]

概言之，城隍庙会与城市社区居民生活关系相当密切，大大增强了城市社区的凝聚力。后来受时代巨变等因素的影响，城隍信仰和城隍庙会皆步入了衰退期。对城隍信仰有着巨大影响的朱元璋大规模封城隍的举动事实上有着双重作用，一方面使城隍信仰迅速普及化，将之推上了巅峰；另一方面将之与传统官吏制度“捆绑”，又导致了城隍信仰的衰微。城墙防御功能的丧失及其废弃以及庙会的兴起是导致城隍信仰衰微的致命因素。然而“即使在今天，虽然中国的城市已是高楼大厦鳞次栉比，但保留下来或重新修葺一新的城隍庙仍然以它独特的风格和韵味，成为一个城市值得骄傲的组成部分”。[3] 如今，城隍文化作为一种城市的记忆，又在一定程度上引起了人们的关注。

1　李彬：《山西民俗大观》，第448页，中国旅游出版社，1993。

2　姜锋、田禾、鲁汉编著：《青岛城市民俗》，第179～180页，济南出版社，2009。

3　郑土有、刘巧林：《护城兴市：城隍信仰的人类学考察》，第59页，上海辞书出版社，2005。

三、其他城镇庙会

庙会中的“庙”字实乃广义之“庙”，普通民众并不严格区分寺院、宫观、先贤祠、民间神庙等，皆以庙称之，这种泛神信仰极大地扩充了庙会的类型。传统庙会具有将多重实用性合一的魔力，但“庙会的重头逐渐由祭祀转为商贸”[1]，“虽然庙会起源与寺庙祭祀有密切关系，但庙会一旦形成，则以商业贸易为主的经济活动就成为庙会最重要的内容”。[2] 小城镇贸易集市往往以庙会的形式出现，首先是商品经济有所发展，达到了一定的程度，需要较高频度的间歇性的市场，庙会（市）的周期性正好与之契合。

庙会，“因庙而会”，就其本义，的确是一种以祭祀神灵为宗旨的民间性组织及其活动方式，这一点与祭祀圈颇有相近之处，但祭祀行为基本上可谓“单项事件”，而庙会则是综合性的民俗文化。中国人与寺庙有一种若即若离的关系。庙多，民间信仰也多，但世俗化倾向极为明显，在某种意义上庙会文化的精髓即在于其世俗化。庙会的信仰活动只是其中一部分内容，更多的是与信仰无关的世俗文娱活动。“与其说庙会是宗教活动，不如说庙会是地方性的民众节日活动，更能准确地反映庙会的本质属性。因此，应当更准确地将多内涵型庙会称为节日型庙会。”[3] 总体上，神灵在庙会中的地位逐渐降低，而人的地位则不断提高，所以庙会具有宗教性与世俗性之二重性，庙会始自信仰，其后逐渐演变为一种集宗教信仰、游乐玩赏、商业集市于一体的大众化节日。“庙会活动最初在主观上，也许纯粹是为敬神，客观上却造就了大规模的群众文化娱乐活动，为这种活动提供了最广阔、最理想的阵地，形成了大家都能享受的庙会文化。”[4]

1　宋孟寅、杜学德、杨荣国编：《庙会文化研究论文集》，第 61 页，甘肃人民出版社，1994。

2　宋孟寅、杜学德、杨荣国编：《庙会文化研究论文集》，第 30 页，甘肃人民出版社，1994。

3　刘锡诚：《妙峰山・世纪之交的中国民俗流变》，第 120 页，中国城市出版社，1996。

4　高占祥主编：《论庙会文化》，第 31 页，文化艺术出版社，1992。

图 5
温州瓯海区瞿溪镇端午节参龙活动。中间拿话筒者为参龙师，正在吟诵参龙词。参龙词为口头编创的古体短诗，以吉祥祈福的内容为主。

万军　摄于 2014 年 5 月

庙会是社会发展到一定阶段的产物。自庙会产生以来，它对城乡的活跃与繁荣起过重要的作用，小城镇的庙市是诞生于宋代之后的小城镇市场文化的集中体现。“庙会中拜神、娱乐、商贸三项活动，不同地域略有区别。交通便利、人口密集的平原地区，商贸活动盛于求神拜佛；交通闭塞、人口分散、经济落后地区的庙会，香火之事盛于商品交流。”[1]

旧时湖北武汉新洲旧街镇花朝会的主要内容有祭神、娱乐、货物交流等。

点花灯：花朝是百花的生日，那么百花盛开表示如意吉祥。人们别出心裁，在东岳庙前铁树上放置油灯，每 3 片树叶上可放油灯 1 盏，全树可放置 100 盏油灯。每年花朝会夜间，四乡八里的人们都来点花灯，称为“铁树开花”。铁树上百盏油灯排成梅花图案，灿烂夺目，使得花朝月更明。

唱会戏：要做会就要有会戏。会戏既娱神又娱人。花朝会历来就有“无戏不成会”的习俗。每年会期，庙内戏楼总要演戏十天半月。庙会盛时，会戏不仅在庙内演，而且发展到河里搭台，唱对台戏。很多剧种如楚剧、京剧、汉剧、民间杂剧的艺人都在这里粉墨登场，进行交流竞争。

1　河北省地方志编纂委员会编：《河北省志・民俗志》，第 102 页，河北人民出版社，2013。

民间杂艺：花朝会还是各种民间杂艺展现的大好机会。旧时庙会上有测字算命者、玩拳习打者、摆棋布阵者、顶碗跑马者、打球踢毽者，还有猜谜戏耍、说书唱筒、写字绘画、雕龙绣凤、木偶纸马等。此外，还有一种祭神的游乐活动，叫打“六人秋”，此游戏在明代已出现。“六人秋”是用方木做成7米高的圆盘，装上6个秋千架，同时可供6人坐耍。游乐时，先用人启动，然后运转自如，坐在秋千上的人其乐陶陶……

花朝庙会长盛不衰，其主要原因之一是它的商品交易功能。每逢会期，赶会人从四面八方汇到一起，进行多种内容的贸易交流。[1]

而浙江海宁许村的“瘟元帅”庙会则以信仰性的祭拜与巡游为主：“旧时许村镇每逢闰月十五、十六这两天，就要举行迎‘瘟元帅’庙会。是年春节过后，镇上绅耆及时策划，再派人到处张贴迎会告谕，以便各村坊赶排节目，清理道路，整修

图6
北京地坛春节庙会上的“拉洋片”。

黄涛　摄于2015年2月23日

1　萧放编著：《荆山楚水的民俗与旅游》，第12～13页，旅游教育出版社，1994。

凉亭。迎会当天清晨，各村坊队伍在镇东元帅殿前集合，静候出发。时辰一到，头领请出元帅令旗，朝天一扬，鸣炮出发，锣鼓开道，沿上塘河岸而行。”其队伍序列包括：仪仗队、挺大旗、舞龙灯、踩高跷、掮炉子、火流星、抛彩瓶、使兵器、采莲船、敲鼓亭、台头、千秋架、骑马灯、还愿心、拜香凳、杨将军神像、瘟元帅神像。[1]

河南省的庙会中其商贸习俗颇具特色，民国以前，河南各地时兴“八大棚”，作为庙会贸易的主体：

> 八大棚撑以蓝色布棚，并严格按照八大棚棚序设置棚位，不得擅越。各棚均有棚头主持本棚事务。位居首位的篦子棚棚头为八大棚的总头，有权指挥各棚一切对内对外事务。据传，各业之所以尊篦子棚为首，乃因篦子为人头上净发之物，即使皇帝也要用篦子篦头，且篦子棚摊案上所敬奉之“灵猫”传说为篦子的化身，是人身护身的神祇，所以要推其为首。银货棚以出售银制及各种金属饰物为主，其中簪为挽发作髻所必备，故列八大棚之第二位。布棚以出售各种布匹为主，帽子棚主要出售各种帽子，都为人们生活之必需，故排以第三、第四位。硬杂货棚出售各种金属制生活生产器具，故称“硬货”。软杂货棚出售各种熟食、鲜食，故称“软货”。出售各种条编类器具者称“黑白货棚”（因条编有去皮者，有不去皮者，去皮者呈白色，如簸箕、笆斗等；不去皮者呈黑色，如粪筐、鱼篓等，故称为“黑白货”）。排在八大棚末位的是出售麻绳、皮绳类的挂货棚，因其大多可用于牲口套具、鞍辔，故挂货棚后多是牲口市。八大棚之外，各种小贩任意选摊摆设。还有专门为押宝赌博者搭设的帐篷，称作“宝棚”。[2]

1 王基仁、严海城主编：《海宁民俗风情大观》，第 350 ~ 352 页，西泠印社，1999。

2 河南省地方史志办公室编纂：《河南省志・民俗志》，第 152 ~ 153 页，河南人民出版社，1995。

图 7　湖北黄石市的“西塞神舟会”是进入国家首批非物质文化遗产名录和人类非物质文化遗产代表作名录的端午习俗代表之一。图为端午节期间黄石道士洑村神舟宫前聚集的人群。

黄涛　摄于 2015 年 7 月 3 日

图 8　阴历五月十六日“大端午”期间湖北黄石道士洑村神舟巡游，神舟上供奉屈原及其娘娘等 108 尊神像。图中老人向神舟抛撒稻米以祈福。

黄涛　摄于 2015 年 7 月 1 日

当然，出会的庙宇未必就在镇上，但近山得地利的集镇往往能形成颇具规模的交易会，如山西五台山之于台怀镇的影响，所谓台怀镇“守着菩萨好生活”。旧时五台山六月骡马大会同时也是盛大的物资交流大会，物资交流大会在台怀镇的台怀街、扬林街一带：物资交易、饮食服务和小商贩的摊点沿街摆开，布棚沿街搭起，肩挨肩，摊连摊，一直延伸到公路两边。摊点之多，令人瞠目。此外，该大会举办期间同时是五台山文娱活动最为热闹的时节，山里、川里的群众，结伴而行，举家同来，在台怀镇选购商品，买卖牲畜，观看红火热闹，同时朝山拜佛。[1]又如湖南永州东安县大庙口镇的舜皇庙庙会，旧时每年八月十二日起，“扎戏台、鸣金锣、请舜皇、杀猪羊、宰鸡鸭、焚香纸，祭祀极为隆重；接着进行舞龙、扎故事、唱戏等游艺活动，唱戏从八月十二日唱到八月二十日；届时，方圆数十里乡民及八方客商云集观赏并进行集市贸易”。[2]有民谚称之为“南岳人不种田，靠八月吃一年”。

明清时期镇城隍庙曾在江南地区大量出现，也常有隆重的赛会活动，如江苏苏州吴江的黎里镇：

年届中秋时，必举行赛会。当八月十二日夜阑时即有鼓锣声，盖赛会之预备也。十四、十五始盛，十六则所谓夫人会矣。

其会之仪仗，金鼓旗锣前导，神像随后。每神像之前各有仪仗，大略相似。先监察神，次安乐神，末为广祐王，即城隍也。相传姓李，唐太子也。全会之后，有善男信女凡数百人，老幼男女，各执塔香一柄，尾随于后。有穿红衣插犯条者，有手戴铐链者，奇形怪状，不可思议。最可骇者，中有一人，伸其右臂，臂上挂香炉钩入皮肤，不知痛楚。其后有一对挂锣，锣重亦十余斤，不仅提锣而走，且须照例击十三记。提者泰然走数十步，保护者一为烹水于挂处，惨不忍睹。此盖曾因事故，许有大愿心者，其遇亦可怜矣。此十四、十五两日赛会之情况也。

1 李彬：《山西民俗大观》，第438~439页，中国旅游出版社，1993。

2 湖南省地方志编纂委员会编：《湖南省志·民俗志》，第209~210页，湖南人民出版社，2005。

十六日夜间之会，为夫人会。仪仗执事，布置与前相仿佛。惟出会之主人，则神之夫人也。会过处，店肆或大家恒以纸花送夫人，喜娘即为之插戴。明日取花送大家，谓可压邪。此则夫人会之情形也。

是时市面各店，悬灯结彩，陈设一新，大有火树银花之概。又十三至十六日，城隍庙日夜演剧。本镇士女，莫不兴高采烈，齐往庙中观剧。剧台密布，凡无立足之地。喧阗数日，合镇若狂。[1]

这种镇城隍现象在江南的大量出现反映了许多独特的信息，“江南农村在明代后期经历了商业化、城市化的社会、经济变动，商品经济渗透到农村的各阶层，而城隍庙的产生，可以理解为江南农村在宗教上对这种变动所作的反应。即看起来只不过是一种宗教现象的‘镇城隍庙’的出现，其实可看作经济史上的一个过程”。[2]因此，“作为城市要素之一的城隍庙就在这种经济发展的推动下以一种变通的方式进驻了这些原本没有资格拥有的城镇。反之，这些集镇由于修建了城隍庙，庙会及各种信仰活动，吸引了周边地区的众多民众，从某种意义上说又进一步促进了小城镇经济的繁荣和发展”。[3]我们可以淡井庙（上海最早的城隍庙）为佐证。清嘉庆年间《松江府志（卷十八）·建置志·坛庙》记载：“淡井庙：在西门外，宋时建，为华亭城隍行宫，元时权奉城隍，相传庙有井，味淡故名。”[4]宋代时的上海是一个镇，后于元代由镇而升为县，与之相应的，是城隍行宫升成县城隍，因而镇城隍作为城隍行宫或别庙似乎是一种预备期，或者说是一种过渡，镇城隍升为县城隍与镇升格成县形成了一种特殊的互动关系，正如民谚所云“先有淡井庙，后有上海城”。

---

1 胡朴安：《中华全国风俗志》（下编），第 175 ~ 176 页，河北人民出版社，1986。

2 ［日］滨岛敦俊：《明清江南城隍考——商品经济的发达与农民信仰》，第 48 页，载《中国社会经济史研究》，1991 年第 1 期。

3 郑土有、刘巧林：《护城兴市：城隍信仰的人类学考察》，第 150 页，上海辞书出版社，2005。

4 续修四库全书编委会编：《续修四库全书》（第 687 册），第 450 页，上海古籍出版社，2002。

会馆民俗

城市的重要特征之一是流动人口较多且流动频繁。会馆是明代之后同籍的流寓群体在客地建立的一种非官方性的组织，若兼及其历时态与共时态，大体有官绅"俱乐部"、试馆、工商会馆、移民会馆、行业公所、同乡会等性质与形态。会馆的全面铺开根源于明清两代的社会变迁，即科举制度的鼎盛、工商业的大发展以及大规模移民群体的涌现，士农工商这四民皆有较大程度的流动。会馆的性质和数量几乎可以作为明清社会的某种指针，如试馆最多的为京师，其次则为省会城市，工商会馆兴盛的除了京师与省会之外还有工商业城市，移民会馆多的为接受移民群体最多的地区。

会馆是一种独特的文化形态，较之西方的商会组织，中国会馆更具人文性，功能也更多元，具有更大的包容性，其伦理倾向是儒家性的。会馆最大的功能是管理流动人口，能将城市与乡村、此地与彼地等有机地联系起来，可谓流寓群体在客地的最佳过渡之所，有助于各种文化的碰撞与对接，是明清城市民俗的重要组成部分。

一、会馆的兴起与作用

传统社会信奉"父母在，不远游，游必有方"，仕宦可谓最佳的"游之方"，但由于中国古代官僚制度中有地域性回避原则，即防范性的对于选任官员籍贯的禁限，导致出现了官员居住的问题。地方官衙"前堂后宅"，而京都朝官则无此例。《涌幢小品》中记载："汉时郡国守相置邸长安，唐有进奏院，宋有朝集院，国朝无之，惟私立会馆，然止供乡绅之用，其迁除应朝者皆不堪居也。"[1]可见建会馆乃出于外籍京官的一种实际需要。会馆起源于明代的北京，据目前史料已可将之追溯到

1 （明）朱国祯著，中华书局上海编辑所编辑：《涌幢小品》，第87页，中华书局，1959。

永乐年间。民国时期《芜湖县志·人物志·宦绩》中记载："京师芜湖会馆在前门外长巷上三条胡同。明永乐年间（1403—1424年）邑人俞谟捐资购屋数椽并基地一块创建。俞谟，字克端，永乐元年选贡，任南京户部主事，转北京工部主事。在京师前门外置旅舍数椽并基地一块，买自路姓者，归里时付同邑京官晋俭等为芜湖会馆。明正统年间（1436—1449年）路姓后人构讼争地，谟子日升持契入质，断归芜湖会馆。至今公车谒选胥攸赖焉。"[1] 及至明万历年间，北京的会馆已颇具规模。

中国科举制度创立于隋朝，大体上完善于唐代、发展于宋代、中落于元代、极盛于明代，及至清代至民国渐渐由盛而衰。宋代科举制虽大有发展，并且也由此涌现出了大批人才，但宋代科举可谓变化多端，常有内容和方法上的变化。再者，宋朝疆域相对较狭小，因而士子参与科举的情形与明清两代大不相同。科举在明清两代大部分时间里是高度制度化的，并且与公立学校有了全面的联系。明清两代疆域辽阔，许多省份距离北京极远，士子赴京考试非常困难，虽然政府以及许多宗族对于应考者大多有所贴补，但多限于路费，至于在京城的住宿问题则较少顾及。因此赴京士人在京的食宿就成了个大问题。租金昂贵的"状元吉寓"之类的"民宿"解决不了多数士子的"燃眉之急"。既有乡音乡情乡俗，又提供廉价食宿的会馆几乎成了士子的天堂。会馆在数量上亦增长极快，《水曹清暇录》中记载："数十年来，各省争建会馆，甚至大县亦建一馆，以至外城房屋基地价值腾贵。"[2]

北京的会馆群落中最突出的是服务于"士"的会馆，服务于"商"的会馆也在逐渐出现。苏州作为明清东南一大都会，其会馆类型以工商会馆为主，工商会馆的数量几乎可以作为城市工商业繁荣与否的指针，文献中此类叙述比比皆是："姑苏为东南一大都会，五方商贾，辐辏云集，百货充盈，交易得所，故各省郡邑贸易于斯者莫不建立会馆。"[3]"苏州，东南一大都会也，南达浙闽，北接齐豫，渡江而西，走皖鄂，逾彭蠡，引楚蜀岭南。凡弹冠捧檄，贸迁有无而来者，类皆设会馆，以为停骖地。"[4]

---

1 转引自王日根：《中国会馆史》，第39页，东方出版中心，2007。

2 （清）汪启淑著，杨辉君点校：《水曹清暇录》，第156页，北京古籍出版社，1998。

3 苏州历史博物馆等合编：《明清苏州工商业碑刻集》，第350页，江苏人民出版社，1981。

4 苏州历史博物馆等合编：《明清苏州工商业碑刻集》，第364～365页，江苏人民出版社，1981。

其他的工商业名城如汉口、扬州、洛阳、上海、芜湖、潮州、佛山等地的工商会馆也可谓“无处不在”，这些会馆的全面铺开，在一定程度上反映了明清时代全国范围内工商业的发展状况。除此之外，还有江西的景德镇、河南的朱仙镇、江南的一些规模较大的市镇如江苏苏州的盛泽镇、浙江湖州的南浔镇、浙江湖州与嘉兴共管的乌青镇、浙江嘉兴的濮院镇等也有许多工商会馆，我们可以认为这些大市镇本身就不同凡响，并且有较明显的城市化倾向，名虽为镇，但繁华常胜过某些县甚至更高级别的府郡，诸如“湖州一座城，不及南浔半个镇”这类说法不在少数。

移民会馆是会馆中较特殊的一种。首先，在初期它与政府的政策引导有关，其后确实有移民的自觉性，但亦夹杂着一定程度的盲目性。如西南方向的“湖广填四川”、东南方向的闽粤迁台湾以及东北方向的闯关东等。由于移民大军是多元的，所以移民会馆的分布最具多样性，如四川各城镇会馆：“一般皆系外省客民所建，往往一县城乡就有宫、馆数十之多，各乡镇常以‘九宫十八庙’加以泛指。”[1] 何炳棣认为：“大量的会馆和地缘性宫庙的记录，实是研究有清一代华南移民史最有系统的‘引得’。”[2]

会馆的表现形式多种多样。在社会功能上，会馆最初近于官绅“俱乐部”，其后不断发展，又出现了诸如试馆、工商会馆、移民会馆、行业公所、同乡会等性质与形态。公所与会馆相近，但不同名。近代由于社会政治、经济、文化变迁更加急剧而逐渐增多。“会馆与公所在很多场合往往不易区分，倘若真要说出二者的区别，其主要点当在于：会馆往往较多地讲究仪貌，公所则更多地注重实效，因此，有的公所会逐渐扩大规模演成会馆，也有的会馆内又分化出公所，或者说削除其他功能仅执行公所的职能。”[3] 清光绪年间已有时人持此论，如“窃苏城吴兴会馆，系乾隆五十四年浙湖闵峙庭中丞抚苏时建造，虽为绉绸业集事之所，而湖人之官于苏者，亦就会馆团拜宴集，以叙乡情，故不曰公所而曰会馆也”。[4]

1　孙旭军、蒋松、陈卫东编著：《四川民俗大观》，第 238 页，四川人民出版社，1989。

2　何炳棣：《中国会馆史论》，第 97 页，台湾学生书局，1966。

3　王日根：《明清时代会馆的演进》，第 55 页，载《历史研究》，1994 年第 4 期。

4　苏州历史博物馆等合编：《明清苏州工商业碑刻集》，第 48 页，江苏人民出版社，1981。

会馆是流寓群体力图保持与原本体文化相联系的一种努力，但“一般而言，无论地缘观念最初如何深固，同业的经济利益迟早能克服了同业之内原来的窄狭地域观念，所以最终总是趋向于超地缘的业缘组织的形成”。[1]

会馆曾起着联乡梓、固乡谊、相互保护、协同竞争的作用，同时又有为本乡人举办一些慈善事业的功能。大体上会馆功能随着社会的变迁而日益增加、演变，会馆功能不仅与城市呈动态相关性，而且也是某些墟场、乡镇城市化进程的动态指标。我们若综观会馆盛行时代中城市会馆的数量、类型等指标，能在很大程度上判断出城市的类型，如与科举相伴随的试馆最密集的为京师，其次为省会城市；而工商业会馆高度聚集的则往往为工商名城；移民会馆可以作为移民史的索引，移民会馆密集之处往往昭示着该地此前的移民规模。与会馆相关的民俗是城市民俗极为重要的组成部分，如由北京宣南会馆群落所衍生的“宣南文化”、福州上下杭会馆群落所展示的作为政治与商业中心的省城文化、湖南沅水沿岸古洪江会馆群落所昭示的洪江古商城文化、云南会泽会馆群落所根源的会泽矿业移民文化、成都洛带会馆移民会馆群落作为“湖广填四川”的标识等。中国会馆及其遗址实乃中国社会沧桑巨变的历史见证者以及中国城市民俗传承与更新的重要基地，会馆在其初期虽“恰似原乡”，但随着时间的推移它必然逐渐融入城市并成为城市个性的重要组成部分。

二、会馆制度的规范化

会馆在量变之外还有“质变”，质变主要体现在制度上的精密化与规范化。早期部分会馆的若干“馆约”大多属原则性规范，操作性不强，不够成熟，如建于明弘治年间（1488—1505 年）的北京福建汀州会馆之馆约为“惟礼让之相先，惟患难之相恤，惟德业之相劝，惟过失之相规，惟忠君爱国之相砥砺”。[2] 这实际上是“吕氏乡约”四大纲要外加一条“忠君爱国”，这种“移植性”正是会馆设立初期馆

1　何炳棣：《中国会馆史论》，第 102 页，台湾学生书局，1966。

2　转引自王志远编著：《长江流域的商帮会馆》，第 108 页，长江出版社，2015。

约未完善的表现。而清顺治十八年（1661年）漳州会馆规约则已相当详尽。该规约包含了会馆管理者、财务制度、住宿及房租、喜金、会馆支出以及会馆内部运行等条目，乃会馆制度规范化、制度化的表现。

尽管其中涉及许多官员，但显而易见的是它并非官方性的，而是民间性的制度，这一点我们从规约中一些关涉细节的词语便能断定，如携眷、房租、茶果、序齿、城隍、义冢等。资金是会馆长久顺利运行最重要的保障，除了官员或商人非常态性的较大数额的捐赠以及馆产的各种收入外，会馆资金最重要的保障源于“捐金制度”。位于北京的福建邵武会馆就曾订有广泛而细致的捐金条款。[1]

会馆最重要的功能之一是提供住宿，北京的福建泉郡会馆住馆细则为：

一、凡非泉属各县同乡不得住馆，但仆役不在此限。

二、凡同乡住馆须向庶务股领取申请书将姓名籍贯及履历照实填报经执委会审查许可始得迁入。

三、住房以先后到馆为序不得争执。

四、凡住馆内同乡不得有下列八项行为之一，违者执委会随时令其出馆。

1. 秘密集议关于骚乱及妨害秩序者。

2. 制造或储藏危险物及违禁品。

3. 容留匪人嫌疑犯及一切不正当之人。

4. 聚焦赌博迹近开场营业者。

5. 糟蹋房舍及公共物件（糟蹋及破坏后必得赔偿）。

6. 妨害公共卫生及安宁。

7. 嫖妓、吸鸦片及其他一切不法行为。

8. 破坏本馆名义。

五、住馆同乡须按月缴纳所应缴之费用。

1　胡春焕、白鹤群：《北京的会馆》，第317～320页，中国经济出版社，1994。

六、同乡住馆者每人以一间为限，遇有房间空闲时，得暂时通融但须按间数缴纳每月之馆内费用。

七、如同乡有夫妇或至戚关系愿与共处者由委员会斟酌情形予以通融，但该同乡必须负完全责任，且须遵守本规则之规定。

八、凡同乡在平每月所得在一百元以上之收入者不得住馆。

九、本馆设有床、桌、椅等器具以便住宿同乡借用。须填写借据交执委会收存，而私自添置家具及裱糊房屋等应由本人负担不得动用公款。

十、凡住馆者移出时如有余下物品存储藏室，不得私自锁闭阻碍别人住居，如短期内可以搬回者（如一月或二月）可向执委会声明不在此列。

十一、本馆差役有不称职时，住馆者得随时训斥之。其情节重大者，应报告执委会处理之或革除之。

十二、本馆设储藏室一所，储藏离平同乡寄留物件。

十三、本规则不限用于泉郡会馆，凡泉属各会馆均须按本规则履行之。

十四、本规则自议决颁布之日起施行之。

十五、本规则如有不详尽之处由执委会修改之。

民国二十六年修改再版[1]

我们发现在会馆的成熟期，会馆制度形成了一个系列，其中既包括综合性的可操作性颇强的通用性馆规，也包含更具体的捐金条例、住馆细则等单项性的馆约，这些规约对会馆功能的有效发挥起着重要的保障作用。

道吉祥礼俗

道吉祥，就是在节日、婚礼、贺生祝寿等郑重、喜庆的场合对当事人说吉利话

1　胡春焕、白鹤群:《北京的会馆》，第 327 ~ 328 页，中国经济出版社，1994。

的礼俗。根据吉利话的运用场合与表现形式，我们可将吉利话分为两种：祝颂形式的吉利话、命名形式的吉利话。

一、祝颂形式的吉利话

在过年、贺喜、祝寿、告别等许多场合，人们都有向别人说吉利话的习俗，用以表达自己的美好祝愿，维持和增强相互间的友好亲密关系。祝颂的吉利话既有口头的形式，也有书写或张贴的形式。在婚礼、祝寿等场合，人们不仅当面说祝贺的吉利话，而且还赠送写有吉利话的物品。书面形式的吉利话可以是口语风格的，也可以是古雅的书面语。有些写有吉利话的物品还要张贴出来或镶嵌起来。

过年时，人们以各种方式表达对生活的美好祝愿。在城市里，人们要过两个年——阳历年和阴历年，拜年也要拜两轮。阳历年称元旦，是个小年，单位放假一天。来往密切的亲友、同事相互间问候新年、表达祝福。而送挂历、寄贺卡的活动在元旦前半个月就开始了。20世纪末又兴起新的问候方式，即以呼机、手机短信、电子邮件的形式传达新年祝愿。阴历年称春节，假期长，过得也隆重，拜年的范围也更广。城市里的拜年主要是一种赠言礼仪。人们在收到别人的祝福、感受到别人尊重的同时，也不断增强着自己的生活将更加美好的信念。祝愿的内容可以是简单的“新年好”“过年好”，也可以有更加具体的内容，如祝愿别人发财、升官、身体好、全家平安、一切顺利、心想事成等，有嘴甜的人能说一长串祝福的吉利话，各方面的意思都说到了，说得别人心花怒放。

吉祥语的运用给婚礼带来了浓郁的喜庆氛围。婚姻是人生的一件大事，各地风俗都兴大肆操办和庆祝。但按古礼，婚姻只不过是人生进入一个正常的阶段，是不必庆贺的。《礼记·郊特牲》上说：“婚礼不贺，人之序也。”但世俗观念不这样看，民间自行举办庆典成风，于是汉宣帝时，朝廷下诏肯定民间婚礼，从此以后，婚礼相贺便成符合礼教之事，并形成较为固定的庆典礼仪。民间举行婚礼，首先要搭大棚、贴喜字。北京民谣说：

大姑娘大，二姑娘二，

三姑娘出门子给我个信儿。

搭大棚，贴喜字儿，

龙凤围桌红官座儿……

可见贴喜字是办喜事的序幕里的主要工作之一。北京的老习惯，一般男方娶亲贴双喜字，女方贴单喜字。传说贴双喜字的习俗源于北宋文豪、宰相王安石，他赶考中了头名状元，途中又喜结良缘，可谓双喜临门，于是在他完婚之日，就将两个喜字并排书写。从此双喜字就成为喜事尤其是婚庆的一种祥瑞符号。办喜事时，通常用墨笔在大约一尺半见方的顺红纸上写喜字，特别讲究的用胶水书写，然后撒上金粉，成为红纸金喜字。结婚这天，新房的门上、墙上，接送新娘的车上，接新娘经过的村口路边的树上，都贴上喜字，新娘伴娘的头上也戴着红绒喜字。所有的嫁妆上都贴上红色剪纸做的喜字。喜房里还有倒贴喜字的，意思是“喜到（倒的谐音）了”。满族人办喜事，贴喜字的方式与汉人略有不同。他们无论娶嫁，一律用单喜字，连迎娶仪式用的牛角灯也用红色的单喜字。满人认为，双喜字是“奸”字的别写，用它来庆贺婚嫁显然不妥。但近世满人在风俗习惯上受汉人同化，许多人也不再顾忌本族人对双喜字原有的解释。[1]

到人家的婚礼上贺喜要说吉利话。各路宾客进门后，见到新郎或新郎的父母要道喜，旧时北京婚礼上的贺喜礼仪和贺语如下：

贺喜的礼节一般都较轻，尤其是庶民对庶民的祝贺，对主人不跪不拜，不叩首。多是两家亲家互相行礼祝贺。剧情则主要是向男、女主婚人祝贺，对结婚当事人（新郎、新妇）倒不一定有什么固定礼节。汉人官客（男宾）到了堂上见到长辈或平辈只是拱手一揖，口称：“您大喜！”本家则以一揖还礼，答曰：“同喜，同喜！”堂客（女宾）见面则两手叠拳于

1 常人春：《红白喜事——旧京婚丧礼俗》，第 57 页，北京燕山出版社，1996。

左胸之前，上下一晃，谓之“拜拜”。男、女两家女主婚人新郎的母亲和新娘的母亲见面均互称：“亲太太，您大喜！”满人的官客对长辈、平辈先请一个安，表示见面礼，然后再请一个安，表示道喜，谓之“请双安”。在请第二个安时才说：“给您道喜啦！”尊长、平辈必还礼，说“让您费心”。如果堂客梳着大两把头，则请双蹲儿安，本家还礼也是请双安，请头一个安表示见面礼；请第二个安是答谢礼。对于有爵的亲友，如王爷、贝勒、贝子及其福晋（夫人）、侧福晋（侧夫人）在见礼祝贺时，就要行所谓“六肃礼”，即两跪六叩首。礼毕才能恭恭敬敬地退下来。

新房的院子里还挂着许多客人送的喜幛和喜联。喜幛的质料常见的有红绸、红缎、红丝葛。用来写贺词的“幛光”，是四个红纸金纹的斗方，是在纸店买来的。男方的亲友写祝贺娶亲的辞令：“龙凤呈祥”“百年偕老”“天作之合”“天成佳偶”“双荫鸳鸯”“花好月圆”“和乐且耽”“钟鼓乐之”“鸾凤和鸣”“珠联璧合”“如鼓琴瑟”“凤凰于飞”等。女方的亲友写祝贺嫁女的辞令：“举案齐眉”“之子于归”“于归叶吉”“乘龙快婿”“跨凤乘龙”“妙造东床”“祥征凤律”“百两御之”等。再写上下款的两个红纸金纹的条幅。上款根据亲属关系，写上“××××令郎××新婚之喜”或“花烛之喜”；下款是送礼人的自称和名号。喜联的内容通常是对新婚夫妇的祝愿和赞美。[1]

祝寿时要说吉利话。北京祝寿旧俗。做寿的人家，要事先布置好寿堂，到祝寿这天，客人到寿堂对寿星行礼祝贺。通常让受贺人坐在供案旁边的座位上，晚辈祝贺人行跪拜礼，照例是两揖三叩，并说些祝愿的吉祥话：“得啦，您多福多寿啦！”或者：“您硬硬朗朗的！结结实实的！想什么有什么！”一般不用礼宾人员或茶房“喝礼”，受贺者本人免不了谦让一番。如果是平辈祝贺，受贺人要站起来，搀住对方，请对方免礼。如果是小孩叩拜，还要给些赏钱。受贺者的晚辈，应在两旁八字排开，对跪拜者逐一还礼，如不叩首，也要鞠躬致谢。

1 常人春：《红白喜事——旧京婚丧礼俗》，第86、89页，北京燕山出版社，1996。

客人送的贺礼中，常有贺幛寿联，贺幛上写有“仁者有寿”、“贵寿无极”、“蓬岛春霭”、“寿域日开祥”（女）等贺词，寿联上的祝词，给男寿星可写：“福如东海，寿比南山”“仁者无量寿，此翁更精神”“钢筋铁骨福体健，德高望重寿无疆”等，给女寿星可写：“麻姑酒满杯中绿，王母桃分天上红”“秀添慈竹，荣耀萱花”“贞良温柔，宜家幸福；仁爱笃厚，获寿保年”等，还有伉俪双寿联：“合欢花常艳，伉俪寿无疆”“兰桂俱芳逢盛世，春萱并茂享高龄”“庆佳节双亲长寿，贺新春五谷丰登”等。也有的人送一个大“寿”字。圆“寿”字象征圆满，长“寿”字象征长寿，还有人用 100 个“寿”字排在一起组成“百寿图”。[1]

二、命名形式的吉利话

事物的名称是人们经常提到的。人们都愿意这些名称好听、吉利，所以有许多事物从这个角度来命名。这些名称有地名、建筑名等长久性的吉利名称，也有在特定的节日、场合而临时使用的食品、衣物或活动的吉利名称，待该节日或场合过后就恢复日常名称。

地名是一种长久使用的名称，许多地名有祈福求吉的寓意。1999 年，北京开通了平安大街，这条街由于缺少停车位等因素，餐饮业较冷清，医疗业很快发展起来，医疗业的迅速兴旺就跟地名有关。“平安”在中国传统观念里是一个很受青睐的吉利话，人们看病时都希望得到有效的医疗，尽快痊愈，恢复身体的平安状态，病重住院者更希望能“平安”出院。正因如此，“平安大街”这个名词对医院来讲是一个吉利的广告语，可以讨口彩，故一些医院、药店纷纷抓住这个商机，使自己的位置或名称向平安大街集中、靠拢。自从平安大街开通后，原来藏在胡同里的医院都把大门或招牌放到街面上。从东往西，过东四十条桥就是北京军区总医院，到宽街十字路口，南面是北京中医院，北面是东四妇产医院。到厂桥，在街面上就能看到北大医院的霓虹灯，而原来位于平安里附近的福绥境医院干脆改名为平安医

1 常人春：《老北京的风俗》，第 176 页，北京燕山出版社，1996。

院。在石景山营业20多年的中国医科院整形外科医院在平安里西大街开设了门诊部。这是它在市区建立的首家营利性的门诊部，地点就选在平安大街。用他们自己的话说就是这里医院多，交通便利，当然“地名好”也是一个重要原因。北京军区总医院原来的大门都在胡同里，现在他们投入1000多万元，拆迁修建了一条路，在大街上开了门；北大医院已经投资1.28亿元购买了医院北面直到街面上的土地，也要把大门开到街面上；北京按摩医院离平安大街有一站路远，但宣传材料上也醒目地印上平安大街的名称，以之为参照；中国医科院整形外科医院更是不惜花几百万元在平安大街边买了座小楼。药店也不甘落后。金象大药房、同仁堂纷纷赶来占据有利地形。[1]

店铺命名的角度有多种，趋利求吉是其中重要的一种。特别是传统时期的老店名，带有吉祥色彩的更多。上海店铺命名喜欢使用的吉祥字有“利”“祥”“顺”“兴”“昌”“泰”“和”“发”“长”“永”“盛”等。上海的著名老字号有“老正兴”菜馆、“宏贸昌”袜店、“鸿祥”时装公司，绸布店有“协大祥”“宝大祥”“信大祥”等。[2] 1925年，张耀翔先生通过电话号码簿统计了4947家装电话的北京商店，发现其招牌用字最常用的有20个字：

兴华和义成顺丰天聚公

泰源祥盛恒昌大公裕隆[3]

在这20个字中，吉祥字占大多数，它们是：兴、和、成、顺、丰、聚、泰、祥、盛、恒、昌、大、裕、隆。1928年，陆志韦先生撰文谈到了当时南京商店的招牌用字。他所用的材料是五位学生在南京的商业区逐家抄录下来的，共统计商店

---

1 李莉、高和平：《平安大街适合什么买卖》，载《北京晚报》，2002年4月20日，第26版。

2 蔡丰明：《上海都市民俗》，第232页，学林出版社，2001。

3 张耀翔：《商人心理浅测》，载《心理》杂志，第3卷第4号。转引自陆志韦：《南京商店招牌用字》，载《社会学界》，1928年第2卷第6号。上引20个字在陆文中即有“公”字重复问题，所缺为何字，待查。

3227家。除了店、铺、庄、堂、园、斋、社、记等表示营业性质或规模的通用字以外，陆先生计算了6127个字，其中使用率在50次以上的字为31个，它们按出现次数依次为：

兴祥泰源和顺永昌大万盛同复义恒华
福德聚新丰春荣庆生六裕茂隆森鑫[1]

将以上北京和南京的店铺招牌用字相比较，可以看到，北京的20个字中有16个与南京的店铺常用字相同，且“兴”字都占使用率第一位，“兴”字在南京占统计字数的11.05%。

从以上资料，可见在传统的店铺招牌用字中，从吉祥角度命名的现象是很多的。有人还将各地商店的招牌常用的吉利字编成一首七言诗：

顺裕兴隆瑞永昌，元亨万利复丰祥。
泰（太）和茂盛同干德（得），谦吉公仁协鼎光。
聚益中通全信义，久恒大美庆安康。
新春正合生成广，润发洪源厚福长。

据严昌洪先生统计，清末武汉市的老字号十之八九没有超过这56字的范围：

以传统金融业为例，清末汉口票号、钱庄有大丰、大昌、大源、大成、衡源、益大、源茂、川盛、宝泰、蔚泰原、蔚盛长、百川通、存文公、蔚丰原、天顺祥等，民国初年汉口钱庄、银号比较著名的有惇孚、厚德、恒泰、益丰、裕成、生康、保昌、丰康、同德、成康、德祥、德丰、汇通、福丰、德和、怡祥、永胜、恒德、宝兴、恒和、安康、常丰、丰盛

1 陆志韦：《南京商店招牌用字》，载《社会学界》，1928年第2卷第6号。

（申帮）、丰记（申帮）、泰昌盛、协丰昌、启泰、丰记（本帮）、丰盛（本帮）、久和、和昌、信丰、惠仁、长裕、安裕、协昌、正泰、同裕、同胜、正裕、谦通、永福、衡源（江西帮）、友通、协记、瑞隆、晋和、福源、济生等。在这64个字号中，仅有“惇孚”不在上述七言诗之列，但亦是吉祥字，树立该钱庄老板敦厚、信实的商业形象，容易使顾客产生信任感。其余各字号，均有一二字在该诗范围内，使用频率较多的字反映了商人的如下心理：丰、裕、昌、盛等，表示希望财源茂盛；安、康、泰、和等，表示祈求平安幸福；永、恒、久、长等，表示生意持久不衰的愿望；而德、和、仁、信等则表示商人讲求道德仁义、团结和睦、诚信不欺的商业道德规范。

到了民国年间，这种使用吉祥字来为店铺命名的习俗开始发生变化。一些新兴行业的企业或店铺喜欢采用新名词或洋名来命名，如北京的京华印书局、燕京造纸厂、大北照相馆等。上海民国时期开办的150余家工商企业中，有三分之一采用了新式词语命名，如上海、中国、中华、震旦、南洋、大西洋、五洲、环球、小香槟、爱皮西、亨得利、培罗蒙、亚普耳、凯司令等。[1]

以后的几十年中，店名采用新名词的渐多，传统风格的渐少。20世纪50年代到70年代，受社会思潮的影响，新开业的店铺名具有时代特征的很多，很少使用传统命名方式的。据20世纪90年代对南京店铺名的调查，当时存在的店名总体上看具有时代精神，从店名上就可看出一些店铺开业于或起名于什么时代。如，“李顺昌呢绒服装店”“盛锡福鞋帽店”“张小泉刀剪店”“吴良材眼镜店”“魏洪兴板鸭店”是老字号，“跃进服装店”“建设玻璃店”成立于50年代末，“向阳皮革商店”“旭东服装店”“永红文具店”“红波电讯器材商店”成立于60年代末，“安娜时装店”“菲利贸易公司”“南南商场”“东方皇冠装璜美术商店”成立于80年代。80年代以后，

1 严昌洪：《在商业革命的大潮中——中国近代商事习惯的变迁》，第22～23页，华中理工大学出版社，1997。

随着外语词音译形式的“崇洋”店名的大量出现，也出现一些以传统字眼命名的“尚古”店名。在北京有几个生意做得很好的连锁商店“天客隆”“利客隆”“旺氏百利”，就是从吉祥角度命名的。在旺氏百利商店里，还悬挂着许多“旺”字做装饰，店员穿的工作服上也写着显眼的“旺”字。

与店铺命名相似，商品也有从求吉趋利角度命名的。传统风格的商品名称注重用字的吉利与否，著名男性领带及服饰品牌“金利来”的命名就出于这样的考虑。1968年，曾宪梓在中国香港做出了质优款新的领带，现起商标名称为“金狮”，可当他把“金狮”牌领带送给他的一位亲戚时，却被拒绝了。他的亲戚说：“金输、金输，金子全给输啦！”原来，在粤语中，“狮”与“输”读音相近，香港人又很忌讳“输”字。于是曾宪梓便想法修改“金狮”的名称。他从“金狮”的英文词

图9　辽宁省葫芦岛市中国关东民俗博物馆内的隆泰源老糕点店铺。

黄涛　摄于2019年7月3日

“Goldlion”入手，保留“Gold”的意译“金”字，将“Lion”音译为“利来”，合起来便是既吉利又响亮的“金利来”商标名称，为后来它成为驰名商标奠定了基础。[1]

有些桥梁名称从吉利角度着眼。绍兴是中国著名的桥乡，大小桥梁有五千多座。这些桥大多有一个好听的名字，如“太平桥”“安康桥”“幸福桥”等。一些通往店铺、作坊的桥在取名上也不离生意经：“进利桥”“金鼎桥”“兴隆桥”等名称是为求得生意兴隆、财源茂盛的好彩头。这里还有一些人保存着对桥神的信仰。每逢节日，就有一些老人到桥边祭拜桥神。孕妇临产时，其家人要带几斤面条连过三座桥，传说孕妇吃了这“过桥面”就能顺利生产，母子平安。可见桥在当地民间信仰中有一定位置，那些带有吉利话的桥名确有祈福意义。[2]

南北大菜在菜名上也求吉利、讨口彩。菜名主要有三种类型：一是朴素无华、直述其物的，如“鱼香肉丝”“北京烤鸭”，这种类型的最为常见；二是富于文采、诗意或情趣的雅名，如将辣椒炒肉丝叫作“踏雪寻梅”，将鱿鱼炒鸡片叫作“游龙戏凤”；三是吉祥祝颂型的菜名。吉祥祝颂型菜名与民众趋利避害的传统心理相吻合，比第二类菜名更容易为大众所接受，也比后者更多见。比如人们习惯把鸡脚称为“凤爪”，菜心称作“玉树”，蛋饺称作“元宝”，竹笋炒排骨称作“步步高升”，发菜炖猪蹄称作“发财到手”，冬菇烧青菜称作“金钱满地”，豆芽烧豆腐称作“金钩挂玉盘”，海蜇皮拌萝卜丝称作“金声玉振”，西红柿豆腐白菜称作“珍珠玛瑙翡翠汤”等。台北松山中学每年在进行联考前，都要组织毕业生包粽子，因为“包粽”与“包中”谐音，这个活动就是为了讨口彩，以求考试顺利。如果是将粽子掉在地上，不能说落地，而要说“中第”。每人只能包一个，表示“一举中第”。包好的粽子用线拴得高高的，表示“高中”。[3] 2002年春节前夕，北京西苑饭店推出丰盛精美的家庭团圆宴，营造浓郁的节日气氛，吸引宾客到饭店吃饭过年，其宴席名或菜名以吉祥如意的祝语为主，如“新春佳节宴”“恭喜发财宴”“吉庆满堂宴”“阖家庆团圆”“前程似锦”等。广州菜在菜名讨口彩方面更为突出。广州大厦的团圆

---

1 唯高、牛汝辰、赵静编著：《怎样为公司店铺起名》，第335页，大众文艺出版社，2000。

2 劭燕、郭林涛：《中国民间吉祥俗》，第133页，中国旅游出版社，1995。

3 刘志琴：《菜名与“口彩”》，第35页，载《民间文化》，2000年第4期。

年饭不光为家人团圆、同事聚餐、亲朋相聚等宴会都取有“阖家喜庆宴”“迎春方贺宴”“大展宏图宴”“欢聚满堂宴”等好听的名字，就连每道菜也都有吉利喜庆的别名。精美的四冷菜称作“四喜彩小碟”，粟米粒鳕鱼粒叫作“金玉聚满堂”，淮杞炖水鱼被取名为“金鼎喜满载”，荷香八宝豆腐称为“八仙齐报喜”，香菇扒时蔬称为“玉树满金钱”，顺德小炒皇取名为“包罗添万有”，千岛带子卷取名为“太子添新衣”，煲淋芥菜取名为“春满华堂”等，每一款美食必有一个美名。[1]

一些常见食品的名称带有吉祥意义或喜庆色彩。饺子是富于民族特色的常见食品。各地都兴过年吃饺子。饺子呈半圆形，酷似古代的金元宝，有的地方就称之为“元宝”，俗话也有“年夜饺，似元宝”的说法。饺子在南北朝时叫馄饨，当时有“今之馄饨，形如偃月，天下通食”的记载，过去人们只是在冬至和春节时吃饺子，除夕则必须吃“更岁饺子”。这顿更岁饺吃得越多越吉利。人们还特意在更岁饺中放一枚硬币，谁吃着了就意味着“口口咬钱，岁岁进宝”，下一年中会大吉大利，财源不断。北方一些地区的婚宴中也有吃饺子的习俗。妇女将两种不同馅的饺子染上不同颜色，然后角对角捏在一起放到锅里蒸制而成，形状好像一对亲密无间、交颈同欢的鸳鸯鸟，称为“鸳鸯饺”。在婚宴上让新郎新娘吃，象征夫妻和美，喜乐发财。汤圆也是一种吉祥食品，外形是圆的，名称里也有个“圆”字，人们把它当作团圆、圆满的象征，民间正月十五吃汤圆，与天上的圆月相应和，象征着百姓家家团圆、万事圆满。在许多地方，一个人要出远门时，家中亲人要煮汤圆为他送行，祝愿他远行平安、尽早回家团圆，中国台湾民谣中就有“吃了汤圆好团圆”的说法。中国南方一些地方有举行婚礼送吉饼的习俗。民间认为这种饼象征福、禄、喜、财四大吉事，所以称为吉饼，又称“喜饼”“龙凤饼”。一般做成圆形，用饼模压出“龙凤呈祥”的图案，饼皮呈黄白两种颜色，代表金银财富。要办喜事时，男方家做好了喜饼送到女方家，女方家再将这喜饼分送到亲朋好友家，以此作为请柬，告诉人们女儿要出嫁了，并回送相同数量的喜饼给男方家，回送的饼就不

1　郝青:《南北大菜讨口彩》，载《北京晚报》，2002 年 2 月 8 日，第 59 版。

称“喜饼”了，要称“太史饼”“状元饼”，以此来预祝新郎做太史、中状元。[1]

节日与婚礼等喜庆日子或场合的食品、衣物等往往取一个不同于日常名称的吉利名称，用于喜庆的日子，该物品也具有与平时不同的功能，成为一件能求吉避邪的带有一点“法器”色彩的东西。

农历二月二是“龙抬头”的日子，这种说法最早见于明代刘侗的《帝京景物略》卷二“春场”：“二月二日，曰龙抬头，煎元旦祭余饼，熏床炕，曰熏虫儿。谓引龙，虫不出也。”龙在人们的信仰中是能呼风唤雨的神兽，俗话说“龙不抬头天不雨”，龙抬头意味着云雨将来。二月春回大地，农作物开始生长，也是农民开始一年劳作的时候，这时候人们希望天降雨水，以利耕种。同时二月二正是惊蛰前后，百虫蠢动，也是疾病易于传播之时，人们认为龙出来能够镇住毒虫和病魔，所以就有各种迎接、配合和庆祝龙抬头的说法和活动。老北京习俗，这天，人们用油烟熏房、用蜡烛照房梁等，老北京人有“二月二，照房梁，蝎子、蜈蚣没处藏”的说法。

这天，人们还有以“龙”来命名各种食物和活动的习俗。吃饼叫作吃“龙皮”，吃水饺叫作吃“龙耳”，吃面条叫作吃“龙须”，吃米饭叫作吃“龙子”。蒸饼时，还要在饼上做出龙鳞来，叫作“龙鳞饼”。就连小孩在这天剃头理发也叫作“剃龙头”。妇女在这天不做针线活儿，以防“伤了龙眼睛”。[2]

与婚礼有关的事情往往以吉祥、喜庆的字眼来命名。中国大部分地区，在女儿出嫁时，都要在嫁妆里安排一种冠以“子孙”字眼的礼物，博得“子孙兴旺”的口彩。江南地区送“子孙包”，里面放一条花被、一对枕头，塞上若干鸡蛋。南方一些地区送“子孙桶”，里面放红鸡蛋、喜果等。河北的大城一带则陪嫁“子孙馍”，女方按女婿的岁数蒸出相同数量的馒头，放在一个大盘子里，摆成塔状。女方将特别命名后的鸡蛋、喜果、馒头等物送给男方，表达祝福子孙兴旺、金玉满堂的意思，而其他人往往来争抢这些吉祥物，以图多子多福的吉利彩头。在河北一些地方，婚礼前几天，亲朋老乡前来送喜钱，称为“道喜”，给娶亲的男家道喜又

1　邵燕、郭林涛：《中国民间吉祥俗》，第 100 ~ 101 页，中国旅游出版社，1995。

2　常人春：《红白喜事——旧京婚丧礼俗》，第 119 页，北京燕山出版社，1996。

图 10
河南省浚县春节庙会上，来山顶朝拜进香的人。
黄涛　摄于 2018 年 2 月 24 日

叫“压腰”，寓意男方财源旺盛；给嫁女的人家道喜又叫“添箱”，寓意女子出嫁后“衣满柜，银满箱”。[1]

婚礼上新人的穿戴也有吉利命名。旧时用锦带制成菱形连环回纹样式的结子，表示永结同心，白头偕老，称作“同心结”。婚礼上，新婚夫妇行过大礼之后，新郎身披彩帛结成的同心结，并将同心结的另一头搭在新娘手上，二人面对面出门参拜庙神，出门时新郎倒行，参拜完毕出庙门时新娘倒行，执同心结牵新郎回房，象征新郎新娘彩带相连，永结同心。梁武帝《有所思》一诗中“腰中双绮带，梦为同心结”的话，即是这种习俗的反映。过去江浙一带，新娘到新郎家门口时，新郎要迎出门来，两人分别持一条红绿连理锦的两头，共同入门，这条锦带称作“通心锦”，又称“合乐梁”，取意夫妻心意相通如有桥梁。三天后夫妻又穿两条特意定做的相同布料的裤子，称“永谐裤”，意为夫妻永远和谐。广西也有婚后穿永谐裤的习俗，新娘过门后所做的第一件事，就是替新郎缝制一条裤子，取“裤”与“富”的谐音，祝愿新郎穿了“永谐裤”，就会夫妻永远和谐富裕。河北一带则叫这种裤子为“富贵裤”，新娘下轿前，婆家送上一条裤子，里面装了钱币，让新娘穿上，

1　邵燕、郭林涛：《中国民间吉祥俗》，第 59 页，中国旅游出版社，1995。

然后再接下车，象征新娘为婆家带来了财富，从此婆家就会粮满仓，金满库。[1]

北京婚俗，一对新人在入洞房之后，要同吃饺子和面，分别称为“子孙饺子”（满人称“子孙饽饽”）、“长寿面”。子孙饺子由女方家做好带到男方家。长寿面由男方家做。吃的时候，照例有一个男孩隔着窗户大声问：“生不生？”里面新郎或娶亲太太回答：“生！”当晚，要摆一桌酒席，称为“圆饭”或“团圆饭”。新郎新娘坐于首席，娶亲太太和送亲太太奉陪。吃东西时按食品的不同各有一个吉祥的名称。吃馒头叫“满口福”，吃丸子说是“团圆”“圆圆满满”，吃四喜肉说是“喜喜

图 11
河南省浚县春节庙会持续时间很长，从阴历正月初一直到二月二，正月初九举行盛大的社火朝顶活动。周围县市的香会、花会等纷纷列队到大伾山、浮邱山朝拜神灵，沿路表演地方民间文艺。图为东关社区的武术会。

黄涛　摄于 2018 年 2 月 24 日

图 12
在福建省闽侯县喜娘协会举办的喜娘培训班上，一位学员扮演新娘，一位学员扮演新娘母亲为她梳头，站在旁边的学员充当喜娘唱诵祝福新娘的贺彩词，围观学员齐喊“好啊”以应和。

黄涛　摄于 2017 年 11 月 20 日

1　邵燕、郭林涛：《中国民间吉祥俗》，第 66 页，中国旅游出版社，1995。

欢欢”。新婚的第二天，是“认新亲”的日子，或叫“坐筵席”“会新亲”“吃梳头酒”。过去这是在男方肯定了新娘的贞操之后才举行的活动，带有庆祝新娘贞洁的意思。男方家要招待新媳妇的娘家的一些亲戚，一般来男女各二人。满族习俗，来的亲戚不超过四位，一般是新娘的姑、姨、娘舅、外祖父、外祖母等近亲。宴席上，新郎向女家来宾行礼，新媳妇不用陪同行礼。受礼的来宾要赠予礼物，并有相应的祝词。如赠带子，就说是预祝生子。赠扇子，就说是预祝生个“善子”。如赠装有铜钱的荷包，则根据吊数的不同，给予不同的名称。里面有一吊钱，称作“当

图 13
福建省闽侯县是“喜娘文化之乡”，其喜娘习俗是福州市非物质文化遗产。喜娘是履行婚姻礼仪全过程的民间主持人。当地有许多专职喜娘，并组成喜娘协会。该协会实际是当地喜娘的行会，负责组织和协调喜娘到各处担任婚礼主持人，并举办喜娘培训班。该协会有固定的活动场所，其中设喜娘文化展示厅和喜娘传习教室。

黄涛　摄于 2017 年 11 月 20 日

图 14
在福建省闽侯县喜娘协会举办的喜娘培训班上，来自山东济南的学员扮演新娘，喜娘传人扮演新娘母亲，在演示新娘出嫁前的梳头礼，并唱送嫁歌，嘱咐新娘到婆家跟公婆、姑嫂等和睦相处。

黄涛　摄于 2017 年 11 月 20 日

图 15
河南省浚县春节庙会上，去大伾山朝顶进香的东街社区秧歌会。

黄涛　摄于 2018 年 2 月 24 日

朝一品”；有两吊钱，称作“和合二仙”“二人同心”；三吊称作“三台贵子”或“三元及第”；四吊称作“四季平安”；五吊称作“五子登科”；六吊称作“六合同春”；七吊称作“七子团圆”；八吊称作“八仙上寿”；九吊称作“九世同居”；十吊称作“十全富贵”。按照习俗，酒席只是摆样子，并不真吃，来宾坐一会儿，新郎行礼之后，茶房一喊“上汤”，来宾就称谢退席。所有的酒席由饭庄的伙计挑送到女家。[1]

社团制度民俗

中华文明源远流长，但其阶段性的表现形式是朝代更替，所以有学者提出中国传统社会有所谓的“治乱循环”之“历史周期律”。除了治乱循环之外，传统社会的主要生活模式似乎是静止的，比如宗族组织、科举制度、耕读传家等核心的制度与观念根深蒂固、难以撼动。但另一方面，明清社会事实上是有“暗流”在涌动着的，由于儒家传统高度重视人丁兴旺，发展至明代中叶，中国部分地区如福建、山西、徽州等地已经出现了局部的人口过剩，随之出现了出于无奈的个人性的迁移或

1　常人春：《红白喜事——旧京婚丧礼俗》，第 77 页，北京燕山出版社，1996。

漂泊。明代之前，流动人口主要由少量的商业人员以及为数不多的仕宦组成，广大农民群体则极少流动。在中国出现大量游民是明代以后的新现象，流动人口大军的最先一支当为商人群体，商帮、会馆以及行会等皆为明代中叶之后的新产物。明代中叶之后，除了商帮大规模的流动之外，普通的游民也越来越多，渐渐成为庞大的游民群体。人地矛盾导致了游民群体的畸形发展壮大，这种人口过剩，再加上天灾人祸、频繁的战争等，集聚了大量的失业游民。

儒家向来鼓励人口繁衍，强调人丁兴旺，但没有预先考虑人口过剩的问题，所以儒家体系内缺乏对人口规模的有效的制度性控制，最终，特定历史条件下失控的人口规模首先突破并越过了儒家的典章制度，进而导致了体制外“江湖社会”的崛起。社会学意义上的江湖是非正统社会结构的泛称，既有制度性较强的秘密会党，也有较松散的丐帮等其他社会形态。明清两代集体化的非家族性群体除了地域性的商帮之外，还有秘密会党和丐帮等，需要说明的是商帮之外的大部分游民缺乏稳定的生活来源。

因为古典中国在制度管理方面的主要对象沿袭着传统的定耕与定居的生活模式，所以明清时代的中国在面对大量的移民和游民群体时并无现成的制度性资源可供利用，游民群体不得不自发地形成各种各样的习惯法。具体地说，由于以“出世”为主的佛家和道家几乎不诉诸社会组织，不似基督教、伊斯兰教等具有严整的组织体系，几无制度资源可言。然而，由于只有儒家是入世的，游民社会几乎只能一边倒地模仿、改良宗法制度，并吸收儒家的一些价值碎片，在一定程度上继承儒家的衣钵，进而形成各自的规矩。不过早期的秘密会党，并不是现在意义上的黑社会，而主要是一种聚众求生的、兼有信仰与合作互助之功能的游民组织。从某种程度上说，游民群体也颇具创造性，创造了各类秘密会党的组织模式以及丐帮的组织模式等。秘密会社的组织一般极为严密，丐帮的组织则相对松散，但其“混世”、糊口等特征相当显著。行会组织比较特殊，总体而言其组织性并不强，但作为行业习惯法的行规则极其严格。人地矛盾日益严重、人口大量过剩、游民社会膨胀，意味着传统的农业文明终将走到尽头，所以在客观上，近代中国本身有着强烈的现代化诉求，然而由于缺乏现代政治以及现代社会的概念，只得极度无奈地采取了一种畸形的转型方式，即一条“江湖化”的歧路。近代中国的困境不得已由江湖来“接盘”，虽得以苟延残喘，但无比辛酸。

在秘密会党以及丐帮等浓烈的江湖色彩之外，小型的民间社团如民间合会、民间慈善组织等体现了一种全然不同的社团风味，那些守望相助、仁义慈善、倾力公益的良风厚俗是我们中华民族文化自信之坚实而厚重的基础。

香会制度民俗

香社（香会）是民众出于信仰需求而自发结成的民间信仰组织，是传统社会实现朝山进香的主要方式。朝山进香，是民众生活中的一件大事，是他们在终年辛苦劳作之余试图实现理想生活的另一种努力。为朝山进香服务的民间信仰组织大体上有两类：一是以自我服务为主的香社，如泰山、武当山、峨眉山、普陀山等绝大多数地区的进香组织，其最基本的分工是会首与会众，组织形式相对较松散，组织目标甚为朴素，主要为了到远处进香时在路途之中互相有个照应；二是以服务他人为主的香会（花会），以北京妙峰山的服务组织最为典型，其组织相当严密、规范，主要包括文会和武会，文会（善会）又有“坐棚”与“行香”之分，武会又称走会，主要是在行进中（或庙前）专门表演各种技艺的。各种文会与武会皆以“为老娘娘当差”者自居，坚守分文不取的原则，“行善积德、买福买寿”是其虔诚信仰与世俗观念的综合体现。

上山进香的香社

宗教的世俗化现象在中国极为突出，广大民众朝山进香的信仰活动即是宗教世俗化的一种重要体现。“自古以来，中国民众有进贡物品于寺庙道观的传统，目的是希望通过施舍供器的方式以得到神灵的保佑。”[1] 赴神庙寺观上香是中国民众普遍的信仰习俗。上香是与神灵沟通的方式，而朝山进香则是与大神直接沟通，更具诱惑力。朝山进香泛指向神佛敬献礼拜以表达虔诚的心意。这一类的记载相当普遍，如：“烧香、拜佛、还愿，是传统在民间的习俗。无论是城市平民，还是乡村农民，不少人省吃俭用，其目的就是去烧香还愿。绍兴人去香炉峰，就如北京人去白云观一般无二。在明代最为流行的烧香去处，就是普陀、泰山、武当与天竺山”[2]；“承受香火的佛道教庙宇是各地方都有的。……势力大的，如浙江的西湖和普陀，山东的泰山，安徽的九华山，山西的五台山，四川的峨眉山，广东的罗浮山，江苏的栖霞山和茅山……它们可以吸引千里甚至数千里以外的香火”[3]；等等。

志书中的具体记载也颇为不少，如民国二十三年（1934 年）河南新乡《获嘉县志》记载：

> 乡间善男信女，终年局处乡间，坐守深闺，几不知乡村之外更有何物。追至中年以后，儿女成立，米盐琐计不甚关心，乃邀集伴侣，醵金结社，朝山烧香，以为娱乐。或朝南顶如武当山，或朝北顶如太行山，或朝石门口，或朝百家岩，计道途远近月余及十数日而归。归则追述游观所见，如白头宫女说明皇天宝开元故事，亦颇津津有味。此亦娱乐之一种也。[4]

---

1 梅莉：《明清时期武当山朝山进香研究》，第 248 页，华中师范大学出版社，2007。

2 陈宝良：《飘摇的传统：明代城市生活长卷》，第 215 页，湖南人民出版社，2006。

3 顾颉刚编著：《妙峰山》，第 1021 页，中山大学语言历史研究所、中山大学民俗学会（民俗学会丛书之十八），1928。

4 丁世良、赵放主编：《中国地方志民俗资料汇编 · 中南卷》（上），第 72 页，书目文献出版社，1991。

图 1 河北省霸州市胜芳镇元宵节从正月十二持续到十六，其大型巡游活动主要依靠 30 余道花会组织。图为小车会在镇广场表演。

黄涛　摄于 2009 年 2 月 6 日

南方某些地区的进香群体还共唱“进香歌”，张伟然认为由于长途朝山进香大多成群结队，旅途相对乏味，于是衍生出了唱进香歌的习俗：

根据《湖南民间歌曲集》，朝香歌的分布地域颇为广泛。

长沙市：“朝拜歌又称‘噱福’”，是“解放前因祈求消灾免祸或还愿而去（南岳）朝香时所唱的一种曲调”。

湘潭市：“朝南岳时唱的拜香歌、扶香歌，……就是人们渴望圣帝保佑，去南岳路上以及上山、下山唱的朝拜歌。”

株洲市：“拜香歌，解放前，善男信女还愿（亦称还香）时请歌手（扶香者）所唱的歌。……贯穿从出发地到目的地（如南岳大庙）的始终，由一、二支唢呐随腔伴奏。假若不请扶香者，由还愿者本人唱，则用跑香调。”

……以清代政区言之，长沙、衡州、宝庆三府的朝香歌最为发达。

当然，没有朝香歌分布的地区不等于就没有朝香习俗，上述浏阳市存在朝香习俗，便是一证。又以笔者所知，今安仁、桂阳、华容等县也有朝香习俗。但至少可以认为，朝香歌分布的地区乃是朝岳习俗比较发达的所在，并且可以找到文献印证。[1]

此外，香税是香火旺盛重要的侧面指标。明代陶允宜曾有讽刺诗句“自是神人同爱国，岁输百万佐升平”。

由于在传统社会远道朝山进香相当困难，“在相当长的历史阶段中，中国普通民众走出家门的朝山进香行为主要是通过香社这种形式实现的”。[2]香社可谓朝山行动最可倚仗的组织。“香社，或称作香会，是民众由于信仰志趣相同而自发结成的民间信仰组织。”[3]顾颉刚先生认为“朝山进香，是他们生活中的一个重要部分，绝不是可用迷信二字一笔抹杀的。我们在这上，可以看出他们意欲实现理想生活的一条大路”。[4]

对于香会的诠释，既是历史学家又是民俗学家的顾颉刚的表述最为深入浅出：

香会，即是从前的“社会”（乡民祀神的会集，为 society 译名所本）的变相。社祭是周代以来一向有的，而且甚普遍，自天子以至于庶人都有。现在我们无论到什么三家村里，总寻得到一所“土地堂”，原来这是他们一社的社神呢！我们读《史记·陈平世家》，该记得“里中社，平为宰，分肉甚均”的故事。这就是那时的“社会”。

1 张伟然：《湖南历史文化地理研究》，第 99 ~ 100 页，复旦大学出版社，1995。
2 叶涛：《泰山香社研究》，第 3 页，上海古籍出版社，2009。
3 叶涛：《泰山香社研究》，第 3 页，上海古籍出版社，2009。
4 顾颉刚编著：《妙峰山》，第 1017 页，中山大学语言历史研究所、中山大学民俗学会（民俗学会丛书之十八），1928。

图 2 河北省霸州市胜芳镇元宵节庙会上，表演音乐会。

黄涛　摄于 2009 年 2 月 6 日

自从佛教流入，到处塑像立庙。中国人要把旧有的信仰和它对抗，就建设了道教，也是到处塑像立庙。他们把风景好的地方都占据了，游览是人生的乐事，春游更是一种适合人性的要求，这类的情兴结合了宗教的信仰，就成了春天的进香，所以南方有“借佛游春”一句谚语。因为有了借佛游春的人的提倡，所以实心拜佛的人就随着去，成了许多地方的香市。

到远处的神佛面前进香即成了风俗，于是固定的“社会”就演化为流动的“社会”。流动的社会有两种：一种是从庙中舁神出巡的赛会，一种是结合了许多同地同业的人齐到庙中进香的香会。……香会是北方好，因为他们长于社交，有团结力。……他们在进香中为谋自己的便利，故把同会的人分配了种种职务，同时，他们也谋别人的利便，故在道中设立茶棚，招呼香客进内喝茶，喝粥，吃馒头，歇夜，尽一点“结缘”的诚意。[1]

1　顾颉刚编著：《妙峰山》，第 1020 ~ 1021 页，中山大学语言历史研究所、中山大学民俗学会（民俗学会丛书之十八），1928。

尽管不乏“苦行”进香，但中国的香客“绝不是走进山里去‘反省’他们在日常社会结构中的生活，他们经过长途跋涉走进神灵栖居的山中，是为了从高高在上的神灵那里得到赐福和善报”。[1]但出于世俗目的与庄重的信仰活动并不矛盾。

泰山香社与武当山等地的大部分进香组织相对较简单。会首是香社最重要的角色，综合各时代与各地区的称呼，还有社头、社首、纠首、香首、香头、领袖、善首、会主、会末社首人、首事人、领袖人、领首人等名称。[2]会首通常是有一定组织能力、发起和热心香社事务的人（也常出资较多），松散的进香组织通常只强调会首，一些较严密的组织则还有副会首、锣主、驾主、蜡主、管事人等：

> 香社在离家进香的前几天，要举行烧信香演社的活动，演社时要在所居住的村庄或街区里抬着娘娘驾周游四境，此时有鸣锣开道、高声招摇之举动，锣主大概就是负责这些事情。……进香的香社无论是途中住宿，还是到达泰山，都先要把娘娘驾安好，“驾主”就是负责这些事情。蜡主，顾名思义，负责购置和分发香蜡事宜。除了上述事务之外，其他的杂事就都归管事人负责了，如路途食宿、车马交通、财务管理、会员安全等等。[3]

香社进香通常以春季为最多，秋季次之，俗称“春香”和“秋香”。进香前重要的准备有筹集资金、备好祭品与供品、约香会或贴会启、烧信香（也有演社的）、守夜等。

一般香社的进香经费主要来自社众的会费，相当于“团费”“份子钱”，也有些善于“货殖”、经营的社首会通过短期放贷的方式生利增值：“每个成员每月交纳一百个铜钱。如果有五十个成员，那么就可以集到五千个铜钱作为第一次支付的款项。组织团体的经理人就将这笔款项贷给愿意支付不少于百分之二或百分之三月息的某个团体成员。这种贷款一般是短期的，而且借贷者迫切需要金银资助。当期限

1　王铭铭：《走在乡土上——历史人类学札记》，第 203 页，中国人民大学出版社，2003。
2　叶涛：《泰山香社研究》，第 243 页，上海古籍出版社，2009。
3　叶涛：《泰山香社研究》，第 249 页，上海古籍出版社，2009。

图 3 山东省淄博市沂源县大贤山玉皇顶上进香祭拜的香会女性成员。

叶涛 摄于 2004 年 1 月 1 日

到了，本金和利息一起收回，然后再贷出去，使资金得到迅速积累和流转。通过短期内连续的高利贷方式进行重复和积累，一般三年为期限。”[1] 祭品是上香过程中所需的物品，相对而言共性较多，主要有香烛纸蜡、酒茶食物、清油等，而供品则是香客表达心意之物，俭奢之间相差较大，泰山香社常备有各种不同款式、质地的袍衣或袍布等，武当山香会组织的供品常有神像、经书、锦幢、神服、匾联、香炉、净水瓶、花瓶、烛台、钟、磬、旗、伞等。[2]

旧时香社成员不识字或识字甚少的女性居多，因此其相互间的联系多以捎口信的方式，即“约香会”的形式，当然也有一些香社会贴出“会启”，会启的主要项目有：会所及设驾所（驾即神像或神位）；守晚、起程、上山、朝顶、回香的日期

1 ［美］明恩溥：《中国乡村生活》，第 138 页，午晴、唐军译，时事出版社，1998。

2 梅莉：《明清时期武当山朝山进香研究》，第 248 页，华中师范大学出版社，2007。

图 4
山东省淄博市沂源县大贤山悬崖上的织女洞。
黄涛　摄于 2007 年 8 月 14 日

和路程；到山之后所要做的事情；说明化缘或不化缘。[1]烧信香的主要用意是给所将要朝拜的神灵报个信，表明本香社要起程进香了，其次也有向神灵祈求保佑一路平安的意味。动身前的最后准备工作为守夜，如泰山周围地区在进香的前夜，大部分香客聚集在会首的家中：

香客大都为熟人，相见之际，互致问候，然后举行起身的祭祀仪式。先将奶奶驾（一般是碧霞元君画轴）挂在正堂中，下设供桌。桌上摆好供菜及酒茶、水果。供品的类型及数量，各地不尽相同。在泰安上高一带，一般是摆 5 个菜，放 5 个茶杯、5 个酒盅、5 双筷子，这在当地称为“大礼”。5 个菜分别是整鸡、整鱼、方子肉、丸子、豆腐。鸡放中间，其他的菜分别放在两边。香客的解释是，鸡象征大吉大利，鱼象征吉庆有余，豆腐象征都福都富，丸子象征圆圆满满。茶酒不可倒得太满。水果则取时鲜，比较随便。烧香焚纸时，由会首带领众香客祭拜。香客集中在会首家中，当

1　顾颉刚编著：《妙峰山》，第 1022 页，中山大学语言历史研究所、中山大学民俗学会（民俗学会丛书之十八），1928。

夜都不睡觉，名为“守夜”。不等天亮，会首即带领香客，背上“奶奶驾”（卷起的奶奶画轴，用红布包好，背在肩上），带上所备礼品，一起上路。[1]

香社队伍朝山时大多颇具气势，如四川一带朝山香客：“由会首率领，先于峨眉县城东郊整队，随后徐徐入城，只见队容庄肃、仪仗整齐、旗幡猎猎、香烟袅袅，满街锣鼓喧阗、佛偈高唱，城内市民设香案迎接。入城后朝香队伍到城隍庙参神。次日正式上山进香，停驾于万年寺，待会众上金顶了愿后，再起驾返乡。”[2]泰山香社在朝山过程中也常有锣鼓队伍等随行，并扛有黄底黑字的三角形“会旗”，旗上常绣有“朝山进香”四个大字，大字下面为一行小字，书“某某乡某某香社”。[3]中途投宿时首要之事是“安驾”，娘娘驾有三种，不论是塑像、画轴还是牌位，都要安置在所住房屋的正中，定要上供祭祀以后，才可以张罗其他事宜。[4]而到泰山后，则安顿于香客店，泰山的香客店颇具特色，店内一般都有小型的泰山娘娘庙，香客除安置自带的娘娘驾之外，还要到店内的娘娘庙叩拜、舍香钱，以示“报到”。[5]登顶后，香客要到碧霞祠献礼：

由香首带队，香客队伍到达碧霞祠西神门下“振衣岗”时，香首提醒大家整好衣冠，马上要到圣母宫了。为了显示真诚，香客们大多是徒步登山的，其中有一些还是一步一叩头来到山顶的，即使富有者也绝少乘轿。个别乘轿上山的，到西神门也要下轿。在西神门，门口有一个掌号人，面前摆着一个装钱的箩筐。掌号人一声号令，会首和香客都要向箩筐内扔一点钱，这叫作“西神门上张声号，泰山娘娘早知道”。尔后，进山门到元君大殿前，结队参拜。

1　袁爱国编著：《泰山风俗》，第 10 页，济南出版社，2001。

2　孙旭军、蒋松、陈卫东编著：《四川民俗大观》，第 338 页，四川人民出版社，1989。

3　袁爱国编著：《泰山风俗》，第 10 ~ 11 页，济南出版社，2001。

4　叶涛：《泰山香社研究》，第 270 页，上海古籍出版社，2009。

5　叶涛：《泰山香社研究》，第 271 页，上海古籍出版社，2009。

参拜时，会首在前，率领众香客上香叩首行礼，将所备的礼单一一诵来。也有将礼单交给道士宣读的。然后，将供礼一一陈列，敬请泰山奶奶收下。[1]

最后，香社返乡后还有“烧回香”的仪式，与烧信香的仪式相同。在中国，香客群体对于各类庙宇来说是一种必不可少的存在，几乎可以说若是没有了香客，庙宇中的信仰活动就失去了意义，因此，以进香为主要组织目标的香社的重要性自不待言。

图 5　山东省淄博市沂源县牛郎织女景区由沂河与大贤山为主体构成。临河的山崖上有织女洞，织女洞对面是牛郎官庄，传说是牛郎孙守义生活过的地方，现有牛郎庙。

黄涛　摄于 2007 年 8 月 14 日

1　袁爱国编著：《泰山风俗》，第 12 页，济南出版社，2001。

专门为其他香客服务的香会

顾颉刚先生说："香会是北方好，因为他们长于社交，有团结力。"而在北方的香会中尤以老北京的香会组织最为讲究。顾先生曾感叹："他们的组织是何等的精密！他们在财政、礼仪、警察、交通、饷糈……各方面都有专员管理，又有领袖人物指挥一切，实在有了国家的雏形了！"[1]不仅如此，北京香会的数量也多，社会学家李景汉曾估算过："妙峰山的香会，前后成立的不下四五百个，现在存在的不下一百个。"[2]顾颉刚先生在《妙峰山的香会》中列举了23个清代妙峰山香会中的老会，我们知道一个香会须经过一百年方可由圣会改称老会，由这些并不完全的数据亦可见妙峰山香会盛况之一斑。民间香会在新中国成立后改称"乡会"，后经商讨后又改称"花会"，这一新称谓也表示了香会种类花样繁多的意思。[3]

妙峰山香会与泰山香社的差异甚大，大体上泰山香社以善男信女结社进香为主（"谋自己的便利"），而妙峰山香会则以服务性为主（"谋别人的利便"），即所谓的"为老娘娘当差"。

老北京香会分文会和武会两大类，文会约占香会总数的三分之二，武会约占三分之一。[4]

文会指为进香者服务的善会，主要在进香高峰期为香客和庙宇做善事，如负责安排吃喝、行走以及维修等服务。各种文会在朝顶进香时，都有严格的会规，如"不准拥挤、喧哗、玩戏；不准沿路摘取花果；不准食荤饮酒；不准淫词口角"等。若有人违犯了将被除名。[5]文会又分坐棚和行香两类，坐棚是于固定场所为人提供各种报务（俗称茶棚），行香是在走动中为人服务，没有固定场所，常贡献给大顶

1 顾颉刚编著：《妙峰山》，第1027页，中山大学语言历史研究所、中山大学民俗学会（民俗学会丛书之十八），1928。

2 李景汉：《妙峰山"朝顶进香"的调查》，第2页，载《社会学》，第2卷第5、6号合刊。

3 隋少甫、王作楫编：《京都香会话春秋》，第4页，北京燕山出版社，2004。

4 吴效群：《妙峰山：北京民间社会的历史变迁》，第54页，人民出版社，2006。

5 隋少甫、王作楫编：《京都香会话春秋》，第14页，北京燕山出版社，2004。

碧霞元君庙及各茶棚物品。

旧时妙峰山茶棚有三种经费来源，一是由会首独自承担，二是会首承担大部分、会众也交一部分，三是所有经费由会首向京城商户求布施得来。第一种茶棚一般不接受游人布施，后两种接受香客和游人的布施。相应地，它们对香客的态度也有异，前两种是“不接不送”，而第三种对于爬香者或跪香者既要迎接也要将之送到下一个茶棚。[1]这种茶棚救助爬香者的行为称为“救驾”：

> 如茶棚听到有爬香来的香客的消息后，便准备四面大锣，等爬香的上来后鸣锣以求迎接。另外派四名壮汉拿着白布带子，前面两人一兜爬香者的胳膊时，后面两人用带子兜起他的膝盖，往肩膀上一扛，四人抬一人，说是替老娘娘救他，为的是让他少爬一些路。遇到有跪香的香客，茶棚派人手拿蒲垫，走到他的身旁说一声“您多虔诚”，随即把蒲垫往远处一扔，拜香者就得去追，要跪在蒲垫上再去磕头，然后茶棚的人再将蒲垫扔出，拜香者又得去追着蒲垫去磕头，如此反复直到大顶。[2]

老北京香会有“井”字里外的区别，“井”字里的范围相当于现今北京城二环以内，即清朝时皇城的范围，包括西边的西直门、阜成门，北边的德胜门、安定门，东边的东直门、朝阳门，南边的崇文门、前门和宣武门以内的内城，这些门连起来是一个变形的“井”字，此外，还包括拥有圆明园与颐和园的海淀。“井”字外是二环以外的区域。[3]“井”字里外，文会的种类无太大区别，而在武会的种类上，民国之前“井”字里的香会形成了“幡鼓齐动十三档”的特色。武会所代表的则是“舞动的圣物”，旧时武会有十三档，除了为各路神仙开道的开路会和为香客开道的五虎棍会，其他各档分别代表娘娘庙中的一件摆设，如高跷会代表栅栏、中幡会象征大旗、狮子会代表狮子、双石会代表门槛、掷子会代表锁、杠子会代表门闩、花

1 刘铁梁主编：《中国民俗文化志・北京・门头沟卷》，第 192 页，中央编译出版社，2006。

2 刘铁梁主编：《中国民俗文化志・北京・门头沟卷》，第 191 ~ 192 页，中央编译出版社，2006。

3 张青仁编著：《幡鼓齐动进香来：老北京的香会》，第 12 页，中州古籍出版社，2015。

坛会代表盛圣水的花坛、吵子会代表钟楼里面的钟、杠箱会的杠箱里装着送给老娘娘的供品、天平会象征秤、神胆打鼓会代表娘娘庙的大鼓。[1]

老北京的香会并非可以由民众随意组织，而是有一定的门槛：

> 当年在前门外狗尾巴胡同，有一个全城文武香会的统一组织，称作“会口”。如有新的会档成立，必须先到会口去申请，经会口同意（批准），并入了全城文武堂会的花名册，也称“牵引”，才算正式批准。在成立新会档的当天，会口还要派有名望的老会头来“全丈”，赠“会号”（即会名）。一般总要吃喝一顿，表示对新会成立的祝贺，又称“贺会”，从此之后新会手续齐备，可以合法存在，正式走会了。凡未登记在案的被称为“黑会”，而不能随意走会。凡到妙峰山朝顶的民间香会，都要加入城里专门设立的组织机构，得到各会的认可，并具有资格，才允许该会会旗打出“金顶妙峰进香”字样，黑会则被排除在外。
>
> 某档会成立后，如果三年没有走会，则此会须“重整”。如果连续五年没有走会的，则此会必须“重贺”。重整、重贺时都要请各会有名望的老会头来主持，贺会后才能重新走会。[2]

老北京香会的组织相当严密、规范，顾颉刚先生曾在调查材料里归纳出妙峰山香会组织结构的大体：

> （一）引善都管（香首和副香首）是会中的领袖。
>
> （二）催粮都管是收取会费的人。
>
> （三）请驾都管是掌礼的人（即古之祝）。
>
> （四）钱粮都管是采办供品的人。

---

1 刘铁梁主编：《中国民俗文化志・北京・门头沟卷》，第 187 页，中央编译出版社，2006。

2 隋少甫、王作楫编：《京都香会话春秋》，第 8 ~ 9 页，北京燕山出版社，2004。

（五）司库都管是管理银钱的人。

（六）中军吵子（疑是哨子之误）都管是管理巡查防卫的人。

（七）车把都管是管理车辆的人。

（八）厨房茶房都管是管理饮食的人。

（九）女香客不任职务，所以别立“信女”一项。[1]

面对这份角色清单，我们能补充的主要角色是“前引”。奉宽《妙峰山琐记》记有“茶棚，及文武会之首事人，称为‘督管’。其执旗前导，并提调一切事者，为‘前引’”。[2] 前引提调一切事务，指的主要是对外的、香会之间的事项。“会头与前引各有分工。香会朝顶进香的过程也是香会之间挑眼与盘道的过程。前引需要利用自己超强的反应能力，随时应对各种突发情况。不同于前引对外的职能，会头处理香会大大小小具体事务，统摄整个香会。”[3] 懂会规和会礼并负责带会与引路的，叫前引。前引需要拜师，会头则没有拜师的。前引可以说是专家型的香会人才，有传承谱系。大体上会头易找，而前引则相对难寻。并且一般来说，前引都兼为会头，但会头不一定是前引。此外，香会中只有前引有权收徒。

旧时的走会，内部组织分两大部分，一为专司表演的角色（演员），二为管理人员，主要分四拨，也称“四把儿”，即钱粮把儿、大车把儿、忠和把儿、神堂把儿。

钱粮把儿：负责挑担箱笼（即会的招牌），每会有箱笼四挑，每挑一对为四挑八笼（也有两挑四笼的）。箱笼内放置的是走会用的行头及其他物件，箱笼外部饰以金漆。每支笼上插嵌三角旗四面，绣有会称（会名）皆作四字与文场会用。旗上系有白色飘带，穿旗棍有木顶称作佛头，并缀

1 顾颉刚编著：《妙峰山》，第 1026 页，中山大学语言历史研究所、中山大学民俗学会（民俗学会丛书之十八），1928。

2 （清）奉宽：《妙峰山琐记》，第 104 ~ 105 页，中山大学民俗学会，1929。

3 张青仁：《行香走会：北京香会的谱系与生态》，第 53 页，中央民族大学出版社，2016。

有花穗子称作佛须，旗中系串铃，行走时铃声琅琅，声闻数里。旗为蓝色者，称作蓝旗蓝幌。如果某会曾在宫内当过皇差，受御览者，则用黄旗黄幌，黄旗在走会中最为高贵。前清时，非曾经圣览或举贺黄旗者不得滥用。本把儿有都管，每届走会时在最前面指挥一切，手持较大之旗与笼子上之旗相同，称作拔子旗，遥为指挥，称作前引。

大车把儿：每档会都要准备大车数辆，作为走会时给演员乘坐之用。杠子会一般还要在大车上表演，天平会有时也把天平架子放在大车上进行表演。

忠和把儿：此把儿其实就是会中变相的厨师，专门负责制作或携带本会应用的食品和其他事宜。

神堂把儿：本把儿专司祭神仪式，演礼及神前应用物品的准备工作，如香烛、黄表、黄钱、千张、元宝等物。[1]

武会所挑的箱笼有高矮之分，高的称高屏，矮的称矮屏（也称钱粮），挑高屏的走会时都“勾脸”，有开路会、五虎棍会、高跷会、天平会、小车会、旱船会等，走会时不勾脸的都挑矮屏，有中幡会、杠子会、掷子会、花坛会、双石会、踏车会、吵子会等。较为特殊的是：狮子会是两人抬一大屏（放狮子头之用），也叫钱粮筐，有小狮子的会，加一挑高屏（放小狮子头用）；神胆打鼓会也是两人抬一大屏，走在前面（放胯鼓用）；杠箱没有屏，所抬的是箱子。[2]武会出会时也颇为讲究：

每档会出会时，最前面打的是门旗，门旗后面是“前引”（即本会的总指挥），后面是钱粮头（把儿头）。带着钱粮（箱笼）；钱粮后跟着的是“香首”（把头）；把头后便是武场头带领的武场（即武会的表演者）；文场头带领的文场（即表演时的伴奏者），队伍的最后面是轩门，由拿着旗

1 隋少甫、王作楫编：《京都香会话春秋》，第7～8页，北京燕山出版社，2004。

2 隋少甫、王作楫编：《京都香会话春秋》，第10页，北京燕山出版社，2004。

子的人守护本会的轩门，目的是不让后面的会档超到前面来。[1]

民间有“穷不游武当”之谚，当然不仅仅是朝武当，去泰山等地朝山进香都需要花不少钱，但普通民众却能身无分文登妙峰山，李景汉曾写道：

> 几条路上共有三四十个茶棚。每茶棚可容一二百人至四五百人在里头落座喝茶喝粥。棚后有庙宇神像不一，以娘娘观音居大多数，并有山顶圣母的行座。这些茶棚和里面很好的桌、凳、茶壶、茶碗，都是香会承办、施舍，茶、粥不取分文。小茶棚每年用费二三百元，大茶棚自四五百元至数千元不等，纯由善士捐助。大茶棚后面有客堂，香客可歇息过夜。所以贫寒的香客，可不带一钱即可朝顶进香。[2]

妙峰山的香会表演只准在庙会期间向娘娘呈现技艺，不准“拿黑杆”“撂地”（进行商业表演），一旦违犯，会被取消进香朝顶的资格，不准再用自己原来的“会万儿”（香会名称）[3]。因此，所谓的“耗财买脸”，买的不仅仅是自己的脸，更是碧霞元君的“脸”。当然，“行善积德、买福买寿”是其虔诚信仰与世俗观念的综合体现。

1　隋少甫、王作楫编：《京都香会话春秋》，第 11 页，北京燕山出版社，2004。

2　李景汉：《妙峰山“朝顶进香”的调查》，第 4 页，载《社会学》，第 2 卷第 5、6 号合刊。

3　刘铁梁主编：《中国民俗文化志 · 北京 · 门头沟卷》，第 189 页，中央编译出版社，2006。

行会制度民俗

传统商人组织的演进，大体经历了三个时期，一是唐宋两代的团行初起时期，二是明清两代的会馆发展时期，三是清中叶之后的公所确立时期。唐宋时期的行、团之设起于官府，属强制入行，乃官府的一种管理形态，异于会馆、公所的自发性。商人会馆兼具非原籍的地域性与行业性，后由于清代客帮占籍的普遍化，行业性会馆及公所随之迅速发展，故会馆到公所的转化极其自然，但是会馆与公所的消长关系反映了清代商人组织的演进。会馆与公所的消长体现了传统中国商人组织一个新的历史性的转折。

行会是商品经济发展到一定阶段的产物，传统行会通常分为商业行会与手工业行会。传统中国行会在经济上的势力相当强盛，其控制力体现为行规的高度权威。行规是指由行会制定的各种规章、制度，为行业团体内的人所一同遵行，比之信仰社团与帮会组织，行会团体显得较为松散，行规是行会的习惯法，可谓行会民俗最为集中的体现。

行业会馆与公所

行会“是封建社会时期，商品经济发展到一定阶段，商人、手工业者为了排斥竞争，独占市场，保护同行利益，以习惯法为凭借而组织起来的一种社会团体，一般分为手工业行会和商业行会两种”。[1] 传统中国行会的产生并未早至唐宋的团行时期，而是大致起于明清两代具有不同程度行会性的会馆公所时期。有学者认为：“商人组织的演进，经历了三个时期，一是团行初起时期，二是会馆发展时期（同时仍有当地商人行的组织的存在），三是公所确立时期。强调地域性、以原籍地的帮为组织原则的，属于外来商人的会馆，是中间的一个插曲，公所与团行都突出行业性，以经营地的‘行’为组织原则，同属于本、外地商人。但公所不是团行的简单的回复，而是有了新的发展，至此商人组织才算趋于成熟。”[2] 何炳棣认为“一般而言，无论地缘观念最初如何深固，同业的经济利益迟早能克服了同业之内原来的窄狭地缘观念，所以最后总是趋向于超地缘的业缘组织的形成”。[3] 因此，会馆到公所的转化是自然的。会馆并非商人组织演进中的插曲，而是其中坚实的一步。

传统中国一直重农抑商，直到明代王阳明《节庵方公墓表》重倡“四民说”，揭开了为工商正名的序幕，明末清初的大儒黄宗羲更是提出了“工商皆本”的主张。当然明清两代商业的发展有其自身的原因，不过士大夫的提倡也起到了推波助澜的作用。明代之前，自然有商，但多未成帮。明清时期“客商之携货远行者，咸以同乡或同业之关系结成团体，俗称客帮，有京帮、津帮、陕帮、山东帮、山西帮、宁帮、绍帮、广帮、川帮等称”。[4] 各省寓外商人纷纷建立会馆为地域性商帮的发展创造了有利条件，商帮的发展也为会馆的兴建奠定了坚实的物质基础，商帮与

1 高其才：《论中国行会习惯法的产生、发展及特点》，第 70 页，载《法律科学》，1993 年第 6 期。

2 吴慧：《会馆、公所、行会：清代商人组织演变述要》，第 123 页，载《中国经济史研究》，1999 年第 3 期。

3 何炳棣：《中国会馆史论》，第 102 页，台湾学生书局，1966。

4 （清）徐珂编撰：《清稗类钞》（第 5 册），第 2286 页，中华书局，1984。

会馆之间实乃一种相辅相成的关系。明清时期商人数量庞大，然而商业资本却并不集中，“广布于社会各个角落的中小商人并没有因为大商帮的形成而失去生存空间，反而大多在大商帮的庇护下能求得存活，因而大商帮的形成是会馆事业的产物，其区别于行会的一个重要方面就在于它不以限制同行的发展为目标，而是鼓励同乡人或同行业人谋求发展”。[1]

清代前期商人会馆有较快的发展，后期则有公所继起，会馆与公所的消长兴衰反映了清代商人组织的演进。“清中叶快步行进的商人会馆，至道光以降便趋于停滞，而另一种商人组织——公所却赶上以至超过了会馆，许多新设的（甚至是老的）不再称会馆而称公所。会馆与公所的消长兴衰，表明了中国的商人组织正经历着一个新的历史性的转折时期。”[2]联省会馆是松散的商人组织，其泛地域性即体现了一定程度的行会性，一省会馆也具有这种性质。商人会馆与公所皆有不同程度的行会性，大体上，“手工业会馆的行会性最强，专业性行业会馆次之，地域性包括几个行业的同籍商人的会馆又次之”。[3]而公所的行会性则最强。

从办公场所的角度看会馆与公所，似乎差别不大，但若以商业史的立场来看，会馆与公所是有深刻区别的：

> 一、公所打破狭隘的地域概念，不分籍贯，外地本地，从事同一行业的商人都可以加入同一公所，而不再排斥本地商人，不再只代表外来商帮的利益。
>
> 二、公所原则上以行业命名，或以本行业的字义命名，如剞劂（刻镂用的刀凿）、云锦（纱缎）、七襄（丝绸，七襄与织女星有关）、五丰（粮食）、梓义（木业）、坤震（煤炭）、醴源（酒）等。随着行业分细，公所

1 王日根：《中国会馆史》，第 207 页，东方出版中心，2007。

2 吴慧：《会馆、公所、行会：清代商人组织演变述要》，第 118 页，载《中国经济史研究》，1999 年第 3 期。

3 吴慧：《会馆、公所、行会：清代商人组织演变述要》，第 127 页，载《中国经济史研究》，1999 年第 3 期。

也趋于划细。少数以地区命名的公所其实亦有行业的内容。公所的行业，在同一经商地是全行业（一个行业也可设立两个或多个公所），而非为局部性的，仅仅属于某地来经商者所从事的某一行业。

三、公所中除商人外，还包括当地的手工业者，手工业行业越分越细，所以公所数量就显得越来越多。

四、公所中的商人成员，除批发业、零售业的行、铺外，还有从事居间的“行”，此时当地正规的牙行已成为同一行业公所的重要组成部分，外来商帮也正式领帖，自作经纪，充当牙行。过去其与当地牙行的矛盾（对外面的奸牙除外）基本上已趋消失。

合乎这四个内容的公所就是严格意义的公所，即使名称上不叫公所（或叫会馆），实际上就是公所。[1]

此外，会馆与公所还有一些区别，如神灵崇拜对象、住宿职能、义举善事的对象等。大体上会馆所奉神灵多地方神，而公所则多行业神；会馆常为过往同乡提供住宿（尽管附些条件），而公所则极少提供住宿；会馆的义举善事较多，其对象主要是同乡人，公所的善举相对要少一些，且其对象是同业之人。尽管会馆与公所有所区别，但会馆与公所所制定的行业规约则具有相当多的共性。商业性会馆是明清商人在商业机制下的自我管理团体，由此逐渐形成了“行规”。行规是指工商业者自发议定的，针对本组织成员而制定的一系列约束和规定。“到了清代，中国行会组织获得进一步发展，行会内部在生产经营和劳动组织方面日益形成一套固定的制度。”[2]

晚清时期来中国并在中国生活了四十多年的美国传教士玛高温在其《中国的行会及其行规》中指出，“在中国，政府仅仅是一个征税和维持秩序的机构。就它对商业界事务的干预而言，它不是针对行政官员的个人利益的动机，而是基于非经

1 吴慧:《会馆、公所、行会：清代商人组织演变述要》，第 119 页，载《中国经济史研究》，1999 年第 3 期。

2 彭泽益主编:《中国工商行会史料集》，第 3 页，中华书局，1995。

济或商业原因的伦理原则。行会已经与政府分离并独立地发展起来；它们已经形成自己的组织，追求自己的目标。制订自己的规章，以自己的方式或方法约束他们自己。在这种没有帝国政府或城邦的支持或抑制的情况下面工作，中国的行会完全没有权力却能够很容易继续存在；然而，事实上，行会已经实现了对各个行业的巨大的、几乎是不可抑制的控制”。[1]可见传统中国行会在经济上的势力相当强盛。

曾长期在中国海关供职的美国人马士在其专著《中国行会考》中写道：“在中国，不存在强制性问题。未入行会的手工业者，就像一个暴露在凛冽寒风中没有斗篷的人。而且，现在的行会成员决不愿意有处于他们集体控制之外的竞争者。结果是，行会所规定的条款，对所有的手工业者是开放的，而且易被接受的。”[2]的确如此，入会通常有各种各样经济上的附加条件，而对于违反规约者，罚其退会即是重惩，晚清时期日本学者编著的《中国经济全书·会馆及公所》中所记载的普通入会规则以及退会规则如下：

——布帮公议：凡新开设布店者，当出会馆费银二十两。又开店之当日，须招宴同业，以敦帮谊。

——染帮公议：凡新开染店者，必设备酒席演戏，招宴公所人员，以图亲睦。

——江西会馆公议：

（甲）凡新开店者，当出钱一串二百文。

（乙）新来汉口为店员者，当出入帮钱四百文。

（丙）自他帮雇入之徒弟，当出钱五百文。

（丁）徒弟入会者，当出钱五百文。

（戊）新来汉口贸易者，一年以内，届出于会馆。若入帮迟延一月者，公同处罚。

1　彭泽益主编：《中国工商行会史料集》，第 66 页，中华书局，1995。

2　彭泽益主编：《中国工商行会史料集》，第 59 页，中华书局，1995。

（己）目下在汉口之商人不分明者，查出后当遵规约入帮。

——靴鞋帮公议：

（甲）凡新开店者，须出祖庙费银五两，并设酒筵二棹，招待公所人员。

（乙）非京苏各式之靴店，不许擅开。

——金银玉店公议：凡新开业者，须设酒席招饮公所人员，其应出会馆公费，视其营业之大小，酌定多寡。

——药帮公议：凡新开业者，须招集同业，商议价格，且开店后，数日间不得减价发卖。

——当铺帮公议：凡新开当铺者，须呈请布政使衙门。批准后，方准开业。

——信局公议：凡同业者，对于银钱贵重品，有保管之责任，非有实在之资产者，不许开业。恐有损害同业之名誉，至其开业之际，须备酒席，招待公所人员。

——挑夫帮公议：凡开脚行者，须呈请知县衙门批准。其开店之日，当设酒席，招待商量。

至关于退会之规则，并无定议，大概同业者有违反公议条规，罚重者使其退帮，并请地方官惩治。[1]

商人建立同乡会馆是“为了控制贸易活动。名义上，它是同乡人的组织，而实际上，并不仅仅如此。同乡会馆的建立纯粹是为了发展它们自己的贸易。在外地的同乡商人结成具有共同利益的会员关系，是为了保护自己的利益免遭外地商人的竞争和官府的勒索”。[2] 商业性会馆下一般又设“福”“会”“纲”“堂”等子机构。

大多数会馆、公所实行颇具民主性的由公举产生领导人的轮值制，既非集体负

1 彭泽益主编：《中国工商行会史料集》，第 96 ~ 98 页，中华书局，1995。

2 彭泽益主编：《中国工商行会史料集》，第 79 页，中华书局，1995。

责制，亦非少数寡头负责制。公举不是选举，但在形式上得到了大多数成员的认可。通常最容易被公举为团体负责人的是对公共事务热情高、出力大（捐资多）、能力强、社会交往广且殷实的富商。传统商业会馆的领导人名称有总管值年、董事、柱首、司月等。总管值年三年一换，董事按年轮值，由两名董事负责一年，司月按月轮值，也是两名司月轮值一月。两名值年董事和两名按月轮值的司月是负责会馆运作的核心人员。柱首性质和董事相同，一般设四名，叫四季柱首，每位柱首负责一季。有的会馆不设董事，只设司月，也是两名司月轮值一月。司事是会馆聘请的专职人员，一般用正副两名司事住宿会馆，专管一切事宜。轮流负责的目的是分散权力，大多数会馆不设会首，即没有长期主持会馆工作的主要负责人。[1] 此外，通常还有若干杂役：

> 支客：各会馆以一人接待宾客。
>
> 督龙：会馆失火，有督率水龙救助之责。
>
> 管厨：大典祭祀及众客聚会之时，当备祭物食物等件。
>
> 值殿：会馆内诸殿祀神供物，当轮流值日。
>
> 把门：大典祭祀及宾客宴会，必差数人守卫大门，不许外人擅入。[2]

行业规约

行规是指由行会制定的各种规章、制度，为行业团体内的人一同遵行，可称为行会习惯法。行会习惯法从属于国家法律，而又相对独立于国家法律之外自成体系。

行规通常限制来自行业内部或外部的竞争，也是为商品质量把关的重要手段。

1 宋钻友：《从会馆、公所到同业公会的制度变迁——兼论政府与同业组织现代化的关系》，第 41 页，载《档案与史学》，2001 年第 6 期。

2 彭泽益主编：《中国工商行会史料集》，第 99 页，中华书局，1995。

如《湖南商事习惯报告书·商业条规》中收录的长沙盐号条规："凡吊仓货、水货引盐，倘盐内泥沙包屑卤湿太过者，即鸣值年，传知同行，庶免暗中受亏。"湘乡茶叶条规："晋茶以干燥为主，凡属潮湿，概不起样。旧年陈茶，乡间存贩甚多，凡贩户不得掺和诡售，致坏气味。产户如有掺和茶子树荪、地灰等弊，一经看出，除焚毁本茶外，公同议罚。"安化黑茶条规："禁止野茶：安化产茶最佳，驰名中外。屡经宪示，不准外县野茶入境，掺壤货色，有累客商，并防掺入贡茗。掺草和沙：产户奸狡者，或于茶内掺草和沙，一经看出，公同将茶烧毁示罚。"等等。[1]

各行会在其自身范围内大多严格规定有关度量衡制度的统一标准，如长沙盐号条规："公立盐秤砝码，存值年店。凡我同人，时常赴较，以归画一，庶不致高下其手，任意低昂。倘有大小参差者，鸣知值年，公同议罚。"[2]

对于新增从业者新开店面，行规的限制既严又细，往往涉及开店的位置与店面招牌的牌费等，入行的门槛相对较高，如益阳山货行条规："新开门面，当离同行上七下八开设。牌费额规，挂双牌者，捐钱十六串文。挂单牌者，捐钱十二串文。挂牌者，捐钱四串文，以此积公生息外，备酒席二桌，演戏一台敬神。如合伙之店，有人原分伙，原店归一人独开，或将招牌加记，并添改一字者，捐钱减半。若歇业之店，只许本人及后人复开，倘添全新伙，均照新开店论。"[3]

传统社会工商之事皆无学堂，其学习之法唯有投身工商行业从师而学。旧时行会内部具有较突出的上下级关系，如学徒制，学徒制实行宗法性的管理方式，所谓"师徒如父子"，此制度高度利于师傅，对于徒弟则相当严苛，在权利与义务方面是严重偏向于师傅的，所以常有"徒弟徒弟，三年奴隶"之类的说法，但习业之难，客观上培养了人才。常年的压抑往往能激发强烈的求学心，艰苦的日子会显得特别长，卑下的日子在客观上近乎延长了习业的时间，数年后的出师之时亦即学徒的成年礼。在师傅招收学徒方面，年龄上选择学艺的最佳时段，即所谓的"学习关

---

1 彭泽益主编:《中国工商行会史料集》，第 201、202、204 页，中华书局，1995。

2 彭泽益主编:《中国工商行会史料集》，第 200 页，中华书局，1995。

3 彭泽益主编:《中国工商行会史料集》，第 216 页，中华书局，1995。

键期”。“年龄最小者，类自十二三岁以上，大不过十七八岁以下”[1]，这个年龄段的未成年人相对较机灵，好使唤，体力上亦不如师傅，自当逆来顺受。多收些徒弟，对于师傅个人而言是大大的好事，但是带徒弟与限制收徒乃同行业之公事，绝非私事，所以行规对于师傅招收学徒有着严格的限制，主要体现在招收人数、习业年限、学费、籍贯上。湖南长（沙）善（化）银号公议条规规定：“老板带徒弟，无论亲疏子侄，三年两进两出，不准多带。进师之日，预备海参席二棹，师俸纹银二十两，外请值年茶钱四百文。进师上会钱一串，出师上会钱一串，如有不遵公议，外水无分。”长沙皮箱店条规规定：“本城铺户新带徒弟，只准一出一入，必须知会值年，登记进师日期，定以三年为满。期满出师，即备入帮钱三千四百文入公，随交值年收管，不得展限。师傅亦不得推延，违者，公同逐革。”[2]

工商学徒的入学费远远高于儒生入学时所要交的束脩。湖南长沙行会制度下的学徒费用如下：

绸布店业：蒙师学徒，每年上会纹银 4 两，做酒之日，由店东著人送交值年。（光绪十八年）

砚店业：凡带徒弟，毋论亲友戚等，公议进师香钱2串文，酒席两桌，出师照例。（咸丰十年）

刻字店业：进师之日，除交师俸外，许备入行钱 4 串文，先期具柬知会值年，同赴文昌阁敬席入公，书名入簿。（咸丰四年）

篾店业：进师出入行规银 8 钱归公，师规银 4 两，进师酒席，由师备办，出师酒席，听徒自备。（光绪十五年）

龙须草席店业：铺店准其带徒弟者，上会钱 1200 文入公。（光绪二十九年）

纸店业：徒弟进店，请酒拜师，当捐入会钱 1 串 200 文入公，（3 年满）

1 彭泽益主编:《中国工商行会史料集》，第 527 页，中华书局，1995。
2 彭泽益主编:《中国工商行会史料集》，第 230、273 页，中华书局，1995。

做酒出师。（光绪二十三年）

弹花店业：凡带徒弟，出备师傅钱 5000 文，酒席二桌，出师入帮钱 400 文，火印钱 100 文，交值年登簿。（宣统元年）

泥行：新带徒弟，即上行油演戏敬神，出备戏钱 5 串 200 文，其钱尽此一节交清，3 年已满，备酒席出师。（光绪三十一年）

纸扎店：各铺户徒弟，自备规钱 14 串文外，入名香钱 400 文。（宣统元年）

纸盒店业：凡投师，备师俸钱 12 串文，外出备香资 2 串文，其香资半年为限，出进酒席徒备。（宣统元年）

梳篦店业：铺户教习徒弟，徒弟备出师父钱 10 串文，进师日上名钱 600 文，出师日上行钱 1 串文。（光绪二十九年）

整容店业：带徒学艺，演戏一台敬神，不愿做戏，折钱 3 串 120 文入公，学徒出师，须出香油钱 240 文。（宣统元年）

面店粉馆业：学习面馆饼店者，各应备行规钱 6400 文入会，徒弟进师之日，备酒请值年。（同治八年）

药店业：初入徒弟，公议出香资钱 4000 文，注册入会，先期送钱，方许拜师。（光绪十五年）

锡店业：当带徒弟之日，务先登簿记名，其应出上行银 15 两，又灯油香钱 480 文，均交值年入公，3 年期满，设席请众出师。（同治年间）

铜店业：铺家带徒弟，进师登名，捐钱 400 文，3 年出师捐钱 800 文，4 年做酒。（光绪十六年）[1]

行规对于招收对象通常还有地缘上的限制，如长沙点翠业“不准带省外府州县人为徒”，邵阳铜货店“带徒只许本乡本村子弟，违则重罚”，武陵铜货店“不准招

1 彭南生：《中间经济：传统与现代之间的中国近代手工业（1840—1936）》，第 271～272 页，华中师范大学博士学位论文，1998。

带外帮徒弟，如不遵规者，罚戏一台，典钱十串文入公”。在籍贯方面，也有略为宽松的，通过加大费用的做法，希望外地学徒能望而却步，如益阳剪刀店业：“带徒弟只准带本邑人，如有带外邑人，照新来客司例，上会钱三串二百文入公，不遵者公同革出。”[1]

各种条件皆备之后，尚需引荐人，下面是一份“投师字”之契约实例：

立投师字人郭玉芳，今凭引人李仕清投拜师傅

姜启林名下，学习缝艺，言定三载，愿出俸金钱叁串叁百文正，供食制库谷陆石整。其钱进师交半，出师全楚。其谷两年交楚。自拜之后，任师教训。师则教诲谆谆，弟则专心致志。倘有不听师言，任师责罚，年限未满，毋得自去另行。倘若性傲不遵，以及中途自废，毋许东逃西走。寒暑忧疾，不与师傅相干。出师之时，俸金交楚，抽工补足，此字发还，立此为据。

董汉云
凭引人 漆友德 等均花押
刘梅生
光绪二十五年四月初三日 立笔人 郭玉云
衣钵真传[2]

通过制定行规、形成行业习惯法的方式来限制招收学徒，既降低了熟练劳动者队伍的数量，又降低了熟练劳动者的增长速度，此法既能减轻就业压力又能抑制新业主开张，从而起到控制同业竞争的作用。

同行业者崇奉行业神即“祖师爷”：“行神者即同业者共同崇奉的神祇，即俗所谓‘祖师爷’也。吾国行会，每推一历史上或传说上的名人与神为本行的祖师，斯

1 彭泽益主编：《中国工商行会史料集》，第358、392、463、464、466、484、486页，中华书局，1995。

2 彭泽益主编：《中国工商行会史料集》，第529页，中华书局，1995。

人或神即为本行业的发明者，利用此崇拜的中心以召集团体，统治会中分子，推进本行业务，行会领袖即为行神的主祭者，每年于行神的诞日例有大祭，斯时会员全体出席，祭后即举行会议，商定本会公共事宜，选举会首，改定官价，处罚犯规者，咸在神前举行，以示其神圣尊严与公平无私，最后共享神胙，更有献戏娱神，即以自娱，借此联络感情，加强团结焉。”[1] 不少行会常于财神或行业神诞期进行财务核算，并举行值年的交接。于神诞期间举行值年交接，一则财神诞期具有神圣性，二则借此相聚之机也来得更为经济。如益阳山货行条规规定：“值年轮举经管，四人共襄其事。三月十五财神诞期，先日齐集办理，次日凭公核算，将所积公资，旧交新接，不得支延公济。”灰行条规规定：“每年三月十五日恭逢财神瑞诞之期，我等同行，诚心庆祝，所有公项，公议值年轮流掌管生息。是日凭众算清，上交下接。”[2]

工商业行会以经济利益为主，比之信仰社团与帮会组织，行会团体显得较为松散，行规是行会的习惯法，可谓行会民俗最为集中的体现。

1　郭立诚：《行神研究》，第 3 页，（台北）中华丛书编审委员会，1976。

2　彭泽益主编：《中国工商行会史料集》，第 216、221 页，中华书局，1995。

帮会制度民俗

中国的帮会是在特定历史条件下产生的游民结社。“‘帮’是以师徒宗法关系（其本身也是封建家法的延伸）为纽带，是封建行会的变异形态；‘会’是以兄弟结义关系为纽带，是血缘家族的变异形态。19世纪末叶以来，帮与会互相渗透、混合生长，人们遂以‘帮会’统称之。”[1]

明代中叶以后，中国传统社会出现了局部的人口过剩，人地矛盾逐渐爆发，而在清代中叶之后，由于康熙“滋生人丁永不加赋”与雍正“摊丁入亩”两大政策对于生育的松绑，更是出现了全面的人口过剩，再加上日益严重的外来侵略，近代中国集聚了大量的失业游民。无地、失业的游民无法守着宗族村落糊口，无奈之下只得背井离乡、寻找生机。随着游民群体的不断壮大，便逐渐有了组织性的诉求，帮会组织模式可以说是团体与拟家族两种结构模式的混合物。

1　周育民、邵雍：《中国帮会史·前言》，第1页，上海人民出版社，1993。

社会学意义上的江湖社会，几乎一边倒地模仿、改良宗法制度。游民群体以儒家的家族主义为范式，创造了民间的“泛家族主义”。泛家族主义采用了虚拟的家族观念，它不改变制度框架，只改变角色概念，通过拜师或结义的方式以扩张儒家纲常中的父子与兄弟的功能，极具灵活性。其结果是除了自然性的血缘关系不可更改之外，其他一切社会性的组织关系与制度等方面几乎全部移植了家族组织模式，凡事利用家族关系来比照或外推。然而这种体制外的秩序构建，并非传统体制内正统儒家的良性发展，本质上它只是吸收了儒家一部分的价值碎片，可谓特定历史时期儒家在民间的异化。

图 1
辽宁省葫芦岛市中国关东民俗博物馆展示的土匪山寨内竖立的土匪戒律“七不抢　八不夺”

黄涛　摄于 2019 年 7 月 4 日

清末至民国时期的大帮会

清代至民国帮会的大量涌现是其背后诸多社会问题的体现。“清代人口的激增、土地兼并的发展、自然灾害的流行、近代外国资本主义的入侵、连年战争和社会经济的改组所带来的人民破产和失业，是中国帮会繁兴不衰的社会根源。”[1]

清初到乾隆中叶，是中国帮会的产生时期。这一时期出现了各种名目不一的会党组织，其中以天地会的影响为最大。此外，漕运水手行帮（青帮前身）也在这一时期形成。

一、帮会组织结构

中国帮会往往采取拟血缘的手段作为其重要组织形式，如天地会与哥老会是横向的、以歃血为盟的方式“创造”兄弟式的拟血缘关系，而青帮则是纵向的、注重排辈分的拟家长制。中国帮会组织的历史渊源可以说是异姓结拜兄弟的过度发展，有学者指出异姓结拜兄弟的风气由来已久，在刑法上禁止异姓结拜兄弟的法令则是从清代初期开始的。[2]

中国近现代历史上著名的三大帮会是天地会（洪门）、青帮（清帮、安清帮、清门）、哥老会（自称“汉留”；在四川称“袍哥”；在长江中下游则称“红帮”）。“天地会的特色是把异姓结拜组织与反清复明思想仪式融合在一起。然而，游民的大量存在，是近代帮会发展最深刻最直接的社会根源。在这样的历史条件下，天地会日益由一个政治性的结社演变为一般游民的社会组织。”[3] 青帮源自罗教的教门组织与京杭大运河漕运行帮的结合，漕运水手由于运河漕运的废止而失业，其行帮逐渐转变成了青帮：“从罗教向水手行帮会社再向青帮的演变过程中，宗教的意识和

---

1 周育民、邵雍：《中国帮会史·前言》，第 1 页，上海人民出版社，1993。

2 罗尔纲：《天地会文献录》，第 87 页，正中书局，1943。

3 周育民、邵雍：《中国帮会史·前言》，第 1 页，上海人民出版社，1993。

作用越来越小，最终在这个组织中仅仅存留了某种对罗教创始人罗祖的偶像崇拜。宗教教义和宗教仪式被青帮的帮规、暗语、秘籍所取代；罗教的庵堂，行帮的老堂船则演变成青帮的香堂和老窝子。”[1] 而哥老会的形成则与四川的“啯噜”以及融合了天地会成分的青莲教有关，哥老会是“以啯噜的组织形式为坯型，吸收了天地会白莲教等组织的若干特点，逐步形成起来的”[2]，太平天国时期，哥老会在清军（以湘军为主）中发展很快，此后，在长江中上游一带发展极为迅速。“从啯噜发展到哥老会，并不是简单的组织重复，也不是简单的名称变异，而是一个错综复杂的历史演变过程。其间，很明显地经历了川楚陕白莲教起义时期啯噜与白莲教的融合，和太平天国起义时期天地会与白莲教两大结社系统的相互融合两个重要阶段。”[3]

帮会大多脱离生产，偏于寄生性、非法性，通常都是秘密结社，与正统体制的相容度极其有限，其普遍的生存状态是既为官方敌视，又为家族所不容，因此任何成熟的帮会皆有其自成体系的组织形式。关于天地会的组织，近代日本学者平山周《中国秘密社会史》中关于天地会的记载仅寥寥数语：“首领称大总理，或称元帅，普通称大哥，是为万云龙所拟。以下之头目称香主，普通称为二哥，为陈近南所拟。再次之头目称白扇或先生，或称三哥。再次为先锋，是为天佑洪所拟。次则为洪棍，以执行会员之刑罚。以下总称草鞋，为最下级，服役使令随行等事。”[4]

青帮的组织形式是以拜师的方式组成模拟式的家族，极重辈分关系，十大帮规中如“不准欺师灭祖”“不准藐视前人”“不准江湖乱道”“不准引法代跳”“不准以卑为尊”等条目皆对辈分之事三令五申。青帮前二十四代的辈分依序为清、净、道、德，文、成、佛、法，仁、伦、智、慧，本、来、自、信，元、明、兴、理，大、通、悟、学。后二十四代为万、象、皈、依，戒、律、传、宝，化、渡、心、回，临、持、广、泰，普、门、开、放，光、照、乾、坤。李雪樵的《青帮通漕汇海》甚至还排出了续二十四代：绪、结、昆、计，山、芮、克、勤，宣、华、转、

---

1 马西沙、韩秉方：《中国民间宗教史》，第 189 页，中国社会科学出版社，2004。

2 蔡少卿：《中国近代会党史研究》，第 213 页，中华书局，1987。

3 蔡少卿：《中国近代会党史研究》，第 210 页，中华书局，1987。

4 ［日］平山周：《中国秘密社会史》，第 39 页，上海商务印书馆，1927。

忱，庆、兆、报、魁，宜、执、应、存，挽、香、同、流。在青帮内辈分伦理上，高辈分身份的比低辈分的地位要高，但在现实权力的事实上未必如此，比如近代上海滩“青帮三大亨”中的黄金荣和张啸林是通字辈的，但黄金荣原是个“空子”，没开过香堂、拜过师，直到晚年才成为通字辈的成员，而杜月笙则是比通字辈低一辈的悟字辈的。近代青帮并非真正实行家长制，也不是采用许多秘密教门那样的世袭制。澳大利亚学者布赖恩·马丁指出：

在青帮中的正式地位和实际行使的权力之间的矛盾对理解上海青帮的发展至关重要。一方面它反映了以血缘关系为基础的世系在正式字辈结构和实际权势间发生背离时的通常趋向。另一方面它也反映出青帮是一个相对较新的组织，或者说在20世纪的头10年，它的结构仍在不断演变之中。因而，它准备起用着有现成帮派力量（如黄金荣势力）的人，同时，它的等级结构也不足以遏制在字辈等级中地位相对低的人（如杜月笙）获得很大的权力。

由于组织正式结构的易变性，使人际关系显得十分重要，它便利了个人地位在青帮中的上升。特别重要的是结义兄弟制度。青帮中兄弟结义制度不同于洪门，它并不用歃血为盟，而只是发誓和焚香。

在青帮内普通成员建立关系网的主要方法是兄弟结义。它也有助于加强青帮头目之间的联盟，稳固了集体的领导……兄弟结义也成为各个青帮组织中权力关系变动的晴雨表。一个权力正在下降的头目可能会和他的副手结成兄弟，以保全面子，就像1924年黄金荣为巩固权力与杜月笙和张啸林结成兄弟。在这种情况下，通过兄弟结义的方式处于下降趋势的头目和上升趋势的新人能够正式地（和象征性地）互相承认，这样就限制了潜在的混乱并确保了处于压力之下的帮派的连贯性。[1]

1 ［澳］布赖恩·马丁：《上海青帮》，第13~14页，周育民等译，上海三联书店，2002。

由于哥老会受到青莲教组织形式的影响，其制度远较天地会复杂，每个团体一般都有山、堂、香、水、内口号、外口号等。因各地哥老会组织不相统属，导致不同地区哥老会的组织机构有一定的差异，不过其基本结构大致相同。平山周《中国秘密社会史》中所述的哥老会职级主要取材于两湖的哥老会："每山之首领称正龙头。正龙头下有副龙头。副龙头下有坐堂、陪堂、刑堂、理堂、执堂，谓之五堂。别有称盟证及香长者，系举行仪式之际临时增添，由五堂中人兼摄之。又有称心腹、圣贤、当家、红旗、巡风者，大抵为头目。头目之下，有称大九、小九、大么、小么、大满、小满者，是皆普通会员，各视其功而升转。于普通会员之外，有八牌，均系身家不清白者，大都无人格，不能升转。"[1]

二、帮规及加入帮会仪式

洪门（天地会）纪律主要包括三十六誓、二十一则、十八律书、十条、十款、议戒十条、十禁、十刑等，其行为规范相当周至细密，约束力很强，不过其中最为重要的还是三十六誓，乃洪门最主要的习惯法。作为帮规中的誓词，洪门三十六誓极具"烈性"，试举几条：

第一誓：自入洪门之后，尔父母即我之父母，尔兄弟姐妹即我之兄弟姐妹，尔妻我之嫂，尔子我之侄，如有背誓，五雷诛灭。

第二誓：倘有父母兄弟，百年归寿，无钱埋葬，一遇白绫飞到，以求助者，当即转知，有钱出钱，无钱出力，如有诈作不知，五雷诛灭。

第三誓：各省外洋洪家兄弟，不论士农工商，以及江湖之客到来，必要留住一宿两餐，如有诈作不知，以外人看待，死在万刀之下。

第四誓：洪家兄弟，虽不相识，遇有挂出牌号，说起投机，而不相识，死在万刀之下。

1 ［日］平山周：《中国秘密社会史》，第 82 ~ 83 页，上海商务印书馆，1927。

不难发现，第一、二两誓所发毒誓都是“五雷诛灭”，第三、四誓则为“死在万刀之下”。其他誓言中，有 17 条都用“五雷诛灭”发誓，有 15 条用“死在万刀之下”发誓。其实这两种誓词只是为了不雷同而在文字表述上做的区别，以显参差，其重誓的程度和作用是一样的，体现了对这些规约和戒律的极其重视和刚烈的江湖气。

青帮中的帮规戒律主要有十大帮规、十禁、十戒、十要、传道九条、九不得十不可、家法十条、安清三十六善、旱码头十大帮规等，内容相当完备，既全面又系统，其中十大帮规最为重要，其要点为：（一）不准欺师灭祖；（二）不准藐视前人；（三）不准爬灰倒笼；（四）不准奸盗邪淫；（五）不准江湖乱道；（六）不准引法代跳；（七）不准扰乱帮规；（八）不准以卑为尊；（九）不准开闸放水；（十）不准欺软凌弱。各条帮规之下都有进一步的解释，并规定了违犯帮规的相应处罚措施。[1]

哥老会帮规主要有十条、十款、十大帮规、四条誓约等：

> 十条：精忠报国；孝顺父母；敬兄爱弟；和睦乡邻；循规蹈矩；公正廉明；勤俭刻苦；整肃仪容；任劳任怨；笃守信义。
>
> 十款：不准越礼反教；不准违背主义；不准恃强欺弱；不准欺兄霸嫂；不准闹市闯祸；不准同穿绣鞋；不准化食跑马；不准挑拨是非；不准卖国求荣；不准灭礼乱伦。
>
> 十大帮规：不准泄露帮务；不准同帮相残；不准私自开差（抢劫）；不准违犯帮规；不准引进匪人；不准戏同帮妇女；不准扒灰倒笼；不准吞没水头（钱财）；不准违抗调遣；进帮不准出帮。
>
> 四条誓约：严守秘密；谨守帮规；患难相共；与帮同体。[2]

乾隆年间，天地会入会仪式还比较简单，“凡传会时，在僻静地方设立香案，

1　陈国屏：《清门考源》（重订加注），第 165 ~ 168 页，上海道德善堂，1938。

2　高其才：《中国习惯法论》，第 193 页，湖南出版社，1995。

排列刀剑，令在刀下钻过，即传给会内口号，结为弟兄。连父母妻子不许告知，也不写帖立簿”。[1] 嘉庆年间，其结拜仪式开始复杂化。结拜时通常要在供桌上供奉洪二和尚（万提喜）牌位，有的还需供“五祖”牌位，桌上安放一米斗（代表木扬城），斗内插有五色旗，放两把剑（以示覆清兴明），以及尺（用以比较会员的行为并计算天地全一之方寸）、铜镜（用以照破一切顺良邪恶）、剪刀（剪开蔽空之乌云）等物。结拜仪式开始后，主盟人手持刀剑，先令众人从刀下（或桌下）钻过，然后立誓，传授“开口不离本，出手不离三”及“三八二十一”等洪字暗号，并宰鸡取血，共饮血酒。道光年间的结拜仪式又有所增添，有的还要在供桌后烧一盆火，并从上跳过，还要用竹竿编制“三关”。其时主盟人手持长刀，站在第三关门旁，将刀架于其上，令新入会的人从下面钻过，然后到牌位前焚香，歃血盟誓，之后再从火盆上跳过，最后饮一口清水，表示愿赴水火而不畏避。[2] 在整个结拜仪式中，最重要的仪式是饮血酒，所谓“刺血之友，如分同气”，通过歃血为盟的方式来“创造”兄弟式的拟血缘关系。

开立山堂是一个哥老会组织诞生的标志。平山周《中国秘密社会史》所述的哥老会开山式为：“开山式必设于深山古庙中人迹不到之所，择黄道吉日行之。场中正面台上，设五祖、关圣等神，别备红纸所书之进山柬、出山柬。进山柬有昭告天地之誓文，多用四六体，内附许多会员之等级及种种条例。出山柬则为通告天下各山主之檄文，与进山柬大同小异。一俟各会员到场集合，正龙头即向神朗诵进山两柬。朗诵讫，各会员即礼神行抖海式。抖海式者，乃处罚之名，当以至诚立誓者言。”[3]

青帮首次收徒谓之“开法领众”，亦称开山门。青帮内要成为师父的门生需经开过小香堂（分临时小香堂和正式小香堂），若欲成为青帮的正式门徒则还需开大香堂。临时小香堂仪式比较简单，可随时随地举行，只需一份香烛并上供三家祖师牌位即可，但每个动作与正式香堂一样，都有严格要求。大香堂的仪式与小香堂的

1　周宪文等主编：《钦定平定台湾纪略》（台湾文献史料丛刊第七辑），第 928 页，台湾大通书局，2009。
2　蔡少卿：《中国秘密社会》，第 26 ~ 27 页，浙江人民出版社，1989。
3　［日］平山周：《中国秘密社会史》，第 84 页，上海商务印书馆，1927。

大同小异，不过要更为复杂更为隆重些。青帮入帮仪式的核心部分是拜师与传授帮规。需要说明的是，各类帮会从帮规、誓约、家法等的字面上看，是安分守己、重视传统道德的组织，但事实上，这些帮会内的习惯法是“内向型”的，谁若胆敢破坏组织、违忤师父、影响行动，必将严惩不贷。如果对帮外人物干出欺软凌弱、奸盗邪淫之事来，则不一定受惩。[1]

丐帮组织

有学者认为江湖是蜕化的儒教，或者说是儒教衰落后的阑尾性赘物，中国的江湖是中国儒教的一种老年病。丐帮具有相当突出的江湖性和游民性，在很大程度上丐帮可谓江湖社会的缩影。“混饭”是卑微的广大乞丐群体首选的、无可奈何的生存之法，乱世之中的漂泊群体缺乏稳定的生活来源，能混口饭吃以苟延残喘已是奢望。在正常状态下只有贫穷者才会无奈地行乞，但是，后来在特殊的异化状态下却产生了以行乞为“职业”的群体。有些人不耻为丐，进而将行乞职业化，这类以乞讨为职业的专职乞丐规模的扩大可以说是丐帮得以形成的主要原因之一。丐帮既有行帮性也有帮会性，亦丐亦匪，大体处于丐、匪之间，具有相当浓重的江湖性。丐帮常有帮派，各有帮首和帮规，亦敬奉祖师、拜师传徒，各帮各占地盘，严格的行规和森严的等级制度大致规定了各种类型乞丐的生活策略与生存模式。

一、丐首、丐帮组织与帮规

中国历史上乞丐群体形成较早，在《东京梦华录》中记有这么一句：“至于乞丐者，亦有规格，稍似懈怠，众所不容。”[2]可以推知北宋的乞丐群体中已产生了

1 蔡少卿：《中国秘密社会》，第 101 页，浙江人民出版社，1989。
2 （宋）孟元老撰，邓之诚注：《东京梦华录》，第 131 页，中华书局，1982。

一些规制类的东西。明代冯梦龙《喻世明言·金玉奴棒打薄情郎》中有如下一段文字：

> 临安虽然是个建都之地，富庶之乡，其中乞丐依然不少。那丐户中有个为头的，名曰"团头"，管着众丐。众丐叫化得东西来时，团头要收他日头钱。若是雨雪时没处叫化，团头却熬些稀粥养活这伙丐户，破衣破袄也是团头照管。所以这伙丐户小心低气，服着团头，如奴一般，不敢触犯。那团头见成收些常例钱，一般在众丐户中放债盘利。若不嫖不赌，依然做起大家事来。他靠此为生，一时也不想改业。只是一件，"团头"的名儿不好。随你挣得有田有地，几代发迹，终是个叫化头儿，比不得平等百姓人家。出外没人恭敬，只好闭着门，自屋里做大。[1]

《喻世明言》是小说，未必能作为不打折扣的史料，但至少说明在这小说问世之前，已有"丐帮"，且其丐首叫"团头"。

丐帮没有形成全国性的组织，不过在大中城市由于乞丐数量多，因而丐帮的规模较大，其组织也较复杂。"丐帮之形成，既是一定时期官方采取的一项社会管理措施，也是某一地域的乞丐自发结成的组织。职业丐帮除一般的行乞外，往往不择手段，成为滋扰社会秩序的犯罪群体。"[2] 严格地说，"丐帮"只是个俗称，丐帮并没有真正的帮会招牌和祖庙，它确实有头子、有组织、有规矩，不过大体上它只是乞丐的群体而已，[3] 所以"丐帮帮主"有许多其他的称呼，如丐首、丐头、把头、头人、花子头、团头等。可以说丐首身份的能量相当大，一方面，丐首在旧社会衙门中都算有一号席位，他与官府互有来往，官府也有需要丐首帮忙之时；[4] 另一方面，丐首在丐帮内部具有无上的权威，如清代吉林省双城府乞丐处的团头儿，凡归他统

---

1 （明）冯梦龙：《喻世明言》，第 309 页，华夏出版社，2008。

2 刘平：《中国民俗通志·江湖志》，第 132 页，山东教育出版社，2005。

3 《文史精华》编辑部编：《近代中国江湖秘闻》（下），第 425 页，河北人民出版社，1997。

4 《文史精华》编辑部编：《近代中国江湖秘闻》（下），第 280 页，河北人民出版社，1997。

管的乞丐，都要遵守他的戒律，他有行使“杆儿”（长2尺的木杆，上黑下红，下边缚有半尺长的皮鞭子）的权威，用这个“杆儿”可以管教其治下的所有乞丐。这个“杆儿”就等于印把子，掌有印把子，就有了无上的权威。[1]又如20世纪30年代，徐州丐首田玉春原是揽守行把头，家有霸王鞭，南来北往的丐帮人都得前去进见，说明行帮路数，经其同意，方可活动。此外，其帮规还规定：外来丐帮第一天所乞得钱款必须购买食物到田玉春家与同帮合伙共餐，辞行时必备礼品前往告辞；如未取得养生所需，田玉春给予补贴，送给川资。如有乞丐闹市起哄，横行不法时，田玉春出面制止，甚至聚众示威与对方斗殴。[2]再如旧时湘东卑田院丐帮帮主的权力很大，持有帮中特殊传统信物——帮鞭（又名金棒），此鞭是一条由苎麻拧成的鞭子，头大尾细，长约9寸，打了18个结头。鞭到令行，普通乞丐见鞭需行礼。帮规简单严明，违规者由帮中长老议论，帮主决定，或革除职务、开除帮籍，或罚跪、罚苦工，或打板子等。[3]

丐帮是乞丐的组织，但又不仅仅是乞丐的组织。乞丐最初当是贫穷的产物，贫穷虽可使人沦为乞丐，但丐帮中人未必都贫穷，尤其是丐首。旧时四川达州渠县曾有位了不得的丐首“周二爸”，他父亲是乞丐头，周父临终时周氏门中已人丁兴旺、小有积蓄，按条件的话周二爸这一代本可以全部脱离乞丐行另作营生，但周父已尝到当丐首的甜头，觉得弃之可惜，经过一番深思熟虑，周父毅然作出把衣钵传给精于此道也乐于此道的二儿子的决定，其他几房则散财析产，或农或商。青出于蓝，在“周二爸”的继续经营下，到他60多岁时，竟然远远超过其他几房，成为有田地、有房产的一方“名流”（虽说身份仍是乞丐，但名声却响得很，地方上大事小情都少不了请他出面才弄得好）[4]。与真正的乞丐所不同的是，丐首并非真正的贫苦乞丐，实际上是旧时黑社会里的一种行业，[5]不仅如此，丐帮内部还具有鲜明的等级

1 《文史精华》编辑部编：《近代中国江湖秘闻》（下），第282页，河北人民出版社，1997。
2 河北省地方志编纂委员会编：《河北省志·民俗志》，第226页，河北人民出版社，2013。
3 《文史精华》编辑部编：《近代中国江湖秘闻》（下），第352页，河北人民出版社，1997。
4 《文史精华》编辑部编：《近代中国江湖秘闻》（下），第373页，河北人民出版社，1997。
5 《文史精华》编辑部编：《近代中国江湖秘闻》（下），第308页，河北人民出版社，1997。

性，丐首与各级小头目（或曰甲头等）事实上收着“乞丐王国”中的“丐民税”，是“鸡脚杆上剐油的特殊封建把头”[1]。旧时云南丐头的住所叫作“花舵”，乃从哥老会里的“舵把子”衍生而来，投靠他们叫“滚舵”，须经舵头批准以后才可以上街。[2]旧时重庆叫花头可算一霸，他们可以参加袍哥（汉留）中仁义礼智信五堂中的智信二堂[3]。因此，许多丐首既可算是青洪帮等秘密会社的一环，又近似于特定环境下地方行政之末端。“花子头不是一般讨要者所能担任的，都是那些地痞流氓，把头恶霸或有‘文化’的讨要者，这些人往往又和青洪帮、交易所、黑道中的五花八门来往甚密，与黑社会势力搭上了勾。他们并不出街讨要，而且还做生意，诸如开赌场，当人贩子、贩卖毒品、开私窑子（妓院）、扛子铺、吹手房，等等，也许本人就是青帮头子、洪帮花冠六爷。即使是官府地方官，在一定范围内，有什么大事小情的都少不了他。”[4]

由于丐首角色的特殊性，能成为丐首的，通常需要具备一些条件，比如丐帮首领须信息灵通，向择日馆送礼（得以确知何处有红白喜事）；和亭彩店以及送嫁妈、道士头、神姐等有交情，才可更全面地预知哪家有红白事的消息。[5]更有学者曾将丐帮比作“奇迹王朝”，并列举了几个条件：

> 第一，要能维护“奇迹王朝”臣民的共同利益。须知乞丐是些“自由公民”，都有着“泼倒坛坛充罐罐”的逆反意识，要得到同伙拥戴，必须用行动证明自己是他们利益的维护者，在“奇迹王朝”里，谁也别想摆出“绝对权威”的臭架子，否则，乞丐头的打狗棒也会失去“法力”，指挥不了手下臣民，甚至会因此而易主。
>
> 第二，要有相当组织能力。乞丐散漫四方，品类繁多，内外矛盾不

1 《文史精华》编辑部编：《近代中国江湖秘闻》（下），第 380 页，河北人民出版社，1997。
2 《文史精华》编辑部编：《近代中国江湖秘闻》（下），第 440 页，河北人民出版社，1997。
3 《文史精华》编辑部编：《近代中国江湖秘闻》（下），第 428 页，河北人民出版社，1997。
4 《文史精华》编辑部编：《近代中国江湖秘闻》（下），第 321 页，河北人民出版社，1997。
5 《文史精华》编辑部编：《近代中国江湖秘闻》（下），第 325 ~ 326 页，河北人民出版社，1997。

少，乞丐头必须了然于心，处置得宜才搁得平、玩得顺。

第三，要具备比一般乞丐更高一筹的思想、道德、文化及必不可少的行乞艺术、技术修养和能力。因为落入乞丐群的人，总不免灰颓、消极，遇事浑浑噩噩，而这些，从“王朝”的整体利益来看是没有好处的。乞丐头必须有进取心、有眼光、有魅力、有鼓动力，须不时给乞丐们灌输那些孔夫子周游列国、韩信拜帅封侯一类的古今乞丐“发迹史”，来建立他们“奇迹王朝”的荣誉感，鼓起他们生活的信心，行乞的勇气，同时传授给他们行乞的门径、技术和技巧。

……

第四，须熟谙人情世故、社会动态。比如各阶层的社会地位、心理特征、生活习惯，特别是市面上人家的婚丧嫁娶，大人物的升迁、寿诞、新居落成、新店铺的开张以及一切乞丐可以介入的好事、歹事，四时八节的常规乞讨，等等，这些都是“奇迹王朝”赖以存在的社会基础和生计主要来源。乞丐头如果把握不住或支应不开是不行的。

以上四个条件，虽不是每个乞丐头都必须全备的，但至少也得要具三条，并特长其中之一者才行。[1]

总体而言，丐帮的组织远不如秘密教门与秘密会社严整，由于丐帮并未形成全国性的组织，所以各地丐帮的组织之间有一定的地方差异。旧时山东德州宁津县穷家门大首领称“当家”，三五个人为一捻，一个捻的头目叫作篓子头。大家讨来的东西篓子头十成抽一，但是大家吃的盐由篓子头负担。加入穷家行要磕头认师，其仪式为：摆上呱嗒板儿、牛胯骨、小笸箩、要饭的搭子，还有一壶酒，由师傅告诉徒弟咱是什么门，是几座上的人，再由“明辅”讲明行道，“过辅”保证所介绍的这个徒弟不违反穷家行的纪律，最后用酒把摆着的东西浇一个圈。[2]

1 《文史精华》编辑部编：《近代中国江湖秘闻》（下），第 366 ~ 367 页，河北人民出版社，1997。

2 中国社会科学院近代史研究所近代史资料编辑组编：《近代史资料》（总 55 号），第 295 页，中国社会科学出版社，1985。

民国七八年（1918~1919年）间，出现在吉林省扶余县的“大筐”有七八十人，其中有瞎子、瘸子、聋子、傻子、哑巴以及其他残疾人，该花子内部有分工细致的组织结构，队中有3位身强力壮、富有社会经验和领队能力的头行人，他们握有实权，可随时随地取舍队员，大头目叫“大筐头”，姓陶，总管全队（包括财政、分配、分工以及生活等），兼理外交，为人精明强干，能说会道；二头目叫“二筐头”，姓庞，负责供应、指挥乞讨，外出时，身上总背着一个柳罐斗子，内放一铁皮制成的号角，名“呜子”，形似牛角，但为直筒，吹起来时其声呜呜，用其指挥全队成员的行动；三头目叫“小落子”，多半是年轻人，挑着两个柳罐斗子，专向中小户人家讨要一些咸菜盐酱之类的佐食之物。[1]

近代的上海与汉口是中国著名的工商业城市，其丐帮的组织相对也更为复杂。上海的乞丐组织分好些辈分，在最长的一辈里，共有8个丐头（8个丐头部），这些丐头是由地方上董事、地保推选产生，可传子传孙，倘年老无子，侄或甥亦可继承，但若子孙侄甥等无力主持，则另行推派，有领导全上海乞丐的权威，丐头之下有丐头所直接指任的10个小头目。他们将上海分成东西南北四大区域，每两个丐头管理一个区域，各区域领袖各守一区，不能越界行乞。丐头有行政权、司法权和一部分的立法权。在这8个丐头部之下的次一辈里，每个丐头部下都有6个大头目（这一辈共48个），再次一辈30个小头目（该辈共240个）。此外还有一种领袖叫“爷叔”，其名称虽在小头目之下，但其实际权力，仅比丐头要低一点。[2]

汉口的丐帮属“三江”（一说浙江、江苏、江西；一说赣江、闽江、浙江）、“两湖”（洞庭洞的东湖和西湖）派。清末汉口的丐帮多为西湖派系，有刘芳堂、彭钧启等门宗，每一门宗下又分字派，刘门宗的字派分“文房四宝寿吉昌，河西金玉堂，沙洲凤凰啼”等17个字，每个字下再以字收徒。如前7个字派中的宝字，下有财源茂盛四小字，称宝财、宝源、宝茂、宝盛，寿字下有红灯高照四小字，吉字下有本子百世四小字，后10个字派中的河字下有黔想荆州四小字，西字下有开门

1 《文史精华》编辑部编：《近代中国江湖秘闻》（下），第302~303页，河北人民出版社，1997。

2 曲彦斌著：《中国乞丐史·附录》，第280~284页，九州出版社，2007。

大发四小字等。[1]

河北正定县花子乞丐讨要时的规矩是不许偷盗，不许妄说，不许妄听主人言谈，上门者只能在大门口或靠门框，不许过院中影壁，等等。并且内部规定每年认一次宗亲，到时老乞丐领着新乞丐到集合点向其他乞丐引见，排辈分，认宗亲，他们的行话叫“续捻”。[2]

汉口丐帮帮规相对最为齐整，共有十大戒律：

1. 越边抽舵。指偷乞丐住户周围人家的东西或偷乞丐同行的东西。
2. 顶色卧莲。指嫖同行之妻。
3. 点水发线。指充当内奸进行告发。
4. 引马上槽。指暴露了所做之坏事。
5. 溜边拐将。指借同行的东西不还或拐走别人的徒弟。
6. 挑灯拨火。指在同行中挑拨是非。
7. 欺孤傲相。指欺压同行中的老弱孤残人。
8. 遁逃扯谎。指欺骗自己人而逃跑。
9. 偷言耳哄。指偷听别人私话外传。
10. 迷糊吃大。指讨得的钱财不公开交出。

此外，师徒关系也是帮规的重要内容之一，丐帮也像一些行会与帮会一样要拜师收徒，不过仪式方面要简单一些。旧时开封的丐帮拜师收徒时没有具拜师帖、契约合同一类的繁文缛节。但须有同行二人引进，亦即介绍。这两名介绍，行语称“文武先生”。老师称“当家的”。徒弟行名皆称“二”，如姓张就叫“张二”，姓李就叫“李二”。重姓者，依拜师先后或年龄大小，在“二”前加“大”或“小”称之。行拜师礼时，老师、壶客（类似“总管”或“二当家的”）、文武先生必须到

1 《文史精华》编辑部编：《近代中国江湖秘闻》（下），第 340 页，河北人民出版社，1997。
2 《文史精华》编辑部编：《近代中国江湖秘闻》（下），第 279 ~ 280 页，河北人民出版社，1997。

场，同行诸人也要尽可能参加。拜仪也是拈香、磕头，先拜范老祖，再拜老师，仪毕，一同吃喝一顿。馍是大伙讨要来的，拣好的吃，再兑钱弄几样菜，打点酒，就是一次美餐了。司仪和向老师敬酒者，必须由壶客充任之，别人不得僭越，以示郑重。乞丐行的拜师收徒，没有“学徒几年期满出师”这一条规定。啥时候徒弟自己收了徒弟，师傅给买口锅，另起炉灶，就算是出师了。要饭的“本领”是跟着师傅上街讨要过程中，留神观察，模仿而来，既无口授，更无文传。凡拜师入行的乞丐，每天讨来的东西，都要悉数交公：馍放大篮，钱交老师。[1]

汉口丐帮欲入帮者先得拜师，拜师前要向甲头叩头认师，得到甲头应允后，就跟着乞讨或偷窃，经过一段时间观察，甲头认为满意时，再交香烛钱，择吉日行“开山烧涨水”（即收徒）仪式。

二、乞讨方式

旧时北京的乞丐，分黄杆子和蓝杆子两种。黄杆子专指满清宗室八旗中堕落为丐者，拜蓝杆子的则是普通的乞丐，我们可以看一下黄杆子颇为有趣的“生存智慧”：

> 黄杆子者，实为一种高等之流丐，非端午、中秋、年终不外出，且不走居户，不伸手索钱。每至各店时，必二人或四人，以一人唱曲，一人敲鼓板和之。唱时，以手背向上，执鼓板使平，即为索钱之暗号。店伙以所应给之钱（至少不得逾大钱五枚）。举之使高，约出头部少许，置之鼓板上，若辈乃去而之他。然有特别规约，给钱时，不得在唱逾五句之后，若不谙此例，或靳而不与，或与而不如仪，则若辈即旋身而走。
>
> 明日倍其数来，后日更倍其数来，自启市及闭市止，不索钱，亦不出恶声，往往围聚于店门，往来居民恒指而目之曰：“黄杆子今日与某店开交涉。”则惴惴然惟恐祸及，势必贸易停止。迨后店主托人和解，则数千

1 《文史精华》编辑部编：《近代中国江湖秘闻》（下），第 331 ~ 332 页，河北人民出版社，1997。

数十千，视其时日之多寡、情节之轻重而定之。然有大力者请得黄杆子来，若辈亦帖然奉命。此其服从法令，实为彼团体存在之要素，所以能绵历二百余年之久也。[1]

在某种程度上，丐帮可谓江湖的缩影，丐帮群体尽管大体处于社会的最底层，但他们仍然具有相当的生存智慧。丐帮中的乞丐也分等级，或者说分了几大类，如行帮中又分更细的小行。吉林省长春安农县叫花子中第一等是“闯江湖”的。他们主要是拿着各种响器或小道具演唱乞讨，针对各个行业特点，即兴演唱一段发福生财的吉祥嗑，唱得有辙有韵，生动活泼，相当于现在的莲花落、数来宝；两个人同时演唱时，又类似对口快板。这种花子都有师傅，而且排出行辈，互相见面时要盘问家门。他们不要残羹剩饭，专门到商店去要钱。

乞丐也是俗民之一种，他们也过几个重要的传统佳节。旧时开封的乞丐流行过“三节”，即端午节、中秋节和春节。其中以春节为最重，到年三十这天，只讨上半天。这半天要得的钱，不论多少，一概归己。逢年过节，各行各业的徒弟都要给老师送节礼，唯丐帮例外，不但徒弟不给老师送礼，逢年老师还要给徒弟一点压岁钱，但徒弟在年三十晚上给老师磕头拜年是不能免的。拜过年就算“放假”了，可以各自上街游耍了。过春节时，穷乞丐也要吃“团圆饭”，过“团圆年”。酒肉馍菜以至油盐酱醋，均系讨要而来。开封丐行的规矩是，对酒店、肉铺，平时是不上门讨要的，只在三大节各要一次。[2]

1 （清）徐珂编撰：《清稗类钞》（第 11 册），第 5471 页，中华书局，1986。

2 《文史精华》编辑部编：《近代中国江湖秘闻》（下），第 332 页，河北人民出版社，1997。

其他社团制度民俗

民间小社团可分为钱会类的信用组织、红白喜事类的互助组织、施舍性的慈善组织、广大民众共得其利的公益组织等，大体上可归结为民间合会与民间慈善服务组织两大类。

民间合会本质上是一种基于民间信用的互助性组织，其基本特点是缓急相济、有无相通，大体上具有良风美俗之属性。“合会是我国民间旧式的经济合作制度，或为以救济会员为目的的民间金融组织，或为通过合作共同承担地方事务的团体。”[1] 其本意是以一种互助的精神共同解决会友家庭的突发经济困难、婚丧大事等，可谓极富智慧而兼具美善性质的民间“荒政”，具有勤俭储蓄以及生活保险等方面的性质。合会的人文背景是为了摆脱高利贷的盘剥、共同面对生活中的大难题。这一层守望相助、温情脉脉的面纱在一定程度上体现了传统民间社会的良风厚俗。

民间慈善组织是以行善或公益为目的的民间组织。传统的民间慈善服务组织主

1 陈宝良：《中国的社与会》，第 180 页，浙江人民出版社，1996。

要有纯粹行善的仁义助善会以及公益性颇强的路会、义渡会、“禁山会”、“水龙会”等组织。明末开始出现的“同善会”是一种新型的慈善组织，它试图超越宗族范围内的义庄、义田等限于宗族内部成员的救助，努力扩大了救济范围。此外，民间的义葬组织以及出于公益的民间路会、义渡会、“禁山会”、“水龙会”等，对于传统社会的良性运行起着十分积极的作用。这些厚风美俗体现了广大民众强烈的社会责任感，并且可以作为当下十分宝贵的制度性资源。

民间合会

一、融资及储蓄合会

中国的合会历史悠久，并深入民间。近代学者王宗培曾作过一个“合会在中国之起始，似在唐宋之间”的初步推论，[1] 其后的学者认为王氏的推测大致可信。唐代的史料如唐代韦挺《论风俗失礼表》中记有：“每有重丧，不即发问，先造邑社，待营办具，乃始发哀。至假车乘，雇棺椁，以荣送葬。既葬，邻伍会集，相与酣醉，名曰出孝。”[2] 文中的“邑社”即具合会性质。

元代时北方的农家曾自发地结成耕作互助之组织“锄社”：“其北方村落之间，多结为锄社。以十家为率，先锄一家之田，本家供其饮食，其余次之，旬日之间，各家田皆锄治。自相率领，乐事趋功，无有偷惰。间有病患之家，共力助之，故苗无荒秽，岁皆丰熟。秋成之后，豚蹄盂酒，递相犒劳，名为锄社。”[3]

明清两代人口增长极为迅猛，土地开发严重边际化，人均土地面积大为减少，超过了农业时代土地所能承载的极限。由于突出的人地矛盾，明清两代已无再结成锄社的必要，代之而起的是其他的互助方式。明代《广志绎》记载：“其俗又有告

1 王宗培：《中国之合会》（再版），第 6 页，中国合作学社，1935。
2 （清）董诰等编：《全唐文》，第 1575 页，中华书局影印，1983。
3 （元）王祯撰，王毓瑚校：《王祯农书》，第 35 页，农业出版社，1981。

助，有吃会。告助者，亲朋或征逋追负而贫不能办，则为草具，召诸友善者各助以数十百而脱之。”[1]

清代江西抚州的宜黄县流行过一种“堡米法”：“凡同堡有谷之家，每值歉岁，青黄不接，各量力酌定日期，轮流碾米，减价平粜，贫户接丁口持现钱量米。均以现年住居，有谷之户应粜者几家，艰食之户应籴米者几家，酌定章程，自行轮籴，出荒而止。”[2]

由上可知，守望相助的合会类组织在唐宋之后民间的各种生活层面上已多有体现。总体上带有金融性的合会组织通常是这样的：一个急需较大宗现金的人，找一批合适的亲友，邀请他们“来会”，亲友如果答应了他的请求，合会便宣告成立。邀会者叫会首，应邀而来的称会脚或会友。会脚聚集的资金第一次由会首收取，以后的各次则由会脚轮流收取，直到大家都得了会该会才算终止。得会的方法有好多种，有的预先认定，按照排好的次序轮收，这叫轮会或坐会。有的临时抓阄摇骰，以机遇决定得会之先后，这叫摇会。有的以每次所出利息的高低来竞取会金，这叫标会。轮会与摇会通行最广，标会则于广东最盛行。民间合会有一定的通例，每期应付会金的数额多少，以得会的先后为准，得会越靠前的所付越多，而越靠后则越少，也有在同一会之中，得会后多付，未得会时少付的。总之，既有还本付利的会友，也有利息预扣的会友。由于向来会金的分配，大多不是按照精密的数理计算而得，所以各会友所得的利益并不相同，分配的标准不是精准公平的。会期的长短也各不相同，轮会多一年或十个月一转，摇会多一年两转，也有较此稍短者，标会则常常逐月举行，转会期最短，此外，大约乡村中的合会时期较长，而都市中的合会则较短促。合会的人数方面，轮会通常由六人到十一人组成，故会期有长至十年的；摇会与标会的人数，数量不一，但最多不超过四十人，由于标会的转会期较短，所以标会的年限，通常在三五年。关于会款的用途，用于置产与经商的虽也不

1 （明）王士性：《广志绎（卷三）· 江北四省》，第 37 页，中华书局，1981。
2 （清）札隆阿等修，（清）程卓樑等纂：《宜黄县志（卷十一）· 风俗》，第 120 页，（台北）成文出版社，1970。

少，但大多用于礼仪消费或用来应付急需，如婚丧喜庆，或急需偿还巨账等。[1]

合会之中的让渡与出卖在合会进程中是常有之事，这与股份的出让有些相似。如果会脚在收会之前突然因某种关系，导致不能继续挆款，则可用让渡的办法，收还此前所挆之款。而承受人之人选，若是由让渡人提出的，必须得会首及其他会脚的同意。否则如果发生纠纷，仍由让渡人负责。如果让渡人情形迫切、理由正当，而一时又没有合适的人承接此会，也可请会首自己或转请其他会脚承购。大体上请求出让的合理原因主要有：其一，让渡人因破产而不能继续挆款；其二，让渡人贫病交迫；其三，会脚本人去世，而其承继人又无力继续；其四，会脚因职务上的关系，不得不离开现在的所居之地；其五，其他原因（如天灾人祸等）。上述原因，皆属无奈，都不是让渡人刻意为之，所以会首如果为了免去合会良性运行的障碍，自当接受这些合理的请求。[2]合会的会规也称会簿、会约、会书等，有正启与副启之分，正启为会首所执，副启为会脚所执，但不通行。俗例会首合会，一旦有定议，即送会规与会脚，会规内容，一般分为三部分：一为序文或规文（亦有序文或规文并用者）；二为会脚名录；三为会脚逐期挆款表。但轮会则二、三两部分合并为会脚题名收次及挆款一览表。[3]王宗培总结了合会会规的十二项主文，分别为：会之名称、会之组织、会金会额及本位币、转会期与知会期、挆发与到会、收会法、不准事项、中途退会之处置、酒席费、会规及会收票、具名、其他等。[4]

作为学术界统称性概念的“合会”，其地方性的名称非常之多。仅浙江省内就有“呈会”“纠会”“银钱会”等名称。在浙江温州，当地人主要称之为呈会，又叫“请会”“摇会”“并会”等。旧时，在温州城乡，无论大家小户都流行呈会风俗。呈会名称因内容、形式而异，如数额小的会，俗称“月月红”，亦叫“会儿”。有些地方不通过摇会，由会首不定期陆续还清，谁需要就先给谁用，不付利息，只在还

1 千家驹编：《中国农村经济论文集》，第 111 页，上海书店，1990。

2 王宗培：《中国之合会》（再版），第 130 页，中国合作学社，1935。

3 王宗培：《中国之合会》（再版），第 135 页，中国合作学社，1935。

4 王宗培：《中国之合会》（再版），第 174 ~ 185 页，中国合作学社，1935。

钱时加送点小礼物，作为酬谢。“玉成会”则是一种既体现互助又平等拿取微利的形式。会首（亦叫会东，即发起者）先在左邻右舍和至亲好友中间“串连”、办酒席，遍请会友，俗称“吃会酒”。商量定“会份”（多少人）、会金（每份多少元）、“会利”（每月利息多少元），然后集中会金，交给会东。从第二会起，“会脚”每月付会金，按程序行会，由摇骰子所得点数最多的会脚得会，除集中会金外，会利由会东付给二会，以此类推，“尾会”者免付会利。[1]除了拿少许利息的“计息会”之外，也还有无利息、纯属互助的“干会”。[2]

浙江舟山地区称合会为“纠会”。参加纠会的人数可多可少，多的二三十人，少的三四人。流传在舟山的纠会有两种：一种叫“摇会”，一种叫“坐会”。所谓摇会，就是通过会脚缴付首期会钱数额相同，以后，未得款者仍拿出这么多，而已得款者须在原有基础上增缴若干利息。坐会跟摇会不同，得款顺序由大家一起商量，各自认定。得款顺序确定后，各会脚按得款先后缴付数额不等的会钱，得款越早的付会钱越多，依次递减。比如纠会者共 10 人，会钱总数 100 元，缴款间隔期为一年，那么首期得款者缴会钱 16.20 元，第二期得款者缴 14.50 元，第三期得款者缴 13.00 元，第四期得款者缴 11.50 元，第五期得款者缴 9.80 元，第六期得款者缴 8.80 元，第七期得款者缴 7.80 元，第八期得款者缴 7.00 元，第九期得款者缴 6.20 元，最后一个得款者缴 5.20 元。坐会为了方便计算，一般都由 10 人组成，且不掷骰子，全凭各位会脚发扬风格，认定各自得款时间，又称“十贤会”。民间流行的纠会是前一种，后一种比较少见。无论是摇会还是坐会，都要在会脚中推举一名公证人，履行监督执行的职责，保证每期会钱的按时收交。这名公证人就叫“会证”。在纠会过程中，未得款的会脚称作“轻保”，已得款的会脚称作“重保”。因为未得款的会脚想要取回全部会钱，每期会钱不大可能拖欠或抵赖，会证的责任轻，因此叫轻保；而已得款的会脚由于钱已到手，拖欠或赖钱的可能性较大，故叫重保。[3]

浙江台州的天台县则径直称合会为“银钱会”。轮流做会在天台民间颇为流行，

---

1 叶大兵主编：《温州民俗大观》，第 155 页，新疆人民出版社，1998。

2 叶大兵：《叶大兵民俗学论集》，第 255 页，上海文艺出版社，2007。

3 浙江民间文艺家协会选编：《浙江民俗大观》，第 372 页，当代中国出版社，1998。

这种会，俗称“月月红”。月月红的性质是互助的，参加者都是亲朋好友，大家将钱凑在一起，为困难者解决一时之需。一般以十人为准，也有二十人、三十人的。钱的数目有多有少，及至现在已有多至二三万元的大会。第一个月得会钱的是筹集人，算首位，以后算第一位、第二位、第三位……以此类推。居首位的筹集人，每月负责向会员收齐会钱，集中起来交给当月应当得会的会员，直到最后一个月为止。如果碰上会员中有人一时无法拿出会钱的，筹集人必须设法垫上。这种形式的银钱会也有少量利息，一般是百分之一，由已经得会的会员支付。首位没有利钱，以后几位，由于缴利钱的月份增多，利钱也逐渐增多。[1]

湖北一带的合会常被称为“邀集钱会”。湖北宜昌五峰县的邀会习惯是由起会人邀集合适的十个人，设席起会，称为“缩截半钱会”，具体办法是由所邀的十人共同出资，合起来给起会人使用，而起会人则各给受邀者一份会单，交以收执。例如，起会钱百串，头会人应出钱十四串五百文，二会人至末会人依次递减一串，合起来共凑一百串，交与起会人收用；第二年，再邀集会友到场，又由起会人与二会至末会人共同凑钱一百串，改归头会人收用；第三年，仍依样由起会人、头会人以及三会至末会人凑钱百串，改归二会人收用；但从第四年起，则由起会人、头会人、二会人共还三会至末会人各凑钱五十串，并限定十月一轮或对年一轮，依次还清。湖北十堰郧县的邀会习惯中有邀八人凑钱八十串的，叫八仙会，其计算方法为得头会者出钱十七串，得次会者比得头会者减两串，次会以下直到得末会的各依次递减两串，八人共凑足八十串，归起会人使用；满一年后，对期开会，得头会者原来所出的钱十七串即归起会人还纳，以下会主分年还纳，次会至末会人所各出之钱都与此相仿。也有邀集六人，凑钱六十串的，连会主共七人，名为七星会，头会出钱十七串，次会出钱十五串，三会出钱十三串，四会出钱七串，五会出钱五串，六会出钱三串，这些钱都称为会底钱，其摆会、填会之法，亦与前同。又有邀十数人或二三十人不等，每会友出钱十串者，即为以十串钱开拔，具体方法是，每会友各下拔头钱条，以条内拔头多者为得会，凡以十串钱开拔之会，若得会之人出拔头钱

1　浙江民间文艺家协会选编：《浙江民俗大观》，第 387 页，当代中国出版社，1998。

一串，则各会友只填九串，各会友为“短分会友”，其得会之人为“长分会友”，长分会友须按年二分申息，例如，十串钱开拔之会，长分会友每会应填钱十二串。湖北十堰竹溪县的邀会习惯是由起会人（当地称会母）邀集会友十人，每人各出会金钱十串，交与起会人，该起会人每年开会二次，每次各退还会金钱十串，其跟垫法则由各会友于起会时共同约议，有五十串之跟垫，或百串之跟垫不等。如系百串之跟垫，则起会人开会时，每会友各跟垫九串，连同起会人退还钱十串，共一百串，作每月二分息计算，得会者得钱认息。例如，六月开头会，十二月开二会，其得头会者，即将百串之六个月息缴出，十人公分，如头会每人跟垫九串，则二会每人只跟垫七串八百文，以后各次开会，均属照此类推。

上述合会以融资为核心，兼有储蓄的性质，此外，民间还有一些无涉融资，而是以较为淳朴的储蓄方式结成的合会，如广东潮汕地区的“月兰会”。月兰会是潮汕地区20世纪40年代以前群众自由组合的一种储蓄形式，因集资和储金目的不同，组织方法方式也有所不同。在农村常见的是参加者派款买猪苗并轮流饲养，名叫“饲公猪”，猪长大后出售或屠宰作祭品，均按股分配。另一种是按时按量交款，放入一种陶制储金具，交可靠者保管，以一年或半年为期，按股轮流取用，可以购置生产工具或嫁妆衣物，或购置公用祭品。[1]

二、婚丧互助合会

人生礼仪尤其是婚丧礼仪的高额支出是许多连温饱都难以轻松解决的民众之“难以承受之重”。“保险类”合会的会款用途多指定于购办棺木或处置丧殓两项，间或也有以救济贫困孤老为目的的，但不多见。这种合会往往采用吉利的名词作会名，如长寿会、寿星会、福寿会、长生会等，但直截了当地称为葬亲会、白袍会、白带子会、老人会的也不少。这种组织是为了顺利应对双亲终老之时财力与人事等方面的困难而成立。旧时农民在农忙季节片刻不得暇，在春夏青黄不接时若遇上父

1　刘志文主编：《广东民俗大观》（下），第528页，广东旅游出版社，1993。

母终老之事，经济方面则会更加困难，再加上丧葬习俗普遍较奢侈，所以因奢华而负债，甚至到不可收拾地步的不计其数，于是乡贤之中有心力者，便倡导此类合会组织，借以防止双亲终老时，经济与人事方面过于恐慌，同时也在一定程度上矫正奢侈的婚丧习俗。[1]

传统文化极重丧葬礼仪，孝子（如汉代的董永）甚至不惜卖身葬父，其情颇能惊天地、泣鬼神，但也说明了当时民间尚无丧葬的组织，然而至迟在唐代，已出现较为典型的丧葬互助，如唐代韦挺《论风俗失礼表》中所记的“邑社”等。明代王士性《广志绎》记有中州一带“吃会”的厚俗：“吃会者，每会约同志十数人，朔望饮于社庙，各以余钱百十交于会长蓄之，以为会中人父母棺衾缓急之备，免借贷也，父死子继，愈久愈蓄。”[2]

近代夏仁虎《旧京琐记》记录了旧时北京平民的丧葬组织：“带子会者，社会互助之良法也。入会者率为工业平民。或自顾衰老，或家有老亲，月纳微资，猝有死亡，报之于会，则殓事毕备。至于鼓乐、棚杠以迄庖茶、奔走，皆会员也。人各系一白带，故曰带子会。”[3]旧时全国各地的民间丧葬组织相当普遍，组织的名称各地有差异，但其组织目标是一致的，通常既在财力和物力上相互资助，也在人力上相互帮忙。

旧时山东潍坊昌邑县农村有“孝帽子会”组织，其组织方法是先由发起人做会首（或公举公首），再凑若干人为会友。每会的人数，通常为 20 人到 35 人，这正是一般农户办丧事时所需要的人手数。成立的那天，大家在会首家里聚齐，公议遇事摊款额和服务方法。或写一会约，或一言为定，此后若谁家遭遇亲丧，会友即遵议奉行。会友间互助的方法有两种，一是金钱上的互助，二是劳力（人手）上的互助。[4]

旧时广东中山一带的城乡皆有很多民间自发的丧葬互助团体，名为长生会或长

---

1 王宗培：《中国之合会》（再版），第 87 页，中国合作学社，1935。

2 王士性：《广志绎（卷三）· 江北四省》，第 37 页，中华书局，1981。

3 夏仁虎：《旧京琐记（卷一）· 俗尚》，第 41 页，北京古籍出版社，1986。

4 李文海主编：《民国时期社会调查丛编（二编）· 社会组织卷》（2 版），第 54 ~ 56 页，福建教育出版社，2014。

生寿会、慎终会、团益公会等，大多数为清代同治、光绪年间始立，其活动主要限于本会会员家庭发生丧葬事件时给予经济上的帮助，乡村中贫苦人家因丧亡而无能力置办后事的，亦适当予以相助。其筹组的形式主要有：富裕人家捐赠田产、店产为经济基础；乡众自愿入会缴纳基金或按月交会费（称供会），积聚资金购置田产或店房，使有可观的租金收入支持会务；或某人逝世，无嗣，有遗嘱遗产余金献作长生会基金，由长生会为其拜扫山坟，其遗产租金所余，用于会务；等等。这些团体，通常由会员推选一些有名望、热心为民众服务之士若干人组成义务的值理会，聘用一名既能算能写能联络会众，又吃苦耐劳的专务干事，以处理日常会务。一般的会务为：一是供奉某一庙观或拜扫某一无主孤坟；二是管理产业与收入；三是发放帛金等。对于会员家庭发生丧事的经济帮助，大致约定：会员夫妇死亡，发给相当于一副棺木的帛金；会员直系亲属死亡，金额低一些。会员夫妇逝世，会籍由长子嫡孙继承，世代相传。[1]

旧时广东潮汕一带民间办理丧事的互助组织称“父母会”，是一种有年老父母的亲邻之间的自发组织。凡入会会员家中父母去世了，会众即按入会股数交钱物，并派人参加出殡、抬棺、掩埋等事宜。[2] 潮汕地区揭西县一带的客家民间有一种自发组织的老人会，会员共 60 人，取六十花甲之意。会旨自由结合，互相帮助，解决亲人逝世时的经济困难。以本宗族人为主，不过村。规定会员逝世后会员的子孙参加丧葬事。每个会员出 5 升米。至于另外送礼多少由各人自定。子孙多的，按房头派出。约定俗成，无违章者。[3]

旧时安徽宿县的喜忧会，兼具助丧与助婚两种功能，是会友遇死丧或婚娶时，各会员在财力与人力两方面互相帮助的一种组织。通常每会有 15 个会员，每年正月十六日开一次会，讨论会务，会首由大家投票选定。此会不预先零星储蓄，须至有事时，会员各出现金、面粉、鸡蛋若干等。另外出一人帮助料理杂务，轮流下去，直至会满。会期长短不定，如果一年内会员当中有数次婚丧大事，则会期即可

1 刘志文主编：《广东民俗大观》（下），第 525 页，广东旅游出版社，1993。

2 刘志文主编：《广东民俗大观》（下），第 528 页，广东旅游出版社，1993。

3 刘志文主编：《广东民俗大观》（下），第 532 页，广东旅游出版社，1993。

缩短。若是某会员一年内有数次婚丧大事，规定只能享受一次权利。或有某会员受过该会的资助，而遇上别的会员有婚丧之事，本人实在无力出资时，其余会员应当暂且代为分垫，日后可由那位会员慢慢设法还清。[1] 宿县喜忧会皆有会规，其中宿县东关喜忧会的会规如下：

1. 丧事：本会人若遇大雪暴雨，均得到齐。如有不到者，由会首代为雇人。会友有特别事故不能到时，须预先声明理由。

2. 喜事：视事主如何办理，应否需用本会之人帮忙，由主人预先请求，而后决定之。

3. 丧事受过资助之会员，如再有丧事时，本会人应当照会规办理，每人出礼钱1000。

4. 会员遇有丧事者，规定会礼，每人10000，外礼钱1000，再外烧倒头纸钱500文。

5. 本会会员家庭如有死丧、婚娶，皆准受会众资助，但遇女子出嫁或得男孩时，则不能享受同等权利。

6. 会友遇死丧、婚娶事，各会友都得服从会首指派。

7. 遇事前十日，各会友均应将会礼凑齐送到，不可延迟。[2]

总体而言，类似安徽宿县兼具助丧与助婚两种功能的喜忧会并不多见，多以专门性的助丧会或助婚会为主。如旧时广西的民间婚嫁合作组织有娶妻会、助婚会、新妇会、成亲会、嫁娶会、红会、喇叭会等名称。广东壮族地区旧时有许多婚姻会，即有弱冠之年的小子的家长志愿入会，会员多少不限，多多益善。凡入会者，按商定基数，交纳一定的银钱或粮食。所得钱或粮称为“底”，由会员推举出来的

---

1 李文海主编：《民国时期社会调查丛编（一编）·社会组织卷》（2版），第61页，福建教育出版社，2014。

2 李文海主编：《民国时期社会调查丛编（一编）·社会组织卷》（2版），第61页，福建教育出版社，2014。

首事管理，并负责放贷收利，以充实“底”数。所得钱或粮，主要用来资助会员子弟娶妻、办喜事用。凡会员子弟结婚，则按商定的数量，在“底”中无偿拨给一定数量的钱或粮。如果所拨粮不够支了，可在该会借贷，按商定的时间和数量收回本利。[1]

广东中山沙田水乡一带有一种服务于婚娶的青年群众“会友”组织，该组织的要点：一是会友中，不管哪一个人结婚，每个会友都要缴交等量的钱，以解决结婚人的急需，直到最后一个会友完婚，该组织才自动解散；二是一个会友结婚，全体成员都要参加婚宴，并协助做好一切工作，如砌灶搭棚、煮饭炒菜、迎送客人等；三是从会友中选出两人当伴郎，女方姐妹来“渡水凡”时，全体会友都亲自接待，吃饭也要陪伴，新娘要一起唱歌耍闹（一些会友也利用这机会物色女友）。[2]

旧时山东历城、惠民、邹平、嘉祥、无棣、高苑、昌邑、沾化、观城等县有成立旨在预筹子女婚嫁费用之“红礼社”的习惯。立会之初，公立条规，推选一名会员为会首来主持会务。遇有会员中的子女结婚时，即由会首通知各会员，按照原议各纳会费，以资应用，概不取息。直到各会员的子女都结婚了，红礼社才解散。[3]

此外，还有一些含有助丧、助婚功能的综合性组织，如清朝年间，广东惠州惠东县安墩镇一带有“谷会”风俗。这种“谷会”是由同族10个人自愿结成的民间经济小团体，他们在一个族姓内推选德高望重的长辈为“会头”，每人每月交一斗谷给会头，由会头逐月把10斗谷子轮给10个人中最急需办大事者，如婚丧、经商、上学等。每10个月为一期。这种淳朴的民间组织，目的在于帮助同族穷苦兄弟应急，渡过难关。[4]

凡事过犹不及，合会这一良俗也曾蜕变为“抬会”恶俗，进而发生“会案”，此乃民间合会的异化，是政府所要取缔的对象。在取缔非法的“抬会”之后，浙江

1 刘志文主编：《广东民俗大观》（下），第529页，广东旅游出版社，1993。

2 刘志文主编：《广东民俗大观》（下），第527页，广东旅游出版社，1993。

3 前南京国民政府司法行政部编，胡旭晟、夏新华、李交发点校：《民事习惯调查报告录》（下册），第460页，中国政法大学出版社，1998。

4 刘志文主编：《广东民俗大观》（下），第526页，广东旅游出版社，1993。

的温州地区又出现了一种比较成熟、合理的“楼梯会”。楼梯会的头会会费由会东收用，从二会起，或自报或抓阄决定，每月或每年一次。先收会款，拔会时略加利息，即会主与每位会员收取的会费完全相等，但支付的数额各不相同，且每位会员按期支付的会费差额呈梯形，等比下降，例如，会主拼凑 1 万元的会，参加的会员 16 名，按自愿承担支付数额多少排列顺序。第一名会员基数 1000 元，第二名会员基数 950 元，第三名会员基数 900 元……最后一名会员基数 250 元。会员每次按基数付款，而所收取的会费，会主和每位会员均为 10000 元，当轮到第一名会员收费时，会主便替代第一名会员支付 1000 元；而轮到第二名会员收费时，会主又替代第二名会员支付 950 元，以此类推，会员先收会费者支大于收，会员后收会费者收大于支，处于当中者收支相对平衡。[1]

民间慈善服务组织

一、仁义型善会

“同善会”，顾名思义，是一类集体行善的社团，乃由明代理学家杨东明始创于河南省虞城县，后被移植到江南一带，如钱一本创于江苏武进的同善会、高攀龙创于江苏无锡的同善会、陈龙正创于浙江嘉善的同善会、张采成立于江苏太仓州的同善会等，基于明末以来很多地方影响巨大的同善会，日本学者夫马进还提出了一个“同善会运动”的说法以示同善会曾有的兴盛，指出，“明末清初在善会善堂史上具有重要的意义。因为，一直存续到民国年间的各种各样的善会善堂几乎都创始于明末清初。在这些善会善堂中，同善会是创立最早、对后世产生了极大影响的善会”。[2]

江苏无锡和浙江嘉善等地“城市型”的同善会，其会友的社会地位与经济基础

---

1 叶大兵：《叶大兵民俗学论集》，第 256 ~ 257 页，上海文艺出版社，2007。

2 ［日］夫马进：《中国善会善堂史研究》，第 78 页，伍跃、杨文信、张学锋译，商务印书馆，2005。

较好，善会的规约颇能反映同善会运行的许多细节，《高子忠宪公同善会规例》是典型的城市型同善会之规例，如经费筹集方面，“中人之家，不过每日省钱一二文，稍赢之家不过每日省银一二分即可扶穷救苦（富户捐田或每年量助银若干两）”；又如施舍棺材之法，“务于先期将本会现银三分之一，付木行置造，较之零买工料颇良”；[1]等等。

传统汉人“入土为安”的观念极重，这种丧葬文化很自然地衍生出了义葬方面的一些民间慈善组织。与此相关的记载很多，诸如明代郑仲夔在其《玉麈新谭·隽区》中记有明代福建漳州的颜茂猷曾设“善缘会”：“又有善缘会，亦不分雅俗，各随愿力出资，贮之公柜，赈恤危急、死丧”[2]；《明文海·白骨会序》：“倡为白骨会，将以敛其遗而掩之”；[3]等等。可见传统中国的民间慈善事业特别重视丧葬方面的仁义。

浙江绍兴的舍材会（也叫普济会）以积德行善为宗旨，是一个以施舍棺材为务的会社。在旧社会，到寒冬腊月，那些行乞或无衣无食、饥寒交迫、鳏寡孤独的老年人，往往饿死或冻死在路廊庙角等处，也间有远涉异乡，一时暴病缠身或流落绍兴无力生活而成野殍者。绍兴人所谓的“倒庙角、倒路尸”，往往暴尸在途，无人收殓掩埋。舍材会就是有鉴于此的一些善人慈者组织起来所成立的以“施舍棺材”“收殓掩埋”为宗旨的会社。他们没有什么具体的会章、会规，全是凭着一颗善心、一点积蓄，推举年长而有声望的为会首，由“会脚子”自愿集资，雇工制作薄皮棺材，再抬到野外义冢掩埋。舍材会在收殓时如捡到有能确定死者姓名、籍贯等物证的就登记入册，并在义冢上做好标志，以便以后有亲人前来认领，如无物证可寻，就只能用文字描述出死者性别、大致年龄、一般衣着、大致外貌或其他特征，登记于册，万一有人来查询即可告之梗概。由于这些路尸无主，按民间的说法就成了孤魂野鬼，所以舍材会规定，每年的中元节和清明节均派“会脚子”去义冢

---

1 （清）余治编：《得一录·卷一》，同治八年（1869）刻本，天津图书馆馆藏。

2 中国社会科学院历史研究所明史研究室编：《明史资料丛刊（第三辑）》，第 206 页，江苏人民出版社，1983。

3 （清）黄宗羲编：《明文海》，第 3344 页，中华书局，1987。

地祭奠，以慰亡灵。舍材会的会脚子资格：除出钱外，但凡自愿出力担任收尸、抬材、掩埋或者制作薄皮棺材的，也可成为会脚子。[1]

旧时浙江舟山有许多渔业公所，很多公所在它们的驻地都建有“义冢”，对那些死于海难或客死舟山的人赈以棺材。如果棺材不再运往死者故乡，就直接葬于义冢并砌好坟墓；如果棺材要运往死者故乡，则暂时寄存于专用的房屋内，这种棺材称为“冷材”；如果死者亲属欲提运冷材，只准许在一年中三个与祭鬼有关的日子，即清明节、中元节和冬至提运，且提运冷材时要敲铜锣、撒冥币。[2]广东佛山的“殡葬团”乃由民间自发物色志同道合的友人成立，其会务以互相帮助办理丧事为主，且置义地，埋葬会员及其父母妻儿。[3]

旧时浙江金华兰溪的惜字放生会是一个综合性的善会。其经费来源，主要靠地方上的商家行户、士绅富户，以及吃素的老太太和富家寡妇等随缘乐助。直到新中国成立前夕，只有一人操持会务。所募经费以及开支账目，除造桥铺路、建造凉亭时，会刻制石碑公布外（石碑中尚有众多的无名氏捐助），其余均无人过问，全凭良心办事。除主持一年一度的放生外，放生会还料理一些地方上积德行善的善举，如造桥铺路、施棺收尸、施粥赈米、义冢培土、敬惜字纸等。造桥铺路方面：自兰溪县城至各大集镇，甚至连通邻县的要道，有相当一部分为放生会募资兴建，有的途中还建有凉亭，放生会刻有石碑记事。施棺收尸方面：如遇贫病孤老之死亡，或外乡客户暴尸街头、野外时，放生会均募资埋葬。若有贫困人家，无力料理丧事，向放生会求助时，通常放生会也会施一口薄板棺材，并帮助料理后事。施粥赈米方面：每逢饥荒年头，乞丐成群、饥民呼号，放生会即定期施粥几日。在平常年景，年关将届之时，放生会总在农历腊月二十五到大年三十，发放五斤、十斤的米票，得票人可凭票到米行领米（这类救济米，放生会每年照例向各家乐善施主筹募资金，秋后陆续向几家米行订购大米，届时凭票发米，以助贫苦老幼度过年关）。义冢培土方面：兰溪城北有两处无主义冢（邑厉坛和桂花坟），每年冬至前后，放生

1　浙江民间文艺家协会选编：《浙江民俗大观》，第 382 ~ 383 页，当代中国出版社，1998。

2　张坚主编：《舟山民俗大观》，第 86 页，远方出版社，1999。

3　刘志文主编：《广东民俗大观》（下），第 524 页，广东旅游出版社，1993。

会雇人在密密麻麻的坟头上，添上一撮泥土或石灰。敬惜字纸方面：旧时有一些贫苦儿童或老人，每天在街道里弄收集废纸，放生会给他们一些微薄报酬，并将废纸集中焚化。[1]

二、公益性组织

路与桥等交通类的基础设施建设和民生的关系极为密切，但旧时由官方出资修建的路与桥为数极少，大多由民间修桥补路的公益组织肩任。

浙江省丽水一带多山、多沟壑，其路会极具代表性。旧时丽水的许多村庄都有路会组织，负责修桥铺路，路会有“头首”数人，一般推选当地热心公益事业并有一定威望的士绅担任，有些单一姓氏的村庄，则由房族中的族长担任。全村的成年男子都是路会会员，妇女及小孩可自愿参加修桥铺路。路会活动属义务劳动，没有酬劳。路会修桥铺路时择定农闲季节进行，每年活动一次，村庄通往外地的山道、险路、木桥等都要对之进行修理、开拓。修路时由“头首”通知全村路会成员，自备锄头、扁担、畚箕等，出发时互相招呼一同前往。[2]

丽水景宁县的路会是各村村民维修道路的义务性组织。一般每户由一人参加路会组织，路会由“缘首”或“会董”轮年主事，村中往往置办一些田产作“路会田”，其田租用作修路的开支。村与村之间原定的固定修路长度和隔界接头处之约定，代代相沿。新路则在开路时即由两村路会会董议定修整界限，以传留后代。官路驿道与私家田路不在路会管理修整之列。每年白露那天，由主事者召集各户人丁参加修整村庄的四向行道，锄刈路旁杂草荆棘，修补道路缺口塌陷、堵塞之处，此举取白露日的谐音，称为“白路”。到了白露，全县同日而作，各村道路上都有人群在铲路、修路、烧草灰等，并唱起山歌互答助兴。收工后，路会主事者要用一部分路会田租举办晚宴，宴请所有参与修路之人。宴席间，会董要详细地将当年路

1　浙江民间文艺家协会选编：《浙江民俗大观》，第 385 页，当代中国出版社，1998。

2　浙江民间文艺家协会选编：《浙江民俗大观》，第 368 ~ 369 页，当代中国出版社，1998。

况、账目向村民说明，倘有未能完工的重大路况以及需要再捐款或分摊的事宜，也要趁机当众宣布，以便今后筹款动工。修路是由近及远的，中午一般由参与者自带饭包，路会一般只供应茶水。也有田租较丰裕之村坊的路会，可由路会置办年糕、米饼类食物炊熟送去充午餐。[1]

旧时浙江舟山城乡修桥铺路造凉亭等公益事业的民间自筹方式一般有五种：一是近邻街坊、村庄居民以丁口摊派集资或分派劳务给民众以出力修筑；二是以当地慈善团体的名义或庙会祠产之收入来修筑，视之为功德；三是商界、富户出钱出物，招募民工出力修筑；四是以敬神还愿的名义，由因灾祈福许愿者修筑；五是为惩罚某些有损公德的行为而罚款修筑。除因损公德而被惩罚的修筑者之外，一般皆为修筑者刻石立碑，以示永久铭记。[2]

浙江丽水瓯江一带渡口众多，旧时这些渡口皆设船为民摆渡，此类渡口乃极富特色的公益性义渡（不收费），皆有一定的"渡规"。渡工从凌晨开始到天黑，都要在渡船上等候渡客。在瓯江中游的碧湖渡口还设有夜渡，日夜为丽水、松阳、遂昌、云和、景宁的过往渡客摆渡。丽水多处渡口设有渡船会，渡船会向村民集资，负责管理、修造渡船并聘用渡工。渡工的工资由渡船会支付，每年支付三百余斤稻谷。没有渡船会的渡口，渡船则由渡口所在的村庄管理，渡工的工资约定好由村人分摊。由于渡工的工资收入很少，很难养家糊口，因此当地形成了"兜渡船谷"的习俗。兜渡船谷的时间在每年秋收季节和农历十二月份，由渡船会或渡口所在的村庄组织人员向全县各户兜谷。其中秋收季节不向各户兜谷，而是径直挑着箩担向田野中割稻的地方兜谷，打稻的雇工不需主人家同意，即可在稻桶中用畚斗畚出数斤湿谷，付给兜渡船谷的人员作为摆渡的酬劳。在阴历十二月，渡船会或负责管理渡船的人员，除向渡口附近的各村农户兜渡船谷外，还向县城及碧湖镇居民兜渡船谷，居民及农户除给稻谷外，也有给钱币、水蒸糕或粽子之类的。[3]

"禁山会"之类的临时性民间组织是为了大多数民众的共同利益，乃较为特殊

---

1 浙江民间文艺家协会选编：《浙江民俗大观》，第 369 页，当代中国出版社，1998。

2 浙江民间文艺家协会选编：《浙江民俗大观》，第 371 页，当代中国出版社，1998。

3 浙江民间文艺家协会选编：《浙江民俗大观》，第 370 页，当代中国出版社，1998。

的公益性组织，它以民间习惯法为后盾，具有一定的民间行政性与司法性，在社会生产和生活中起着重要的良性自治的作用。

浙南畲乡盛产油茶，寒露过后，即将摘果。此时，畲乡畲村即开“禁山会”。届时商定实行禁山，定出开摘时间，然后告示村民。畲族的禁山会是民众对油茶这种经济作物的自我管理。有单村建立的禁山会，也有因村子小或山界交叉不清等原因而形成的数村甚至跨乡跨县的禁山会。这类联合起来的禁山会，会董有畲民也有汉人，是民族团结、遇事共商的组织，平时以乡规民约订出“禁山条约”，凡遇山林纠纷，则参与调解。在油茶较多的乡村，维护油茶采摘的秩序是一年一度的主要任务。每年油茶开摘前，禁山会董事就集中商量：一是开摘时间（开摘时间一般都定于农历霜降前 3 ~ 5 天）；二是违禁者的处理办法；三是轮流巡出办法。“禁约”议定后，即通告（或口头互相转告，或书面张贴）村民，在开摘日之前，任何人不得以任何借口提前采摘，并由各户派人轮流上山“看山”。待开摘后，各户必须在规定的日期内摘完自家的油茶果，待采摘的期限一过，未摘的油茶果皆可作“茶籽赖”（采摘后没采摘干净或因遗漏而未摘的油茶果），此时，谁都有权越界到其他人的山域去“收茶籽赖”，此时这种做法绝不违章，反而是摘得越多越光荣，因为若将“茶籽赖”留在油茶树上，是一种颇为可惜的浪费。[1]

旧时江西萍乡境内，油茶山场可谓到处都是。每到收摘油茶的时候，附近贫寒的妇女小孩之类，多随同山场主人前往收摘。由于佣工到山上捡拾油茶遗果，弊病很多，常有趁机偷窃的，所以各油茶山场的主人常在收摘油茶前邀集同人，集资组成一会，名为茶会。这种茶会，通常在霜降节（收摘之期）前三天即雇人鸣锣以警告众人，规定须待霜降后十日才允许他人上山捡拾遗果，若有违犯，必须赔罚。如果发现有偷窃的，则由被窃者鸣锣告众，请茶会酌量议罚，除赔偿损失外，其余罚款均由茶会收入。如有违抗而不遵行赔罚的，要请乡绅理论或提至诉讼，所产生的一切诉讼费用均由茶会负担。这类事宜由于出于公议，违犯者极少。这种茶会，以前出于保护油茶而设，收效很好，后来逐渐扩大其适用范围，凡是关于侵犯各种植

1　浙江民间文艺家协会选编：《浙江民俗大观》，第 379 ~ 380 页，当代中国出版社，1998。

物的，如盗砍树木，或纵牛羊鸡鸭等侵食禾苗、菜蔬、粟麦之类，其处罚权皆归该茶会行使，而被罚者也都觉得是理所应当的，相沿成习之后，民众都畏于公论而不敢违犯。[1]

俗语有云："贼偷一半，火烧全完"，说的是火灾的危险远远甚于盗贼。旧时，浙江嘉善的魏塘、西塘、干窑、天凝、陶庄、枫泾、洪溪、丁栅、俞汇等集镇都有一种公益性的义务消防组织——救火会，如杨庙集镇的救火会早在民国十九年（1930年）就存在，其全称为"嘉善县杨庙镇救火会"，乃由镇上绝大多数商店的青壮年职工和部分居民组成，全体成员推选会长一人，委员若干人，负责财务管理和设备的添置。根据东、西、中三地段，下设三个小组，每组选举正副组长各一人，负责管理组内器材和临场指挥。每组有龙房一间，内放水龙一部及皮带、铜帽、藤帽、火炬、铁叉、竹梯、杠棒、担桶等救火用具。全镇有洋龙三部、水龙一部。会内经费均由各商店捐助。救火会以保卫家乡人民的生命财产安全为唯一宗旨，有事则聚，无事则散。救火会人员只要听到火灾的警报锣声和集合哨声，无论风雨寒暑，立即分组集合，各司其职，赶到出事地点，奋力扑火。该会的救火范围也不局限于本镇辖区内，即便是外县的毗邻地区，只要有人前来求救，也必闻讯赶去。每次救火以后，几位委员和组长都要抢修器材、洗晒皮带、添补易耗物品等，为下一次顺利出动做好准备，并且公布耗费清单。[2]旧时浙江绍兴城乡多有取名"永济""坎益""太平"之类的公益性消防组织，名为"水龙会"。水龙会一般有一艘龙舟和一间傍河的房舍，备制着一两具木制杠杆式水龙及其他消防器具。水龙会的成员叫"龙兵"，大多由男性青壮年农民及手工业工人业余充任，每个水龙会组织都有一名负责组织和保管器材的"龙头"。在出龙救火或演习时，龙头负责携带一支二米长的水龙头。在到达目的地之后，他首先要确定好安放水龙的位置，并迅速套装水龙头，接着高高地站在龙身上面进行现场指挥。关于水龙会设备的添置及维修等的经费来源，在城镇一般是由店铺及居民捐助，在农村则往往是由富户出钱买

1 前南京国民政府司法行政部编，胡旭晟、夏新华、李交发点校：《民事习惯调查报告录》（上册），第5页，中国政法大学出版社，1998。

2 浙江民间文艺家协会选编：《浙江民俗大观》，第376页，当代中国出版社，1998。

一些田产作为“龙会义田”，义田的地租收入供龙会开支。水龙会的规矩是，远近村镇一旦发生火灾，负责司锣的龙兵就得马上拿起铜锣沿着村庄或街坊边跑边敲，其他龙兵听到急促的火锣声之后，白天即得放下手头的任何活计，而晚间即使是寒冬夜半也得迅速披衣而起，立刻奔向水龙间集合，并按照各自的职司，或担水桶，或持火叉、利斧、擎燎火把等，迅速下船出发，赶往失火地点参加扑救行动。救火回来时，负责司锣的龙兵要一路敲着节奏缓慢的太平锣，以让沿途乡亲知道大火已经扑灭，大家可以放心。[1]

民间慈善组织的行为主体之中确有家境好的施行者，但更多的是普通的广大民众，此为传统民间慈善组织中极其可贵之处。

1　浙江民间文艺家协会选编：《浙江民俗大观》，第 374 ~ 375 页，当代中国出版社，1998。

参考文献

［日］滨岛敦俊 . 明清江南城隍考——商品经济的发达与农民信仰［J］. 中国社会经济史研究，1991（1）.

［澳］布赖恩 · 马丁 . 上海青帮［M］. 周育民，等译 . 上海：上海三联书店，2002.

蔡少卿 . 中国秘密社会［M］. 杭州：浙江人民出版社，1989.

常建华 . 宗族志［M］. 上海：上海人民出版社，1998.

常人春 . 红白喜事——旧京婚丧礼俗［M］. 北京：北京燕山出版社，1996.

常人春 . 老北京的风俗［M］. 北京：北京燕山出版社，1996.

（清）陈盛韶 . 问俗录［M］. 北京：书目文献出版社，1983.

陈宝良 . 中国的会与社［M］. 杭州：浙江人民出版社，1996.

陈章太，李行健主编 . 普通话基础方言基本词汇集 · 词汇卷（上）［M］. 北京：语文出版社，1996.

陈支平 . 近 500 年来福建的家族社会与文化［M］. 上海：三联书店上海分店，1991.

费孝通 . 乡土中国　生育制度［M］. 北京：北京大学出版社，1998.

冯尔康，阎爱民 . 宗族史话［M］. 北京：社会科学文献出版社，2012.

冯尔康 . 中国古代的宗族与祠堂［M］. 北京：商务印书馆国际有限公司，1996.

冯尔康 .18 世纪以来中国家族的现代转向［M］. 上海：上海人民出版社，2005.

冯汉骥 . 中国亲属称谓指南［M］. 徐志诚，译 . 上海：上海文艺出版社，1989.

（清）奉宽 . 妙峰山琐记［M］. 广州：中山大学民俗学会出版社，1929.

［日］夫马进 . 中国善会善堂史研究［M］. 伍跃，杨文信，张学锋，译 . 北京：商务印书馆，2005.

高其才．中国习惯法［M］．长沙：湖南出版社，1995.

高占祥主编．论庙会文化［M］．北京：文化艺术出版社，1992.

顾颉刚编著．妙峰山［M］．北京：中山大学语言历史研究所，中山大学民俗学会（民俗学会丛书之十八），1928.

郭志超，林瑶棋主编．闽南宗族社会［M］．福州：福建人民出版社，2008.

河北省地方志编纂委员会编．河北省志・民俗志［M］．石家庄：河北人民出版社，2013.

何炳棣．中国会馆史论［M］．台北：台湾学生书局，1966.

贺国伟．酷语流行风［M］．天津：天津科学技术出版社，2000.

胡春焕，白鹤群．北京的会馆［M］．北京：中国经济出版社，1994.

胡朴安．中华全国风俗志（下编）［M］．石家庄：河北人民出版社，1986.

湖南省地方志编纂委员会编．湖南省志・民俗志［M］. 长沙：湖南人民出版社，2005.

（明）黄宗羲编．明文海［Z］．北京：中华书局，1987.

惠西成，石子编．中国民俗大观［M］．广州：广东旅游出版社，1997.

孔永松，李小平．客家宗族社会［M］．福州：福建教育出版社，1995.

李彬．山西民俗大观［M］．北京：中国旅游出版社，1993.

李华．明清以来北京工商业会馆碑刻资料选编［Z］．北京：文物出版社，1980.

李家瑞编．北平风俗类征［Z］．北京：商务印书馆，1937.

李文治，江太新．中国宗法宗族制和族田义庄［M］．北京：社会科学文献出版社，2000.

李文海主编．民国时期社会调查丛编（一编）・社会组织卷［M］．2 版．福州：福建教育出版社，2014.

李文海主编．民国时期社会调查丛编（二编）・社会组织卷［M］．2 版．福州：福建教育出版社，2014.

连阔如．江湖丛谈［M］．北京：当代中国出版社，1995.

（清）梁章钜，郑珍撰．称谓录 亲属记［M］．冯惠民，李肇翔，杨梦东，点

校 . 北京：中华书局，1996.

刘鸿模 . 词语流行风［M］. 广州：广东旅游出版社，2000.

刘平 . 中国民俗通志·江湖志［M］. 济南：山东教育出版社，2005.

刘铁梁主编 . 中国民俗文化志·北京·门头沟卷［M］. 北京：中央编译出版社，2006.

刘锡诚主编 . 妙峰山·世纪之交的中国民俗流变［M］. 北京：中国城市出版社，1996.

刘兆元 . 海州民俗志［M］. 南京：江苏文艺出版社，1991.

刘志文主编 . 广东民俗大观［M］. 广州：广东旅游出版社，1993.

马西沙，韩秉方 . 中国民间宗教史［M］. 北京：中国社会科学出版社，2004.

梅莉 . 明清时期武当山朝山进香研究［M］. 武汉：华中师范大学出版社，2007.

［美］明恩溥 . 中国乡村生活［M］. 午晴，唐军，译 . 北京：时事出版社，1998.

彭泽益主编 . 中国工商行会史料集［Z］. 北京：中华书局，1995.

彭南生 . 中间经济：传统与现代之间的中国近代手工业（1840—1936）［D］. 武汉：华中师范大学，1998.

［日］平山周 . 中国秘密社会史［M］. 上海：上海商务印书馆，1927.

千家驹编 . 中国农村经济论文集［C］. 上海：上海书店，1990.

民事习惯调查报告录（下册）［M］. 胡旭晟，夏新华，李交发，点校 . 北京：中国政法大学出版社，1998.

瞿同祖 . 中国法律与中国社会［M］. 北京：中华书局，1981.

曲彦斌 . 中国乞丐史［M］. 北京：九州出版社，2007.

王日根 . 中国会馆史［M］. 上海：东方出版中心，2007.

王宗培 . 中国之合会［M］. 重庆：中国合作学社，1935.

《文史精华》编辑部编 . 近代中国江湖秘闻（下）［M］. 石家庄：河北人民出版社，1997.

（清）阮元校刻 . 十三经注疏［Z］. 北京：中华书局，1980.

邵燕，郭林涛编著 . 中国民间吉祥俗［M］. 北京：中国旅游出版社，1995.

［美］施坚雅 . 中国农村的市场和社会结构［M］. 北京：中国社会科学出版社，1998.

宋孟寅，杜学德，杨荣国编 . 庙会文化研究论文集［C］. 兰州：甘肃人民出版社，1994.

苏黎明 . 泉州家族文化［M］. 北京：中国言实出版社，2000.

苏州历史博物馆，等合编 . 明清苏州工商业碑刻集［Z］. 南京：江苏人民出版社，1981.

隋少甫，王作楫编 . 京都香会话春秋［M］. 北京：北京燕山出版社，2004.

孙旭军，蒋松，陈卫东编著 . 四川民俗大观［M］. 成都：四川人民出版社，1989.

田传江 . 红山峪村民俗志［M］. 沈阳：辽宁文化艺术音像出版社，1999.

吴慧 . 会馆、公所、行会：清代商人组织演变述要［J］. 中国经济史研究，1999（3）.

吴效群 . 妙峰山：北京民间社会的历史变迁［M］. 北京：人民出版社，2006.

（清）谢肇淛 . 五杂俎［Z］. 上海：上海书店出版社，2001.

（清）徐珂编 . 清稗类钞［Z］. 北京：中华书局，1986.

严汝娴，宋兆麟 . 永宁纳西族的母系制［M］. 昆明：云南人民出版社，1983.

颜之推，曹惠民编 . 颜氏家训［M］. 北京：中国社会科学出版社，2003.

叶大兵 . 温州民俗大全［M］. 乌鲁木齐：新疆人民出版社，1998.

叶大兵 . 叶大兵民俗学论集［C］. 上海：上海文艺出版社，2007.

叶涛 . 泰山香社研究［M］. 上海：上海古籍出版社，2009.

袁爱国编 . 泰山风俗［M］. 济南：济南出版社，2001.

袁庭栋 . 古人称谓［M］. 成都：四川教育出版社，1994.

张青仁编 . 幡鼓齐动进香来：老北京的香会［M］. 郑州：中州古籍出版社，2015.

张青仁 . 行香走会：北京香会的谱系与生态［M］. 北京：中央民族大学出版社，

2016.

张炎宪主编 . 中国海洋发展史论文集（3）［C］. 台北“中研院”三民主义研究所丛刊（24），1988.

张妍 . 清代族田与基层社会结构［M］. 北京：中国人民大学出版社，1991.

［美］赵冈 . 从宏观角度看中国的城市史［J］. 历史研究，1993（1）.

［美］赵冈 . 论中国历史上的市镇［J］. 中国社会经济研究史，1992（2）.

赵世瑜 . 狂欢与日常：明清以来的庙会与民间社会［M］. 北京：生活·读书·新知三联书店，2002.

浙江民间文艺家协会选编 . 浙江民俗大观［M］. 北京：当代中国出版社，1998.

郑土有，刘巧林 . 护城兴市：城隍信仰的人类学考察［M］. 上海：上海辞书出版社，2005.

郑土有，王贤淼 . 中国城隍信仰［M］. 上海：三联书店上海分店，1994.

钟敬文 . 钟敬文文集·民俗学卷［M］. 合肥：安徽教育出版社，1999.

钟敬文主编 . 民俗学概论［M］. 上海：上海文艺出版社，1998.

周振鹤，游汝杰 . 方言与中国文化［M］. 上海：上海人民出版社，1986.

周育民，邵雍 . 中国帮会史［M］. 上海：上海人民出版社，1993.

后 记

制度民俗是一种很重要的民俗文化。人总是生活在一定的社会组织和社会关系之中，这些社会组织和社会关系的运行都沿袭和遵循着一定的习俗惯制，这些规约和服务于社会组织、社会关系的习俗惯制就是制度民俗。可以说，制度民俗是关于我们的社会生活所依赖的最基本的社会组织和社会关系的根本性文化制度，它们构成了我们日常生活的基本规范和基础性文化框架。我们讨论的主要是传统社会传递下来的制度民俗，它们也是传统文化的重要内容。比如费孝通先生的《乡土中国》讲述的是传统村落的基本习俗和根本惯制，也是传统中国的文化根脉，这些内容非常重要，至今为多个学科的学者们推重和频繁引用，其主要内容就是基于宗族文化、农耕生活和乡邻关系而形成的传统乡村制度民俗。但是，至今为止，专门和全面地阐述制度民俗的论著还非常少见。这使得我们这本书的写作有明显的社会意义和学术探索性，也有较大的难度，最后端出的作品也难免有较多的稚嫩和不足之处。我们按照本书“前言”所设定的思路和框架，广泛搜集文献资料并进行了较多田野调查，努力以扎实资料和文化阐释来展现我国制度民俗的基本内容，希望本书能对读者和学界有一定阅读和借鉴价值，也衷心希望读者、专家批评指正。

本书由两位作者合作完成，分工如下：

黄涛（温州大学人文学院教授）负责全书思路和框架的设计、插图和统稿，并完成如下章节的撰写：“前言”，“家庭制度民俗”一章，“宗族制度民俗”一章的“宗亲结构与宗亲互助习俗”一节，“外亲制度民俗”一章，“村落制度民俗”一章，“城镇制度民俗”一章的“城市的社交礼俗与称谓惯制”，“道吉祥礼俗”两节，“后记”。

胡正裕（中共温州市委党校教师）负责如下章节的撰写：“宗族制度民俗”一章的“族长制”“家庙、祠堂与祭祖活动”“族谱与修谱活动”“族产、族学与同族善行义举”“家训族规”五节，“城镇制度民俗”一章的“城镇庙会民俗”“会馆民俗”

两节，“香会制度民俗”一章、“行会制度民俗”一章、“帮会制度民俗”一章、“其他社团制度民俗”一章。

感谢丛书主编白庚胜先生和段宝林教授，他们为这套书的组织和出版操心费力。感谢为我们完成书稿提供生活支持和持续鼓励的家中妻儿。感谢为本书的编辑出版付出辛勤劳动的中国石化出版社相关工作人员和责任编辑。

作者

2024 年 1 月 24 日于温州

编后记

《中华民俗新读丛书》终告厥成，其编纂历程之终结，不仅标志着一段辛勤耕耘的圆满，更激起了我们心中无限的欣慰与深沉的感慨。此书由白庚胜、刘晔原、万建中三位先生鼎力领衔，汇聚群英，共襄盛举，历经多轮严谨细致的审稿与策划，每一环节皆浸透着编者的心血与汗水，确保了内容之精深广博，品质之卓越非凡。在此，我们谨向所有为丛书撰写倾注心力、不辞辛劳的同仁致以最崇高的敬意与最诚挚的感谢。

编纂工作是一场浩大的文化工程，紧张、高效、有序推进。中国石化出版社有限公司对此项工作尤其重视，出版公司副总经理黄志华亲自挂帅指导并主抓整体工作，资深作家周洪成、分社社长程庆昭一并协调组织丛书的编校工作，陈宇慧、王悉、王潇等多位内外部编辑参与编校，全程推进项目落地。编辑团队对每一份书稿都进行了细致的审阅，从内容的准确性、逻辑的连贯性到语言的规范性，无一不严格把关；从封面设计、版式调整，再到印刷等每一环节，都力求达到至臻之境。

中华民俗文化作为中华文化的重要组成部分，蕴含着丰富的历史信息、民族智慧和艺术价值。通过出版《中华民俗文化新读丛书》，我们希望可以深入挖掘并展现这些文化瑰宝的独特魅力，积极探索民俗文化的现代诠释方式，为中华优秀民俗文化的永续传承与发展添砖加瓦。同时，我们也欣喜地看到，中华民俗文化在时代的洪流中展现出惊人的生命力与适应性。古老的民俗传统在现代社会中焕发新生，以新的形式与意义继续滋养着人们的精神世界，成为凝聚社会共识、传承文化精髓的重要力量。

展望未来，中华民俗文化必将在历史的长河中继续熠熠生辉，成为人类文明宝库中一颗璀璨夺目的明珠。我们将不忘初心、牢记使命，继续为弘扬中华优秀传统文化而努力奋斗，让这份宝贵的文化遗产在新时代的征程中焕发出更加绚丽的光彩！